평강의 주님께서 친히
때마다 일마다
평강을 주시기를 기도하며
특별히 _____ 님께
이 소중한 책을 드립니다.

"… 만일 하나님이 우리를 위하시면

누가 우리를 대적하리요

자기 아들을 아끼지 아니하시고

우리 모든 사람을 위하여 내주신 이가

어찌 그 아들과 함께 모든 것을

우리에게 주시지 아니하겠느냐

… 모든 일에 우리를 사랑하시는 이로 말미암아

우리가 넉넉히 이기느니라"

— 로마서 8장 31,32,37절 —

김장환 목사와 함께 / 경건생활 365일

모든일에
넉넉히 이기리라

나침반

> # 모든 일에
> # 우리가 넉넉히 이기느니라

우리는 하루에도 여러번, 사단의 공격을 받고 있습니다.
보이게 또는 보이지 않게…
느끼게 또는 못 느끼게…
강하게 또는 약하게…

이럴때 바울의 외침이 우리의 외침이 돼야 합니다.

"…만일 하나님이 우리를 위하시면 누가 우리를 대적 하리요
자기 아들을 아끼지 아니 하시고 우리 모든 사람을 위하여 내주신 이가
어찌 그 아들과 함께 모든 것을 우리에게 주시지 아니 하겠느냐?!"(로마서 8장 31,33절).

그렇습니다. 우리는 사단의 어떤 공격에도 불구하고 충분히 이길 수 있습니다.
바울의 당당한 자신감을 보십시오!
"누가 우리를그리스도의 사랑에서 끊으리요 환난이나 곤고나 박해나 기근이나 적신이나
위험이나 칼이랴… 이 모든 일에 우리를 사랑하시는 이로 말미암아
우리가 넉넉히 이기느니라"(로마서 8장 35,37절).
하나님의 말씀에 따라 주님의 능력으로 인해 우리가 넉넉히 이기는한 해가 될 것 입니다.

이 책이 주님의 능력을 얻는데 도움이 되길 기도 합니다.

김장환

목사 / 극동방송 이사장

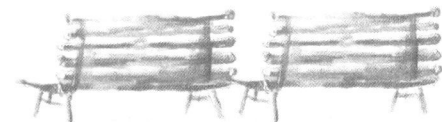

● 이사야 43:1,2,3,4,5

1월 1일

거장의 노력

●요 9:4 때가 아직 낮이매 나를 보내신 이의 일을 우리가 하여야 하리라 밤이 오리니 그 때는 아무도 일할 수 없느니라

이탈리아의 유명한 조각가이자 화가인 미켈란젤로가 사람 크기 정도의 대리석상을 조각하여 달라는 의뢰를 받았습니다.

거대한 성당이나 벽화를 주로 작업했던 미켈란젤로는 사람크기만한 대리석상을 순식간에 조각하며 거의 완성되었다 싶을 정도로 작업을 진행시켜 나갔습니다. 며칠 뒤 찾아온 그의 친구는 조각상을 보고 놀랐습니다.

"이렇게나 빨리 완성을 시켜놓다니, 역시 미켈란젤로군. 작업은 끝난 것이나 다름없어."

그로부터 두 달이 지나고 친구는 미켈란젤로에게 다른 일을 의뢰하기 위해서 다시 작업실에 찾아왔습니다. 그런데 이상하게도 전의 그 대리석상을 아직도 조각하고 있었습니다.

"아니, 아직도 이 석상을 조각하고 있다니? 두 달 동안 뭘 하고 있었는가?"

"뭘 하고 있었냐니? 나는 두 달 동안 계속 이 석상을 조각 하고 있었다네"

보기엔 그다지 달라진 게 없는 석상을 두 달 동안 조각하고 있었다는 미켈란젤로의 말을 친구가 믿지 못하자 미켈란젤로는 잠시 작업을 멈추고 말했습니다.

"얼핏 보면 두 달 전과 그대로일 수도 있겠지만 난 이 조각의 근육을 부드럽게 만들고 얼굴의 눈매와 입가를 다듬었다네, 그리고 아직도 부족한 부분이 많아. 이제는 다리가 정말 힘이 넘쳐 보이게 조각할 예정이네."

많은 대작을 조각하고 건축한 미켈란젤로는 작은 대리석상 하나에도 세심한 노력을 기울였습니다. 해마다 신년이 되면 많은 사람들이 분위기에 휩쓸려 새로운 결심을 하고 또 금방 포기를 합니다. 오히려 계획을 조금 늦게 세우더라도 올 한 해를 정말 뜻 깊게 보낼 수 있도록 알찬 계획을 기도하며 신중하게 세우십시오.

 주님! 올해도 푸른초장과 쉴만한 물가로 인도하여 주소서.

 신년의 목표와 계획을 구체적으로 기간에 따라 세우십시오.

목표에 집중

 1월 2일

● 삼상 12:24 너희는 여호와께서 너희를 위하여 행하신 그 큰 일을 생각하여 오직 그를 경외하며 너희의 마음을 다하여 진실히 섬기라

에드윈 번즈라는 사람은 변변한 직업도 없는 떠돌이였지만 그에겐 이루고자 하는 확고한 목표가 하나 있었습니다. 그것은 발명왕 에디슨과 동업을 하고 싶다는 것이었습니다. 그는 에디슨의 이름을 들을 때마다 그와 동업하고 있는 자신의 모습을 떠올렸습니다. 마침내 에디슨을 만나러 가기로 결심한 그는 차비도 없고 깨끗한 옷도 없었지만 무작정 기차를 탔습니다. 표없이 도둑기차를 타 걸리면 심한 욕설을 듣고 다시 내려야 했지만 에디슨을 만나겠다는 일념으로 모진 수모를 모두 참아내었습니다. 마침내 에디슨이 있는 뉴저지에 도착한 번즈는 에디슨을 찾아가서 다짜고짜 말했습니다.

"에디슨 선생님, 저는 선생님과 동업을 하고 싶어서 찾아왔습니다."

에디슨은 당시의 번즈를 보고 부랑자라고 생각했다고 합니다. 하지만 그의 용기가 맘에 들어서 일단 연구소에서 가장 낮은 위치의 일자리를 주었습니다. 비록 일반 사원이었지만 번즈는 모든 일을 에디슨의 동업자라는 마음을 가지고 했고 머지않아 기회가 찾아왔습니다. 에디슨이 축음기라는 것을 발명했는데 판매사원들은 축음기가 인기 없을 것이라고 생각하고 제품을 전혀 팔지 않았습니다. 하지만 번즈는 축음기가 대박을 터트릴 것이라고 확신하고 에디슨에게 축음기 판매를 맡겨달라고 했습니다. 밑져야 본전이란 생각에 에디슨은 번즈에게 판매를 전적으로 맡겼고, 번즈는 곧 엄청난 판매고를 올리며 백만장자가 되었습니다. 그리고 머지않아 꿈에 그리던 에디슨과 동업자의 위치로 회사를 경영하게 되었습니다.

사람들은 연초마다 목표를 세우지만 그것에 집중하질 못합니다. 한 해의 이루고자 하는 목표를 일 년 동안 집중하며 기도하십시오

 주님! 올해 계획뿐 아니라 일생을 통해서 주님께 집중할 수 있게 하소서.

 새해 세운 계획이 올해동안 집중 할 수 있는 목표인지 생각하십시오.

나의 영적 일지

1월 3일
격려의 힘
● 히 10:24 서로 돌아보아 사랑과 선행을 격려하며

브리튼즈 갓 탤런트라는 프로그램 출연했던 15살의 앤드루 존스턴이라는 소년은 미성 때문에 친구들로부터 놀림과 따돌림을 당했습니다. 그는 친구들의 놀림이 두려워 약 1년간을 집밖으로 나가지도 않았습니다. 그의 가능성을 인정해주는 것은 어머니뿐이었고 그에게 위로가 되는 것은 성가대의 음악뿐이었습니다.

성가대에선 실력을 인정받아 수석 성가대원으로 뽑힐 정도였지만 그는 두려움 탓에 몇 번이나 성가대를 그만두었을 뿐 아니라 집 밖으로 외출도 잘 하지 않았습니다. 그러나 어머니는 항상 앤드루에게 어려운 문제일수록 피하지 말고 적극적으로 대처해야 한다고 격려하며 성가대를 어떻게든 계속 하게 만들었습니다. 어머니의 신청으로 브리튼즈 갓 탤런트에 나가게 된 앤드류는 자신에게 주어진 재능을 발휘했고 일약 스타가 되었습니다. 지금은 영국과 아일랜드 등지에서만 50만장 이상의 앨범이 팔렸고 세계 각국을 돌아다니며 공연과 티비쇼에 출연을 합니다. 이제 앤드루는 자신에게 주어진 달란트를 가지고 세상에 도전한다면 누구든지 꿈을 이룰 수 있다고 말합니다.

어머니의 격려를 통해 앤드류는 재능을 찾았고 꿈을 이뤘습니다. 그리고 다른 이들을 노래를 통해 격려합니다. 그는 프로의 결선에서 '자애로운 예수님'이라는 곡을 부르며 이렇게 말했습니다.

"내가 노래를 부르며 용기와 평안을 얻었듯이 내 노래를 듣는 사람들도 그렇게 되기를 바랍니다."

격려에는 힘이 있습니다. 주위 사람들에게 격려로 힘을 전하십시오.

 주님! 사랑의 말과 마음으로 상한 영혼들을 격려하게 하소서.
 지친 사람들에게 격려의 말로 힘을 북돋아 주십시오.

나의 영적 일지

부부간에 서로 다른 사랑의 언어

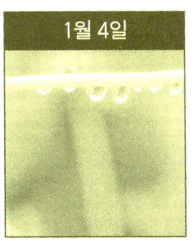

1월 4일

● 히 13:4 모든 사람은 결혼을 귀히 여기고 침소를 더럽히지 않게 하라 음행하는 자들과 간음하는 자들을 하나님이 심판하시리라

2008년 통계청의 조사에 따르면 3쌍이 결혼하는 동안 한 쌍이 이혼한다고 합니다. 이혼의 가장 큰 이유는 '성격차이'인데 연애시절엔 보이는 매력에만 이끌려 만족하다가 시간이 지나고 단점이 보이면서 서로 잘 맞지 않는다고 느끼게 되기 때문입니다.

말 그대로 '결혼은 무덤'이 되는 것입니다. 그러나 사실 이런 오해는 남녀의 차이를 잘 모르기 때문에 생깁니다.

'화성에서 온 남자 금성에서 온 여자'란 책 제목처럼 남녀는 많은 점이 다릅니다. 일반적으로 남자는 인정과 격려, 칭찬을 사랑이라고 느끼는 반면 여성은 관심과 염려, 배려가 사랑이라고 느낍니다. 게다가 개인마다 우선시하는 사랑의 언어가 모두 다릅니다. 행복한 가정은 서로의 차이를 인정하며 상대가 바라는 것을 이해할 때 만들어질 수 있습니다.

행복한 가정은 서로의 노력을 통해 만들어집니다.

세상에 똑같은 사람이 없듯이 서로가 바라는 것도 모두 틀리기 때문입니다. 하지만 우리는 여기에 성경의 원리를 더해야 합니다. 아내는 남편에게 복종하고 남편은 아내를 자신의 몸처럼 사랑하며 서로의 의무를 다할 때 차이를 극복하고 서로 이해하는 행복한 부부가 된다는 것을 기억하십시오.

 주님! 사랑의 말과 마음으로 상한 영혼들을 격려하게 하소서.

 지친 사람들에게 격려의 말로 힘을 북돋아 주십시오.

나의 영적 일지

1월 5일

성공의 비결

●막 11:24 그러므로 내가 너희에게 말하노니 무엇이든지 기도하고 구하는 것은 받은 줄로 믿으라 그리하면 너희에게 그대로 되리라

"황금희 에스테틱'의 대표인 황금희 집사는 어려서는 불신자 집안에서 자랐습니다.

미신을 믿어 집안은 온통 부적 투성이였고 교회는 가보지도 못했습니다.

그러나 가끔 고모가 집에 놀러 오셔서 성경을 읽어주셨고 그 덕분인지 꿈에서 예수님을 만나고 영접하게 됩니다.

이후 대기업의 화장품연구소를 다니던 황 집사는 돌연 회사를 그만두고 에스테틱 샵을 열기로 결심했습니다. 20년 전 당시에는 너무 생소한 분야였기 때문에 모두가 말렸지만 황 집사는 소명감을 가지고 일했고 자신의 사업을 통해 복음의 지경을 넓히기 위해 노력했습니다.

먼저 그의 샵에 들어가면 들리는 은은한 찬송가로 복음을 전하고, 직원들의 복음화를 위해 매주 목요일 저녁엔 목사님을 모시고 전 직원이 예배를 드립니다. 게다가 국내외의 각종 구제사역들을 물질로서 후원하고 있습니다.

지금 큰 성공을 거둔 그녀는 이루어질 일을 노트에 적고 이루어질 때 까지 간구하는 기도가 성공의 비결이라 말했습니다.

구하는 것을 받을 줄 믿고 감사함으로 그것들의 목록을 적어보십시오. 성공의 비결은 여호와를 경외하고 은혜에 감사하는 것입니다.

 주님! 넘치는 은혜를 허락하시니 감사드립니다.
 구하는 것을 받을 믿음을 가지고 기도하십시오.

나의 영적 일지

자살 예방책

1월 6일

●마 4:23 예수께서 온 갈릴리에 두루 다니사 그들의 회당에서 가르치시며 천국 복음을 전파하시며 백성 중의 모든 병과 모든 약한 것을 고치시니

한때 자살이 유행처럼 번지던 때가 있었습니다. 소설과 영화 같은 미디어에서 자살을 미화하고, 연예인과 같은 유명인들이 자살을 시도하자 그것을 그대로 모방하려는 청소년과 일반인들이 많이 생겼습니다. 이것을 베르테르 효과라고도 합니다.

자살은 그 자신에게도 슬픈 선택이지만 주위 사람들에게 더 큰 고통과 후회를 가져다줍니다. 그렇기에 정부와 많은 사회기관들이 자살을 예방하기 위해 인터넷에서의 자살에 대한 정보를 차단하기 위해 힘쓰고 있습니다.

교회도 이런 현실을 무시해서는 안 됩니다. 교회는 전국에 퍼져있고 또한 지역의 속사정을 더 자세하게 알고 있기 때문에 지역적으로 자살하려는 사람들을 돕는데 많은 도움이 될 수 있습니다.

주위에 자살하려는 사람이 보인다면 일단 무조건 대화를 시도해야 합니다. 대화는 길수록 좋으며, 상대방이 이치에 맞지 않는 말을 하더라도 바로잡으려는 시도를 하지 않는 것이 좋습니다. 진심으로 상대방을 경청하며 심리적인 평안을 갖게 한 후에 가족이나 전문가에게 상담하도록 권유해야 합니다.

자살은 더 이상 신문의 기사 속 이야기가 아니라 주위의 현실입니다. 평소 알고 지내던 사람에게서 평소와 다른 느낌이 든다면 즉시 이야기를 나누고 복음을 전하십시오.

 주님! 삶의 희망을 포기한 사람들에게 사랑의 복음을 전하게 하소서.
 평소 고민거리가 많았던 지인과 만나서 대화를 나눕시오.

나의 영적 일지

1월 7일
편견의 족쇄

● 마 18:35 너희가 각각 마음으로부터 형제를 용서하지 아니하면 나의 하늘 아버지께서도 너희에게 이와 같이 하시리라

지금도 미국에서의 가장 큰 이슈중 하나는 오바마 대통령입니다. 노예제도 폐지 이후 흑인들의 인권이 개선되어 정부 고위직에 오르기도 했지만 아직까지도 차별은 남아있기에 그의 당선은 놀라웠습니다.

게다가 오바마는 어린 시절에 마약중독까지 됐던 문제아였습니다. 그러나 현재의 실력보다 잠재력을 평가하고 사회적인 소수에게 지속적으로 기회를 제공하는 미국의 교육제도 덕분에 오바마는 대학에 들어갈 수 있었고 명문대에 편입까지 할 수 있었을 뿐 아니라 대통령이라는 더 큰 꿈을 품을 수 있었습니다.

우리는 현재의 실력만으로 그 사람을 평가하고 우리가 가진 편견대로 그 사람에게 족쇄를 겁니다.

"너는 머리가 나빠서 안 돼."

"넌 재능이 없으니 포기해."

우리는 이런 말들을 남들에게 하루에도 수없이 반복합니다. 하지만 성경은 내게 능력 주시는 자 안에서 뭐든지 할 수 있다고 말합니다. 주위 사람뿐 아니라 자신에게도 뭐든지 할 수 있다는 용기와 자신감을 심어주십시오.

제너럴 일렉트릭의 전 최고경영자 잭 웰치는 어린 시절 말을 더듬어 모두가 바보라고 놀렸습니다. 그러나 '너는 똑똑하다'고 끊임없이 격려해준 어머니 덕분에 큰 성공을 이룰 수 있었습니다. 주님은 전능하십니다. 편견 안에 다른 사람들과 나 자신을 가두지 마십시오.

 주님! 나의 작은 생각을 버리고 주님의 큰 힘을 믿게 하소서.

 매일 만나는 사람들에게 희망의 한 마디를 전하십시오.

나의 영적 일지

두 렙돈의 가치

● 눅 21:3 이르시되 내가 참으로 너희에게 말하노니 이 가난한 과부가 모든 사람보다 많이 넣었도다

1월 8일

선교활동을 많이 하는 기업으로 알려져 있는 신원에 어느 날 영업부로 기부의 뜻을 밝히는 전화가 걸려왔답니다.

나이가 많아 보이는 할머니의 목소리였는데 평생 모은 돈을 기부하고 싶다는 것이었습니다.

자신에 대해 아무것도 밝히지 않고 거주지의 지하철 역 지구대에 돈을 맡겼으니 좋은 일에 사용해 달라는 것이었습니다.

전화를 받고서 직원이 기부금을 찾으러 가자 지구대에서는 항아리를 주었습니다. 그 항아리 안에는 할머니의 평생 모은 돈이라는 말이 실감나는 천 원짜리 지폐가 한 장 한 장 가득 담겨있었습니다. 그 돈은 300만 원 정도이었지만 이 뉴스가 신문기사로 난 후에 많은 사람들에게 감동을 주었습니다.

신원 직원들도 할머니의 기부는 300만 원 이상의 값을 따질 수 없는 가치를 지녔다고 말합니다. 아울러 할머니의 기부 소식에 감동받은 많은 사람들을 통한 따뜻한 기부가 계속 이어지고 있다고 합니다.

예수님은 아주 적은 돈인 두 렙돈을 넣은 과부의 헌금이 가장 크다고 말씀하셨습니다. 비록 적지만 자신의 전부를 드렸기 때문입니다. 헌금할 때는 자신을 드리는 마음으로 하십시오.

 주님! 헌금할 때 마음을 다하게 하소서.
 적은 금액이라도 모아서 관심 있는 곳에 헌금하십시오.

나의 영적 일지

1월 9일

기도의 능력

●막 9:29 이르시되 기도 외에 다른 것으로는 이런 종류가 나갈 수 없느니라 하시니라

마다가스카르는 아프리카에서 가장 가난한 나라입니다. 워낙 가난한 탓에 변변한 복지 시설 하나 존재하지 않습니다. 부모는 아이를 맡길 곳이 없어 방치하고 아이들의 대다수가 제대로 셈조차 하지 못합니다.

강순신 선교사는 단기선교 때문에 왔던 이곳에서 비전을 받고 파송돼 현재 10년이 넘게 사역을 하고 있습니다. 한국인 교민도 거의 없고 이제 막 자라는 딸에게 제대로 교육을 시킬 곳도 없었지만 마다가스카르 사람들이 자꾸만 아른거려 떠날 수밖에 없었습니다.

현재 그가 꾸리는 선교팀은 간사만 20명이 넘고 곳곳에 병원과 탁아소를 세울 정도로 성장했습니다. 선교팀 시설에서 교육을 받을 수 있게 되자 많은 현지인 부모들이 이곳으로 아이들을 보냈고 교육과 복음을 함께 전할 수 있었습니다. 지금은 이렇게 영혼들을 위해 귀한 일을 하고 있는 강 선교사지만 사실 학생 땐 문제아였습니다.

학교도 다니지 않고 가출한 후 2년 동안이나 집을 떠나 살다가 어느 날 새벽에 몰래 돌아왔는데 우연히 아버지가 자신을 위해 기도하는 소리를 듣게 되었습니다. 그 순간 아버지의 사랑을 깨달은 강 선교사는 눈물로 회개를 하고 평생을 하나님께 헌신하겠다고 약속했습니다. 2년 동안 매일 빠지지 않고 하던 아버지의 눈물의 기도가 강 선교사를 만든 것입니다.

예수님의 능력을 제자들이 궁금하게 여기자 예수님께서 대답하셨습니다.

"기도 외에는 이런 유가 나올 수가 없느니라."

매일 새벽에 자식을 위해 기도하는 부모가 되십시오.

 주님! 언제나 깨어있는 기도의 사람이 되게 하소서.

 자식과 가족을 위해 정기적으로 기도하십시오.

나의 영적 일지

울리는 꽹과리

1월 10일

● 고전 13:13 그런즉 믿음, 소망, 사랑 이 세가지는 항상 있을 것인데 그 중의 제일은 사랑이라

수전 슈와브는 미국의 무역협상을 맡고 있습니다. 우리나라와 협상 때에도 미국대표였던 그녀는 세계적으로 존경받을 만한 인생을 살았습니다. 어려서부터 목표가 뚜렷했던 그녀는 실패란 걸 모르고 자랐습니다.

어린 시절엔 부친을 따라 전 세계를 돌면서 현지 풍습을 익히며 학창시절을 즐겼고 이후 미국의 명문대를 3군데나 졸업하며 학업을 마쳤습니다. 무역과 정치가 전문인 그녀는 졸업 이후 정부의 요직에 들어가 많은 나라와의 무역 협상을 성공적으로 이끌어 능력을 인정받아 '철의 여인'이란 별명을 얻게 되었지만 그녀에게도 사랑이라는 가슴 아픈 실패가 있었습니다.

유람선의 마술사를 했던 남편은 아내와 자신의 수준 차이를 비관하며 알코올 중독자로 살았습니다.

슈와브는 그를 사랑했기에 자신이 할 수 있는 모든 것을 했지만 결국 남편은 죽고 말았습니다. 그녀는 아직도 사랑을 추억하며 지금도 남편 이야기가 나오면 눈물을 흘리고 맙니다.

믿음과 소망과 사랑 중에도 사랑이 제일입니다. 나를 사랑하고, 내가 사랑하는 사람들에게 언제나 감사한 마음을 표현하십시오.

 주님! 다른 어떤 것보다도 사랑을 먼저 품게 하소서.
 가족 혹은 친구에게 사랑한다고 먼저 고백하십시오.

나의 영적 일지

1월 11일

가치관의 변화

● 고후 5:17 그런즉 누구든지 그리스도 안에 있으면 새로운 피조물이라 이전 것은 지나갔으니 보라 새 것이 되었도다

세계에서 최고의 부자가 누구냐고 묻는다면, 사람들은 아직도 대부분 빌게이츠라고 대답합니다.

세계에서 기부를 가장 많이 하는 사람이 누구냐고 물어도 대답은 마찬가지입니다.

하지만 그는 90년대 초만 해도 기부에는 전혀 관심이 없었고 사람들도 그를 돈을 벌 기회만 노리는 기업 사냥꾼으로 생각했습니다. 이런 그가 자선 사업에 눈을 돌리게 된 것은 아프리카를 체험하고 온 그의 아내 덕분이었습니다.

아내 멜린다는 아프리카를 여행하다가 그 지역의 생활상에 엄청난 충격을 받게 됩니다. 그가 여행하는 도중에 신발을 신고 있는 여성을 한 명도 만나지 못했기 때문입니다. 그는 귀국 후 곧바로 자선활동에 힘썼고 동시에 세계 최고의 부자인 자신의 남편을 설득하기 시작했습니다. 그 후 지금은 모두가 아는 바와 같이 빌게이츠는 사랑받는 세계적인 부자의 전형이 되었습니다.

작은 가치관의 변화가 기업 사냥꾼에서 세계빈곤을 퇴치시키겠다는 목표를 가진 자선 사업가로 만든 것입니다.

아무생각 없이 떠났던 아프리카 여행이 한 사람의 가치관을 변화시켰고, 그 결과는 세계 최대의 자선 사업가를 태어나게 했습니다. 주님을 만난 뒤 우리의 가치관은 어떻게 변했습니까? 주위 사람의 가치관을 변화시킬 행동하는 믿음을 가진 그리스도인이 되십시오.

 주님! 선한 영향력을 끼치는 그리스도인 되게 하소서.

 하루를 생활하며 주위의 일들을 관심을 가지고 묵상하십시오.

나의 영적 일지

자신의 꿈

●갈 5:5 우리가 성령으로 믿음을 따라 의의 소망을 기다리노니

1월 12일

"**당**신은 무엇을 위해 살고 있는가?" 미얀마의 중심지인 양곤시에 있는 여호수아 청소년 훈련원 벽에 쓰여 있는 문구입니다.

이곳을 운영하는 조영생 선교사는 7년 째 미얀마에서 선교를 하고 있습니다. 그는 현재 3곳의 고아원과 15곳의 교회를 운영하고 있고 돌보는 고아들만 70여 명이 넘습니다. 지금은 사역이 자리를 잡아 순조롭게 진행되지만, 초기에는 사기도 많이 당하고 현지인들에게 상처를 많이 받아 수차례 귀국을 생각했습니다. 그러나 그럴 때마다 포기하지 않고 더 열린 마음으로 다가가는 노력 끝에 주민들과 신뢰를 쌓을 수 있었습니다.

조 선교사는 원래 육사에 합격해 성공적인 군인 생활을 꿈 꿨지만 육사생활중 하나님을 만난 뒤 신학의 꿈으로 바뀌었습니다. 신학을 하면서도 선교에는 관심이 없었지만 자신의 뜻과는 달리 점점 선교사가 될 수밖에 없는 상황으로 흘러갔고 결국에는 최종 선교지로 결정된 태국마저도 갑자기 미얀마로 바뀌게 되었지만 주님의 뜻에 따랐습니다.

육사시절엔 주위 사람의 기대에 대해서 품었던 꿈이 깨지고, 영접 후엔 자신도 뜻하지 않은 미얀마로 오게 됐지만 그는 미얀마에 와서야 자신의 사명을 깨닫게 되었다고 고백합니다.

우리의 꿈을 통해 우리뿐만 아니라 남들도 행복해져야 합니다. 꿈을 통해 사랑을 주고 영혼을 구원할 수 있어야 합니다. 하나님을 바라는 사람답게 진정한 꿈을 꾸십시오

 주님! 모두가 행복해지는 꿈을 품게 인도하여 주소서.
 자신이 무엇을 할 때 진정 행복한지, 보람을 느끼는지 적으십시오.

나의 영적 일지

1월 13일

천사의 손

●행 6:15 공중 중에 앉은 사람들이 다 스데반을 주목하여 보니 그 얼굴이 천사의 얼굴과 같더라

부산에는 '천사의 손'이라는 이름의 구두수선 가게가 있습니다. 보통의 구두수선가게는 도로변에 작은 공간에서 자리 잡고 영세하게 운영되고 있지만 '천사의 손'은 8명이나 되는 직원이 함께 일하고 있고 월수입도 이천만원이 넘는 큰 규모로 운영되고 있습니다.

이런 성공의 비결은 한택주 씨의 뛰어난 수선기술로 아무리 헌 구두를 맡기더라도 광이 나는 새 구두가 되어서 돌아오기 때문입니다. 한 씨의 기술은 전국으로 소문이 퍼져, 서울의 구둣방과 여러 명품업체에서도 기술을 배우기 위해 '천사의 손'을 찾아옵니다.

한 씨는 두 살 때부터 소아마비를 앓아 다리를 절었는데 사람들은 몸이 불편한 한 씨를 볼 때마다 비난을 했습니다.

"몸이 그래서 먹고 살겠어? 남에게 피해나 주지 말고 지내면 좋을 텐데."

사람들이 자신뿐만 아니라 가족에게도 그런 소릴 하는 것이 듣기 싫어 한 씨는 먹고 살 수 있는 기술을 익혀야 되겠다고 생각했고, 다리가 불편해도 할 수 있는 구두수선을 하게 되었습니다. 미지못해 배운 구두수선 기술이었지만 한 씨는 열심히 노력했고 그 배움의 과정에서 하나님을 영접하는 기쁨도 누릴 수 있었습니다. 하나님을 만나고 난 뒤 한 씨는 자신의 처지를 더 이상 불평하지 않았고 남에게 도움을 주기 위해 해외로 찾아가 신발을 직접 만들어 주었습니다. 가난 때문에 아이들이 대부분 신발을 신지 못하는 캄보디아에 매년 한 번씩 찾아가 천 켤레가 넘는 신발을 만들어 주는 한 씨의 손은 진짜 '천사의 손'입니다.

남을 위해 베푸는 손이 천사의 손이요. 남을 위해 돕는 사람이 바로 천사입니다. 인간 천사가 되십시오.

 주님! 우리가 서로 돕고 베푸는 천사와 같이 행하게 하소서.

 오늘 하루 누군가를 위한 천사가 되어 주십시오.

나의 영적 일지

장수의 비결

1월 14일

● 엡 6:2~3 네 아버지와 어머니를 공경하라 이것은 약속이 있는 첫 계명이니 이로써 네가 잘되고 땅에서 장수하리라

성경에는 장수가 하나님의 축복 중의 하나로 나옵니다. 단순히 오래 사는 것이 아닌 건강한 장수를 하려면 어떡해야 할까요?

많은 조사기관들이 유명한 장수촌들을 연구한 결과 몇 가지 공통점이 나왔습니다.

첫째로 장수촌의 노인들은 혼자서 1500평이 넘는 농사를 할 정도로 부지런히 움직였습니다. 현대인들은 점점 편한 것을 추구하지만 장수의 비결은 부지런함에 있었습니다.

둘째는 이들은 자연환경에 그대로 적응하며 살면서 나물과 곡물 위주로 섭취했습니다. 또한 규칙적으로 식사를 하며 자극적인 맛을 싫어했고 재료 그대로의 맛을 즐겼습니다.

셋째로 항상 깊이 생각했고, 8시간 이상 푹 자며 매사에 감사했으며 즐겁게 노래하는 감성적인 삶을 살았습니다.

의술에 의한 장수가 아닌 진정 건강한 장수의 비결은 바로 자연스러움이었습니다. 하나님이 창조한 자연의 섭리를 거스르지 않고 그것에 순응하며 감사하며 살 때 진정한 편안함을 느끼며 장수할 수 있습니다.

현대인들은 많은 스트레스와 함께 살아가고 있습니다. 장수의 복을 누리기 위해 조금만 더 불편하게 조금만 더 느리게 여유를 가지고 하루를 살아보십시오.

 주님! 여유를 가지고 창조의 섭리를 따라 살게 하소서!

 오늘 하루 사이사이 틈을 내어 주위를 둘러보며 여유를 가지십시오.

나의 영적 일지

1월 15일

시련에 대한 감사

● 욥 23:10 그러나 내가 가는 길을 그가 아시나니 그가 나를 단련하신 후에는 내가 순금 같이 되어 나오리라

김주희 씨는 한국 최초의 여자복싱 세계챔피언 입니다. 세계 챔피언 벨트를 두 개나 가지고 있을 정도로 천부적인 재능을 지닌 복서이지만 그 화려함 이면에는 수많은 시련들이 있었습니다. 그녀는 어렸을 때부터 소녀 가장으로 가난과 싸워 왔습니다.

우연히 지금의 관장님을 만나게 되어 복싱에 입문해 재능을 발견하고 승승장구하며 세계 챔피언이 되었으나 발가락 골수염이라는 부상을 당해 벨트를 반납해야 했습니다.

발가락뼈의 일부를 잘라내는 수술까지 받은 그녀는 사람들에게 점점 잊혀갔지만 시련의 과정 속에서 하나님의 실존을 확인하며 용기를 내어 힘든 재활을 거쳐 다시 한 번 세계챔피언 자리에 오르게 됩니다.

그녀는 수많은 시련 속에서 하나님을 체험했기에 경기 전후에 항상 기도를 드리며 "나에게 주신 시련에 감사합니다"라는 말을 자주 하곤 합니다. 세계챔피언 이라는 타이틀에도 불구하고 인기가 없는 여자복싱이기 때문에 재정적으로 넉넉지 못하지만 그녀는 어려운 사람들을 위해 돕는 일에도 힘쓰고 있습니다.

많은 사람들이 시련과 고통의 문제에 대해서 이해하지 못합니다. 때때로 주님을 원망하기 까지 합니다.

그러나 모든 고통과 시련에는 이유가 있고 결국에 그것은 우리를 더욱 성장하게 한다는 사실을 기억하십시오.

 주님! 당장의 고통보다 훗날의 영광을 바라보게 하소서.

 시련을 만날 때마다 더욱 주님께 감사하십시오.

나의 영적 일지

미인대칭

1월 16일

● 고전 16:20 모든 형제도 너희에게 문안하니 너희는 거룩하게 입맞춤으로 서로 문안하라

미소, 인사, 대화, 칭찬을 줄여 미인대칭이라고 부릅니다. 이 운동을 시작한 김기현 목사님은 성지순례를 떠났다가 우연히 만난 외국인의 환한 미소에 감동을 받고 자신도 그런 따스함을 나눠주기 위해 이 운동을 시작하였습니다.

목사님은 한국에 돌아오자마자 서울 신림동에서 길을 오가는 시민들에게 90도로 숙여서 정중하게 인사를 하며 미소를 건넸습니다. 그렇게 며칠을 했지만 아무도 신경 쓰지 않았고 오히려 정치인으로 오해하는 사람들도 생겼습니다.

그러나 목사님은 포기하지 않고 1년 동안 계속해서 인사했고 결국 한 두 명씩 마음의 문을 열고 인사를 나누게 되었습니다. 목사님은 환한 미소로 서로 인사하고, 남을 헐뜯지 말고 칭찬과 사랑이 가득한 대화를 하자고 얘기합니다.

현재 각종 기업체와 대학, 교회 같은 곳에서 강의를 하느라 바쁜 일정을 보내고 있지만 버는 것 이상을 남들에게 도와주기 때문에 아직도 세 식구와 함께 단칸방에서 삽니다.

그러나 식구들 모두 불평 없이 김 목사와 함께 미인대칭 운동에 참여하며 언제나 아침을 웃으면서 시작한다고 합니다.

간단한 인사부터 따스한 마음으로 먼저 실천하십시오. 창피함과 망설임은 버려두고 만나는 사람들에게 먼저 미소로 인사를 건네십시오.

 주님! 먼저 다가가고 손 내밀 수 있는 믿음을 주소서!
 오늘부터 가까운 영역에서 미인대칭운동을 시작하십시오.

나의 영적 일지

1월 17일

어린아이들의 천국

● 마 18:3 이르시되 진실로 너희에게 이르노니 너희가 돌이켜 어린 아이들과 같이 되지 아니하면 결단코 천국에 들어가지 못하리라

1864년 링컨의 집무실로 한 편지가 도착했습니다. 그 편지에는 사람을 노예로 삼는 것은 부당하다며 노예들을 해방시켜달라는 내용이 쓰여 있었습니다.

정의감과 사랑이 가득한 지식인이 썼을 것 같은 이 편지는 사실 한 어린이가 보낸 것이라고 합니다. 그는 자신과 비슷한 또래의 어린이 노예들을 보고 비통함을 느껴 편지로 탄원한 것입니다.

당시의 지식 있고 연륜이 있는 수많은 어른들도 노예제도를 이용한 인권을 지키려고 안간힘을 쓰고 있는 때에 아무것도 모를 것 같은 어린이가 정의로움이 넘치는 행동을 보여준 것입니다. 링컨은 이 편지를 보고 크게 기뻐했으며 다음과 같이 답장을 썼습니다.

"어린이 노예를 해방시키는 것은 하나님의 뜻입니다. 비록 나는 그럴 힘이 없지만 하나님은 능히 그럴 힘이 있으며 또 그렇게 하고 있습니다. 그리고 이 사실을 그들도 기억할 것으로 믿습니다. 어린아이들의 마음이 정의와 너그러움으로 가득한 것을 보고 저는 매우 큰 기쁨을 느낍니다."

링컨이 다시 보낸 이 탄원서에는 195명의 어린이가 서명을 했으며 이것은 최근 소더비 경매에 나와 340만 달러에 팔려 자필로는 역대 최고가를 기록했다고 합니다.

아이들은 순수하게 세상을 바라보기에 우린 아이들을 통해 많은 것을 배울 수 있습니다. 나이가 어리다는 이유로 아이들을 무시하지 말고 사랑으로 대해 주십시오.

 주님! 어린이와 같은 순수한 마음으로 모든 걸 느끼게 하소서!
 오늘 만나는 어린이들을 사랑으로 대해 주십시오.

하나님의 이미지

1월 18일

● 행 17:24 우주와 그 가운데 있는 만물을 지으신 하나님께서는 천지의 주재시니 손으로 지은 전에 계시지 아니하시고

당신의 하나님은 어떤 분입니까?"라는 질문을 한 번쯤 들어보셨을 겁니다. 사람들이 갖고 있는 하나님의 이미지는 어떤 것일까요?

미국 텍사스의 베일러 대학의 종교연구소가 이런 의문을 가지고 사람들의 종교성향에 대해 조사를 했습니다.

첫 번째 질문은 '하나님이 한 분이심을 믿는가?'였습니다.

결과는 100%에 가까운 사람들이 그렇다고 했습니다.

하지만 하나님의 이미지를 묻는 조사에서는 판이한 결과가 나왔습니다.

30%정도의 사람들은 악을 응징하는 권위적인 하나님으로 생각했고 20%정도의 사람들이 각각 사랑과 용서의 자비로운 하나님과 심판을 준비하는 비판적인 하나님으로 생각했습니다. 그리고 나머지 15%정도는 세상일에 전혀 상관하지 않는 무관심한 하나님이라고 응답했습니다.

조사대상은 모두 학력과 인종 그리고 사는 지역이 달랐으나 전체적으로 분석한 결과 크게 4가지의 이미지로 구분되었습니다. 한 분이신 하나님을 서로 다른 이미지로 믿고 있었습니다.

하나님을 우리의 생각으로 제한해서는 안 됩니다. 그분은 무한하시며 우리 생각의 생각 이상이십니다. 우리 삶에 나타나는 그분을 있는 그대로 인정하고 받아들이십시오.

 주님! 하나님의 무한한 영광을 나의 짧은 생각으로 제한하지 않게 하소서.
 내가 생각하던 하나님의 이미지를 일단은 잊으십시오.

나의 영적 일지

1월 19일 마음의 한계

● 요 14:12 내가 진실로 진실로 너희에게 이르노니 나를 믿는 자는 내가 하는 일을 그도 할 것이요 또한 그보다 큰 일도 하리니 이는 내가 아버지께로 감이라

사람은 주위 환경의 영향을 받으며 성장합니다. 이런 성장과정을 통해 일종의 자신만의 세상을 보는 눈이 생기는데 이것을 심리학 용어로 프레임이라고 합니다. 이 프레임은 보통 고정관념과, 편견 등 부정적인 작용을 하지만 긍정적인 방향으로 구성하면 자신의 한계를 깨고 훨씬 좋은 방향으로 세상을 바라볼 수 있습니다.

서울대 심리학과의 최인철 교수는 프레임을 좋은 방향으로 바꾸는데 유용한 몇 가지 방법에 대해서 다음과 같이 얘기했습니다.

① 결과보다 의미를 중심에 두어야 결과가 만족스럽지 않아도 그 과정을 통해 의미를 찾을 수 있고 프레임을 성장시킬 수 있습니다.

② 현재에 집중해야 합니다. 과거의 실수에 얽매이면 프레임도 부정적으로 생길 수밖에 없기 때문입니다.

③ 항상 긍정적인 언어로 말해야 합니다. 부정적인 단어를 말하는 순간 그것은 의지와는 상관없이 떠오르기 때문입니다.

④ 위대한 프레임을 반복해서 떠올립니다. 큰 도움이 됐던 순간의 프레임을 다시 떠올리면 그때의 감정을 다시 느끼게 됩니다. 이것을 반복함으로써 우리의 일반적인 프레임이 더욱더 긍정적으로 바뀌게 되고 내가 생각했던 마음의 한계를 깰 수 있습니다.

예수님께선 믿음이 있다면 무엇이든 이룰 수 있다고 하셨습니다. 스스로를 낮게 보지 말고 주님이 약속하신 놀라운 일들을 우리 삶속에서 이루기 위해 마음의 한계를 깨십시오.

 주님! 하나님의 아들에 걸맞는 생각과 시선을 주소서.

 할 수 없다고 생각했던 것들을 모두 적고, '할 수 있다'로 고치십시오.

행복을 결정하는 것

1월 20일

● 눅 17:20~21 하나님의 나라는 볼 수 있게 임하는 것이 아니요. 또 여기 있다 저기 있다고도 못하리니 하나님의 나라는 너희 안에 있느니라

어느 날 신문을 보던 중 같은 면에 실린 두 개의 기사가 너무도 상반된 내용을 담고 있어서 흥미로웠습니다.

위 기사는 노벨문학상을 수상한 영국의 도리스 레싱에 대한 이야기였습니다.

수상 소식을 들은 도리스는 너무 기뻐하며 좋아했지만 유명세로 인해 작품 활동을 멈추고 인터뷰와 사진촬영만 하다가 건강이 악화되어 시상식에도 참석하지 못했습니다. 외출조차 맘대로 할 수 없게 된 도리스는 노벨상은 오히려 재앙이었다며 수상을 후회한다고 말했습니다.

그 밑의 기사는 고졸 검정고시를 최고령으로 합격한 이종희 할머니에 대한 기사였습니다.

일흔이 넘은 나이지만 더 배우고 싶다며 공부를 시작한 이종희 할머니는 그저 마음껏 공부할 수 있는 것이 축복이라며 배우지 못한 갈증을 풀 수 있어서 너무 행복하다고 말했습니다.

30여 년 동안 봉사활동을 해 오신 이종희 할머니는 앞으로 대학교도 진학해 남들을 체계적으로 돕는 방법에 대해 공부하고 싶다며 자신의 꿈을 이야기 했습니다. 행복을 결정하는 것은 그것을 하고 있는 사람의 마음이었습니다.

행복해지기 위한 방법은 간단합니다. 마음의 조건을 행복에 맞추십시오.

 주님! 작은 일에도 감사하는 마음을 갖게 하소서.
 안 좋은 상황에서도 언제나 긍정적인 조건을 찾으십시오.

나의 영적 일지

1월 21일

하버드 대학의 행복 전도사

●신 10:13 내가 오늘 네 행복을 위하여 네게 명하는 여호와의 명령과 규례를 지킬 것이 아니냐

미국 하버드 대학의 학생들은 최고의 엘리트들이지만 엄청난 학습량과 치열한 경쟁으로 삶에 대한 만족도는 매우 낮은 수준이었습니다.

이런 하버드에서 '긍정 심리학'이란 강좌로 학생들에게 행복해지는 법에 대한 강의를 하는 샤하르 교수가 학생들에게 전하는 「행복 육계명」은 다음과 같습니다.

① 인간적인 감정은 자연스러운 것입니다. 부정적인 감정이라 하더라도 그것을 자연스럽게 받아들이면 극복하기가 쉬우니 받아들이십시오.

② 행복은 즐거움과 의미가 만나는 곳에 있습니다. 일을 하며 즐거움을 느낄 수 있어야 합니다. 삶의 의미를 찾을 수 있는 일을 하십시오.

③ 행복은 돈과 권력이 아닌 마음먹기에 달려 있습니다. 돈과 명예가 행복을 만들진 못합니다. 행복에 가장 필요한 긍정적인 마음을 가지십시오.

④ 너무 많은 일을 하다보면 삶에 대해 돌아볼 여유마저 없어지고 맙니다. 단순하게 사십시오.

⑤ 육체가 건강해야 마음도 잘 다스릴 수 있고, 좋은 마음을 품어야 몸도 건강해질 수 있습니다. 몸과 마음이 하나라는 것을 기억하십시오.

⑥ 기회가 있을 때마다 감사를 표현하십시오. 우리의 삶에서 당연하게 느끼는 많은 부분이 실은 엄청난 축복이라는 것을 알아야 합니다. 아름다운 자연, 좋은 음식 등을 접할 때마다 감사한 마음을 품으며 순간을 즐기십시오.

진정한 행복은 주님 안에 거하며 감사한 마음으로 살아갈 때만이 누릴 수 있습니다. 감사하는 생활을 하십시오.

 주님! 마음 속 주님을 만남으로 진정한 행복을 찾게 하소서.
 일상의 축복을 느끼며 주님께 감사하십시오.

나의 영적 일지

한 가지 더

1월 22일

● 눅 10:27 대답하여 이르되 네 마음을 다하며 목숨을 다하며 힘을 다하며 뜻을 다하여 주 너의 하나님을 사랑하고 또한 네 이웃을 네 자신 같이 사랑하라 하였나이다

서민들의 암울한 상황을 해학적으로 재치 있게 표현했던 희극배우 채플린은 불우한 가정환경으로 인해 어려서부터 거의 혼자 자라다시피 했습니다.

그는 배우로 성공하기 전까진 여러 일들을 했는데, 철공소에서 일을 하고 있었을 때였습니다.

작업이 밀려 직원뿐만 아니라 사장님까지 업무를 돕고 있었는데, 그 와중에 사장이 채플린에게 '빵' 심부름을 시켰습니다.

채플린도 일 때문에 바빴지만 그는 순순히 시킨 대로 빵을 사왔습니다. 하지만 너무 바빴기 때문에 일이 모두 끝난 저녁에나 사장은 채플린이 사온 빵 봉투를 열어볼 수 있었는데, 안에는 빵 뿐 아니라 와인까지 한 병 들어 있었습니다. 아무리 생각해도 자신은 분명 '빵'만 사오라고 시킨 것 같은데 왜 와인이 들어있는지 궁금한 사장이 이유를 물었습니다.

"사장님은 언제나 일을 끝내고 와인을 드셨는데, 오늘 아침에 확인해 본 결과 와인이 모두 떨어졌기에 빵을 사러가는 김에 함께 사왔습니다."

사장님은 채플린의 눈썰미에 감탄하며 당장 다음날부터 그의 급료를 올려주었습니다.

귀찮은 심부름에서 채플린은 '마음의 정성'을 보였습니다.

하나님을 향한 우리의 정성도 이래야 합니다. 마음을 다하고 뜻을 다하여 나의 하나님을 사랑하십시오.

 주님! 주님의 마음을 알게 하소서.
 신앙과 경건생활 열심을 더하십시오.

나의 영적 일지

1월 23일

고이면 썩는다

● 요 7:38 나를 믿는 자는 성경에 이름과 같이 그 배에서 생수의 강이 흘러 나오리라 하시니

마더 테레사가 미국을 방문했을 때 한 귀부인이 테레사를 찾아와 고민을 털어놓았습니다.

"매일 반복되는 삶에 의욕을 잃고 말았습니다. 매일 하는 일에, 매일 같은 사람들... 그저 아무것도 하기 싫고, 어쩔 땐 죽는 것이 더 나을 수도 있다는 생각이 들곤 합니다."

테레사는 특유의 온화한 미소를 지으며 부인의 손을 잡고 말했습니다.

"마침 잘됐습니다. 제가 있는 인도로 온다면 새로운 삶을 찾으실 수 있을 겁니다."

아무리 자신이 존경하는 테레사라 해도 갑자기 인도로 떠나는 것은 망설여질 수밖에 없었지만 어쨌든 여기보단 나을 것 같아 무작정 떠났습니다. 그녀가 도착한 인도에는 도움이 필요한 사람들이 너무 많아서 잠시도 쉴 틈이 없었는데 그 광경을 지켜보던 부인도 어느새 일손을 거들고 있었습니다. 남들을 돕는 동안 부인은 점점 삶의 의욕이 다시 샘솟았고 마음속에 알 수 없는 기쁨과 행복이 생기며 걱정은 모두 사라지고 말았습니다.

부인은 기쁜 얼굴로 마더 테레사에게 말했습니다.

"내가 할 일이 아직도 많다는 걸 깨달았습니다. 삶의 의미를 줄 수 있는 것을 찾아 그것을 위해 힘쓰는 것이 인생이라는 것을 알게 해주셔서 감사합니다."

삶의 의미를 찾을 수 없고 의욕이 사라질 때는 더 낮은 곳을 바라보십시오. 걱정과 근심을 잠시 미뤄두고 어려운 이들을 위해 낮은 곳으로 사랑을 흘려 보내십시오.

 주님! 삶의 의미를 봉사와 사랑을 통해 찾게 하소서.

 내가 도울 수 있는 이웃들을 찾아 정기적으로 봉사하십시오.

나의 영적 일지

꿈보다 해몽

1월 24일

● 미 5:12 내가 또 복술을 네 손에서 끊으리니 네게 다시는 점쟁이가 없게 될 것이며

조선시대 점을 잘 보기로 소문난 도사가 있었습니다. 하루는 마을에서 가장 똑똑한 청년 3명이 과거 시험을 보러 한양으로 올라가게 되었는데, 도사를 찾아가보기로 했습니다.

도사는 청년들의 이야기를 듣고는 조용히 한 손가락을 내밀고는 말했습니다.

"시간이 지나면 이것이 무슨 뜻인지 알게 될 겁니다. 하늘의 뜻이기 때문에 지금은 말할 수 없습니다."

청년들이 떠난 후 도사의 제자가 물었습니다.

"도사님, 세 명 중 한 명만 합격된다는 말씀이십니까?"

"세 명 중 한 명이 붙게 된다면 그런 뜻이겠지"

"그럼 만약에 두 명이 붙는다면 점괘가 틀린 것입니까?"

"아니다, 그럴 땐 한 명이 붙지 못한다는 뜻이 되는 것이다."

"그럼 만약에 세 명이 모두 붙는다면 뭐라고 말씀하실 것입니까?"

"그땐 하나도 빠짐없이 붙는다는 뜻이 되는 것이니라."

미래를 두려워하지 마십시오. 하나님은 우리의 미래를 인도하십니다.

우리는 하나님의 자녀로서 세상의 빛과 소금으로 귀하게 쓰임 받을 것입니다. 주님을 의지하십시오.

 주님! 우리에겐 확실한 미래가 보장되어 있음을 알게 하소서.

 나를 향한 하나님의 계획이 완전함을 믿으십시오.

나의 영적 일지

믿는 자들의 표적

● 눅 2:12 너희가 가서 강보에 싸여 구유에 뉘어 있는 아기를 보리니 이것이 너희에게 표적이니라 하더니

나이아가라폭포에 관광을 온 한 남자가 폭포를 둘러보는 도중 목도 마르고 마침 '폭포수는 어떤 맛일까?' 하는 호기심이 생겨 물을 마셔 보았습니다. 시원하게 마신 후 돌아서는 순간 바로 옆에 "POISON"이라고 쓰인 팻말을 보게 되었습니다.

POISON은 독이라는 뜻이었기 때문에 관광객은 그 물이 오염된 물인 줄 알고 깜짝 놀랐습니다. 아니나 다를까 배가 점점 아파오기 시작하면서 점점 참을 수 없게 되어 곧바로 차를 타고 인근의 병원으로 가서 진찰을 받았습니다. 배가 아프다는 말에 의사는 서둘러 진찰을 하고서는 의아한 얼굴로 물었습니다.

"진찰 결과 아무런 이상이 없습니다. 혹시 배가 아픈 짐작되는 이유라도 있으십니까?"

관광객은 자신이 마신 폭포수에 대해서 설명했고 그 말을 듣자 그 자리에 있던 사람들은 모두 큰 소리로 웃기 시작했습니다.

"이보시오 선생, 거기 적힌 POISON은 프랑스어로 낚시금지라는 뜻이오."

나이아가라폭포를 가장 먼저 발견한 사람은 프랑스의 한 선교사로 해마다 프랑스에서도 많은 관광객들이 찾아오기 때문에 프랑스어 푯말을 붙여놓은 것을 보고 착각을 한 것입니다.

생각은 우리들의 행동에 강한 영향을 미칩니다. 전능한 하나님을 바라보고 영원한 나라를 생각하면 악한 권세는 우리에게 힘을 미칠 수가 없습니다. 우리의 모든 것을 그분에게만 집중하십시오.

 주님! 주님과 주님의 나라를 먼저 생각하게 하소서.

 모든 생각과 행동을 하나님과 하늘의 일에 맞추십시오.

나의 영적 일지

시험이 닥칠 때에

1월 26일

● 고전 10:13 사람이 감당할 시험 밖에는 너희가 당한 것이 없나니 오직 하나님은 미쁘사 너희가 감당하지 못할 시험 당함을 허락하지 아니하시고 시험 당할 즈음에 또한 피할 길을 내사 너희로 능히 감당하게 하시느니라

소크라테스의 아내인 '크샨티페'는 세계 3대 악처 중 한 명으로 유명합니다.

그리스 사람들도 대 철학자로 추앙받는 소크라테스가 왜 그런 아내와 사는지 궁금해 했습니다.

하루는 길거리에서 토론을 하고 돌아오는 소크라테스에게 한 친구가 크샨티페에 대해서 물었습니다.

"나에게 자네와 같은 아내가 있었다면 집에 절대 돌아가고 싶지 않았을 텐데 자네는 아무렇지도 않게 매일 정해진 시간에 맞춰 들어가는군?"

"난폭한 말을 잘 다루게 되면 다른 말들을 다루는 것은 쉬운 일이 된다네, 내가 크샨티페의 바가지를 견딜 수 있다면 다른 일들 역시 수월하게 이겨낼 수 있을 걸세."

다음 날 역시 같은 친구가 소크라테스에게 와서 물었습니다.

"자네의 아내는 잔소리를 많이 하는 것으로 유명하던데 그건 어떻게 버틸 수 있지?"

"물레방아 돌아가는 소리도 귀에 익기만 한다면 전혀 괴롭지 않다네."

사회생활을 하다보면 특히 인간관계에서 힘들 때가 많지만 이런 시험들은 우리를 성장시켜 주는 것들입니다. 그런 상황들 속에서도 사랑과 자비를 베풀고 용서하십시오.

 주님! 어려운 순간들을 통해 더욱 말씀을 실천하게 하소서.

 인간관계에서 어려움이 찾아올 때 더욱 사랑의 덕목을 실천하십시오.

나의 영적 일지

1월 27일 당연한 일이라도

● 엡 5:15 그런즉 너희가 어떻게 행할 지를 자세히 주의하여 지혜 없는 자 같이 말고 오직 지혜 있는 자 같이 하여

항해를 하던 큰 배가 도중에 암초에 걸려 난파해 열 명의 선원들만이 겨우 살아남아 근처의 무인도에 표류하게 되었습니다.

사방은 모두 바다였고 섬에는 물과 식량으로 쓸 수 있는 열매가 하나도 없었습니다. 선원들은 아무것도 먹지 못한 채로 견디면서 그동안 근처에 구조선이 도착하는 기적과 같은 상황을 바랄 수밖에 없었지만 물조차 마시지 못했기에 금세 한계에 부딪히고 말았습니다.

선원들은 한 명 한 명 괴롭게 죽어갔고 마지막 한 명만이 살아남게 되었습니다. 그러나 그 선원 역시 갈증을 견디지 못하고 한계에 부딪혔고 '어차피 죽는 거 바닷물이나 마셔보자'라고 생각하며 해변으로 달려가 물을 벌컥벌컥 마셨습니다.

"어? 물이 전혀 짜지 않은데? 내 몸에 이상이 생겼나?"

바닷물이 짜지 않다는 걸 믿을 수 없었지만 선원은 그 물 덕분에 더 오랜 시간을 버틸 수가 있었고 구조대를 만날 수 있었습니다.

당국에서 그 무인도를 조사한 결과 해변에서 지하수가 나오고 있었기 때문에 바닷물이 들어오더라도 마실 수 있다는 결과가 나왔습니다.

바닷물이 짜다는 것은 당연한 일이고, 해변에서 지하수가 나올 가능성은 매우 희박하지만 그래도 그것을 마시려고 시도한 선원만이 살아남을 수 있었습니다. 실패할 것이 자명해 보이는 무모한 일이라도 그것이 해볼 가치가 있다면 용기 있게 도전해 보십시오.

 주님! 불가능을 가능케 했던 이들을 기억하게 하소서.

 실패가 당연한 일이라도 가능성을 믿고 도전해 보십시오.

나의 영적 일지

행운의 미키 마우스

1월 28일

● 빌 4:12 나는 비천에 처할 줄도 알고 풍부에 처할 줄도 알아 모든 일 곧 배부름과 배고픔과 풍부와 궁핍에도 처할 줄 아는 일체의 비결을 배웠노라

한국계 미국인 미식축구 선수인 하인즈 워드는 혼혈아라는 이유로 어린 시절부터 주위의 아이들에게 심한 차별을 받았다고 합니다.

집안 환경까지 좋지 않아 어려서부터 고생을 심하게 한 워즈는 힘들 때마다 자신이 좋아하는 미키 마우스를 떠올리며 이겨냈다고 합니다.

커서는 아예 자신의 오른 팔에 미키마우스 문신을 하고 따돌림, 가난, 육체적 어려움과 같은 힘든 순간이 찾아올 때마다 언제나 자신의 오른팔에 있는 미키마우스를 보며 미소 지으며 이겨내곤 했습니다.

그렇게 쌓은 실력으로 프로구단에도 인정받아 피츠버그 스틸러스에 입단한 워즈는 경기를 하는 도중에 상대방의 심한 태클을 당하거나 인종과 관련된 모욕을 당하더라도 언제나 웃는 얼굴로 일어나 곧바로 다음 플레이를 준비했습니다.

언제나 워즈를 웃게 만드는 역할을 한 미키 마우스가 있었기에 그는 2006년 슈퍼볼 결승전에서도 뛰어난 활약을 보이며 MVP를 수상하는 큰 영예를 얻을 수 있었습니다.

말씀엔 우리 인생의 목표가 있고, 지칠 땐 쉼과 평안을 주며 인생을 살아갈 에너지를 줍니다. 주님의 말씀을 읽으며 그것을 마음에서 떠나게 하지 마십시오.

 주님! 주님을 바라보고 생각함으로 다시 설 수 있는 믿음 갖게 하소서.

 힘들 때 나에게 힘이 되는 말씀과 믿음의 위인을 정해보십시오.

나의 영적 일지

희망봉

1월 29일

● 행 2:26 그러므로 내 마음이 기뻐하였고 내 혀도 즐거워하였으며 육체도 희망에 거하리니

아프리카 최남단의 케이프타운의 맨 끝에는 희망봉이라는 곳이 있습니다. 포르투갈의 탐험가 바스코 다 가마가 이곳을 이용해 인도로 가는 항로를 개척한 뒤에 포르투갈 왕이 희망봉이라는 이름을 붙여 주었습니다.

그러나 희망봉은 원래 '폭풍의 기슭'이라는 이름으로 토착민들에게 불렸는데 원체 물살이 세고, 암석들이 많아서 그 누구도 지나갈 수 없을 것 같이 보였기 때문에 붙여진 이름이었습니다. 바스코 다 가마 역시 그곳을 지날 때 많은 의심이 들었습니다,

'이곳을 지나면 인도가 나올 것인가?'

'아니, 그보다 이곳을 무사히 지날 수 있을 것인가?'

하지만 그런 의심을 뒤로하고 희망봉을 지났을 때 이전의 거친 바다와는 전혀 다른 잔잔한 바다와 아름다운 해변이 있는 인도양이 나타났다고 합니다.

이 항로를 이용해 인도에서 후추와 다양한 특산물들을 들여온 포르투갈은 다른 나라와의 무역을 통해 많은 이득을 올릴 수도 있었습니다. 폭풍의 기슭을 정복하자 정말로 희망이 나타난 것입니다.

수백 년 동안 '폭풍의 기슭'으로 불리던 험한 곳이 한 사람의 탐험가에 의해 '희망봉'으로 변하게 되었습니다. 전능하신 하나님을 믿는 우리들은 우리의 삶으로 다른 사람들에게 더 나은 방향을 제시해 주어야 합니다.

다른 사람들이 봤을 땐 어렵고 힘들고 심지어 어리석어 보일 수도 있는 일들이지만 그것들이 얼마나 가치 있고 의미 있는 것인지 알게 해 주십시오.

 주님! 주님의 도와 법을 따르는 것을 삶으로 보이게 하소서.

 주일 성수와, 매일의 경건시간을 하면서도 업무를 완벽하게 수행하십시오.

나의 영적 일지

껍데기사람, 속사람

1월 30일

● 엡 3:16 그의 영광의 풍성함을 따라 그의 성령으로 말미암아 너희 속사람을 능력으로 강건하게 하시오며

겁이 매우 많은 쥐가 한 마리 있었습니다. 이 쥐가 가장 무서워하는 것은 고양이였는데, 고양이만 없다면 맘 편히 살 수 있을 것 같았습니다. 그래서 하루는 자신을 만든 창조주에게 찾아가 고양이로 만들어 달라고 부탁을 했습니다.

창조주는 쥐의 처지가 너무 딱해 소원대로 해주었고 쥐는 자신이 고양이가 된 것을 보며 만족하며 돌아갔습니다. 그런데 좀 지내다 보니, 이제는 자신을 괴롭히는 개가 너무 무서웠습니다.

그리고 이번엔 자신을 아예 호랑이로 만들어달라고 부탁했고 창조주는 쥐의 소원을 다시 한 번 들어주었습니다.

쥐는 이제 맘 편히 살 수 있을 것 같았습니다. 하지만 시간이 지나자 호랑이를 사냥하는 사냥꾼이 있다는 걸 알고는 다시 두려워하며 어쩔 줄을 몰라 하고 있었습니다.

마침 호랑이로 만들어준 쥐가 잘 지내나 보러 온 창조주는 쥐의 그 모습을 보고는 한숨을 내쉬며 말했습니다.

"너를 세상의 어떤 것으로 만들어 준다고 해도 네 겁은 없어지지 않을 것 같구나, 너는 그냥 쥐로 살아가는 것이 제일 어울리니 다시 쥐가 되거라."

물론 교훈을 주기 위한 이야기입니다. 겉을 아무리 화려하게 꾸민다 하더라도, 속이 변하지 않으면 아무 소용이 없습니다. 주님의 말씀에는 우리의 속을 바꿀 능력이 있습니다.

 주님! 경건한 행동에 경건한 마음을 갖도록 인도하소서.
 겉으로 드러나는 행동에 맞는 속마음을 품으십시오.

나의 영적 일지

1월 31일

이제부터 시작이야!

● 요 16:14 그가 내 영광을 나타내리니 내 것을 가지고 너희에게 알리시겠음이라

초등학생이었던 소녀가 집안에서 혼자만 교회를 다녔는데 크리스마스가 다가와 교회 성가대 선생님께서 소녀에게 독창 순서를 마련해 주셨습니다. 소녀는 들뜬 마음으로 열심히 준비했는데, 발표회 당일이 되자 신앙이 없던 아빠는 밤 늦은 귀가가 염려돼 교회를 못가게 하셨습니다. 소녀는 아빠에게 울며 불며 매달렸지만 소용이 없었습니다. 소녀의 안쓰러운 모습을 보시던 엄마가 교회에 갈 수 있도록 도와주셨지만, 교회에 도착했을 때엔 소녀가 발표할 순서가 이미 끝난 뒤였고 전체적인 행사 역시 마무리 될 때 였습니다. 소녀는 떨리고 기어들어가는 목소리로 "선생님 죄송해요, 저 어떻해요" 라고 말했을 때 선생님은 웃으면서 말씀하셨습니다. "괜찮아, 아직 늦지 않았어. 지금부터 하면 돼!"

어린 소녀에게 선생님의 그 말씀은 큰 위로와 큰 희망과 큰 감동이 되었습니다. 드디어, 성도님들은 엔딩을 기다리며 집에 갈 준비들을 하고 있었지만, 소녀는 마음속으로 "이제부터 시작이야"라고 외치며 하나님을 찬양했습니다.

그 소녀는 커서 MBC주최 대학 가요제에 입상해 1990년대에 '유혹', '사랑은 유행이 아니야' '집시' '대단한 너'와 같은 노래들을 히트시키며 큰 인기를 끌었던 이재영씨로 MBC에서 뽑은 10대 신인 가수상을 받기도 했고, 뛰어난 가창력을 바탕으로 '맘마미아', '브로드웨이 42번가' 등 여러 편의 인기 뮤지컬의 여주인공을 맡았으며, 지금은 뮤지컬 배우로 활동하고 있습니다. 제가 국군중앙교회 집회에 갔을 때 재영씨는 그 집회에 군선교연합회 홍보대사로 찬양하러 왔다가 만났는데 간혹 제 집회 때도 특송을 하는 귀한 자매입니다. 현재 재영 씨는 바쁜 스케줄 속에서도 교회학교 교사와 성가대, 교회 찬양팀으로 헌신하고 있으며 공연 때마다 신우회를 만들어 함께 공연하는 뮤지컬 배우 동료들과 항상 공연 전에 기도하며 믿지 않는 동료들에게는 복음을 전하려고 노력하고 있습니다.

하나님께서 우리에게 주신 은사를 사용 하십시오.

 주님! 성령의 감화로 주위에 거룩한 영향을 끼치게 하소서.

 마음 속 성령님의 임재를 느껴보십시오.

● 스바냐 3:17

2월 1일
공부의 목적

● 고후 12:10 그러므로 내가 그리스도를 위하여 약한 것들과 능욕과 궁핍과 박해와 곤고를 기뻐하노니 이는 내가 약한 그 때에 강함이라

전하영 양은 서울대언어교육원에서 실시하고 있는 TEPS 시험에서 처음으로 만점을 받은 것으로 화제가 되었습니다. 고등학교 2학년이란 어린 나이에 그것도 처음 본 시험에서 만점을 받았기에 사람들의 놀라움은 더욱 컸습니다. 중2 때까지 가족과 함께 미국에서 살았던 전 양은 영어엔 항상 자신이 있었고 한국으로 다시 돌아온 중3 때는 TOEIC 시험에서도 만점을 받았습니다.

사람들은 전 양의 이런 모습을 보고 공부에 소질이 있다고 생각하지만 실제로 전학을 막 온 중3 중간고사 때에는 거의 전교 꼴찌에 가까운 성적을 받았습니다. 새롭게 바뀐 환경에 전혀 적응을 하지 못했기 때문입니다. 그러나 부모님은 딸에 대한 믿음을 잃지 않고 언제나 하나님께서 도와주실 거라며 격려해 주었고 그 격려를 통해 전 양은 자신의 이름처럼 공부로 '하'나님께 '영'광을 돌리겠다고 결심합니다.

이후에 자신감을 회복하기 위해 봤던 영어 관련 시험에서 모두 만점을 받고도 진학을 위해 손에서 책을 놓지 않을 정도로 열심히 공부를 했습니다. 이런 노력 끝에 성적은 놀랄 정도로 올랐고 외고에까지 합격했지만 곧 의료선교를 위해 하나님께 영광을 돌리겠다는 비전을 품고는 의대진학을 위해 일반 고등학교로 전학을 갔습니다. 성적도 상위권이고 여전히 열심히 공부하는 중이지만 아직 의대진학을 하기엔 많이 모자랍니다. 그럼에도 전 양은 전혀 불안하거나 스트레스를 받는 기색이 없습니다. 전 양은 하나님 안에서 불가능한 일이란 없다고 믿기 때문입니다. 우리가 주님을 믿는다면, 주님은 우리에게 능력을 부어주십니다. 목적을 하나님을 위해 정할 때 더욱 힘이 생기고 기쁨이 넘칠 것입니다. 하나님의 영광을 위해 사십시오.

 주님! 약함을 부끄러워하지 않고 말씀을 더욱 믿게 하소서.

 내가 원하는 일들의 목적이 무엇인지 생각해보십시오.

나의 영적 일지

지극히 작은 소자

2월 2일

●마 10:42 또 누구든지 제자의 이름으로 이 작은 자 중 하나에게 냉수 한 그릇이라도 주는 자는 내가 진실로 너희에게 이르노니 그 사람이 결단코 상을 잃지 아니하리라 하시니라

주일날 아침이면 서울대 병원 항암치료센터의 안내 데스크 위에는 초코파이와 요구르트가 수북이 쌓여있습니다. 항암치료를 받는 아이들을 위해서 서울대 병원 내의 교회 전도 팀들이 매주 준비해 놓은 것입니다.

백혈병에 걸린 영길이는 아무 생각 없이 나눠주는 초코파이를 먹다가 어느 날 누가 가져다주는 것인지 궁금증이 생겨서 어머니에게 물어보았습니다. 힘든 투병생활을 하면서도 파이를 너무나도 맛있게 먹는 영길이를 바라보며 어머니는 교회에서 가져다 준 것이라고 말해주었습니다. 그리고 시간이 흐르고 영길이는 병세가 악화되어 휠체어를 타고 다니게 되었는데, 갑자기 어머니에게 부탁을 했습니다. "엄마, 저 교회 좀 데려다주세요." 전도하러 찾아온 사람도 없었지만 영길이는 스스로 교회에 찾아갔습니다. 영길이는 힘들었던 투병생활을 마치고는 천국으로 갔고 영길이를 데려다 주며 교회에 갔던 부모님들까지 모두 예수님을 영접하게 되었습니다. 영길이의 아버지인 텔런트 김명국 씨는 아직도 영길이가 맛있게 먹던 초코파이를 가슴에서 지울 수가 없다며 영길이 덕분에 신앙을 갖고 교회를 다니며 주님을 간증할 수 있기에 너무 행복하고 감사하다고 고백합니다. 그리고 바쁜 스케줄에도 불구하고 영길이와 같이 아픈 환자를 살리기 위해 생명을 나누는 사람들이라는 장기기증 단체의 홍보대사를 하며 여러 집회에서 간증을 하고 있습니다.

'누구든 지극히 작은 소자 하나 에게 한 것이 곧 나에게 한 것이다' 라는 말씀처럼 평소 만나는 어렵고 힘든 사람들에게 사랑을 전하십시오. 초코파이 하나가 한 영혼을 교회로 이끌었고, 온 가족을 구원으로 인도했습니다. 항상 열린 마음으로 주위를 바라보십시오.

 주님! 작은 사람들에게 희망과 복음을 전하게 하소서.
 주위의 어려운 사람들을 주님이라고 생각해보십시오.

나의 영적 일지

2월 3일

행복이 넘치는 부부생활의 비결

●마 24:12 불법이 성하므로 많은 사람의 사랑이 식어지리라

홍현봉 목사님 부부는 두분 다 여든이 넘는 고령이십니다. 40년이 넘는 세월 동안 함께 살았지만 아직도 외출할 때는 두 손을 꼭 잡고 나가며, 언제나 서로 '사랑합니다' 라고 고백을 하며 드라이브를 자주 즐기곤 합니다. 농촌 선교에 꿈을 가진 홍 목사님을 뒷바라지 하느라 사모님은 야채장사부터 남의 가사일 도우미까지 안 해 본 일이 없었습니다. 그런데도 여의치 않을 때는 도토리죽을 끓여먹으며 생활해야 했습니다. 그러나 이런 어려운 상황 속에서도 홍 목사 부부는 싸움 한 번 하지 않고 서로를 더욱 의지했다고 합니다. 이런 사랑의 모습을 지켜본 덕분인지 자녀들에게 특별한 교육을 시키지 않았고 따로 목회자가 되라고 얘기한 적도 없지만 5남매 중 3명이 목회자가 됐고 나머지 2명도 목회와 관련된 일을 하고 있습니다.

이렇게 평생을 한 결같이 서로 사랑하며 행복하게 사는 부부생활의 비결은 무엇일까요?

우선 부부가 함께 기도하는 시간을 매일 가지라는 것입니다. 그리고 두 사람이 화를 함께 내는 경우가 없도록 조심하며 상대를 절대 다른 사람과 비교하지 않아야 합니다. 서로 감추는 것이 없이 모두 드러내며 잠자리를 들 때까지 화를 품지 말 것. 그리고 가장 중요한 것은 '언제나 첫사랑을 생각하며 그 느낌을 잃지 말 것'. 이런 비결들이 홍 목사님 부부를 언제나 서로를 신뢰하고 의지하는 세상에서 가장 행복한 부부로 만들었습니다.

행복한 부부생활은 노력에 의해서 만들어지는 것입니다. 서로가 신뢰하며 주님 안에 올바로 서려고 노력할 때 평생 의지하고 믿을 수 있는 인생의 진정한 동반자가 될 것입니다. 서로에 대해 감사하는 부부가 되십시오.

 주님! 언제나 서로 감사하고 사랑하는 믿음의 부부 되게 하소서.

 매달 하루를 부부의 날로 정하고 데이트를 즐기십시오.

나의 영적 일지

고학의 결실

2월 4일

● 요 16:33 이것을 너희에게 이르는 것은 너희로 내 안에서 평안을 누리게 하려 함이라 세상에서는 너희가 환난을 당하나 담대하라 내가 세상을 이기었노라

경제사정이 좋지 않아 힘들게 돈을 벌며 공부하는 것을 고학이라고 합니다. 서울 신대의 목창균 총장의 고학은 어렸을 때부터 시작됐고 유학시절까지 계속 이어졌습니다. 2세 때 아버지가 6.25사변으로 돌아가셨고 어머니도 전도사 생활을 하셨기 때문에 성결대를 졸업할 때까지 맘 편히 공부만 할 여유가 전혀 없었습니다. 그리고 졸업 후 유학을 가서도 공부와 함께 6년 정도를 교회 전도사와 학교 청소부등으로 일하며 돈을 벌어야 했습니다.

지금에 와서도 과거의 가장 힘들었던 일은 공부가 아닌 경제적인 어려움으로 인한 문제들이었다고 고백합니다.

이렇게 힘든 시절을 보냈기에 다른 사람의 어려움을 더 잘 알고 있던 목 총장은 자신의 일이 아무리 바빠도 누군가가 상담을 요청해오면 만사를 제치고 도와줍니다. 학교 도서관장을 하던 시절에는 공부하던 학생 중에 시위대가 있다며 들이닥친 전경들을 설득해서 돌려보내기도 했습니다.

그리고 2004년 서울신대 총장에 취임했을 때 그는 어려운 학생들을 위해 꾸준히 도울 수 있는 일을 하기로 결심했고 자신의 월급과 외부 강의비등을 꾸준히 모아 1억이 넘는 금액을 장학금으로 써달라며 쾌척했습니다. 알릴만한 일이 못 된다며 주위 사람들에게도 알리지 않아 같은 학교의 교수들도 신문에 난 기사를 보고 기부 사실을 알았다고 합니다. 자신과 같은 어려움을 겪는 학생들에게 도움을 주기 위해 노력하는 따뜻한 스승의 모습이었습니다.

우리가 받은 어려움을 없애고 싶다면 고통을 받고 있는 사람을 도와주면 됩니다. 대접 받고 싶은 대로 남을 대접하십시오.

 주님! 같은 고통을 겪은 사람들을 도울 수 있는 따뜻한 마음을 주소서.
 수입을 떼서 도움을 주고 싶은 단체에 정기적으로 후원하십시오.

나의 영적 일지

2월 5일

아는 것과 행하는 것

●약 2:17 이와 같이 행함이 없는 믿음은 그 자체가 죽은 것이라

"인간이 많은 것을 발명했지만 땅을 창조할 수는 없습니다. 오직 하나님만이 땅을 창조하셨으며 더 이상의 땅은 생기지 않고 있습니다. 그분만이 땅의 주인이시기 때문에 오직 분배와 사용방법의 권리를 갖고 계십니다."

2002년 세상을 떠난 대천덕 신부의 말입니다. 돌아가신지 몇 년이 지났지만 아직도 대 신부가 만든 영성 공동체 예수원과 함께 대 신부를 떠올리는 사람들이 많은 것은 그는 자기가 한 말대로 실천하는 사람이었기 때문입니다.

원래는 중국 선교사로 파송되었지만 우연한 기회에 한국을 방문한 대 신부는 성공회신학대의 전신인 성미가엘신학원을 설립합니다. 이후에 영적인 공동체 활동에 관심을 가지게 되었고 강원도 태백시에 예수원이라는 공동체를 만들어 코이노니아를 추구하며 살았습니다. 필요한 것은 하나님이 100% 공급하실 것이라는 믿음을 가진 그는 선교에 전혀 후원을 받지 않았습니다. 대 신부의 코이노니아 신학에 영향 받아서 이후부터 믿는 사람들의 성향이 바뀌게 되었습니다.

믿음이 개인생활의 차원에서 끝나는 것이 아니라 서로 나누며 한 지체로서 인정하고 행동하는 차원으로 성장하게 된 것입니다. 70이 넘는 나이에도 자신이 세운 원칙대로 기도와 일을 번갈아 가며 하고 하루에 세 번은 반드시 예배를 드렸던 대 신부는 말 뿐만 아니라 행동으로 본을 보이던 하나님 나라의 개척자였습니다.

'사상과 말이 일치하고 말과 행동이 일치하는 사람이야말로 존경 받을 만한 사람이다.'

나다니엘 호손의 큰 바위 얼굴에 나오는 말입니다.

우리의 하는 행동으로 주님을 전하십시오.

 주님! 말보다 행실로 주님을 드러내게 하소서.

 하루에 한 가지씩 선행을 정하고 실행하십시오.

나의 영적 일지

자신감의 원천

●롬 6:5 만일 우리가 그의 죽으심과 같은 모양으로 연합한 자가 되었으면 또한 그의 부활과 같은 모양으로 연합한 자도 되리라

2월 6일

벤자민 프랭클린은 미국에서 가장 존경 받는 인물 중의 하나입니다. 벤자민은 과학자면서 발명가이고 문학가이면서 또한 사회복지사였습니다. 게다가 정치적인 분야에서도 탁월한 능력을 보여 독립선언서 초안을 작성했을 뿐만 아니라 독립전쟁에서 프랑스의 참전을 이끌어내어 오늘의 미국을 있게 한 사람입니다. 그가 발명하고 영향을 끼친 제도들은 아직도 우리 사회에서 사용 중인 것들입니다. 그렇다면 모든 사람들이 다재다능하다고 인정하는 벤자민 프랭클린의 학력은 어떨까요?

얼핏 보기에는 명문대학 두 세군데는 나왔을 것 같지만 사실 그는 10살 때 학업을 그만둔 사람입니다. 초등학교도 못 나왔지만 푼푼히 돈을 모아 책을 사서 혼자 공부했습니다. 많은 사람들이 먹고 살기에 급급해 할 때도 그는 식비를 모아 미래에 투자했습니다. 그는 배우지 못하였다고 해서 실망하지 않았고 자신이 원하는 대로 되기 위해 최선을 다했습니다.

그가 성공을 위해 만든 스스로 지켜야 할 13가지 덕목 중에는 '예수님을 본받을 것'이라는 항목이 있습니다. 자신이 스스로 움츠러들지만 않는다면, 본받고 싶은 누군가가 있다면, 그 어떤 환경도 우리의 비전을 막을 수는 없습니다. 세상에서 가장 위대한 분이 우리 자신감의 원천이기 때문입니다.

모든 사람들이 존귀한 주의 자녀임에도 불구하고 자신의 외모, 학력, 혹은 다른 어떤 이유들로 콤플렉스를 가지고 있습니다. 그리고 그것들 때문에 자신이 원하는 것을 이루지 못할 것이라고 생각합니다. 생각을 바꾸십시오. 불리한 상황을 통해 하나님이 더 영광되어질 것입니다. 만왕의 자녀라는 자신감을 가지십시오.

 주님! 우리의 약한 것을 받으사 귀히 사용하여 주소서!

 자신의 약점이라고 생각되는 것들을 오히려 장점이라고 생각하십시오.

나의 영적 일지

2월 7일

열심의 이유

● 갈 4:19 나의 자녀들아 너희 속에 그리스도의 형상을 이루기까지 다시 너희를 위하여 해산하는 수고를 하노니

중세 시대 이탈리아의 한 여름이었습니다. 평소보다 조금 일찍 잠이 깬 도시의 영주는 잠을 깨울 겸 산책을 나갔습니다.

그런데 한 정원사가 아직 일할 시간이 되려면 한참 멀었는데도 새벽에 혼자서 정원을 꾸미며 조각을 하고 있었습니다. 깜짝 놀란 영주가 물었습니다.

"여보게, 그런다고 임금을 더 주지는 않을 텐데, 대체 왜 이런 고생을 하는가?",

그러자 청년이 웃으며 대답했습니다.

"영주님. 저는 정말로 이 정원을 사랑합니다. 이 정원을 가꾸는 것이 저의 기쁨이므로 이 일은 제가 받는 보수와는 아무런 상관이 없습니다."

영주는 그 청년의 말에 감동을 받았고 곧 그의 후원자가 되어 미술공부를 시켰습니다. 후에 이 청년은 시대 최고의 화가가 되었습니다. 그의 이름은 "미켈란젤로"입니다.

당신은 어떤 기쁨으로 하루를 살아가십니까?

하나님께서 나에게 주신 일을 하루하루 완벽하게 하기 위해 노력하십니까?

그저 살기 위해 어쩔 수 없이 일하고 있다고 느끼십니까?

모든 것은 마음가짐에 달려있습니다. 이 세상의 맡은 소임을 다하며 주님의 말씀대로 세상의 빛과 소금이 되십시오.

 주님! 소임을 다하는 선한 청지기로 살게 하소서!

 오늘 하루를 살기 위한 각오를 종이에 적은 후 갖고 다니십시오.

나의 영적 일지

바로 지금

2월 8일

● 히 3:13 오직 오늘이라 일컫는 동안에 매일 피차 권면하여 너희 중에 누구든지 죄의 유혹으로 완고하게 되지 않도록 하라

네덜란드의 세계적인 화가인 렘브란트는 원래 대학에서 일반 학문을 공부하려고 했습니다. 그러나 입학 직전 평소 자신의 관심 분야였던 미술로 진로를 바꾸었고 뛰어난 실력으로 작품을 팔아 큰돈을 벌며 명문가 출신의 사랑하는 아내도 얻었습니다.

그러나 렘브란트가 한창 돈을 벌던 시기의 작품에서 멈췄다면 그는 레오나르도 다빈치와 견줄만한 화가가 될 수는 없었을 것입니다. 그를 진정 위대한 화가로 만든 것은 사랑하는 아내의 죽음으로 시작된 고통과 절망이었습니다. 렘브란트는 아내의 죽음으로 인한 슬픔을 잊기 위해 가진 재산을 모두 탕진했고 많은 빚까지 지게 됩니다. 그러나 그런 고통가운데서 그는 하나님을 체험하게 됩니다. 그리고 다시 붓을 잡고 그림을 그리기 시작했는데 이전과는 정 반대의 성향을 띠게 됩니다.

성경의 영향을 받은 회화나 자신의 내면을 겸허하게 표현한 자화상 등을 주로 그리게 되었는데, 이전에 화려했던 그의 그림에 익숙했던 사람들은 그의 변화를 이해하지 못하고 오히려 외면했습니다. 그러나 그의 그림의 놀라운 작품성을 알아 본 한 청년이 렘브란트에게 이런 질문을 했었습니다.

"선생님처럼 놀라운 그림을 그리려면 무엇을 준비해야 할까요?"

렘브란트는 주저하지 않고 바로 대답했습니다.

"지금 바로 붓을 잡으십시오."

렘브란트는 고통 속에서 하나님을 체험했고 그 체험을 통해 더 성장해나갔습니다. 렘브란트가 회심한 후에 과거를 생각하며 망설였다면 어쩌면 다시는 그림을 그리지 못했을 것 입니다. 마음속에 영감이 생길 때 망설이지 마십시오. 결단하고 바로 실행하십시오.

 주님! 주님을 만나고 변화된 마음을 따라 결단하게 하소서.

 마음속에 좋은 생각이 떠오를 때 무엇이든 바로 실행하십시오.

2월 9일

영광을 위하여 창조한 자

●사 60:21 네 백성이 다 의롭게 되어 영원히 땅을 차지하리니 그들은 내가 심은 가지요 내가 손으로 만든 것으로서 나의 영광을 나타낼 것인즉

옥수수 박사로 불리는 김순권 박사는 노벨평화상 후보로도 여러 차례 올랐던 세계적으로 존경받는 인물입니다.

세계의 기아 퇴치를 위해 연구하는 만큼 김 박사의 학문에 대한 열정은 누구나 놀랄 만큼 대단합니다. 그가 나왔던 한국 농업기술의 중심지인 농촌 진흥청은 서울대 출신이 아니면 연구원을 뽑지 않았지만 '내 연구실에는 밤에도 불이 꺼지지 않게 하겠다'는 그의 열정에 깐깐한 면접관들을 모두 항복시키고 들어갈 수 있었습니다. 이곳에서 그는 옥수수를 개량하여 생산량 증대의 엄청난 공을 세웠습니다. 이후엔 국제열대농업 연구소의 초청으로 나이지리아에 들어가 아프리카의 식량난을 해소하기 위해 계속해서 종자를 개발하며 17년 동안 현지인들에게 옥수수 재배법을 가르칩니다. 하지만 이처럼 세계를 위해서 끊임없이 좋은 일을 하는 김 박사의 어린 시절은 누가 봐도 실패한 인생이었습니다.

울산의 한 농촌에서 가난하게 자란 김 박사는 공부에는 전혀 흥미가 없어서 고등학교 진학에도 실패했습니다. 자신이 생각해도 쓸모없는 인생이라고 생각되던 김 박사의 인생을 바꾼 것은 우연히 들른 교회였습니다. 복음을 듣고 신앙이 생기자 자연스럽게 꿈이 생기고 사람들을 위해하고 싶은 일이 생기게 되었습니다. 이를 악물고 공부해 고등학교에 진학하고 지역의 최고 명문인 경북대를 거쳐 나중엔 하와이 유학까지 가게 되었습니다. "내가 내 영광을 위하여 창조한 자를 오게 하라"(사43:7)는 말씀을 김순권 박사는 굳게 믿습니다.

우리가 하는 일이 어떤 일이든 사랑과 정성으로 한다면 그것을 통해 사람들은 하나님의 영광을 볼 수 있을 것입니다. 하나님이 영광을 위해 창조한 피조물로서 사명을 다 하십시오.

 주님! 제가 하는 일을 통해 주님의 영광이 드러나게 하소서.

 자신에게 힘이 되는 하나님의 말씀을 묵상하십시오.

나의 영적 일지

진정한 믿음

2월 10일

● 단 4:2 지극히 높으신 하나님이 내게 행하신 이적과 놀라운 일을 내가 알게 하기를 즐겨 하노라

기도응답만 5만 여 번을 받았다는 조지 뮬러는 고아들의 아버지로 불립니다. 그는 재산이 많지도 않았지만 언제나 부족함이 없이 고아원을 꾸릴 수 있었습니다. 필요대로 채워주시는 하나님이라는 것을 정말 온전히 믿었기 때문입니다.

조지 뮬러의 이런 믿음은 어떻게 해서 생긴 것일까요?

그는 어려서부터 남의 물건을 도둑질하고 거짓말을 일삼았습니다. 14살 때 어머님이 돌아가시자 마음을 다잡고 공부하며 착실하게 살려고 하였으나 아무리 노력해도 지금까지 살아온 습관을 도저히 고칠 수가 없었습니다. 아버지의 지속적인 관심에도 불구하고 그는 아버지가 주신 돈을 탕진하고 사람들을 속이며 살고 싶은 대로 살았습니다. 그러다 결국 16세의 어린 나이에 감옥에 들어가게 됩니다.

인생에 남아있는 것은 정말 아무것도 없다고 느끼던 순간, 뮬러는 주님을 영접하게 됩니다. 엄청난 영적 체험을 하고 난 뮬러는 출소하자마자 목사가 되기로 결심하고 오갈 데 없는 아이들을 돌보기로 결심합니다. 자신의 의지로 어쩌지 못한 습관을 하나님이 변화시켜 주셨으니, 필요한 것 역시 하나님이 채워주시리라는 그의 믿음은 바로 이때 생겼습니다. 이런 믿음으로 그는 수천 개나 되는 고아원을 세우며 온전히 그의 맡은 소임을 다할 수 있었습니다.

진정한 믿음은 진실한 체험에서 나옵니다. 하나님이 어떤 분이신지 느끼고 나면 하나님을 향한 완전한 믿음이 생깁니다. 하나님이 우리의 삶에 행하신 일들을 돌아보십시오. 그분의 완전한 계획에 감사하며 온전히 믿음으로 행하십시오.

 주님! 지금까지 하신 일을 보고 하실 일의 완전함을 믿게 하소서.
 하나님께서 내 삶에서 행하셨던 일들을 묵상하십시오.

나의 영적 일지

2월 11일

비전의 완성

● 잠 4:12 다닐 때에 네 걸음이 곤고하지 아니하겠고 달려갈 때에 실족하지 아니하리라

하나님은 우리 가슴속에 큰 꿈을 주셨지만 대부분의 사람들은 확신을 가지고 있지 못합니다.

비전을 명확히 알고 실현하기 위해 노력하려면 먼저 확신이 있어야 합니다. 이러한 확신은 순간 강렬하게 생길 때도 있지만 대부분 자신이 계획을 가지고 오랜 시간 실천하면서 생기는 경우가 더 많습니다.

최고의 권위를 가지는 영어사전을 만들기 위해서 웹스터는 36년간 대서양을 건너다니며 자료를 수집했습니다.

플라톤은 자신의 대표작 중 하나인 '공화국'을 쓸 때에 맨 처음 시작하는 문장을 아홉 번이나 고쳐 썼고, 시세로는 로마의 정치가가 되기 위해서 매일 자신의 친구들 앞에서 연설을 했는데, 정치인이 되고 나서도 30년 동안 연습을 했습니다.

레오나르도 다빈치는 뛰어난 능력을 지닌 천재임에도 불구하고 '최후의 만찬'을 그리기 위해 10년을 바쳤습니다.

이처럼 뛰어난 재능으로 자신의 비전을 이룬 것으로 알려진 사람들도 결코 하루아침에 이룬 것이 아닙니다. 하늘의 소망을 가지고 비전을 세우는 데에는 더 큰 노력이 필요합니다. 한 번 떠오른 마음을 그대로 방치하지 말고 이루어질 것을 기대하며 그 생각들을 매일 떠올리십시오.

꿈을 잃어버린 시대라고 사람들은 말합니다. 많은 청소년들이 자신만의 꿈을 갖지 못하고 개인의 성공만을 위한 꿈을 꿉니다. 이 시대에 나 뿐만이 아니라 남을 행복하게 하는 비전을 위해 더 좋은 생각을 매일매일 떠올리십시오.

 주님! 사랑이 넘치는 더 좋은 계획이 떠오르게 하소서.
 매일 아침 떠오르는 비전을 추가, 수정 하십시오.

나의 영적 일지

절망의 끝

2월 12일

● 고후 1:5 그리스도의 고난이 우리에게 넘친 것 같이 우리가 받는 위로도 그리스도로 말미암아 넘치는도다

프랑스의 발자크라는 청년은 너무도 소설가가 되고 싶었습니다. 그의 집안은 충분히 그를 지원해 줄 여력이 되었지만 부모님은 그가 법률을 공부하길 바랐습니다. 하지만 발자크는 자신의 신념을 굽히지 않고 소설가가 되겠다고 부모님을 끈질기게 설득했고 부모님은 몇 년의 시간을 주고 그동안 소설가로 성공하지 못하면 법률을 공부할 것을 조건으로 내걸었습니다.

발자크는 몇 년이면 자신에게 충분한 시간일 것이라고 생각했기에 조건을 수락했지만 시한이 다 되었음에도 그의 글에 관심을 보이는 출판사나 독자가 전혀 없었습니다. 누구나 가망이 없어 보이는 상황에서 부모님은 약속대로 법률을 공부하라고 했지만 발자크는 글 쓰는 일이 너무 행복해 그 약속을 지킬 수가 없었습니다. 결국 화가 난 부모님으로부터 지원이 끊기고 돈 한 푼 없이 계속해서 소설들을 썼지만 생활은 점점 힘들어져 갔고 사람들도 여전히 외면했습니다.

어느새 10만 프랑이 넘는 빚을 졌고 주변 사람들은 발자크는 이제 다시는 예전으로 돌아갈 수 없을 것이라고 생각했습니다. 그러나 발자크는 잠자는 시간 외에는 모두 글쓰기에 투자 했고 결국 그의 평생에 역작이자 역사적 대작이라 할 만한 "인간희극"을 완성하고 맙니다.

길고 긴 절망의 터널이 결코 끝나지 않을 것 같아 보일 때가 있습니다. 이대로 인생이 끝나버릴 것만 같고 모든 것을 포기하고 싶을 때가 있습니다. 우리가 잘 되고 성공하길 바라는 하늘의 아버지가 계신다는 사실을 믿을 수 있을 때 절망은 희망으로 변합니다. 믿음을 붙잡으십시오.

 주님! 어느 순간에도 하나님의 완전하심을 의심하지 않게 하소서.

 성경을 읽으며 약속의 말씀들을 묵상하십시오.

나의 영적 일지

2월 13일 — 성공입니까? 실패입니까?

● 마 14:36 다만 예수의 옷자락에라도 손을 대게 하시기를 간구하니 손을 대는 자는 다 나음을 얻으니라

한 사람의 이력서를 소개합니다.

1832년 – 주의회 의원 선거에서 처음으로 낙선함.
1833년 – 낙선 후 사업에 도전하나 실패함.
1836년 – 반복된 실패로 신경쇠약에 걸려서 고생함.
1838년 – 하원의장 선거에 낙선함.
1840년 – 선거인단 선거에서도 패배함.
1843년 – 하원의원 선거에서 도전하나 낙선함.
1848년 – 하원의원 선거에서 다시 낙선함.
1855년 – 상원의원 선거에서 낙선하다.
1856년 – 부통령 후보로 출마하나 낙선함.
1858년 – 상원의원 선거에서 다시 낙선함.
1860년 – 미합중국 대통령에 당선되다.

위 일대기는 성공입니까? 실패입니까?
이것은 미국 역사상 가장 존경받는 대통령인 링컨의 일대기입니다. 링컨은 백악관을 기도실로 만들었다고 표현될 정도로 기도의 사람이었습니다. 그는 인생의 어려운 시절에도 믿음을 잃지 않고 기도로 간구했고, 결국에는 대통령에 당선되어 위대한 업적을 이루어냈습니다.
나의 일대기를 적어보십시오. 초라해 보이고 마땅히 적을 것이 없어도 걱정하지 마십시오. 주님께 기도로 간구한다면 놀라운 영광 돌릴 수 있습니다. 기도하는 사람은 절대 실패하지 않습니다. 담대하게 사십시오

 주님! 어느 순간에도 기도를 놓지 않게 하소서.
 평생을 걸쳐서 포기하지 않고 이뤄야 할 목표를 세우십시오.

인간의 생각, 하나님의 생각

● 엡 6:6 눈가림만 하여 사람을 기쁘게 하는 자처럼 하지 말고 그리스도의 종들처럼 마음으로 하나님의 뜻을 행하고

2월 14일

영국 웨일즈의 비가 많이 오던 어느 날 한 병원의 의사는 업무를 마치고 퇴근을 준비하고 있었습니다.

병원을 막 나서려던 무렵 한 여인이 다급한 목소리로 자신을 찾았습니다.

비바람을 뚫고 온 여인은 노동자로 보였습니다. 자신의 아들이 병에 걸려 죽을 지경인데 원인을 몰라 찾아왔다며 제발 아들을 살라고 달라고 애원했습니다. 의사는 여인의 사정이 딱하긴 했지만, 막 퇴근하려던 참이라 망설였습니다. 그리고 '만약 치료비가 많이 드는 심각한 병이라면 돈을 받을 수 있을까?' '어차피 그 소년을 구해도 똑같은 노동자로써의 힘겨운 삶만 이어가지 않을까?' 하는 온갖 생각이 다 들었습니다.

짧은 순간 수많은 갈등을 겪은 뒤에 결국 그는 의사로서의 책임감과 여인의 딱한 사정에 동정심을 느껴 5마일이나 되는 길을 가서 소년을 치료해 주었습니다.

그런데 이 소년은 훗날 처칠과 비견될만한 영국의 지도자로 성장했습니다. 그는 성공한 정치인으로 영국의 재무장관, 군수장관, 국방장관까지 3개의 장관 자리를 거치며 훌륭한 수완을 거두었습니다.

로이드 조지라는 이 소년이 훗날 재무장관에 취임하던 날 의사는 자신이 구한 아이가 영국의 위대한 지도자가 될 줄이라고는 상상도 못했다며 매우 기뻐했습니다.

남을 도울 때나 옳은 일을 할 수 있을 상황에서 우리는 너무도 인간적인 생각을 할 때가 있습니다. 어떤 만남이든 우연은 결코 없습니다. 모든 어떤 방법으로 역사하실지 모르니 하나님의 사랑으로 순종하십시오.

 주님! 계산적인 사고가 아닌 따스한 사랑을 품게 하소서.
 결정의 순간엔 이성보다 가슴의 소리를 먼저 들으십시오.

나의 영적 일지

2월 15일

치유의 하나님

● 렘 30:17 여호와의 말씀이니라 그들이 쫓겨난 자라 하매 시온을 찾는 자가 없은즉 내가 너의 상처로부터 새 살이 돋아나게 하여 너를 고쳐 주리라

한덕순 씨는 19살 때 만난 남편을 자신의 천생연분이라 생각했습니다. 성격과 관심사가 너무도 잘 맞았기 때문입니다. 가끔씩 이상한 행동을 할 때가 있었지만 연애시절엔 대수롭지 않게 생각했습니다. 만난 지 3달이 지나고야 남편이 마약중독자인 것을 알았지만, 너무도 사랑했기에 오히려 불쌍한 생각이 먼저 들었고 사랑의 힘으로 끊게 할 수 있을 것이라 생각하고는 4년 만에 결혼까지 했습니다. 그러나 결혼 후 10년 동안이나 남편은 약을 끊지 못했고, 아내는 수시로 감옥에 들어가는 남편을 옥바라지 하며 보내다 그만 심한 우울증에 빠지고 말았습니다.

둘째까지 태어났지만 남편의 중독은 차도가 없었고, 심한 우울증에 빠진 한 씨마저 알코올 중독에 걸리고 심지어 자살까지 생각하게 됩니다.

절망에 빠진 이들 부부를 구해준 것은 마약중독자들의 재활을 도와주는 '소망을 나누는 사람들'이라는 단체의 대표인 신용원 목사였습니다. 한 씨의 도움 요청을 받고는 또 다시 구치소에 들어간 남편을 면회하러 가서 어차피 망친 인생 자신에게 걸어보라고 설득했습니다. 결국 신 목사의 도움으로 두 부부 모두 중독에서 벗어났고 부모님이 회복되자 틱 장애를 앓고 있던 아들도 자연스레 치유가 되었습니다. 지금은 자신과 같은 고통을 느끼고 있는 사람들을 대상으로 강연을 하며 도움을 주고 있는 이들 부부는 서로가 있기에 지금의 자신이 있을 수 있다며 지금이 그 어느 때보다 행복하다고 고백합니다.

이들 부부에게 도움을 준 신 목사 역시 17년 동안이나 마약에서 벗어나지 못한 사람이었습니다. 자신을 괴롭히는 그 무언가에서 벗어날 수 없을 때, 더 이상 희망의 빛이 보이지 않을 때, 조용히 모든 것을 주님께 맡겨 보십시오.

 주님! 나의 힘이 아닌 주님의 능력에 의지하게 하소서.

 수없이 실패했던 결심들을 담대히 주님께 맡기십시오.

나의 영적 일지

한 마디의 말

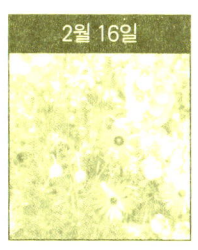
2월 16일

● 사 40:8 풀은 마르고 꽃은 시드나 우리 하나님의 말씀은 영원히 서리라 하라

사람들에게 힘을 주는 한마디 말이 있습니다. 비록 그 말을 한 사람은 이제 없을지라도 그 말의 뜻과 깊은 사연은 아직도 그것을 보고 듣는 사람들에게 감동을 주며 많은 이들의 인생을 변화시키고 있습니다. 뉴욕 양키즈의 최고 인기 스타중의 한 명이었던 루 게릭은 지금은 '루 게릭' 병으로 알려져 있는 전신의 근육이 조금씩 마비되어 결국엔 죽고 마는 희귀 병에 걸렸습니다. 그는 자신이 어떤 병에 걸렸는지 알고는 은퇴를 결심한 뒤 자신이 뛴 마지막 경기가 끝난 후 경기장에서 팬들에게 이렇게 말했습니다.

"나는 지구상에서 최고의 행운아입니다."

자신이 서서히 죽어간다는 것을 알면서도 팬들에게 감사의 뜻을 전한 것입니다. 그는 이 경기 이후 2년간 투병 생활을 하다 죽게 됩니다. 또한 1952년 헬싱키 올림픽에서 오천 미터와 일만 미터 그리고 마라톤에서까지 3관왕에 오른 인간 기관차 에밀 자토팩은 무엇이든 쉽게 포기하지 말라며 이렇게 말했습니다.

"한 번의 훈련으로는 아무것도 이루어지지 않는다. 비가 온다고? 그건 문제가 안 된다. 피곤하다고? 그것도 문제가 안 된다. 진정 의지가 있다면 그런 것들은 아무런 문제도 되지 않는다."

에밀의 명언은 무언가를 꿈꾸지만 그것이 너무 어렵게 느껴지는 사람들에게 아직도 힘이 되고 있습니다.

명언은 오랫동안 남아 사람들에게 꿈과 희망을 줍니다. 하나님의 말씀인 성경에도 진리와 사랑의 말씀이 담겨 있습니다. 그러나 우리는 그것을 보는 것을 소홀히 하고 딱딱하게 여길 때가 많습니다. 그러나 진리의 말씀을 묵상하며 그 안에 담긴 뜻을 느낄 수 있다면 세상의 어떤 명언보다 더 큰 위로를 얻을 수 있을 것입니다. 말씀을 통해 새 힘을 얻으십시오.

 주님! 말씀의 오묘한 이치를 깨닫게 하소서.

 매일 한 절이라도 반복해서 말씀을 읽고 묵상하십시오.

나의 영적 일지

2월 17일

걱정과 근심

● 요 14:1 너희는 마음에 근심하지 말라 하나님을 믿으니 또 나를 믿으라

영화 '빌리 엘리엇'의 주인공은 발레의 아름다움에 빠져 어려운 환경 속에서도 발레리노의 꿈을 꾸고 결국 끝 모를 열정으로 꿈을 이룹니다. 하지만 영화의 주인공이라도 팔다리가 없었다면 발레리노를 꿈꾸지 못했을 것입니다.

올해로 4살이 되는 필립스라는 아이는 생후 9개월 때 뇌수막염에 걸려서 팔다리를 모두 절단해야 했습니다. 필립스는 자신과 다른 정상적인 아이들의 모습을 보고 성격이 점점 어두워져 밖으로 잘 나가려 하지 않았습니다. 게다가 짧은 팔다리 때문에 균형 잡힌 신체로 발달하는데 어려움이 있었고 신체 활동을 자주 하지 않아 관절의 마디가 굳어가는 증상까지 보였습니다.

어머니는 필립스가 다른 아이들처럼 자랄 수 없을까봐 걱정을 했지만 모든 문제는 필립스가 발레를 배우면서 해결되었습니다. 동생의 발레 수업을 우연히 따라간 필립스는 발레에 관심을 보였고 어머니는 혹시나 하는 마음에 한 번 시켜보았는데 필립스가 너무도 재미있어 하는 것이었습니다. 스트레칭부터 간단한 동작까지 싫은 기색 하나 없이 따라했고, 덕분에 신체의 균형감각도 좋아지고 관절의 마디도 유연해져 건강도 더욱 좋아졌습니다. 성격도 적극적으로 변해 함께 수업을 듣는 아이들과도 항상 친하게 지냅니다. 주위 사람들은 필립스가 발레를 하는 모습을 보고 불편한 느낌을 가질지도 모르지만 필립스에게 발레는 너무도 재밌고 신나는 일이었습니다.

필립스가 성인이 되어서 저런 사고를 당했다면 아마도 저런 도전은 꿈도 꾸지 못했을 것입니다. '난 팔이 없어서 안돼', '팔다리가 멀쩡해도 발레는 쉽지 않아' 그러나 어린 나이의 필립스는 장애가 전혀 문제 되지 않는다는 사실을 보여주고 있습니다. 걱정과 근심을 제쳐두고 원하는 일을 일단 시작하십시오.

 주님! 핑계가 아닌 도전과 순종을 선택하게 하소서.

 불가능하다고 생각했던 것들을 적고 '시작하자' 라고 외치십시오.

나의 영적 일지

기도의 응답

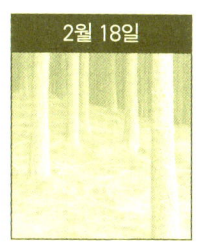

2월 18일

● 시 86:7 나의 환난 날에 내가 주께 부르짖으리니 주께서 내게 응답하시리이다

1960년 로마 올림픽에서 육상종목 3관왕에 오른 '월마 루돌프'는 어렸을 때 소아마비를 앓았습니다.

가난한 가정에서 태어난 그녀는 4살 때 소아마비에 걸려서 걸을 수 없게 되었지만 부모님은 월마를 위해서 기도밖에 해줄 것이 없었습니다. 어머니는 자신은 어떻게 되든 좋으니 월마의 병을 낫게 해달라고 간절히 기도했고 어머니의 간절한 기도가 이루어졌는지 3년 만에 월마는 스스로 일어설 수 있게 되었지만 여전히 걸을 수는 없었습니다.

자신의 다리에 힘이 들어가지 않는 것을 느낀 월마는 자신은 걸을 수 없다며 자포자기 했습니다. 그러나 어머니는 월마가 소아마비에서 일어날 수 있게 된 것은 분명 자신의 기도가 응답받은 것이라고 믿었고 그렇다면 일어서는 것뿐만 아니라 뛸 수도 있을 것이라는 확신이 있었습니다. 어머니는 월마에게 믿음만 있다면 뭐든지 할 수 있다며 지금 시도하지 않으면 평생 걸을 수 없으니 다시 한번만 해보자고 끈질기게 설득했습니다. 월마는 어머니의 확신을 느낄 수 있었고 자신도 걷기 위해 끊임없이 노력했습니다.

4년이 지난 후 비록 절뚝거렸지만 걸어서 등교를 할 수 있게 되었지만 거기서 만족하지 않고 다시 뛰기 위해서 노력했습니다. 어느덧 고등학교가 되었을 때 그녀는 전교에서 가장 빠른 육상선수가 되었습니다. 그녀는 자신의 한계를 의심치 않았고 그런 끝없는 시도가 올림픽 3관왕을 이루었습니다. 그녀가 올림픽 결승전의 출발선에 섰을 때 마음속으로 어머님의 목소리가 들렸다고 합니다.

"월마, 한 번 더 뛰어봐, 넌 할 수 있어."

기도로 간구했다면 그것을 믿음으로 받으십시오. 기쁨으로 단을 거두기 위해 믿음을 가지고 한 번 더 시도하십시오.

 주님! 기도의 능력을 체험하게 하소서.

 간구한 것들의 목록을 만들고 날마다 체크하십시오.

2월 19일

세상이 행복해지려면

●막 9:50 소금은 좋은 것이로되 만일 소금이 그 맛을 잃으면 무엇으로 이를 짜게 하리요 너희 속에 소금을 두고 서로 화목하라 하시니라

집 배원 경력 13년인 이병호 씨는 자신이 일하는 우체국에서 동료들에게 라면을 판매합니다.

바쁜 업무에 동료들이 자주 끼니를 거르는 것을 보고 짧은 시간에 간단하게 끼니를 때울 수 있는 방법을 생각하다 나온 아이디어였습니다. 물론 컵라면을 무료로 나눠주지는 않습니다. 기본적인 가격에 조금 더 얹어서 팔고 있지만 동료들은 이 씨에게 불평한마디 하지 않고 컵라면을 자주 사먹습니다. 이 씨가 컵라면 판 수익금을 복지시설에 보내고 있기 때문입니다.

일을 시작한지도 13년째고 복지시설에 지원을 시작한 것도 13년째인 이 씨는 컵라면을 팔아서 번 수익금에 자신의 월급도 일부 보태어 매달 지원을 하고 있습니다.

쌀 한가마니와 20만원에 달하는 돈으로 개인이 매달 기부하는 것 치고는 결코 적은 양이 아니지만 컵라면을 사주는 동료들 덕분에 이 일을 계속 할 수 있다며 언제나 동료들에게 먼저 공을 돌립니다.

장애를 겪고 있는 아이들과 결손가정의 아이들을 만나서 보살피며 물질 뿐만 아니라 시간도 나누는 이 씨는 어차피 하는 일을 더욱 보람 있게 하고 싶어 시작한 일이라며 앞으로 더욱 소외된 이웃에게 다가가는 사람이 되고 싶다고 말했습니다.

각자가 맡은 일에서 보람을 느끼며 자신의 시간, 수입의 일정부분을 소외된 이웃을 위해 헌신한다면 세상은 더욱 아름다워집니다. 남들에게 행복을 전하는 방법을 찾아보십시오.

 주님! 일과 봉사가 모두 즐겁게 하나로 통할 수 있도록 하소서.

 다른 사람들에게 도움을 줄 수 있는 일을 생각하십시오.

나의 영적 일지

밀알

2월 20일

● 요 12:24 내가 진실로 진실로 너희에게 이르노니 한 알의 밀이 땅에 떨어져 죽지 아니하면 한 알 그대로 있고 죽으면 많은 열매를 맺느니라

2007년도에 경성대 신학과 4학년에 재학 중이었던 최선규 씨는 안타까운 죽음을 당했지만 많은 사람들에게 감동을 주었습니다.

그 해 7월 자신이 다니던 교회의 여름 성경학교 교사로 참여했던 최 씨는 수련회의 물놀이 프로그램 도중 초등학교 저학년 어린이 3명이 물에 빠져 떠내려가던 것을 보고는 곧바로 뛰어들었습니다.

사력을 다해 3명 모두 건져내었으나 정작 자신은 빠져나올 힘이 없어 소용돌이에 휘말려 들어가게 됐고 안타까운 죽음을 당했습니다. 최 씨의 목숨을 바친 선행이 널리 퍼지면서 복지부에서도 의사자로 지정을 했고 일 년 뒤에는 국립묘지에까지 이장하게 되었습니다. 모교인 경성대에서도 최 씨의 선행을 기리는 의미에서 기념식을 열고 교정에 만리향 나무를 심었습니다.

많은 사람들의 영혼을 구하기 위해 신학을 공부했던 최 씨는 자신의 실천으로 모범을 보이는 밀알과도 같은 삶을 살았습니다. 뿐만 아니라 많은 사람들에게 감동을 주고 다시 한 번 선행에 대해 느낄 수 있는 귀한 선물을 주었습니다.

한 알의 밀알이 썩어야만 백배의 결실을 맺습니다. 행함이 없는 믿음은 죽은 것입니다. 자신의 것을 조금 더 남을 위해 사용하면 알찬 결실을 맺게 될 것입니다. 주님의 가르침을 머리로만 이해하지 말고 몸으로 실천하며 살아가십시오.

 주님! 믿음으로 열매 맺는 밀알로 살게 하소서.

 결실을 맺는 삶을 위해 이웃과 나누십시오.

나의 영적 일지

2월 21일

변화가 가져다주는 행복

●롬 12:2 너희는 이 세대를 본받지 말고 오직 마음을 새롭게 함으로 변화를 받아 하나님의 선하시고 기뻐하시고 온전하신 뜻이 무엇인지 분별하도록 하라

'예수의 생애'라는 작품은 예수님의 일대기를 한국적인 모습으로 화폭에 담아 많은 관심을 받은 작품입니다.

그림을 그린 운보 김기창 화백은 청각 장애인인데 어렸을 때 장티푸스에 걸려 앓게 된 고열로 청각 신경이 문제를 일으켜 평생을 청각 장애인으로 살아야 했습니다. 귀가 들리지 않는 탓에 정상적인 공부가 어려웠고 초등학교 1학년을 12살이 돼서야 들어갈 수 있었습니다. 그러다 우연히 2학년 때 교과서의 그림을 보고는 자신도 그려보고 싶은 마음이 들었고 수업 시간이든 아니든 온종일 그림만 그렸습니다. 그림에 재능이 있었던 김 화백은 독학으로 그림을 공부해 금방 훌륭한 실력을 쌓았지만 어머니가 갑자기 심장마비로 돌아가셔서 자신이 집안 살림을 책임져야 하는 상황을 맞게 됩니다.

그러나 어려움 속에서도 그림을 포기하지 않았고 20세가 되는 해에 '창덕궁상'을 수상하면서 일약 미술계에 유명인사로 떠오르게 되었고 머지않아 우리나라를 대표하는 화가가 되어 세계에 전시회를 여는 유명인이 되었습니다.

성공 후엔 사랑하는 아내를 잃는 큰 시련이 닥쳤지만 오히려 이 일을 계기로 자신과 같은 어려움을 겪고 있는 농아인들을 위해 살기로 결심하고 '한국 농아복지회'를 만들었습니다. 김 화백은 노년에 자신과 같은 어려움을 지닌 사람들을 돕는 일을 매우 행복해 했습니다.

삶에 일어난 변화가 나를 불편하게 만든다고 하더라도 그것을 좋은 쪽으로 바라본다면 우리의 삶은 한 단계 더 높은 수준에 이르게 될 것입니다. 내 삶의 변화가 찾아온다면 그것을 인정하십시오. 그리고 주님께 기도함으로 그것을 더 좋은 것으로 바꾸십시오.

 주님! 삶에 찾아오는 변화들을 통해 더 새롭게 하소서.

 변화에 대한 고정관념을 내려놓고 그것을 인정하십시오.

나의 영적 일지

문화적 영향력

2월 22일

● 롬 4:20 믿음이 없어 하나님의 약속을 의심하지 않고 믿음으로 견고하여져서 하나님께 영광을 돌리며

많은 한국의 기독교 문화사역자들은 미국의 환경을 부러워합니다. CCM노래가 일반 팝 음악들과 겨루어도 손색이 없을 정도로 높은 수준이고, 종교가 없는 사람들도 CCM을 접하는 데에는 거부감이 없습니다. 일반 가수 못지않게 성공해서 대중에게 선한 영향력을 끼치는 사람도 많고, 목회 중인 목사님들 중에도 인기가 많으신 분들은 일반 토크쇼에도 초청되는 경우가 많습니다. 또한 기독교를 전파하기 위한 다양한 문화적 시설도 마련되어 있습니다.

이런 다양한 사고가 있기에 미국 문화에 기독교가 큰 영향을 끼칠 수 있었습니다. 그러나 최근에 미국 시민들이 정치와 사회에 점점 기독교의 영향력이 줄고 있다는 조사결과들이 나오고 있습니다.

유명한 주간지인 뉴스위크지에 따르면 1990년대에 비해서 자신을 크리스천이라고 생각하는 사람들의 비율이 10%나 줄었고 무신론을 믿는다는 사람은 8%에서 15%로 이 역시 두 배 가까이 상승했습니다. 그 기사를 쓴 기자는 미국의 정치와 사회적인 영향력이 기독교에서 벗어나는 것이 좋은 영향을 미칠 것이라고 의견을 나타내 현재 미국 전체 교계에 논란이 일어나고 있습니다. 문화적으로나 정치적으로나 기독교의 영향이 강했던 미국에서의 변화를 놓고 많은 크리스천들의 의견들이 제시되고 있습니다.

문화가 건강해야 그 나라의 사회가 건강합니다. 문화에 기독교적 영향력이 미치면 퇴폐와 향락 대신 사람들에게 자신의 존귀함과 미래를 향한 비전의 씨앗을 심어줄 수가 있습니다. 미국에서조차 기독교의 문화적 영향력이 축소되어 점점 복음을 전파하기에 어려운 시대에 더욱 전략적으로 세상을 위해 기도하십시오.

 주님! 세상에 문화에 주님의 사랑을 심게 하소서.
 기독교 문화의 영향력 확대를 위해 할 수 있는 일을 찾아보십시오.

나의 영적 일지

아름다운 돈

● 마 6:4 네 구제함을 은밀하게 하라 은밀한 중에 보시는 너의 아버지께서 갚으시리라

어려운 경제사정으로 인해 기업과 기관들은 지출을 줄이기 위해 애쓰고 있어 이들에게 연구비를 지원받는 대학들의 재정상태가 점점 나빠지고 있습니다.

이런 어려운 때에 철저한 익명으로 거액을 대학에 기부한 사람이 있어 화제가 됐었습니다.

그는 자신의 신분을 절대로 밝히지 않는 조건으로 미국 전역의 9개 대학에 모두 합해 4500만 달러의 거액을 기부했습니다. 기부를 받은 대학 중 미시시피대학은 이번에 받은 액수가 역대 기부금 중에서 가장 큰 액수라며 불경기에 아무런 대가 없이 기부를 해준 사람이 너무도 고맙다며 감사의 마음을 전했습니다.

변호사까지 동원해 자신의 신원을 철저히 가렸지만 대신 자신의 기부금은 학생들의 장학금과 연구비와 장비 구입으로만 사용해달라고 용처를 정한 것을 의심스러워 한 어떤 대학은 국토안보부에 돈이 문제가 없는 것인지 조회를 부탁했고 아무런 문제가 없었다는 답변을 받았다고 합니다.

돈은 어떻게 사용하느냐에 따라 모습이 달라집니다.

하나님께 복을 받은 그리스도인으로써 당연히 그 받은 물질을 더욱 아름답게 사용할 줄 알아야 합니다. 성경에 나와 있는 데로 남을 구제하는데 힘쓰며 대가를 바라지 않고 아낌없이 주십시오.

 주님! 돈에 유혹당하지 않고 그것을 당당히 지배하게 하소서.

 남을 돕기 위한 통장을 만들어 일정금액을 모으십시오.

나의 영적 일지

가정의 중요성

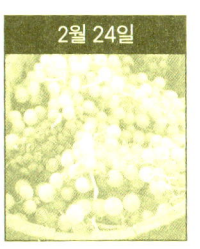

2월 24일

● 갈 6:10 그러므로 우리는 기회 있는 대로 모든 이에게 착한 일을 하되 더욱 믿음의 가정들에게 할지니라

자동차 왕'으로 불리는 헨리 포드는 역사상 가장 뛰어난 경영자 중 한 명입니다. 보편적인 생산방식인 분업을 처음 고안했으며 그것을 생산에 적용시켜 자동차를 대량으로 생산해냈습니다. 당시에만 해도 엄청난 가격의 자동차였지만 헨리로 인해 저렴한 가격으로 많은 사람들이 구입할 수 있게 되었습니다. 그는 또한 매우 인간적인 경영자였습니다. 사업이 엄청난 성공을 거두며 얻은 많은 수익으로 자신의 공장 노동자들의 임금을 대폭 올려주었기 때문입니다. 이로 인해 가난한 하층민으로 여겨졌던 공장 노동자들이 여유 있는 생활을 하게 되었고, 자신들이 만든 차를 구입할 수 있게 되었습니다.

미국 내에서 중산층이라는 용어는 헨리포드 때문에 만들어졌다고 해도 과언이 아닙니다. 그는 자동차뿐만 아니라 직물, 유리, 페인트 등 다양한 분야의 사업체까지 인수해 성공적으로 경영한 다방면으로 뛰어난 경영인이었습니다. 그가 은퇴 후 어느 파티에 참석하게 되었습니다. 수많은 사람들이 일생에 걸쳐 엄청난 성공을 거둔 그의 이야기를 듣고 싶어 했고 그 중 어떤 사람이 물었습니다.

"선생님, 일생 동안 많은 성공을 이루셨는데, 그 중 가장 중요한 성공은 어떤 것이라고 생각하십니까?"

많은 사람들의 이목이 헨리에게 집중되었고 그는 일말의 망설임도 없이 대답했습니다.

"그것은 나의 가정입니다."

헨리 포드에게 가장 중요했던 것은 가정이었습니다. 인생의 버팀목이 되어주고 안식과 활력을 얻을 수 있는 가정이야말로 하나님의 축복입니다. 이제는 가정이 회복 되어져야 합니다. 사랑과 격려가 가득한 믿음의 가정을 위하여 기도하십시오.

 주님! 서로 힘을 주고 연합하는 믿음의 가정 되게 하소서.
 매일 온가족이 대화를 나누는 시간을 가지십시오.

2월 25일

죽음의 문턱

●전 5:7 꿈이 많으면 헛된 일들이 많아지고 말이 많아도 그러하니 오직 너는 하나님을 경외할지니라

훌륭한 위인 중에 크리스천들이 많은 것처럼 무신론자 또한 많습니다. 영국의 시인 바이런은 사랑의 시인으로 유명합니다. 그는 자신의 시처럼 인생의 즐거움을 위해 살았습니다. 그런 그가 젊음을 잃고 나서 노년에 이렇게 고백했습니다.

"나의 인생은 말라버린 낙엽이로구나, 나에게는 이제 슬픔만이 남아있다."

프랑스의 지성이라고 불리는 철학자이자 역사학자인 볼테르는 당시 기독교의 모습에 실망한 나머지 하나님마저 불신하는 무신론자가 되고 맙니다. 그러나 그는 죽음에 직면해서는 이런 말을 남겼습니다.

"나는 차라리 태어나지 않았다면 좋았을 것이다. 나는 이제 지옥에 가는구나!"

독립선언서에 큰 영향을 준 미국의 유명한 작가인 토마스 페인은 평등한 인권을 주장했으나 정작 기독교인들을 대상으로는 비난과 조롱을 일삼았습니다. 사람들을 설득해 무신론으로 만들려고 일생을 노력했던 그 역시 죽음에 문턱에서는 이렇게 고백했습니다.

"하나님! 나를 도와주소서. 주여! 나를 도와주소서."

일생에 걸쳐 신을 부정했던 사람들이 오히려 죽음을 앞두고는 자신의 삶을 후회하며 신의 도움을 구했습니다.

죽음은 누구나 피해갈 수 없습니다. 그렇기에 죽음 앞에 인간은 진실해집니다. 하나님을 무시하며 자신의 뜻대로 살아간 사람들은 자신이 미래를 알 수 없는 상황이 올 때에 두려워하며 후회합니다. 더 많은 사람들이 삶의 끝에서 후회를 하기 전에 하나님의 사랑과 선하심의 본이 되십시오.

 주님! 삶의 끝에서야 하나님을 인정하는 실수를 하지 않게 하소서.

 전도를 목적으로 한 편안한 모임을 만들고 사람들을 초청하십시오.

나의 영적 일지

우리의 할 일

2월 26일

● 고전 4:1 사람이 마땅히 우리를 그리스도의 일꾼이요 하나님의 비밀을 맡은 자로 여길지어다

'희망의 러브하우스'라는 자선단체에서는 수원에 사는 어떤 할머니의 안타까운 소식을 전했습니다. 단칸방에서 강아지와 단 둘이 사는 할머니는 살림이 어려워 식사도 제때 하지 못하고 수돗물을 그냥 마십니다.

같이 살던 남편은 7년 전 집을 나갔고 창문도 없는 집의 유일한 식구는 강아지뿐입니다. 식사를 제대로 챙기질 못하니 온 몸이 성한 곳이 없고 매일 하혈을 할 정도로 기력이 약해졌습니다. 이토록 어려운 상황이지만 호적상 남편이 등록되어 있어 기초수급자 선정도 되지 않아 기본적인 생활 지원도 받지 못하고 있습니다. 300만원이 없어 몇 달째 방세와 각종 세금이 밀렸고 전기는 작년 겨울부터 끊겨 들어오지도 않습니다. 이런 딱한 이야기가 인터넷을 통해 퍼지자 할머니를 돕기 위해 네티즌들이 모이기 시작했습니다.

"돌아가신 할머니가 생각납니다.", "할머니 건강하십시오", "희망을 잃지 않으셨으면 좋겠습니다."

같이 각자의 희망이 담긴 메시지와 작은 마음들이 모여서 적지 않은 액수가 할머니에게 전달되었습니다. 네티즌들의 정성이 담긴 이 돈과 기금을 합쳐서 러브하우스에서는 할머니의 집을 수리하고 주변 사람들에게 고립되지 않게 도움을 주고 있습니다.

인터넷에 댓글을 달아본 사람들의 80%가 악플을 달아본 경험이 있다고 합니다. 악플은 익명성을 무기로 다른 사람들에게 상처를 주고 또한 그것으로 인해 슬퍼하고 괴로워하는 많은 사람들이 있습니다. 어려운 이웃에게 희망을, 힘든 영혼에게 꿈이 되어줄 수 있는 글을 쓰십시오.

 주님! 세상의 도구들로 선한 일들을 하게 하소서.
 하루 한 번씩 꼭 남에게 힘이 되는 메시지를 보내십시오.

나의 영적 일지

2월 27일

누군가 당신을 위하여

● 마 5:44 나는 너희에게 이르노니 너희 원수를 사랑하며 너희를 핍박하는 자를 위하여 기도하라

한때 한국의 대표 코미디 우먼이었던 김미화 씨. 지금도 각종 방송과 라디오 프로그램에서 활동 중이지만 그녀에게도 위기가 찾아온 적이 있었습니다. 언제나 사람들에게 웃음을 주던 밝은 모습 속에 가정 폭력이라는 그늘이 숨겨져 있었던 것이었습니다.

김 씨는 이혼을 발표하면서 그 이유를 가정폭력 때문이라고 떳떳하게 밝혔습니다. 평소에 너무나도 밝았던 모습에 사람들은 충격을 받았고 그녀의 재기 가능성에 의문을 가졌습니다. 그러나 그녀는 보란 듯이 떳떳하게 재기했고 지금은 더없이 행복한 가정을 이루며 바쁜 활동을 하고 있습니다. 연예인으로서 아내로서 남들보다 더 힘겨웠던 아픔을 그녀는 어떻게 이겨냈을까요?

김 씨가 밝힌 극복의 비결은 사람들이 자신을 위해 해준 기도였습니다. 이혼 발표가 난 후에 마음을 달래려 다닌 봉사활동에서 우연히 만난 사람들이 모두 자신을 위해 기도한다고 말해주는 것이었습니다. 세상의 편견에 맞서 싸우는 게 힘들어질 때마다 사람들이 자신을 위해 기도하고 있다는 것이 생각났고 알 수 없는 힘이 자신의 마음을 위로하는 것을 느꼈다고 합니다. 그로 인해 기도의 힘을 절실히 느끼게 된 그녀는 그만큼 남들을 위해 열심히 기도한다고 합니다. 행복한 가정을 위해 남편과 아이들을 위해 하루도 빠짐없이 기도한다는 김 씨는 다양한 자선단체의 홍보대사로 활동 중이기도 합니다.

기도의 힘은 진실로 느낄 수 있습니다. 그 힘은 보이지 않지만 우리가 어려울 때, 힘들 때, 슬플 때 다가와서 우리를 위로하고 쓰다듬어 줍니다. 남들을 위해 중보 해야 합니다. 그들의 어려움을 알고 관심을 가지고 꾸준히 기도해주십시오.

 주님! 남들을 위해 열심히 중보 할 수 있는 기도의 사람 되게 하소서.
 주위 사람들의 기도제목을 적어서 매일 일정 시간에 중보하십시오.

나의 영적 일지

믿음의 유산

●잠 22:6 마땅히 행할 길을 아이에게 가르치라 그리하면 늙어도 그것을 떠나지 아니하리라

2월 28일

북한의 사정이 점점 안 좋아지면서 목숨을 걸고 탈북하는 사람들이 늘고 있습니다. 우리 사회에도 어느새 2만 여명에 가까운 탈북자들이 활동하고 있는데 자유를 찾아 탈북했지만 사회에 적응하지 못해 힘들어 하는 경우가 많이 있습니다.

하나로 교회의 조은성 목사는 이들의 적응과 자립을 도와주며 복음을 전하는 사역을 하고 있습니다. 이들을 돕는 조 목사도 탈북자 출신으로 북한에 있을 때는 철저한 무신론자였고 북한의 사회체제를 학생들에게 가르치는 교사였지만 부모님은 몰래 가정교회를 섬기며 밤마다 기도를 하러 나가는 믿음의 사람이셨습니다. 2001년 4월 허기를 이기지 못했던 조 목사 가족은 식량을 구하기 위해 중국으로 건너갔고 여기서 중국의 한 교회에서 북한의 가정교회에 대한 간증을 하게 됩니다. 이 때 처음 찾은 교회에서 조 목사는 신앙을 갖게 됩니다. 하지만 모임 중의 밀고자가 간증 소식을 북한 당국에 전했고 먼저 북한으로 돌아가던 조 목사의 가족은 북한군에게 모질게 학대를 당하며 끌려갔고 모두 숙청되고 말았습니다. 어머니는 붙잡히기 10분 전에 조 목사에게 이런 말을 했다고 합니다.

"남한에 가거든 꼭 목회자가 되거라, 일생을 불쌍한 영혼들을 섬기며 살아라."

비록 부모님은 지켜드리지 못했지만, 남한에 오자마자 그 유언대로 목회를 하며 자신과 같은 아픔을 지닌 영혼들을 위해 조 목사는 살고 있습니다.

재물은 사라지지만 정신은 사라지지 않습니다. 조 목사님의 부모님은 값진 믿음의 유산을 물려줬고, 그 가치를 깨달은 조 목사는 많은 사람들에게 도움을 주는 아름다운 삶을 살고 있습니다. 자식들에게, 친구들에게, 믿음의 유산을 나눠 주십시오.

 주님! 믿음의 중요성을 알고 가르치는 제자가 되게 하소서.

 만나는 사람들을 주님의 이름으로 축복하고 복음의 말씀을 전하십시오.

나의 영적 일지

● 로마서 5:7,8

3월 1일

마지막을 아름답게

● 왕상 8:49 주는 계신 곳 하늘에서 그들의 기도와 간구를 들으시고 그들의 일을 돌아보시오며

독립만세운동이 일어났던 1919년, 종로 경찰서에 신철이라는 형사가 있었습니다. 경찰생활만 10년 동안 해온 그는 일본 경찰들에게 잘 보여 출세하기 위해서 독립운동가들을 수도 없이 체포했습니다. 사람 색출을 귀신같이 잘 했던 그는 특히 서울로 숨어들어온 독립 운동가들을 많이 잡아들였습니다. 당시 민족대표 33인은 3월 3일을 맞아 독립선언서를 배포하고 만세운동을 벌여 대한민국의 독립의지를 만방에 알리기로 계획해 놓았습니다. 하지만 신철은 어떻게 알았는지 독립선언서를 인쇄 숭이던 인쇄소를 습격했습니다. 현장에 있던 사람들은 신철이 일본 경찰에 보고를 해 계획이 실패로 돌아갈 것이라고 생각했습니다. 헌데 거기 있던 최린이라는 사람이 신철과 단 둘이 얘기할 자리를 만들었습니다.

"살아남기 위해서라고는 하나 지금까지 당신은 동포들에게 나쁜 짓을 저질러 왔소, 하지만 이번만은 나라를 위해 눈감아주시오. 우리가 만세운동을 성공하고 나면 조국은 곧 독립이 될 것이오. 지금까진 나쁜 짓을 해왔으나 마지막은 명예로워야 하지 않겠소?"

하지만 신철은 아무 대답도 없이 자리를 떠났습니다. 민족대표들은 혹시나 걱정이 되어 당초 예정보다 이른 3월 1일 날 만세운동을 벌이기로 계획을 수정하고는 일사불란하게 움직였습니다. 결국 3·1 운동은 성공적으로 일어나 전국으로 퍼져가며 독립에 대한 우리민족의 열망을 성공적으로 알리는 계기가 되었습니다. 훗날 조사 결과 신철은 일본 경찰에 만세 운동 이야기를 하지 않은 채 아무도 모르는 곳으로 잠적했다고 합니다.

지금 누리고 있는 자유에 감사하십시오. 그리고 이 자유를 위해 목숨 바친 분들의 자손들이 주님을 믿고 큰 복을 받기를 기도하십시오.

 주님! 조국의 해방을 위해 힘쓴 분들의 자손이 잘되게 하소서.

 독립운동가의 자손들을 돌아보고 그들을 위해 기도하십시오.

나의 영적 일지

사랑의 원자탄

●마 22:39 둘째도 그와 같으니 네 이웃을 네 자신 같이 사랑하라 하셨으니

 3월 2일

기독교는 사랑의 종교라고 말합니다. 성경도 하나님의 완전한 사랑을 전하는데 초점을 맞추고 있습니다. 그러나 사랑은 가르치긴 쉬워도 실천하기는 어렵습니다.

사랑의 성자 혹은 사랑의 원자탄으로 불리는 손양원 목사님은 성경의 사랑을 완벽에 가깝게 실천하신 분입니다.

비록 48세란 이른 나이에 순교하셨지만, 생전에 있어서는 완전한 사랑의 본을 보이셨습니다. 손 목사님의 사랑이 절정에 올랐던 부분은 소록도에서의 헌신이었습니다.

6년여의 시간동안 한센병 환자들을 친자식처럼 돌보아주고 직접 그들의 고름을 입으로 빨아주며 섬겼습니다. 소록도에서의 헌신 이후엔 자신의 두 아들을 죽인 원수 같은 청년을 용서하고 양자로까지 삼았습니다. 이 청년은 손 목사님의 사랑에 감동을 받아 순교하신 뒤에도 어머님을 평생 모시고 살았습니다. 손 목사님이 아들을 죽인 청년을 양자로 삼았을 때에 하신 말씀이 있습니다.

"하나님은 원수를 사랑하라고 하셨습니다. 용서가 아닌 사랑입니다. 이 청년을 양자로 삼아 믿음으로 키워내는 것이 바로 진정한 사랑입니다."

하나님의 말씀을 믿고 따르는 것처럼 단순한 가르침들을 생활 속에서 항상 실천하십시오.

 주님! 주님의 말씀대로 사랑을 실천하게 하소서.

 사람들에게 조금 더 밝고 조금 더 친절하게 하십시오.

나의 영적 일지

3월 3일
한 사람의 용기

● 민 14:24 그러나 내 종 갈렙은 그 마음이 그들과 달라서 나를 온전히 따랐은즉 그가 갔던 땅으로 내가 그를 인도하여 들이리니 그의 자손이 그 땅을 차지하리라

미식축구는 미국에서 가장 인기 있는 스포츠입니다. 미네소타 바이킹스 소속의 짐 마샬은 역사상 가장 뛰어난 수비수 중 한명으로 평가받고 있습니다. 그는 성장과정에서 어머니의 죽음과 숱한 죽을 고비를 넘기는 어려움을 겪었지만 장성한 후에 미식축구 선수로써 자리를 잡고 성공적인 인생을 꾸리고 있었습니다. 그러나 자신의 인생에 가장 곤혹스러운 실수가 바로 미식축구 경기 중에 일어나고 맙니다. 중요한 경기 중에 상대방과의 충돌 후 방향감각을 상실해 공을 들고 자신의 골대를 향해 뛰어서 자책골을 넣게 된 것입니다.

전반이 끝난 후 짐은 라커룸에서 실의에 빠져있었습니다. 동료들은 모두 괜찮다면 위로를 했지만 좀처럼 힘이 나지 않았습니다. 그러던 중 자신의 아버지가 가르쳐 준 '사람은 책임을 질 줄 알아야 한다. 실수를 했으면 바로 잡을 줄 알아야 해' 라는 말이 떠올랐고 사력을 다해 경기를 마쳤고 최고의 플레이를 펼쳤습니다. 그러나 자책골에 대한 기자들의 조롱 섞인 질문은 끊이질 않았고 그의 자살골 장면이 TV를 통해 방영되며 끊임없이 괴롭혔습니다. 그러나 그는 자신의 실수를 만회하기 위해서 노력했습니다. 매 경기마다 더욱 최선을 다했고 누구를 만나든 자신감 있는 태도로 일관했습니다. 시간이 어느 정도 흐르자 짐에게 감사의 편지와 메시지가 쇄도했습니다. 살면서 짐만큼 부끄러운 일들을 겪은 사람들이었는데 짐의 당당한 태도를 보고 자신도 힘을 얻을 수 있었다며 감사의 마음들을 전했습니다. 짐의 당당한 극복을 통해 많은 사람들이 용기를 얻었던 것입니다. 짐이 자살골을 넣은 순간 자신을 포기해 버렸다면 미식축구 역사에 길이 남을 선수가 될 수 없었을 것입니다. 나의 꿈은 다른 누군가의 희망이 됩니다. 힘들 때마다 기억하십시오.

 주님! 약함을 극복함으로 다른 사람에게 희망이 되게 하소서.

 안될 것 같지만 원하는 것들을 정하고 그것들을 위해 기도하십시오.

나의 영적 일지

부모공경의 시작

3월 4일

● 신 5:16 너는 네 하나님 여호와께서 명령한 대로 네 부모를 공경하라 그리하면 네 하나님 여호와가 네게 준 땅에서 네 생명이 길고 복을 누리리라

성경을 보면 부모를 공경하라는 말이 여러 번 나옵니다. 부모를 공경하고 하나님을 경외하면 부귀와 장수의 특권을 주신다고 말씀하셨습니다. 그렇다면 부모를 공경하는 것은 언제부터 어떻게 시작해야 할까요?

광염교회의 조현삼 목사님은 공경의 수단은 바로 돈이며 그것의 시작은 결혼 후에 부부 수입이 생길 때부터라고 이야기합니다. 마음도 중요하지만 실제로 공경을 표하는데 돈이 사용되어야 한다는 것입니다. 사정이 어려울 때는 용돈 정도로 시작하지만 수입이 늘수록 부모님의 생활비까지 생각해야 합니다.

조 목사님은 부모공경과 이웃 구제가 인생에서 가장 중요한 것이기 때문에 그 어떤 것들보다도 우선시 되어야 한다고 말합니다. 자식의 교육에 과도한 투자를 해도 부모와 남들을 사랑하지 못한다면 결국엔 자식도 올바른 길로 가지 못하기 때문입니다. 낳아주고 길러주신 은혜를 돈으로 모두 보답할 수는 없습니다. 부모를 공경하고 이웃을 사랑하는데 우선순위로 돈을 사용하는 것은 손해 보는 것이 아니라 결국에는 잘되는 것입니다. 그것이 성경의 약속입니다.

사회생활을 하다보면 막막할 때가 참으로 많습니다. 남들을 도울 여유도 없어지고 부모님도 이해해주길 바라는 상황이 생길 때도 있지만 그럴수록 더욱 우선순위를 명확히 하십시오. 하나님은 우리의 생각을 뛰어넘어 역사하시는 분입니다. 그분의 말씀을 믿고 공경과 사랑을 먼저 표현하십시오.

 주님! 마땅히 행할 도리를 먼저 하게 하소서.
 수입의 일정 부분을 부모님께 자동이체 되도록 하십시오.

나의 영적 일지

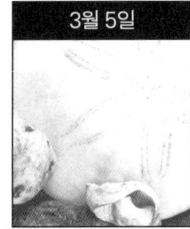

3월 5일

청지기 신념

● 눅 12:42 주께서 이르시되 지혜 있고 진실한 청지기가 되어 주인에게 그 집 종들을 맡아 때를 따라 양식을 나누어 줄 자가 누구냐

유한양행의 설립자인 유일한 박사는 국내에서 가장 존경받는 경영인 중 한 분입니다.

그는 사업을 조국의 독립과 사회의 발전을 위해서 시작했습니다.

일본 기업만이 있던 제약시장에 민족의 건강을 책임지겠다며 뛰어들어 정직, 성실, 신용이라는 원칙을 고수하면서도 뛰어난 성공을 거뒀습니다. 로비와 뇌물수수, 사업대물림이 횡행했던 시절에 최초의 전문 경영인 제도를 도입했으며 기업을 공개했습니다.

그뿐만 아니라 수익의 대부분을 사회활동과 청소년들의 교육을 위해 투자했으며 마지막에는 자신이 소유한 모든 주식과 재산을 사회에 환원해서 세간을 깜짝 놀라게 했습니다.

이런 투명하고 양심적인 유일한 박사의 경영철학은 모두 그의 신앙에서 비롯된 것이었습니다. 매일 말씀을 묵상하고 기도하는 시간을 가졌던 그는 세상에서 자신이 이루는 모든 것들이 자신의 소유가 아님을 깨달았고 그 원칙을 그대로 자신의 삶에 적용했습니다. 노년에 유 박사는 이런 말을 했습니다.

"나는 이제 세상에 미련은 없네. 하지만 하나님이 나에게 맡겨주신 것들을 관리하기 위한 청지기로서의 할 일은 아직 좀 더 남아있다네."

살면서 누리는 모든 것들이 지금은 나의 소유처럼 보일지 모르지만 죽음의 순간에 우리는 이 땅의 그 어떤 것도 가지고 갈 수 없습니다. 그러므로 선한 청지기의 자세로 맡은 것들을 옳은 곳에 사용하십시오.

 주님! 눈에 보이는 것들에 대한 욕심을 내려놓게 하소서.

 말씀과 기도로 청지기로써의 사명을 발견하십시오.

나의 영적 일지

또 하나의 열매

●마 13:8 더러는 좋은 땅에 떨어지매 어떤 것은 백 배, 어떤 것은 육십 배, 어떤 것은 삼십 배의 결실을 하였느니라

3월 6일

서울 영등포에 위치한 요셉 의원은 1987년에 개원한 이래 지금까지 환자만 43만 여명이 다녀간 유서 깊은 병원입니다.

주로 돈이 없어 제대로 진료 받지 못하는 사람들이 찾는 이 병원은 '영등포 슈바이처'로 불리는 선우경식 원장님이 평생을 봉사해온 장소입니다.

그러나 원장님이 돌아가시고 나자 많은 직원들과 사람들이 걱정했습니다. 원장님같이 봉사하려는 의사와 자원봉사자들을 구할 수 없어 병원이 계속 유지될 수 없을 것 같았기 때문입니다. 그러나 평생에 걸쳐 봉사하신 선우 원장님이 뿌린 씨앗이 열매를 맺는 것은 금방이었습니다.

여의도성모병원의 신완석 교수가 퇴임을 5년이나 앞당기면서 원장 자리를 맡기 위해 왔고 선우 원장님의 이야기에 감동을 받아 요셉병원을 직접 후원하기 위해 오는 사람들도 사천여명으로 평소의 두 배 가까이 증가했습니다. 자원봉사자들은 매일 8시간 씩 이발, 목욕, 배식 등으로 봉사하며 녹초가 될 때까지 일하지만 보람을 느껴 재차 방문하곤 합니다. 병원을 방문하는 어려운 이웃들도 자신들보다 먼저 재활에 성공한 사람들을 보고 희망을 갖고 나갑니다. 선우 원장이 뿌린 씨앗들이 모여 더 큰 결실을 맺고 있는 것입니다.

원장님의 사랑은 많은 결실을 맺고 있습니다. 그분의 삶을 통해 많은 사람들이 봉사의 마음을 품고 삶 속에 직접 실행하며 살고 있습니다. 그리스도를 본받는 우리도 이런 마음을 갖고 어려운 이웃들을 향해 먼저 다가가 사랑의 씨앗을 심으십시오.

 주님! 정죄와 편견이 아닌 온전한 사랑의 마음을 갖게 하소서.
 먼저 가까이 있는 사람들에게 사랑의 씨앗을 심으십시오.

나의 영적 일지

3월 7일

불가능은 없다

● 고후 6:18 너희에게 아버지가 되고 너희는 내게 자녀가 되리라 전능하신 주의 말씀이니라 하셨느니라

제이미 골드만은 세계적으로 유명한 장애인 육상선수입니다. 올림픽에서 200m 신기록을 세운 뛰어난 선수며 의족을 한 채로 달리는 모습으로 유명 스포츠 브랜드의 광고에도 나와 국내에도 많은 사람들에게 알려져 있습니다. 그러나 그녀는 눈밭에 사흘간 고립되는 끔찍한 사고를 당하기 전까지는 운동과는 거리가 매우 먼 사람이었습니다.

사고 후 병원으로 바로 후송되었지만 발의 동상이 너무 심해서 절단 할 수밖에 없었는데 바로 이것이 인생의 중요한 전환점이 되었습니다. 재활 과정에서 자신이 얼마나 달리기를 좋아하는지 알게 된 것입니다. 그녀는 이 사실을 깨달은 후 오로지 호주에서 열리는 장애인 올림픽을 목표로 피나는 훈련을 했습니다.

원체 운동과는 거리가 멀었기에 불러주는 팀이 한 군데도 없었지만, 그녀는 포기하지 않고 3년간 피나는 훈련 끝에 올림픽에 출전할 수 있게 되었습니다. 그리고 이 대회에서 그녀는 세계 신기록을 달성했습니다. 이후에 새로운 도전을 위해 그녀는 암환자를 위한 100km 걷기 대회에 출전했습니다. 의족을 단 그녀에게 걷는 것은 뛰는 것보다 어려운 일이었지만 그녀는 결국 완주에 성공했습니다. 그리고 자신이 할 수 있는 것을 다른 이들도 할 수 있다며 동기를 부여해주는 연설가로 제 2의 인생을 살고 있습니다.

'너무나 많은 사람들은 자신들이 얼마나 놀라운 정신력을 가지고 있는지 잘 모른다.'

이야기의 주인공인 제이미 골드만의 말입니다. 우리는 언제나 처한 상황에서 좋은 쪽과 나쁜 쪽을 선택할 수 있습니다. 나쁜 쪽을 예상하는 경우는 십중팔구는 실패합니다. 언제나 좋은 쪽을 보십시오.

 주님! 낮을 때나 높을 때나 언제나 감사하며 기뻐하게 하소서.
 일어날 수 있는 최고의 좋은 일들만 상상하는 연습을 하십시오.

나의 영적 일지

자신감의 중요성

 3월 8일

● 막 9:23 예수께서 이르시되 할 수 있거든이 무슨 말이냐 믿는 자에게는 능히 하지 못할 일이 없느니라 하시니

멕시코에서 태어난 가브리엘 두엘라스는 넉넉지 못한 가정 형편 때문에 7살이 되자마자 동생과 함께 미국으로 이민을 갔습니다.

10살도 되지 않은 나이였지만 생계를 위해 학교를 마치고는 쉴 새 없이 일을 해야 했습니다. 주민들에게 사탕을 파는 것부터 식당청소까지 안 해본 일이 없었지만 가브리엘은 어느 것 하나 능숙하게 할 수가 없었습니다. 동생은 학업뿐만 아니라 돈도 잘 벌어왔지만 가브리엘은 모든 면에서 반대였기에 사랑하는 가족들마저 그를 외면했습니다.

하나님이 자신에게만은 삶의 목적을 주지 않았다고 생각한 가브리엘은 무의미한 인생을 보냈지만 권투를 만나게 되면서 삶은 달라집니다. 권투에 대한 재능을 발견한 뒤 시합에서도 이기며 자신감도 점점 쌓였고 마침내 자신이 무슨 일을 할 수 있는지 깨닫게 된 것입니다. 하지만 선수생활 도중 손목이 부러지는 사고를 당해 팔 길이가 7cm나 짧아지고 의사로부터 권투를 할 수 없을 것이라는 진단을 받았지만 자신의 능력을 알게 된 가브리엘은 재기에 당당히 성공하며 세계 챔피언의 자리에 오르게 됩니다.

가족들마저 그를 쓸모없는 사람이라고 생각했지만 그는 권투로 자신감을 회복했고 그것으로 인해 부와 명예, 많은 팬들의 사랑을 받았고 인생의 의미까지 찾았습니다.

인생은 하나님의 놀라운 계획 속에 탄생한 것입니다. 그렇기에 어떤 인생이든 자신이 원하는 것을 살아가며 행복을 누릴 권리가 있습니다. 우리 모두는 주님의 존귀한 자녀입니다. 세상 사람들이 모두 안 된다고 할지라도 자신을 믿고 주님을 의지하십시오.

 주님! 하늘의 아버지가 누군지 언제나 잊지 않게 하소서.
 자신을 향한 하나님의 계획과 관심을 인정하십시오.

나의 영적 일지

3월 9일

모든 것을 맡김으로

● 시 37:5 네 길을 여호와께 맡기라 그를 의지하면 그가 이루시고

데브라 윌슨은 미국에서 인기 있는 코미디 배우이자 어린이들에게 가장 효과적으로 긍정적인 메시지를 전하는 강사입니다.

그러나 데브라의 어린 시절은 낮은 자존감과 자기혐오감으로 얼룩져 있었습니다. 그녀는 야뇨증을 앓았는데 그것은 스스로 생각할 때 너무나 수치스러운 병이었기 때문입니다. 자신이 가족을 비롯한 모두에게 피해를 주는 존재라고 생각되자 세상에 의미 있는 일이 하나도 없었고 11살 때 자살을 시도하기도 했었습니다.

대학에 오자 상황은 더 심각해져 마약에까지 손을 댔고, 밤만 되면 외로움을 달래러 거리로 나가서 아무 남자나 만났습니다. 그러던 어느 날 거리에서 강도를 만났는데 강도가 자신을 죽인다면 마음이 더욱 편안해질 것만 같은 느낌을 받았습니다. 그러나 강도는 돈만 빼앗았고 혼자 남겨진 그녀는 자신의 인생에 책임을 져야 한다는 사실을 깨달았습니다. 그리고 자신의 모든 것을 하나님께 맡겼습니다. 자신의 분노마저도 쏟아내었습니다. 영성을 회복하기 위해 기도에 힘을 쏟고 자신의 목적을 알기 위해 노력했습니다. 자신의 잘못된 자아상을 내려놓자 삶 속에 하나님의 도우심이 느껴졌고 인생이 180도 달라졌습니다.

자신의 모든 것이 하나님의 은총인 것을 깨닫게 되었습니다. 그 이후 그녀의 삶은 많은 사람들에게 즐거움과 긍정의 메시지를 주게 되었고 자신의 삶을 감사함으로 보내고 있습니다.

사람들이 하나님으로부터 멀어지고 인생을 무의미하게 보내는 것은 깊숙한 곳에 숨겨진 분노 때문입니다. 자신의 모든 것이 무력하게 느껴지고 삶의 의미를 찾을 수가 없다면 그 분노마저도 들고 주님께 가십시오.

 주님! 저의 온전치 못한 부분마저도 내어놓게 하소서.
 하나님께 자신의 모든 마음을 털어놓는 기도를 드리십시오.

나의 영적 일지

진정 축복받은

● 민 23:20 내가 축복할 것을 받았으니 그가 주신 복을 내가 돌이키지 않으리라

3월 10일

테디 펜더그라스는 빌보드 차트 정상에 수차례 오르며 많은 팬들의 사랑을 받던 80년대 미국 최고의 가수였습니다.

하지만 1982년 큰 사고를 당하면서 평생 휠체어에서 지내게 되었습니다. 그가 사고로 인해 다시 일어서서 노래를 부를 수 없게 되자 모든 언론매체는 그를 죽은 사람 취급했고 대체할 스타를 찾는데 혈안이 되었습니다. 자신을 찾던 사람들이 하루아침에 자신을 외면하자 몹시 괴로웠지만 그는 결국 역경을 이겨내고 휠체어 위에서 다시 한 번 빌보드 정상에 오르게 됩니다.

다음은 사고가 난 후 그가 작사한 노래의 가사입니다.

진정 축복 받은…

이제 나 무엇에 맞서야 하는지 알아요.
삶이 내게 주는 시련이 무엇인지도 분명히 알지요
이제는 얼굴에 미소를 머금고 삶을 향해 나아가요
내가 할 수 없는 것은 아무것도, 진정 아무것도 없으니까요.
이제 나, 내가 혼자가 아니라는 걸 알아요.
그분이 거기에서 나의 모든 것을 들여다보신다는 것을 알지요.
이 모든 것들을 한마디로 말해볼까요.
나는 정말로 축복을 받았답니다.

우리의 삶에서 일어나는 모든 일들이 진정 축복이라는 것을 믿으십시오.

 주님! 나의 모든 것이 축복이고 만나는 모든 사람이 천사임을 알게 하소서.
 오늘 하루 일어나는 모든 일들이 축복임을 믿으십시오.

나의 영적 일지

3월 11일
진리와 담는 그릇

● 눅 5:38 새 포도주는 새 부대에 넣어야 할 것이니라

하버드에 입학한 유범상 군은 어린 나이에도 불구하고 훌륭한 이력들이 많이 있습니다.

그 중에 하나가 마술인데 중 2때 마술쇼를 처음 접하고는 독학으로 공부를 시작했습니다. 마술을 통해 복음을 전파하고 다른 사람들에게 봉사하고 싶은 마음이 들어서 소아암환자 병동을 찾아다니며 공연을 하고 길거리에선 프리 매직이라는 푯말을 들고 관심을 보이는 사람들에게 마술과 함께 복음을 전했습니다.

그 실력 또한 수준급이어서 라스베가스 월드매직대회 특별상, 세계마술대회 주니어부 1위 등 수상경력 또한 화려합니다.

하버드 입학도 환경에 대해 올바로 공부해서 녹색산업을 이끄는 기업가가 되기 위한 목적 때문입니다.

언제나 주일 성수를 가장 중요하게 생각하고 미국에서도 장거리 통화로 부모님과 서로를 위해 기도회를 갖는 유 군은 하버드 입학과 마술 환경에 대한 비전은 모두 복음의 공통된 진리를 담는 다른 그릇들입니다.

진리는 변하지 않지만 그것을 담는 그릇은 변할 수 있습니다. 그릇이 나에게 맞지 않는다고 그것을 무시하고 비방한다면 우리는 나에게 맞는 한 가지 모양의 진리밖에 알 수 없을 것입니다. 보이는 것 보다 그 안에 담긴 뜻을 보십시오.

 주님! 나의 생각과 다른 것들도 인정하고 포용하게 하소서.

 다양한 방식의 문화, 찬양 사역자들을 위해 기도하고 후원하십시오.

나의 영적 일지

교회와 교육의 중요성

● 딤후 3:16 모든 성경은 하나님의 감동으로 된 것으로 교훈과 책망과 바르게 함과 의로 교육하기에 유익하니

3월 12일

아드리 맨리 박사는 아프리카계 미국인으로는 처음으로 수석 전공의가 된 사람입니다.

뛰어난 실력으로 많은 의사들에게도 인정을 받고 있는 아드리 박사는 정신병에 걸린 어머니를 대신해 두 자매를 대신 보살피면서 힘들게 공부했습니다. 초등학교 시절엔 그런 어려움 때문에 탈선할 위기에 빠져 있었지만 교회와 학교가 그의 인생에서 중요한 역할을 하며 오늘날의 성공으로 이끌어주었습니다.

아드리 박사는 어려서부터 하나님에 대한 확실한 믿음을 가졌고 꾸준히 신앙을 키웠습니다. 교회에서도 교육을 강조했기 때문에 아무리 힘든 상황 속에서도 꿈을 이루기 위해 공부를 포기하지 않을 수 있었습니다.

어린 나이에 찾아온 탈선을 다시 잡아준 곳은 학교였습니다. 담임선생님은 문제아처럼 지내던 아드리 박사를 포기하지 않고 사랑을 부어주며 좋은 책을 읽도록 영향을 끼쳤고 수학과 과학을 가르치던 선생님은 박사의 재능을 알아보고 기초부터 다시 가르쳐 더 높은 수준에 오르게 신경을 써주었습니다. 교회와 학교에서 좋은 분들을 만났기에 아드리 박사는 쉴 새 없이 자신의 목표를 위해 달려올 수 있었고 포기하지 않을 수 있었습니다.

사람들의 학력은 점점 더 높아지고 결혼 연령도 점점 높아지는 추세지만, 아직도 부모들이 아이들을 양육하는 소양은 너무나도 부족합니다. 무작정 공부만을 강요하는 가정, 미리 포기해 버리고 방관하는 가정, 이런 아이들은 학교에서도 환영받지 못하고 있습니다. 버림받은 아이들에게 강인한 믿음을 전해주는 그리스도인들이 되십시오.

 주님! 자라나는 아이들을 위해 관심 갖고 기도하게 하소서.
 교회와 학교에서 아이들을 돕기 위한 부분들을 위해 노력하십시오.

나의 영적 일지

믿음의 약속

● 욘 2:9 나는 감사하는 목소리로 주께 제사를 드리며 나의 서원을 주께 갚겠나이다 구원은 여호와께 속하였나이다 하니라

소망교회의 박래창 장로님은 사업을 하는 바쁜 와중에도 교회학교를 위해 40년 넘게 열심히 헌신하고 계십니다.

박 장로님은 3대째 믿음을 이어오는 가정의 영향을 받아서 어려서부터 남들을 위해 베풀고 싶어 했습니다.

어렸을 때 스스로에게 한 약속을 지키기 위해 결혼 후 자신의 집을 개방해서 교회 교사들이나 학생들이 언제나 드나들게 하고 쉬면서 책을 보며 식사도 할 수 있게 꾸며놓았고 지방 H 신학대가 어렵다는 얘기를 듣고는 기부금으로 오천만원을 쾌척했습니다. 하지만 자신이 하나님으로부터 받은 은혜에 비하면 아무것도 아니라며 추가 후원을 약속했습니다.

그러나 불어 닥친 경제위기로 보유하고 있는 금융자산이 반 토막이 나고 운영하고 있는 사업체가 어려움에 처하자 고민하게 되었습니다. 그러나 아내의 격려와 자신이 했던 결심을 떠올리며 재산을 정리했고 자신의 노후자금까지 보태서 같은 H 신학대에 기부했습니다. 힘든 결정이었지만 기부를 하고 나니 오히려 후련하고 정말 행복하다고 박 장로님은 고백했습니다.

받는 것에 비하면 주는 것은 정말 어렵습니다. 그러나 진정한 행복은 받을 때가 아닌 줄 때 더욱 커집니다. 당장 눈앞에 이익에 연연하지 말고 자신에게나 주님께 서원한 것이 있으면 그것을 지키십시오.

 주님! 순간에 욕심에 눈이 멀어 더 큰 행복을 놓치지 않게 하소서.
 서원이나 결심을 할 때는 반드시 실행 날짜를 적으십시오.

나의 영적 일지

아브라함의 축복

● 창 21:22 그 때에 아비멜렉과 그 군대 장관 비골이 아브라함에게 말하여 이르되 네가 무슨 일을 하든지 하나님이 너와 함께 계시도다

3월 14일

피터 도허티 박사는 호주에서 태어났습니다. 박사가 어렸을 때만 해도 호주에서는 스포츠 외에는 즐길만한 문화가 없었습니다. 운동신경이 없었던 박사는 아이들과 노는 대신 방안에서 하루 종일 책을 읽었고 이때 언제나 분석적으로 생각하는 습관이 생겼습니다.

공부에는 자신이 있었던 박사는 졸업 후 인류의 농업 산업에 관심을 가지고 수의학과에 입학하게 됩니다. 성적도 우수한 박사가 전혀 인기 없는 학과를 선택하는 것을 보고 많은 이들이 만류했습니다. 만나는 사람들마다 잘못된 선택이라 설득했지만 박사는 뜻을 굽히지 않았습니다.

그러나 대학을 졸업하고 자신이 연구하고 싶은 분야와는 상관없이 수의사의 일을 해야 되자 사람들의 말이 사실인 것처럼 느껴졌습니다. 그러나 이 분야의 연구가 자신에게 맞는다고 판단한 박사는 사람들을 상대하는 대신 연구를 계속했고 계속되는 실험의 실패 속에 마침내 중요한 발견을 해내 1996년 노벨 의학상을 수상하게 되었습니다. 박사가 사람들이 보았을 때 옳았던 선택을 내렸더라면 결과는 전혀 달라졌을 것입니다.

아브라함이 조카 롯과 다른 길을 가기로 했을 때에 롯은 좋은 평야로 아브라함은 척박해 보이는 땅으로 가게 됩니다. 그러나 결국에는 아브라함이 선택한 곳이 축복의 땅이었습니다. 하나님을 믿는 자녀들이 떠나는 곳이 축복의 땅입니다. 선택에 자신감을 가지십시오.

 주님! 사람들의 말보다 말씀을 더욱 믿게 하소서.

 사람들의 주장과 반대로 생각하는 역발상의 사고 습관을 기르십시오.

나의 영적 일지

3월 15일

하나님의 영광을 위해서

● 고전 6:20 값으로 산 것이 되었으니 그런즉 너희 몸으로 하나님께 영광을 돌리라

강영우 박사님은 장애를 극복하고 미국 백악관의 장애위원회 정책 차관보까지 오른 존경받는 분입니다.

시각장애의 벽을 극복하고 박사학위를 땄고 미국 정부 요직에까지 오른 강 박사는 아들들까지 모두 명문대에 진학해 의학과 법학을 공부하는 축복을 누리고 있습니다. 그러나 강 박사도 박사학위를 막 따고 한국에 왔을 무렵에는 취직을 할 수 없어서 힘들어 했다고 합니다. 그리고 그것이 좋은 부모를 만나지 못한 탓이라고 생각해서 좌절했습니다. 그렇게 힘들던 때에 만났던 피츠버그대 벤더슨 박사는 강 박사에게 학위까지 땄고 훌륭한 아들들도 있으니 부모 탓을 하지 말고 스스로 명문가를 만들어보라고 조언해주었습니다.

그 말을 듣고 깨달은 강 박사는 다시 미국으로 떠났고 많은 명문가를 배출한 필립스 아카데미에서 공부를 하였습니다. 그리고 필립스 아카데미에서 유독 명문가가 많이 배출되는 이유를 강 박사는 알 수 있었습니다.

필립스 아카데미의 건학 정신은 "나 자신을 위해서가 아닌 하나님의 영광을 위해서"였던 것입니다. 이 정신의 영향을 받은 강 박사는 자신의 아들들에게도 그대로 적용했고 결국에 모두가 부러워할만한 명문가를 이룰 수 있었습니다.

남들을 위해 무언가를 노력하는 사람들은 자신의 세대뿐만 아니라 그 이후에도 복을 누립니다. 또한 어떠한 환경도 극복해낼 수가 있습니다. 내 이웃을 내 몸과 같이 사랑하라는 하나님의 말씀을 지키십시오.

 주님! 나보다 남만큼 남을 더 생각하는 사랑의 마음을 주소서.
 삶의 목표가 누구를 위한 것인지 생각해보십시오.

나의 영적 일지

내 인생의 한 구절

● 잠 29:18 묵시가 없으면 백성이 방자히 행하거니와 율법을 지키는 자는 복이 있느니라

3월 16일

MRA 한국본부 총재이자, 호서대학교 총장인 강석규 박사님은 빈농의 아들로 태어나 힘든 유년기를 보냈습니다.

그 시절 대부분의 사람들이 다 그런 시절을 보냈지만 강 박사님은 몸도 병약해 농사일도 제대로 도울 수 없었고 성적도 그렇게 뛰어난 편이 아니었습니다. 자신이 제대로 할 수 없는 일이 하나도 없다고 느껴지자 절망에 빠졌지만 나폴레옹의 전기를 읽고는 희망을 품었습니다.

나폴레옹은 엄청난 단신에 사관학교에서도 우수한 성적이 아니었기 때문입니다. 그렇게 희망을 품고 신앙생활을 하던 도중 유독 눈에 들어오는 말씀이 있었습니다.

"꿈이 없는 백성은 망하리라(잠언 29:18, 현대어성경)"

이 한 구절의 말씀을 통해 그는 언제나 좋은 쪽으로 상상하며 큰 꿈을 그렸습니다. 이 한 구절의 말씀을 깨달음으로 몸의 병약함과 평범한 두뇌를 극복하고 성공이란 열매를 꽃피울 수 있었던 것입니다. 강 씨는 지금도 자신에게 조언을 구하는 사람에겐 이 말씀을 전하며 하나님이 인간에게 주신 놀라운 능력에 대해 설명하며 복음을 전합니다.

꿈이 없는 백성은 망합니다. 초기의 기독교는 볼품없고 열악했지만 주님의 말씀을 통해 놀라운 비전을 품고 꿈을 꾸었습니다. 그 결과 박해받고 핍박받던 기독교가 이제는 사회에서 많은 봉사를 하고 오지에 나가 선교하며 사람들을 구제할 정도로 성장할 수 있었습니다. 꿈을 품게 만드는 말씀의 능력입니다. 성경을 두루 아는 것도 중요하지만 한 구절, 한 구절 나에게 다가오는 말씀을 붙들고 기도하십시오.

 주님! 말씀의 오묘한 이치를 깨닫게 하소서.

 나에게 힘이 되는 말씀을 묵상하고 없다면 찾아보십시오.

나의 영적 일지

3월 17일

사랑의 인술

● 롬 12:8 혹 위로하는 자면 위로하는 일로, 구제하는 자는 성실함으로, 다스리는 자는 부지런함으로, 긍휼을 베푸는 자는 즐거움으로 할 것이니라

지난 2007년에 돌아가신 김종원 장로님은 '전쟁고아의 아버지'로 불립니다. 원래의 고향땅은 이북이지만 피란 때에 월남해 대구에서 의사로써 일을 했습니다.

그러다 우연히 포항에 있는 친척 집에 왔다가 폐허가 된 웅덩이에서 놀고 있는 고아들을 보았습니다. 순간 이북에 두고 온 세 명의 아들이 생각나며 눈물이 쏟아졌고, 그 자리에서 자신의 인생을 고아들을 위해 바쳐야겠다고 결심했습니다. 그 후 정말로 포항에 내려와서 소아과 병원을 열어 일생을 아이들을 위해 진료했습니다.

4명밖에 되지 않는 직원이었지만 하루에 본 환자수가 평균 300명이 넘었습니다. 과로로 코피가 나도, 열사병에 걸려도 김 장로는 진료를 멈추지 않았습니다. 평생의 비전으로 선교기지 병원과 의과대학 설립을 꿈 꿨던 김 장로는 선린병원을 세움으로 그 꿈을 이뤘고 선린병원은 지금 구제비용으로만 매년 10억 이상을 쓰고 있는 선교기지 역할을 하고 있습니다.

평생을 아이들을 위해 바쳤지만 자신은 하나님의 사랑을 실천한 것뿐이라며 자신을 한 없이 낮춘 김종원 장로야말로 진정한 사랑의 인술을 펼친 분입니다.

남들을 위해 평생을 바치기는 매우 어렵습니다. 하지만 그런 일을 하고 나서 자신을 드러내지 않고 낮추기는 더욱 어렵습니다. 수지타산을 따지지 않고 진정한 주님의 사랑을 실천하려고 할 때 이런 불가능해 보이는 일들이 가능하게 됩니다. 당신이 가지고 있는 좋은 것을 이웃에게 사용하십시오.

 주님! 받은 사랑에 감사하며 전파함에 겸손하게 하소서.
 좋은 일을 행할 때에도 겸손하기 위해 노력하십시오.

나의 영적 일지

성공의 밑거름

3월 18일

● 요 21:22 예수께서 이르시되 내가 올 때까지 그를 머물게 하고자 할지라도 네게 무슨 상관이냐 너는 나를 따르라 하시더라

게리 마샬은 미국에서 가장 인기 있고 존경받는 작가 중의 한 명입니다. 한국에서도 흥행한 '귀여운 여인'을 비롯해 많은 영화와 시트콤을 제작했습니다. 미국 내에서는 최장수로 방영한 시트콤까지 제작하며 큰 인기를 끌어 1997년에는 TV 예술과학 아카데미의 명예의 전당에 헌정되기도 했습니다.

그는 100가지가 넘는 온갖 알레르기를 앓아 어려서부터 하루도 아프지 않고 넘어가는 날이 없을 정도였습니다. 그 와중에 남과는 다르게 생각하는 법을 배웠고 기존 사고방식을 가르치는 선생님들과 많은 마찰을 빚었습니다. 대학에서도 항상 교수님과 반대되는 생각을 피력해 최하 학점을 받기 일쑤였고 강의 중 공개적으로 창피도 많이 당했습니다. 하지만 이런 경험을 통해 그는 무안을 당해도 부끄러운 건 순간일 뿐 그것을 극복한다면 곧 다시 시작할 수 있다는 것을 배웠습니다.

그 이후로 그는 자신의 작품에 대한 평론가들의 얘기조차 귀담아듣지 않았고 누군가 자신의 약점을 공격하면 순순히 그것을 인정하고 자신의 강점을 살리기 위해 노력했습니다.

부끄러움을 두려워하지 않는 도전정신이 언제나 보통과는 다른 특별한 작품을 만들 수 있게 해준 원동력이 되었습니다.

무언가를 시도하는데 가장 큰 방해를 하는 것은 사람들의 시선입니다. 성공의 밑거름은 수치를 두려워하지 않고 시도하는 것입니다. 생활과 신앙에서도 자신이 믿는 바를 자신 있게 실천하며 행동하십시오.

 주님! 주위의 생각이 아닌 제가 믿는바에 의한 삶을 시작하게 하소서.

 사람들에 의해 하지 못했던 일들을 다시 시도해보십시오.

나의 영적 일지

3월 19일

뭐든지 주인처럼

● 시 128:2 네가 네 손이 수고한 대로 먹을 것이라 네가 복되고 형통하리로다

무디 목사님이 투덜거리며 일을 하고 있는 청소부에게 즐거움으로 하나님이 창조한 한 구석을 쓸고 있다고 생각하며 최선을 다하라고 말한 일화는 너무도 유명합니다. 자신이 하는 일에 자긍심을 가지고 세상의 주인처럼 일하는 주류정신에는 놀라운 힘이 있습니다.

월마트의 창시자 샘 월튼도 처음에는 일반 식료품점의 아르바이트 생으로 시작했지만 자신이 사장이라는 마인드를 가지고 일을 해서 엄청난 성공을 이룰 수 있었습니다.

미국 최초의 흑인 국무장관인 콜린 파월도 가난했던 시절 패스트푸드점에서 일할 때엔 인종차별을 받았지만 모든 직원이 그의 성실한 근무태도에 결국 존경을 표했습니다.

한국잡지협회장을 지냈던 김영진 씨도 처음엔 자신이 낸 시집을 팔기 위해 온 힘을 다 했고 나중에는 검찰청까지 들어갔습니다. 이후에 주류정신을 깨닫고 28살의 나이에 출판사를 차리게 된 김영진 씨는 모든 책을 자신의 책을 팔고 홍보한다는 정신으로 적용해 그게 성공했고 요즘 같은 불황의 때에도 많은 투자를 할 수 있을 정도의 상황이 좋습니다.

세상사람 모두 자신의 삶에 주인공이 될 수 있습니다. 예수님이 자신의 직무를 다하라고 말씀하신 것처럼 어떤 일이든 마음먹고 최선을 다하기로 한다면 결국엔 점점 좋은 기회들이 열리고 자신이 뜻하는 대로 길이 풀릴 것입니다. 주님이 주시는 힘으로 최선을 다하십시오.

 주님! 맡겨진 일에 즐거이 최선을 다하게 하소서.
 지금 하고 있는 일에 내가 주인이라고 생각하십시오.

나의 영적 일지

선한 사마리아인

3월 20일

● 눅 10:37 이르되 자비를 베푼 자니이다 예수께서 이르시되 가서 너도 이와 같이 하라 하시니라

동신교회의 김권수 목사님은 교회의 이웃사랑은 사회복지 차원을 넘어서야 한다고 주장합니다.

이 분야를 깊이 있게 공부해 박사학위까지 딴 김 목사님의 주장은 이렇습니다.

"교회가 이웃을 사랑할 때는 어떤 것도 따져서는 안 됩니다. 종교와 인종 그 밖의 모든 것을 떠나서 오로지 일단 베풀고 보는 것이 가장 중요합니다. 때문에 다름을 이유로 고통을 외면해서는 안 되고 사랑으로 그것에 동참해야 합니다. 그러기엔 자신이 보고 싶은 모습만 보며 안심할 것이 아니라 사회적 현상에 대해서 냉정하게 분석해서 그것에 맞게 대응해야 합니다. 그래야만 경제문제와 같은 현실적인 현안에 대해서 기독교인들이 힘을 발휘할 수 있기 때문입니다.

요셉이 기근과 흉년을 철저하게 대비했기에 당시 초강대국이던 이집트조차도 위험하게 했던 위기를 넘길 수 있었고 그로 인해 하나님이 높임을 받았습니다. 그러므로 기독교인들도 이를 본받아 현실을 냉정히 분석하고 사랑을 베풀 때는 아무런 조건 없이 행해야 합니다. 선한 사마리아인만이 강도당한 사람의 진정한 이웃이 될 수 있었듯이 말입니다."

그리스도인들이 사회에 이웃으로 녹아들어가기 위해선 착한 사마리아인과 같이 되어야 합니다. 강도당한 사람을 보고 지나갔던 제사장과 레위인들은 자신들이 하나님을 위한 일을 하고 있다고 생각하고 그렇게 행동했지만 정작 어려운 사람들의 이웃이 되지는 못했습니다. 어려운 이들의 이웃이 되어 도움을 주는 성도가 되십시오.

 주님! 진정 어려운 자들의 이웃이 될 수 있도록 도와주소서.
 선행은 이유를 따지지 말고 은밀히 행하십시오.

나의 영적 일지

3월 21일 — 사춘기 시절의 절망과 희망

● 8:15 그들이 내려가서 그들을 위하여 성령 받기를 기도하니

동서학원을 설립해 많은 대학교와 교회를 세운 장성만 목사님은 복잡한 사춘기 시절을 경험했습니다.

자신의 사춘기 시절 절망에 빠져 신을 부정했던 경험과 그분을 인정하고 희망을 얻은 경험이 모두 있기 때문입니다.

절망은 아버지의 죽음과 함께 찾아왔습니다. 전국에 유행하던 콜레라에 걸린 아버지가 사흘 만에 돌아가셨기 때문입니다. 순식간에 소년가장이 되어버린 장 목사는 엄청난 삶의 무게를 느꼈습니다. 인생에 대한 회의가 느껴지며 자신의 어려움이 모두 신 때문인 것 같아서 미웠습니다.

그렇게 염세주의자가 돼 버린 장 목사는 수심에 잠겨 하루하루를 살았지만 텅 빈 가슴을 채울 수가 없었습니다. 그렇게 세월을 보내던 중 어느 늦은 밤 집에 들어오다가 자신을 위해 절규하는 할머니의 기도소리를 들었습니다. 그 순간 자신의 가슴속에 뭔가가 요동치는 것을 느꼈고 자신이 부정했던 그분을 인정할 수밖에 없었습니다.

자리에 주저앉아 하염없이 눈물을 흘리던 장 목사에게 할머니는 다가와 기도를 해주었고 찬송을 불러주었습니다. 그동안 없었던 것 같던 희망의 빛이 더없이 강렬하게 비추었고 장 목사는 다시 일어서서 그분을 위해 일 할 수 있었습니다.

사춘기 시절은 인생의 가장 중요한 때입니다. 이 시절에 주님을 떠나고 부정한다면 청년이 되어 다시 돌아오기가 쉽지 않습니다. 힘들어 하는 사춘기의 청소년들을 위해 기도하고 관심을 가져 주십시오.

 주님! 성장기의 어려움을 겪는 학생들에게 희망을 전하게 하소서.

 사춘기에 있는 한 영혼을 정해 꾸준히 관심과 기도로 돌봐주십시오.

나의 영적 일지

배려의 힘

3월 22일

● 눅 10:5 어느 집에 들어가든지 먼저 말하되 이 집이 평안 할지어다 하라

앤 리처즈는 처음으로 미국 텍사스 주 공직에 오른 여성입니다. 물론 그에 걸맞은 뛰어난 실력을 갖추고 있었지만 언제나 자신에게 엄격한 잣대를 들이대 항상 자신이 무능력한 사람이라는 생각을 하며 살았습니다. 텍사스 주의 재무 담당으로 일하던 시절엔 그런 감정을 달래기 위해서 술을 시작했는데 술을 마시면 기분이 좋아지고 안 좋은 감정과 무력감이 모두 사라지는 것 같았습니다.

하지만 시간이 흐를수록 술을 더 많이 마셔야만 그런 상태에 오를 수 있게 되었습니다. 자신에게 뭔가 문제가 있다고 느낄 무렵에는 너무도 심각한 사태가 되어서 의사도 손을 쓸 수 없을 정도였습니다. 결국 앤은 스스로를 포기해버리고 말았습니다.

그러던 어느 날 한 친구가 자신을 집으로 초대했고 도착한 앤은 놀랄 수밖에 없었습니다. 그 집에는 앤의 알코올 중독을 안타까워하던 사람들이 모두 모여 있었기 때문입니다. 그들은 돌아가면서 앤에 대한 기대와 그간의 술로 인한 실수에 대해서 이야기를 했고 그 모임 직후 앤은 치료를 받기 위해 곧장 비행기를 타고 요양원에 들어갔습니다. 자신을 생각하는 많은 사람들이 있다는 사실이 앤을 다시 일어설 수 있게 만들었고 재기 후에 앤은 사람들의 전폭적인 지지를 받으며 텍사스의 주지사로까지 오를 수 있었습니다.

비난은 누구나 할 수 있는 세상에서 가장 쉬운 일이지만 배려는 그렇지 않습니다. 비난이 사람을 주눅 들게 하고 실패하는 것처럼 배려에도 사람을 소생시키고 힘을 주는 능력이 있습니다. 배려를 선택함으로 사람들에게 좌절감 대신 용기를, 두려움 대신 사랑을 전하십시오.

 주님! 사람들에게 비난 대신 배려를 전할 수 있는 메신저가 되게 하소서.
 주위 사람들에게 해줄 배려의 말을 준비해 보십시오.

나의 영적 일지

시련은 연단의 과정

●시 20:5 우리가 너의 승리로 말미암아 개가를 부르며 우리 하나님의 이름으로 우리의 깃발을 세우리니 여호와께서 네 모든 기도를 이루어 주시기를 원하노라

(주) 한국 도자기는 세계적으로 유명한 사기 그릇 생산 업체입니다. 건실한 업체이자 세계 5대 도자기 메이커중의 하나입니다. 그러나 김동수 회장이 아버지 대신 이 회사를 물려받았을 때는 사정이 많이 달랐습니다.

교수가 되겠다는 자신의 꿈마저 접고 내려간 고향땅에서 물려받은 회사는 사채 빚으로 운영되고 있던 상황이었습니다. 매출의 40%를 이자로 내야하니 원금은 갚을 도리가 없고 직원들 월급조차 제대로 줄 형편이 되지 않았습니다. 오죽하면 빚만 갚게 해준다면 자신의 생명까지 바치겠다고 서원까지 했습니다. 이때 만나게 된 장인어른은 김 회장에게 평생 잊지 못할 설교를 하였습니다.

"시련은 연단의 과정일 뿐 신앙인은 반드시 승리하네."

이 설교에 힘입어 김 회장은 죽을힘을 다해 회사를 꾸렸고 마침내 빚은 모두 청산하고 새로운 시작을 할 전기를 마련할 수 있게 되었습니다. 목숨을 내놓겠다는 자신의 서원이 생각나 빚을 청산하던 날 죽을 각오까지 했던 김 회장은 이후의 삶을 덤으로 생각하고 더 큰 발전을 위해 기쁘게 헌신하고 있습니다.

누가 봐도 실패인 것 같았던 김 회장의 인생은 역전에 역전을 거듭해 눈부신 성공을 이루었습니다. 실패를 인정해 버렸다면 이후의 좋은 날들을 보지 못했겠지만 이후에 올 더 큰 영광을 바라봤기에 어려운 상황에서도 포기하지 않고 노력할 수 있었습니다. 불행은 그 크기만큼 행복을 가져다준다는 것을 명심 하십시오.

 주님! 성장을 위한 시련을 주심을 감사드립니다.

 시련이 있음에 연단될 수 있음을 감사하십시오.

나의 영적 일지

불완전함의 인정

3월 24일

● 시 18:32 이 하나님이 힘으로 내게 띠 띠우시며 내 길을 완전하게 하시며

에이미 힐은 장르를 가리지 않고 출중한 연기를 보여주는 실력파 배우입니다. 미국에서 활동하는 그녀는 연극, 영화, 드라마, 시트콤을 따지지 않습니다.

30대 중반의 나이임에도 불구하고 70대 할머니의 역할을 아무런 분장 없이 자연스럽게 연기하여 화제가 된 적도 있을 정도로 어떤 역할을 맡든지 훌륭하게 소화합니다. 하지만 그녀는 애매한 사람들의 평가 때문에 연기자의 꿈을 이룰 수 없을 뻔 했습니다. 아시아계 미국인인 그녀를 사람들이 알게 모르게 차별하며 댄 변명들을 잘못 이해했기 때문입니다.

그녀는 학생 때 교환 학생 신청자격을 완벽히 갖추고 있었지만 '너무 열심히 했단 이유'로 탈락을 맛보아 했고, 연기에 대해서도 잘은 하지만 '알 수 없는 무언가'가 이상하다는 식의 평가를 동시에 받았습니다. 그녀는 사람들의 자신이 재능이 없기 때문에 이런 평가가 나온다고 생각하고 전공을 바꿔 미술에 전념했습니다. 하지만 자신이 어떤 일을 하던 사람들의 평가는 비슷하다는 것을 깨닫고 결국 자신이 하고 싶은 연기를 다시 택하게 됩니다. 하지만 이번엔 자신의 불완전함을 솔직히 인정하기로 한 그녀는 1인극인 '도쿄 행'을 통해 많은 사람들의 찬사와 박수를 받으며 대스타를 향한 발걸음을 내딛을 수 있었습니다.

세상에 완벽한 사람은 없습니다. 아무리 장점이 많아도 단점은 누구나 있습니다. 하지만 사람들은 장점보다 단점을 보기 때문에 나쁜 것에 더욱 신경을 쓰게 됩니다. 단점을 인정할 때 그것을 넘어설 수 있게 될 것입니다. 자신의 불완전함을 솔직히 인정하십시오.

 주님! 언제나 불완전함을 받아들이고 온전히 극복하게 하소서.
 자신의 불완전함을 솔직히 인정하고 신경 쓰지 마십시오.

3월 25일

불굴의 정신

●마 19:26 예수께서 그들을 보시며 이르시되 사람으로는 할 수 없으나 하나님으로서는 다 하실 수 있느니라

한국유나이티드 제약회사는 30개가 넘는 나라에 수출을 하며 연매출이 천만 달러가 넘는 회사입니다.

이 회사의 강덕영 대표는 6.25시절에 태어나 많은 고비를 넘겼습니다. 먹을 것이 없어서 미군에게 구걸을 했고, 군대에 입대했을 때는 언제나 북한과의 긴장상태로 있었습니다. 그러던 와중에 주님을 만나게 되었는데 세상을 바라보는 시각이 바뀌게 되었습니다.

언제 죽을지 모른다는 생각에 모든 게 부정적으로 보이던 세상이 내가 무언가 할 일이 있는 희망이 있는 곳으로 보이기 시작한 것입니다. 부모님이 남겨준 재산도 전혀 없었고 남들 앞에 내세울만한 재능도 없었지만 그는 오로지 주님만 의지한다면 할 수 있다는 확신을 가졌습니다.

제약회사의 말단 영업직원으로 시작을 해서 이 자리에 오를 수 있었던 것도 그런 정신을 바탕으로 10년이 넘는 기간 동안 단 한 번도 목표를 달성하지 못한 적이 없었기 때문입니다. 강 대표의 성공의 비결은 딱 한 가지입니다

'그럼에도 불구하고 할 수 있다. 하나님을 의지하면서 최선을 다한다면.'

많은 믿음의 사람들은 불굴의 정신을 가지고 있었습니다. 사자 굴에 들어가서도 담대했으며 죽음의 순간까지도 복음을 전했습니다. 이런 정신을 가지고 이제는 세상으로 나갈 때입니다. 세상을 향해 복음을 전파하고 승리를 쟁취하십시오.

 주님! 믿음에 걸맞은 열심을 내게 하소서.

 반드시 할 수 있다는 것을 믿고 뭐든지 최선을 다하십시오.

나의 영적 일지

한 번의 성공

3월 26일

- 삼상 10:7 이 징조가 네게 임하거든 너는 기회를 따라 행하라 하나님이 너와 함께 하시느니라

노화연구의 세계적인 권위자이자인 아놀드 팍스박사는 인생의 특별한 추억을 가지고 있습니다.

아놀드 박사가 매년 지역 토너먼트의 우승을 다툴 정도로 실력 있는 어린이 야구팀의 코치로 있을 때였는데 팀 명성에 어울리지 않는 선수가 한 명 있었습니다. 뇌성마비에 걸려 몸을 잘 가누지 못하는 아이였는데 뜻대로 몸을 움직이진 못했지만 훈련이 힘들다고 포기하지도 슬퍼하지도 않았습니다. 박사는 그 아이에게 선수로 출전할 기회를 줘야겠다고 마음먹었습니다. 하지만 남은 경기는 중요한 지역토너먼트 결승전뿐이었고 학부모를 비롯한 많은 사람들이 만류했지만 박사는 예정대로 그 아이를 출전시켰습니다.

몸이 불편해 보이는 아이가 타자로 들어서자 상대팀 선수들은 그를 놀리기 시작했습니다. 타석에 섰다하면 삼진이었고 그럴 때마다 더 큰 야유가 쏟아졌지만 아이는 끝까지 공을 보며 포기하지 않았습니다. 서로 점수가 나지 않은 채로 경기는 거의 끝나갔고 마지막 타석에는 뇌성마비에 걸린 아이가 들어섰습니다.

상대투수가 방심하며 공을 던진 순간 아이는 드디어 공을 쳤고 죽을힘을 다해 1루로 뛰었습니다. 결국 그 안타로 인해 팀이 결승점을 냈고 지역 토너먼트에서 우승할 수 있었습니다.

우승한지 몇 년이 지나고 뇌성마비에 걸린 아이의 부모님이 박사를 찾아왔다고 합니다. 그날의 기회를 통해 아이의 인생이 달라져 놀라운 삶을 살고 있다며 한없는 고마움을 전했습니다. 한 번의 기회가 모든 것을 바꿀 수 있습니다. 아무것도 아닌 것 같은 일이 누군가에게 더 없이 소중한 기회가 될 수 있다는 사실을 명심하십시오.

 주님! 나의 삶이 주위 사람들과 조화를 이루게 하소서.

 일을 잘할 수 있는 사람만큼 일이 필요한 사람에게도 기회를 주십시오.

3월 27일
두 번째 인생

● 마 9:31 그들이 나가서 예수의 소문을 그 온 땅에 퍼뜨리니라

박용우, 장영희 부부는 남들이 부러워할만한 삶을 버리고 탄자니아로 선교를 떠났습니다.

4개월간의 현지 적응을 마치고는 주님이 부르신 것이 확실하다는 마음을 가지고 조금의 미련도 가지지 않았습니다. 남편 박용우 씨는 삼성경제연구소의 연구실장이었고 부인 장영희 씨는 한국자원봉사능력개발연구회의 회장이었습니다. 각자 자신의 분야에서 인정받고 성공을 이룬 부부는 얼마든지 안락한 삶을 살 수 있지만 아이들을 향한 사랑 하나 때문에 선교를 결심하게 되었습니다.

전에도 부부는 매주 토요일에 장애아동들을 위해 자원봉사를 하고 있었는데 아이들에게 밥을 먹여주다가 하나님의 사랑을 느꼈습니다. 자신이 지금껏 경험했던 것보다 더 없이 행복했던 그 경험은 지금까지의 성공이 아무것도 아닌 것처럼 느끼게 만들었습니다. 이후에 부부는 아프리카를 마음에 품게 되었고 신학교를 다니며 선교를 위한 준비를 해나갔습니다.

선교사 부부가 떠나는 탄자니아는 인구의 9%가 에이즈로 고통 받고 있습니다. 부부는 아픈 아이를 통해 사랑을 알았기에 에이즈로 인해 고아가 되었거나 격리된 아이들을 위해 봉사하려는 마음을 갖고 있습니다.

이들 부부는 선교라는 이름으로 새로운 인생을 선택했습니다. 첫 번째 인생을 통해 성공이라는 것을 맛봤다면 두 번째 인생을 통해 사랑을 전하기로 한 것입니다. 자신만을 위한 일차원적인 삶은 아무 의미도 없습니다. 자신뿐만 아니라 남을 위한 인생을 계획하십시오.

 주님! 나만 아는 일차원적인 삶을 벗어나게 하소서.

 인생의 진정한 가치가 무엇인지 생각해보십시오.

나의 영적 일지

상처를 지혜로

3월 28일

● 시 12:5 여호와의 말씀에 가련한 자들의 눌림과 궁핍한 자들의 탄식으로 말미암아 내가 이제 일어나 그를 그가 원하는 안전한 지대에 두리라 하시도다

빅토리아 윌리암스는 미국에서 가장 사랑받는 작곡가 겸 가수입니다. 많은 사람들이 그녀의 노래가사에 감동을 받고 멜로디에 심취하지만 그녀의 인생은 불운의 연속이었습니다. 데뷔 앨범이 많은 평론가들의 호평 속에 발매되었지만 대중에게 외면당해 한 장도 팔지 못했고 옮기는 소속사마다 금방 문을 닫아버려 활동할 기회를 잡을 수가 없었습니다.

인생의 막다른 골목에서 이혼까지 당하며 심한 우울증까지 겪게 된 그녀는 술에 빠져 무력하게 되었지만 신앙의 힘으로 극복하고 정신을 차려 유명가수의 전국투어의 오프닝 무대를 맡게 되는 행운을 잡았습니다. 그러나 순간 더 큰 불행이 찾아왔습니다. 투어도중 자신이 희귀병에 걸렸다는 사실을 알게 된 것입니다.

'다발성 경화증'이란 병은 발견사례도 드물어서 원인과 치료방법을 어떤 의사도 알지 못했습니다. 어느 때는 눈이 보이지 않게 되었고 어떤 때에는 손과 발이 마비되었습니다. 악기를 연주하며 작곡을 하는 그녀에게 이런 병은 두려움 그 자체였습니다.

그러나 그녀는 믿음을 더욱 굳건히 하며 자신에게 찾아오는 증상에 맞게 연주하고 작곡할 수 있는 방법들을 찾아가며 계속 활동했습니다. 그런 상황 속에서 자신의 진심을 담아 나온 곡들과 가사들이기에 많은 사람에게 감동을 줄 수 있었던 것입니다.

어려움이 찾아 올 때마다 지혜와 기회를 얻을 수 있다는 것을 항상 생각하십시오. 믿는 자에겐 어떤 일도 우연이 아닙니다. 우리에게 찾아오는 일들이 결국은 모두 우리를 위한 일들이라는 것을 믿으십시오.

 주님! 상처로 인해 분을 품지 말게 하시고 오히려 기뻐하게 하소서.
 받은 상처가 생각날 때마다 감사한 마음을 품으십시오.

나의 영적 일지

3월 29일
스승의 가르침

● 출 18:20 그들에게 율례와 법도를 가르쳐서 마땅히 갈 길과 할 일을 그들에게 보이고

(주) 금비의 고병헌 회장님은 회사를 경영하면서 힘들고 막막할 때마다 옛 스승님의 가르침을 떠올립니다.

초등학교 6학년 때 담임이었던 선생님은 6.25를 겪고 난 후의 어려운 상황이지만 나라를 살리기 위해 노력하라고 늘 말씀하셨습니다.

길에 난 잔디에는 아무리 사람들이 밟아도 싹을 틔우는 놀라운 생명력이 있다며 항상 잔디를 닮으라고 가르쳐 주셨습니다. 그 가르침은 회사가 어려워 포기하고 싶어질 때마다 고 회장은 마음을 다잡고 새로 시작할 힘을 주는 귀한 가르침이 되었습니다.

고려대 총장이었던 홍일식 박사님도 어려운 시절에 배운 아버지의 가르침을 잊지 못합니다. 피란길에 아무것도 할 수 없었던 상황에서도 사람은 언제나 할 수 있는 일이 있다며 힘든 상황 속에서도 한문을 가르쳐주셨습니다.

그때의 가르침으로 훗날 학문의 길을 가는데 많은 도움을 받았고 불평과 불만보다는 언제나 할 수 있는 것을 찾아서 하는 것이 미래에 후회하지 않는 일이라는 귀한 가르침을 홍 총장은 어려서 배울 수 있었습니다.

살면서 잊히지 않는 가르침들이 있습니다. 그런 가르침들은 사람들의 가슴속에서 지워지지 않고 용기와 힘을 복 돋아 줍니다. 예수님의 가르침 역시 진리였기에 오랜 시간이 지난 지금도 사람들에게 영향을 주고 있습니다. 진리의 말씀을 품고 그것을 사람들에게 가르치십시오. 말과 행동으로 그리고 사랑으로 전하십시오.

 주님! 진리의 말씀을 배워 알게 하시고 전하게 하소서.
 가슴속에 기억나는 스승님이 계시다면 감사의 인사를 드리십시오.

나의 영적 일지

불안의 목소리

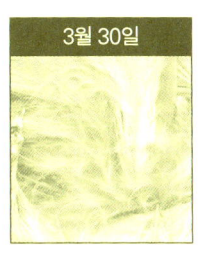
3월 30일

●시 42:5 내 영혼아 네가 어찌하여 낙심하며 어찌하여 내 속에서 불안해하는가 너는 하나님께 소망을 두라 그가 나타나 도우심으로 말미암아 내가 여전히 찬송하리로다

베티 화이트는 미국에서 가장 잘 나가는 방송인 중 한 명입니다. 16살때부터 방송을 시작한 그녀는 첫 번째 프로그램에서부터 자신의 이름을 건 토크쇼를 진행했습니다. 한낮의 방송시간에도 불구하고 높은 시청률을 기록하며 많은 인기스타들도 출연하고 싶어 하는 프로그램이 되었지만 제작진의 어이없는 실수로 프로그램이 갑자기 폐지되게 되었고 그녀는 일자리를 잃게 되었습니다.

베티의 토크쇼는 미국 최고의 방송 시상식인 에미상에 후보로도 올랐지만 중단된 프로그램이라 수상하지 못했습니다. 세상이 끝난 것 같이 느껴졌고 그녀는 모든 것을 포기했습니다. 매사에 밝은 성격의 그녀였지만 머릿속에서 자꾸만 부정적인 목소리가 들렸습니다. '넌 이미 끝났어', '재기할 수는 없을걸?', '다시는 에미상을 탈 수 없어' 그런 목소리들에 괴로워하고 있을 때, 문득 자신이 그런 소리들을 들을 필요가 없다는 것을 느꼈습니다.

불안의 소리를 무시하기 위해서 바쁘게 움직였고 본래 낙천적이었던 자신의 성격을 최대한 활용했습니다. 이후의 그녀는 처음보다 더 좋은 프로그램들을 만날 수 있었고 그토록 바라던 에미상을 4번이나 수상하는 큰 영예를 안았습니다.

불안과 좌절감을 느낄 때 우리는 실제로 그런 소리들을 듣게 됩니다. 머릿속에서는 끊임없이 실패와 낙망을 부추기는 소리가 들립니다. 그런 소리들에 따라 사는 것은 주님이 원하는 것이 아닙니다. 우리가 불안감에 휩싸여 있을 때도 주님은 언제나 함께 계십니다. 불안감에 싸여 그것에 휘둘리지 말고 그것을 극복할 수 있다는 희망을 믿으십시오.

 주님! 걱정과 불안마저 극복하고 이겨내게 하소서.
 부정적인 소리가 들릴 때 오히려 감사와 기쁨의 기도를 드리십시오.

나의 영적 일지

3월 31일

배우자의 신앙

●창 2:24 이러므로 남자가 부모를 떠나 그의 아내와 합하여 둘이 한 몸을 이룰지로다

한국 나이키 본사의 최종택 사장님은 고등학교를 졸업하자마자 무작정 미국행 비행기에 몸을 실었습니다.

미래를 위해선 한시라도 빨리 유학을 가는 것이 좋겠다던 아버지에 권유에 따른 것이었습니다.

그러나 막상 미국 땅에 발을 내리자 많은 문제들이 발생했습니다. 식사부터 작은 생활양식까지 모든 것이 한국과는 너무 달랐던 것이었습니다. 아무런 준비 없이 떠나온 최 사장에겐 학업은 고사하고 사람을 만나는 일조차 쉽지 않았습니다. 전교생 중에 외국인은 3명뿐이어서 차별도 많이 당했습니다. 외로운 유학생활에서 뜻하지 않은 어려움에 모든 것을 포기하고 싶었던 순간에 한 여학생을 만나게 되었습니다.

자신을 제외한 유일한 한국인 유학생이었던 그녀는 신앙심이 깊었습니다. 언제나 밝은 얼굴로 다가와서 자신을 위해 기도하고 있다며 항상 감사하라고 이야기했던 그녀는 실제 생활에서도 많은 도움을 주었습니다.

그녀의 도움으로 현지 생활에 잘 적응 할 수 있었고 30년이 지나서는 한국에 나이키스포츠의 사장이 되어 금의환향할 수 있었습니다. 30년 전 그 여인은 물론 지금 최 사장의 아내입니다.

배우자의 역할은 돕는 배필로써 매우 중요합니다. 믿음 안에 서로를 인정하고 사랑할 때 어떤 고난도 극복할 수 있게 될 것입니다. 남편과 아내가 서로를 사랑하고 도와줄 때 엄청난 시너지 효과가 나옵니다. 서로가 힘이 들 때 보듬어 주며 격려해 주십시오.

 주님! 저에게 꼭 맞는 배필을 주심에 감사드립니다.
 배우자와 연인에게 진심을 담아 사랑한다고 고백하십시오.

나의 영적 일지

● 로마서 8:37,39

4월 1일

국민감독의 순종

●욥 22:29 사람들이 너를 낮추거든 너는 교만했노라고 말하라 하나님은 겸손한 자를 구원하시리라

WBC에서의 활약으로 '국민 감독'으로 불리는 김인식 감독님은 최근 자신이 다니는 교회에서 안수집사로 임명되었습니다.

'믿음의 야구'로 뛰어난 지도력을 인정받은 김 감독이지만 겸손히 하나님 앞에서 무릎을 꿇었습니다.

야구인생만 40년 넘게 한 백전노장이지만 신앙생활을 시작한지는 5년 정도밖에 되지 않았습니다. 그러나 마음에서 하나님을 향한 진실함과 겸손함이 느껴졌기에 교인들의 투표 결과로 안수집사로 임직할 수가 있었습니다. 뇌경색으로 몸이 불편했을 때에 하나님을 체험한 김 감독은 비록 몸은 불편해졌어도 마음만은 더 없이 편해졌다고 했습니다. 1회 WBC때 이후로 건강과 소속팀 문제로 국가대표 감독직을 그만두려고 했지만 맡으려는 감독이 한 명도 없자 하나님이 자신에게 다시 기회를 주신 것이라고 생각하고 수락했습니다. 마음에 더 이상 불안이 없었기 때문입니다.

많은 악조건 속에 사람들은 반신반의 했지만 결국 김 감독은 1회 때에 이어 더 놀라운 성적을 거둬 온 국민에게 감동을 주었습니다. 국민적 영웅으로까지 칭송받았던 김 감독이지만 자신이 맡은 직분이 너무 과분하다며 최선을 다해 봉사하며 감당하겠다고 간증했습니다. 시즌 중에도 김 감독은 여전히 주일날만 되면 팀 내 크리스천 선수들과 인근에 있는 교회를 찾았습니다.

벼는 익을수록 고개를 숙인다고 했습니다. 신앙생활도 성숙해질수록 겸손해져야 합니다. 김 감독은 순종의 무릎을 꿇었습니다. 신앙생활을 오래 했다고, 남들보다 조금 더 나은 위치에 있다고 해서 하나님 앞에서나 성도들 앞에서나 교만하지 마십시오.

 주님! 교만한 마음을 이기고 실수하지 않게 하소서.
 믿음의 확신을 가지되 겸손한 마음을 겸비하십시오.

나의 영적 일지

수평이 아닌 수직

●마 23:8 그러나 너희는 랍비라 칭함을 받지 말라 너희 선생은 하나이요 너희는 다 형제니라

경향미디어그룹의 이상우 회장님은 회사에서 가장 높은 위치에 있지만 말단 직원들과도 격의가 없습니다.

높은 곳에 따로 떨어져 있는 회장실에 머무르는 시간은 거의 없고 언제나 사무실을 돌아다니면서 직원들을 만납니다. 대부분의 회사의 임원들이 사원들과는 거리를 두고 권위를 세우려고 하는 것과는 정 반대입니다. 물론 사원들도 처음에는 회장님이랑 신분이 부담스러워 대하는데 어려움이 있었습니다. 그러나 곧 자신들에게 수평적으로 다가오려는 회장님의 모습을 이해하게 되었습니다.

사원들이 먹던 음식을 뺏어먹는 회장님, 회장님이 좋아하실 것 같아 과자를 선물하는 직원, 이렇게 경영자와 사원들이 서로 정을 쌓고 관심을 갖게 되자 어려운 문제들이 쉽게 풀어졌습니다. 노사와 경영자의 대립과 부서와 부서 사이의 갈등 같은 문제들이 술술 해결되는 것이었습니다. 경영자가 직원들의 어려움을 이해하고 직원들이 경영자의 입장을 이해했기 때문에 서로가 만족할 만한 범위에서 여지없이 타협이 되기 때문입니다.

이 회장이 40년 넘게 언론인으로 지내면서 수많은 매체를 창간하며 성공할 수 있던 비결도 사원들과 합심해서 이끌어 나갈 수 있었기 때문입니다.

예수님은 제자들에게 너희는 종이 아니라 친구라고 말씀하셨습니다. 만물의 창조주 조차도 우리에게 다가오기 위해 권위를 이용하지 않으셨습니다. 사람들과 자신을 구분 짓지 말고 그들 사이로 들어가십시오.

 주님! 권위를 버리고 사람들을 먼저 생각하게 하소서.
 자신보다 사회적 지위가 낮은 사람들에게도 편안함으로 다가가십시오.

4월 3일
결과가 아닌 과정

● 롬 3:8 또는 그러면 선을 이루기 위하여 악을 행하자 하지 않겠느냐 어떤 이들이 이렇게 비방하여 우리가 이런 말을 한다고 하니 그들은 정죄 받는 것이 마땅하니라

데니스 팔럼보는 20대 중반의 나이에 엄청나게 성공한 작가였습니다. 그가 손대는 작품마다 히트를 쳤고 시청자뿐만 아니라 평론가들에게도 호평을 받았습니다.

데니스는 자신의 성공을 보고 매우 뿌듯해하며 세상의 모든 이치를 깨달았다고 생각했습니다. 하지만 중년의 나이가 되자 무언가 잘못 되어간다는 것을 느꼈습니다. 사람들은 자신의 성공을 부러워했지만 성공의 과정에 있어서 의미 있는 순간들이 전혀 없었기 때문입니다.

데니스는 성공을 위해 지나온 과정을 돌이켜 보았습니다. 화려한 성공 뒤에 스스로의 모습은 그저 무책임한 남자였습니다. 결혼생활에 있어서도 책임을 지지 않았고, 마흔이 되서야 자신이 원하는 게 무엇인지 깨달은 남자일 뿐이었습니다.

모든 생활을 정리하고 그는 정신병을 앓는 사람들을 돌봐주기 위해 심리 치료사라는 길을 선택했습니다. 정신질환을 앓는 사람들에게 조금도 다가갈 수 없었지만 그 과정이 너무나 행복했습니다. 모든 실패들이 의미 있는 순간들이었기 때문입니다. 새로운 자신으로 태어나고 환자들에게 진정으로 도움을 줄 수 있기까지 10년이란 세월이 흘렀지만 그는 그 과정에 만족했습니다.

사람을 결과로만 평가할 때 세상은 삭막해집니다. 모든 학생이 정말 최선을 다해 공부해도 1등은 한 명밖에 나올 수가 없기 때문입니다. 결과가 모든 것을 대변하는 것이 아니라는 것을 깨달아야 합니다. 그가 어떤 것을 이루었는지에 신경 쓰는 것만큼 그가 어떤 과정을 지나왔는지에도 관심을 가지십시오.

 주님! 결과에 실망치 않고 지나온 경험을 감사하게 하소서.

 결과보다 과정을 더욱 중시하십시오.

20년의 망설임

4월 4일

●롬 10:9 네가 만일 네 입으로 예수를 주로 시인하며 또 하나님께서 그를 죽은 자 가운데서 살리신 것을 네 마음에 믿으면 구원을 받으리라

순야오웨이는 노래와 연기 모두 잘하는 만능 엔터테이너인데다 세계적 명문인 홍콩 중문대까지 졸업한 엘리트입니다.

4개 국어를 능숙하게 구사하기 때문에 해외의 유명 뮤지션들과도 음반작업을 자주 같이 하는 그는 단순히 돈을 위해 일하기 보다는 사람들에게 희망을 주기 위해 노력합니다. 출연 작품과 곡을 고를 때도 그것을 통해 소외받고 경제적으로 어려운 사람들을 격려하기 위해 힘씁니다. 뛰어난 재능만큼 착한 행실로 많은 팬들의 사랑을 받는 그였지만 살면서 만나는 고민들과 인간의 근원적인 문제를 해결할 수는 없었습니다.

20년 전인 10대 시절부터 교회를 다니고는 있었지만 그동안 세례를 받지는 않았습니다. 교회는 다니고 있었지만 믿음의 고백은 할 수 없었기 때문입니다. 그렇게 20여년을 망설이던 그가 2008년 드디어 믿음을 고백하고 세례를 받았습니다.

그는 한 언론사와의 인터뷰에서 주님을 영접함으로 구원을 체험했다며 이제야 비로소 참된 목표와 기쁨, 그리고 안식을 찾게 되었다고 말했습니다. 또한 모든 문제의 해결자이자 행복의 근원인 하나님을 자신의 팬들과 많은 사람들이 만났으면 좋겠다고 권유했습니다.

유명스타이자 엘리트인 쑨야오웨이씨도 자신의 믿음을 고백하고 하나님을 인정하기까지 오랜 시간이 걸렸습니다. 그러나 하나님의 존재를 인정하자 자신의 한계와 모든 문제들이 해결되는 체험을 할 수 있었습니다. 망설임에서 믿음으로 나아오는 용기가 있을 때 이전과는 다른 체험, 다른 세상을 살아가게 됩니다. 그리스도가 구세주이심을 지금 고백하십시오.

 주님! 매일매일 확고한 믿음을 더하여 주소서.
 마음속의 의구심과 망설임이 있는지 돌아보십시오.

나의 영적 일지

4월 5일

다음세대를 위한 수고

● 시 102:18 이 일이 장래 세대를 위하여 기록되리니 창조함을 받을 백성이 여호와를 찬양하리로다

어떤 척박한 땅에 한 노인이 도토리나무를 심고 있었습니다. 주위를 둘러봐도 풀 한 포기 없을 정도로 황량한 지역이었지만 노인은 아무 말 없이 나무를 계속해서 심어 나가고 있었습니다. 여행길에 이 지역을 통과하던 한 청년이 그 모습을 보고는 노인에게 물었습니다.
"이 나무가 자라서 열매를 맺는데 얼마나 걸릴까요?"
"글쎄, 잘은 모르지만 적어도 50년은 지나야겠지."
노인의 말을 들은 청년은 이해할 수 없다는 듯이 말했습니다,
"아니, 죄송하지만 할아버지가 그때까지 살아계시진 못할 것 같은데요? 어째서 이런 수고를 하고 계십니까?"
노인은 전혀 기분나빠하지 않고 조용히 웃으며 말했습니다.
"마을의 숲을 떠올려보게, 그 나무중 하나라도 자네가 심은 것이 있나? 모두 우리 선조들이 심었던 것을 누리고 있는 것일세. 다음 세대를 생각하지 않는다면 우리는 모두 죽고 말걸세."
환경문제는 이제 전 세계의 나라가 협력해야 할 문제가 되었습니다. 아마존에서는 해마다 우리나라와 맞먹는 크기의 숲이 사라지고 있다고 합니다. 환경을 위해 할 수 있는 작은 실천을 실행하십시오. 일회용 물품을 최대한 줄이고 좋은 장소가 있다면 묘목을 사다 나무를 심으십시오.

 주님! 주께서 만드신 이 아름다운 자연을 후손들에게도 물려주게 하소서.
 환경보존을 위해 할 수 있는 행동들을 실천하십시오.

나의 영적 일지

교회의 사회적 역할

●행 9:36 욥바에 다비다라 하는 여제자가 있으니 그 이름을 번역하면 도르가라 선행과 구제하는 일이 심히 많더니

4월 6일

프리터(Freeter)라는 신조어가 있습니다. 특정한 직업이 없이 아르바이트로만 생활해 나가는 사람들을 일컫는 말입니다. 예전에는 이·삼십대 청년들이 직장에 얽매이지 않고 자유로운 생활을 추구하기 위해 프리터를 했었지만 요새는 사정이 달라졌습니다. 경제 사정이 어려워서인지 일정한 직업이 없이 아르바이트를 하는 사람들이 급격히 늘었기 때문입니다.

주로 차지하는 연령대도 청년에서 40대 이상의 장년대로 넘어가고 있습니다. 고용이 되지 않기 때문에 어쩔 수 없이 아르바이트라도 하는 가장들이 급속도로 늘고 있는 것입니다. 가장의 수입이 줄게 되면 가정도 흔들리게 됩니다. 고용의 불안이란 문제 하나가 많은 사회적 문제를 야기하고 있는 것입니다.

많은 전문가들은 우리가 현재 당면한 경제 위기를 해결하기 위해선 사회 전반의 노력이 필요하다고 합니다. 기업과 정부 차원을 넘어선 종교적, 사회적 기구들의 도움까지 받아야만 새로운 신성장 산업 육성, 청년 자립 등의 지원 사업을 추진할 수 있기 때문입니다.

지금까지 교회는 사회의 최빈곤층에 대한 구제에만 신경을 써왔습니다. 이것도 물론 중요한 일이지만 그만큼 다른 계층의 사람들의 어려움을 예방하는 것도 중요합니다. 단순히 구제하는 것뿐만 아니라 사람들의 자립을 돕고 지원할 수 있는 폭넓은 봉사를 생각하십시오.

 주님! 더 다양한 사람들을 향해 기도하고 돕게 하소서.
 교회의 사회적 역할에 대한 생각의 폭을 더 넓히십시오.

4월 7일

평등의 꿈

● 눅 3:6 모든 육체가 하나님의 구원하심을 보리라 함과 같으니라

미국에서 노예제도가 사라진 역사는 200년도 되지 않습니다. 실제로 50년 전만해도 흑인은 버스에서 자리에 앉을 수 없었습니다. 흑인들은 백인들에게 무조건 자리를 양보해야 했기 때문입니다.

1955년 앨러배마주에서 백인에게 자리를 양보하지 않았단 이유로 한 흑인이 체포되었고 많은 흑인들은 분노했습니다. 그러나 당시 흑인사회의 지도자였던 마틴 루터 킹 목사는 사람들을 설득해 폭동 대신 버스를 이용하지 않는 비폭력 운동을 일으켰습니다. 많은 불편을 감수해야 했지만 1년을 넘는 투쟁이 계속되었고 결국 대중교통에서의 흑인의 권리를 법적으로 보장받게 되었습니다. 그러나 흑인들이 차별받는 곳은 버스에서 뿐만이 아니었습니다. 가난을 견디다 못한 흑인들이 L.A.를 비롯한 곳곳에서 폭동을 일으켰습니다.

킹 목사는 경제적인 문제가 해결되지 않으면 평등을 꿈 꿀 수 없다는 것을 깨닫고 이 후로부터는 진정한 평등을 이루기 위해 노력했습니다. 그 결과 불과 35세 밖에 되지 않은 나이에 노벨평화상을 수상하게 되었습니다.

그가 링컨 기념관에서 했던 '나에게는 꿈이 있습니다'로 시작했던 연설은 많은 흑인들의 가슴에 꿈을 심어주었고 백인들에게도 도덕적 의무를 일깨워 준 명연설로 기억되고 있습니다. 킹 목사가 얻기 위해 노력했던 것은 흑인의 권리가 아닌 시대와 국가를 초월한 자유와 평등이었습니다.

킹 목사의 인권 운동은 자신의 인종에 대한 권리만이 아니라 자신의 믿음인 하나님 나라의 현존을 위한 것이었습니다. 사람을 차별하지 마십시오.

 주님! 우리가 선택할 수 없는 것들로 인해 서로를 차별하지 않게 하소서.

 눈에 보이지 않는 것들로도 사람들을 차별하지 않도록 노력하십시오.

나의 영적 일지

정서적인 안정

4월 8일

● 요 14:27 평안을 너희에게 끼치노니 곧 나의 평안을 너희에게 주노라 내가 너희에게 주는 것은 세상이 주는 것 같지 아니하니라 너희는 마음에 근심하지도 말고 두려워하지도 말라

미국의 유명한 신학자인 라인홀드 니부어는 '평온한 기도'에서 이렇게 말했습니다.
"바꿀 수 있는 것을 바꾸는 용기를, 바꿀 수 없는 것은 받아들이는 평온함을 주십시오. 그리고 그것을 분별하는 지혜를 주옵소서."
하버드 의대의 조안 보리센코 박사는 몸과 마음의 정서적인 안정을 찾을 수 있는 다섯 가지 방법을 이야기 했습니다.
① 자신이 스트레스에 어떻게 반응하는지 관찰 하십시오.
반응을 알아야 대응을 할 수 있습니다.
② 자신을 소중하게 여기십시오.
아무리 힘이 없고 무기력해도 끼니를 거르지 말고 정해진 시간에 운동을 하고 숙면을 취하기 위해 노력해야 합니다.
③ 영혼을 살찌우십시오.
책을 읽고 음악을 듣고, 공원을 산책하며 즐거움을 누리십시오.
④ 나를 지지하는 사람을 찾으십시오.
나를 지지하는 사람만큼 힘이 되는 것은 없습니다.
⑤ 감사하는 마음을 생활화하십시오.
자신이 얼마나 행복한 사람인지 알 수 있기 때문입니다.
진정한 평온은 외부의 환경에서 오는 것이 아니라 자신의 마음으로부터 옵니다. 주님을 의지한다면 삶의 모든 일들에 감사한 마음을 가질 수 있을 것입니다.

 주님! 주위의 환경보다 마음을 먼저 다스리게 하소서.
 마음의 평안을 누리기 위해 노력하십시오.

나의 영적 일지

4월 9일
기본에 충실한 삶

● 시 111:10 여호와를 경외함이 지혜의 근본이라 그의 계명을 지키는 자는 다 훌륭한 지각을 가진 자이니 여호와를 찬양함이 영원히 계속되리로다

'살면서 필요한 것은 모두 유치원 때 배웠다' 라는 책이 있습니다. 어렸을 때부터 우리가 배우는 정직, 성실과 같은 기본을 살면서도 잘 적용만 한다면 살면서 문제될 것이 하나도 없다는 내용입니다.

휠라 코리아의 윤윤수 사장님도 자신의 성공의 유일한 비결을 기본이라고 이야기 합니다. 윤 사장이 휠라 코리아의 사장 자리에까지 오를 수 있었던 것도 자신의 경영 철학인 '기본에 충실하자'를 잘 실천한 덕분입니다. 윤 사장이 무역업에 관심을 가지게 된 것은 30살이 넘어서 입니다.

보통 회사에서는 대리정도의 직함을 달고 어느 정도 대우도 받을 나이이지만 윤 사장은 기본부터 시작했습니다. 자기가 가고자 하는 무역회사의 신입사원으로 들어가 처음부터 일을 배우기로 한 것입니다. 자신보다 어린 직원들이 선임이었지만 토를 달지 않고 언제나 최선을 다해 일했습니다. 다 하지 못한 일이 있다면 휴일도 반납하고 일했습니다. 언제나 맡은 일을 최선을 다해 한 것이 유일한 성공의 비결이었습니다.

어려운 경제 상황 속에서도 윤 사장은 자신이 할 수 있는 일이 있다는 것에 대해 행복함을 느낀다고 합니다. 그리고 자신이 누리고 있는 모든 것들이 다 기본에 충실한 덕분이라고 말합니다.

모든 사람들이 특별한 비결을 찾기 위해 노력하지만 진리는 단순한 곳에 있습니다. 성공의 비결이 가장 기본적인 사회규범에 있듯이 믿음 생활도 마찬가지입니다. 믿음을 더욱 굳건히 하도록 매일 말씀을 묵상하고 기도하십시오.

 주님! 과욕을 부리지 말고 기본부터 충실히 다져나가게 하소서.
 마음을 편안히 먹고 어떤 일에든지 기본에 먼저 충실하십시오.

나의 영적 일지

성공을 부르는 실패

4월 10일

● 창 50:20 당신들은 나를 해하려 하였으나 하나님은 그것을 선으로 바꾸사 오늘과 같이 많은 백성의 생명을 구원하게 하시려 하셨나니

'영혼을 위한 닭고기 수프'의 공동 저자인 마크 빅터 한센은 원래 건축업을 했었습니다.

하지만 정부의 석유수출금지령으로 인해 건축 자재를 댈 수 없어 하루아침에 20억의 빚을 지며 망하게 되었습니다. 자신의 인생이 끝났다고 생각한 마크는 하루의 대부분을 잠으로 보내고 끼니를 땅콩버터로 때우며 하루하루를 소일했습니다. 그러다 우연히 선물 받은 카벳 로버트라는 동기 부여 연설가의 녹음테이프를 듣고는 자신의 인생을 다시 돌릴 수 있을 것이라는 생각을 했습니다. 그리고는 만난 잭 켄필드와 감동적인 짧은 이야기들을 모은 책을 만들었습니다. 이야기를 모으고 편집하는 작업만 3년이란 시간이 걸렸고 오랜 논의를 거쳤습니다.

마침내 완성된 작품은 모든 것이 완벽해보였지만 원고는 30군데가 넘는 출판사에서 모두 거절을 받았습니다. 이미 책을 완성하는 데에만 1억이 넘는 빚을 지게 되었지만 그들은 포기하지 않고 미국 도서박람회를 찾아갔습니다. 미국 전역의 출판사들이 모인 박람회에서 무작정 원고를 들고 찾아 갔지만 다시 160여 군데의 부스에서 거절을 당했습니다. 그럼에도 그들은 끝까지 포기하지 않았고 드디어 계약을 할 수 있었습니다. 뉴욕의 거의 모든 출판사에서 가능성이 없다고 거절한 이 책은 지금까지 8천 만부가 판매된 엄청난 베스트셀러가 되었을 뿐만 아니라 뉴욕타임즈는 앞으로 10년 동안 출판계에 영향을 미칠 혁명적인 작품이라고 까지 평했습니다.

마크가 다시 일어설 수 있었던 것은 말씀 때문이었습니다.

'당신이 나를 해하려 했지만 하나님은 그것을 선으로 바꾸셨습니다'(창 50;20)

하나님이 주신 약속의 말씀을 붙드십시오.

 주님! 나의 삶에 생기는 모든 것이 결국엔 선임을 알게 하소서.
 하나님의 완전한 계획을 신뢰하십시오.

나의 영적 일지

4월 11일

남들이 가지 않는 길

●마 20:26 너희 중에는 그렇지 않아야 하나니 너희 중에 누구든지 크고자 하는 자는 너희를 섬기는 자가 되고

전 연세대학교 김병수 총장님은 의학을 전공했습니다. 김 총장이 유학시절 전공했던 암전문의는 당시 한국뿐만 아니라 미국에서도 다들 기피하는 분야였습니다. 그 당시엔 암은 정말 불치의 병이었기 때문입니다. 사람을 치료하는 직업이 의사이지만 아무도 고생하며 치료받다가 결국엔 죽어갈 환자를 맡고 싶어 하지는 않았습니다.

하지만 총장은 "크고자 하거든 남을 섬기라"(마20:26)는 하나님 말씀을 생각하며 큰 고통을 받는 환자들을 완치시키기 위해서 노력하겠다고 마음먹었습니다. 그는 자신이 믿는 대로 열심히 노력했고 그 결과 좋은 암치료 방법들을 많이 발견할 수 있었습니다. 그런 귀한 경험을 바탕으로 귀국해서는 연세대학교에 암센터를 발족해 국내 암 연구 발전에 큰 영향을 주었습니다.

또한 진정 환자를 사랑하고 섬기는 마음을 가졌기에 암의 치료법뿐만 아니라 중증 환자들의 편안한 임종에도 관심을 가지게 되며 호스피스들을 육성했습니다. 의료계도 김 총장의 생각에 영향을 받아 근래의 한국에도 호스피스로 환자의 편안한 임종을 도와주는 일을 하는 의사와 성직자들의 활동이 많이 늘게 되었습니다.

남들이 가지 않는 이유가 김병수 박사에게는 가야할 이유가 되었습니다. 그 마음에 사랑이 있었기에 치료뿐만 아니라 임종까지 관심을 가질 수 있었고 그 영향력으로 인해 한국에 암 치료 뿐만 아니라 편안한 죽음에 대한 사람들의 관심도 생길 수 있었습니다. 옳은 길을 선택하십시오.

 주님! 편한 길이 아닌 옳은 길을 선택하게 하소서.
 모든 일의 단점을 반대로 생각해보십시오.

나의 영적 일지

그래도 참으라

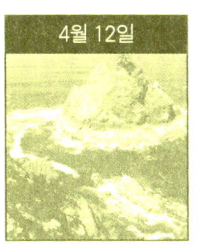
4월 12일

● 잠 11:5 완전한 자의 공의는 자기의 길을 곧게 하려니와 악한 자는 자기의 악으로 말미암아 넘어지리라

로버트 타운센드는 어린 시절 흑인이란 이유 때문에 아이들에게 따돌림을 당했습니다. 아이들과 함께 놀고 싶어서 그들을 웃기기 위해 노력했던 로버트는 그런 방식으로만 친구들을 사귈 수 있었습니다. 그런 로버트를 위해 어머니는 연기 학원에 등록시켜 주었고 이것이 그의 인생을 바꾸었습니다.

연기에 소질이 있던 로버트는 15살의 나이에 극단에 들어갔으나 흑인인 그에게 아무도 제대로 된 배역을 주지 않았습니다. 로버트는 자신을 알아주는 극단을 찾아 곧바로 뉴욕으로 떠났습니다. 그러나 그곳에서도 상황은 마찬가지였고 로버트가 맡을 수 있는 역할은 바보같이 놀림 받는 흑인 역할 뿐이었습니다.

그러나 로버트는 끝까지 참고 포기하지 않았습니다. 평소에 스태프들이 건네는 인종차별적인 농담도 모두 웃으며 받아주었고 오히려 자신이 맡은 웃긴 역할을 더 잘하기 위해서 노력했습니다. 그러자 그의 연기력에 할리우드가 주목하게 되었고 마침내 차별을 벗어난 새로운 영화에 출연할 수 있었습니다.

'솔저 스토리'라는 영화에 출연한 로버트는 연기력을 인정받아 오스카상 후보에까지 오르게 되었습니다. 이때의 경험을 바탕으로 그는 흑인이 주인공으로 나오는 영화를 직접 만들기로 결심했고 제작에 대해 아는 것 하나 없었지만 자신의 모든 돈을 들여 바로 촬영에 들어갔습니다. 한 달도 되지 않아 완성된 '할리우드 셔플'은 대대적인 성공을 거두었고 아직도 영화를 주제로 한 토론이 생길 때 자주 언급되는 영화로 남았습니다.

끝없는 인내를 통해 자신이 겪었던 고통을 작품에 녹여낼 수 있었기에 많은 사람들이 영향을 받을 수 있었습니다. 일흔 번씩 일곱 번이라도 용서할 뿐 아니라 끝까지 인내하십시오.

 주님! 한없는 자비와 용서의 마음을 갖게 하소서.

 아무리 기분 나쁜 순간에도 먼저 참는 습관을 들이십시오.

4월 13일

거룩하게 지키라

● 출 31:13 너는 이스라엘 자손에게 말하여 이르기를 너희는 나의 안식일을 지키라 이는 나와 너희 사이에 너희 대대의 표징이니 나는 너희를 거룩하게 하는 여호와인 줄 너희가 알게 함이라

서울 시네마타운의 곽정환 회장님은 원래 직업군인이었습니다. 전역 후에 사업이 안 되어 고민하는 분을 옆에서 지켜보다가 '나는 더 잘 할 수 있겠다'는 자신감 하나로 영화 산업에 뛰어들었습니다. 자신이 있던 만큼 사업도 번창했고 유명세도 얻게 되었지만 지금 생각해보면 곽 회장의 인생에서 그때가 가장 의미 없고 메말랐던 때였다고 합니다.

어려서부터 교회는 다녔었지만 하나님과 신앙엔 관심도 없었던 곽 회장의 전환점은 그런 순간에 찾아왔습니다. 영화 산업계의 유명 인사였던 곽 회장이 친분으로 인해 연예인들을 위한 교회 창립을 도와주다가 은혜를 받게 된 것입니다. 설교시간에 듣는 말씀에서 하나님의 힘이 느껴지기 시작했고 자신의 인생이 변화되는 것을 느낄 수 있었습니다. 바쁜 사업 중에도 주일만큼은 온전히 주님께 드리기로 작정했습니다. 주일은 예배와 봉사, 그리고 가족과의 시간으로만 보내는 곽 회장의 사업은 오히려 날로 더 번창했고 건강한 몸과 마음까지 얻을 수 있었습니다.

바쁜 업무로 지친 몸과 마음이 주님의 말씀으로 인해 평안을 얻고 주일 하루만큼은 일과 떨어져 자신의 몸을 추스르며 가족과의 따뜻한 관계를 가질 수 있었기 때문입니다. 일흔이 넘은 나이에도 자신의 인생을 뒤돌아보면 자신이 받은 가장 큰 축복은 재물이 아닌 하나님의 말씀이었다고 합니다.

우리의 모든 삶과 행동이 하나님 앞에 산 제사로 드려져야 합니다. 주의 날을 교회에서, 가정에서 거룩하게 지키며 몸과 마음의 평안을 얻으십시오.

 주님! 일주일의 하루라도 온전히 드리게 하소서.

 주일날의 스케줄은 예배와 봉사를 우선시 하십시오.

나의 영적 일지

편견의 덫

 4월 14일

● 삼상 16:7 여호와께서 사무엘에게 이르시되 그의 용모와 키를 보지 말라 내가 이미 그를 버렸노라 내가 보는 것은 사람과 같지 아니하니 사람은 외모를 보거니와 나 여호와는 중심을 보느니라 하시더라

캐시 버클리는 어릴 때부터 심한 청각장애가 있었지만 장애인 학교를 나오지도, 주위에 청각장애 사실을 말하지도 않았습니다. 귀가 잘 들리지 않는다고 말하면 사람들이 자신을 불편하게 대한다는 것을 알았기 때문입니다.

어린 마음에 상처를 받았던 캐시는 이후 자신의 장애를 아무에게도 알리지 않고 학교를 다녔습니다. 입모양을 통해 사람의 말하는 것을 알아들어야 했기에 성적은 졸업하기에도 벅찬 수준이었고 선생님들은 그녀와 대화도 나눠보지 않고 정신적으로 문제가 있다고 판단했습니다.

캐시는 언제나 사람들의 도움이 필요한 상태였지만 누구도 캐시를 도와주지 않았습니다. 캐시가 삶을 긍정적으로 살 수 있게 된 경험은 불운한 사고를 통해서였습니다. 백사장에서 일광욕을 하고 있었는데 몸 위로 차가 지나갔습니다. 그리고 자신이 죽었다고 느꼈던 그 순간 지금껏 한 번도 느껴보지 못한 사랑을 경험했습니다. 그 사랑이 너무 따뜻했기에 사람들이 자신에게 관심을 갖지 않아도 그 사랑만큼은 자신을 계속 지탱해줄 것이란 걸 느낄 수 있었습니다.

기적같이 생존한 그녀는 그 경험을 통해 자신은 인생의 낙오자가 아니라는 것을 깨닫고 자신이 하고 싶은 일을 찾기 시작했고 그 결과 장애를 극복하고 성공한 코미디언이자 명 연설가로의 새로운 삶을 살 수 있었습니다.

편견은 재능의 싹을 꺾고 많은 사람들의 인생을 불행하게 만듭니다. 모든 가능성을 열어놓고 만나는 모든 사람들이 주님의 사랑을 깨닫게 해달라고 축복하십시오.

 주님! 사랑의 마음으로 모든 이들을 축복하게 하소서.
 모든 사람들을 편견 없이 대하려고 노력하십시오.

나의 영적 일지

4월 15일

먼저 행동하라

● 골 3:1 그러므로 너희가 그리스도와 함께 다시 살리심을 받았으면 위의 것을 찾으라 거기는 그리스도께서 하나님 우편에 앉아 계시느니라

50년이 넘게 한국 땅에서 그들을 위해 봉사하고 있는 말리 홀트 씨는 한국 장애아들의 대모로 불립니다. 젊은 나이 때부터 한국으로 건너와 봉사를 시작한 그녀는 아버지로부터 큰 영향을 받았습니다.

사회적 성공을 거둬 편안한 삶을 누리던 아버지는 심장마비로 인해 쓰러져 병상에서 성경을 읽다가 하나님을 체험하게 되었습니다. 몸이 완쾌된 이후 아버지는 다른 이들을 위한 삶을 살기로 마음먹게 되었고 고아들을 위한 소망을 품었습니다.

이미 6명이나 되는 자녀가 있었지만 고아들을 8명이나 더 입양했습니다. 말리는 그런 아버지를 보면서 같은 소망을 품었지만 하나님의 살아계심을 아직 확신할 수 없기에 고민했습니다. 확신을 달라고 기도하던 중에도 소망은 점점 커졌고 결국 다니던 간호학교를 졸업하자마자 아버지를 따라 한국으로 떠났습니다.

아버지는 미국에서 전쟁으로 고아가 된 아이들을 돌보기 위해서 먼저 한국에 와 있었습니다. 그런 아버지를 본받아 그녀도 입양사업에 뛰어들었고 홀트아동복지회를 세워 지금까지 20만 명이 넘는 아이들에게 새로운 가정을 찾아주었습니다. 이제는 고아뿐만 아니라 장애인과 미혼모들 같은 모든 사회적 소외계층을 돕는 데에 나서고 있습니다.

하나님은 언제나 우리를 부르시고 계십니다. 우리를 원하시고 계십니다. 의심과 두려움 속에서 먼저 그 부르심을 좇는다면, 우리의 행함을 통해 그분이 역사하시고 확신을 주실 것입니다. 하나님의 부름에 순종하십시오.

 주님! 언제나 아버지의 부르심에 먼저 반응하게 하소서.

 머릿속 생각보다 가슴속 느낌을 먼저 따르십시오.

나의 영적 일지

행복지수

 4월 16일

● 고후 3:5 우리가 무슨 일이든지 우리에게서 난 것 같이 생각하여 스스로 만족할 것이 아니니 우리의 만족은 오직 하나님께로부터 나느니라

행복지수는 상대적인 개념입니다. 돈이 아무리 많아도 만족하지 못하면 낮은 수치를 기록하고 어려운 생활이라도 만족한다면 높은 수치를 나타내게 됩니다.

방글라데시는 세계 최빈국이지만 국민 행복지수는 가장 높습니다. 반면에 한국은 세계 11의 경제대국이지만 국민들의 행복지수는 최근 102위로 조사되었습니다.

미국의 잡지 '아틀랜틱'이 행복지수가 높은 1만 명의 특징을 조사한 결과 다음과 같은 일곱 가지 공통점이 있었습니다.

① 남을 웃길 줄 아는 유머감각이 있었고 자신 역시 잘 웃었습니다.
② 일을 한 만큼 충분히 쉼으로 자신을 혹사시키지 않았습니다.
③ 적당한 운동을 규칙적으로 하고 남들을 배려할 줄 알았습니다.
④ 자신의 감정을 적절히 표현할 줄 알았고 스트레스를 적게 받았습니다.
⑤ 감사한 일에는 감사할 줄 알았습니다.
⑥ 남을 위해 한 가지 이상의 봉사를 하고 있었으며 영적 생활을 하고 있었습니다.
⑦ 모두 현재 누군가를 사랑하고 있었습니다.

인생이 행복하지 않다면 무언가 중요한 것을 놓치고 있기 때문입니다. 하나님께 돌아옴으로 행복을 누리십시오.

 주님! 올바른 것을 추구함으로 진정한 행복을 누리게 하소서.
 자신의 삶을 행복하게 만듦으로 남의 삶도 행복하게 만드십시오.

[나의 영적 일지]

4월 17일

주는 기쁨

●눅 12:33 너희 소유를 팔아 구제하여 낡아지지 아니하는 배낭을 만들라 곧 하늘에 둔 바 다함이 없는 보물이니 거기는 도둑도 가까이 하는 일이 없고 좀도 먹는 일이 없느니라

1904년 에비슨 박사는 한국 땅에 병원을 건립하기 위해 애썼습니다. 그러나 한국이라는 잘 알지도 못하는 나라에 거액의 돈을 투자하려는 사람을 찾기란 쉽지 않은 일이었습니다.

그러다 미국의 세브란스라는 한 기업가가 에비슨 박사의 이야기를 듣고는 병원건립에 필요한 비용을 지원하겠다고 말했습니다.

세브란스 씨로부터 연락을 받은 에비슨 박사는 깜짝 놀랐습니다.

첫째는 병원을 짓는데 필요한 모든 비용을 지원하겠다고 했기 때문이었고 둘째는 아무런 조건을 요구하지 않았기 때문입니다.

너무나 감명을 받은 에비슨 박사는 감사의 마음을 담은 편지를 보냈고 얼마 뒤에 세브란스 씨로부터 답장을 받았습니다.

"에비슨 박사님, 도움을 받는 박사님보다 도움을 주는 저의 기쁨이 훨씬 크답니다."

"남에게 대접받고자 하면 남을 먼저 대접하라" 이것이 진리입니다. 내가 받길 원한다면 먼저 주어야 합니다. 하나님을 믿지 못하고 마음에 사랑이 없는 사람들은 자신의 손해를 두려워하기 때문에 절대 먼저 줄 수가 없습니다. 주님이 반드시 말씀대로 채워주실 것입니다. 우리 모두가 주님안의 한 가족이라는 것을 믿으십시오.

 주님! 말씀대로 채워주심을 믿고 대접하고 하소서

 손해를 생각하지 말고 언제나 먼저 대접하려고 노력하십시오.

나의 영적 일지

미리 준비하라

●고후 9:4 혹 마게도냐인들이 나와 함께 가서 너희가 준비하지 아니한 것을 보면 너희는 고사하고 우리가 이 믿던 것에 부끄러움을 당할까 두려워하노라

4월 18일

지미 브레슬린은 미국 보도계의 전설입니다. 지미는 미국에서 가장 존경받는 기자로 그의 보도는 정확하기로 정평이 나 있고 언론계의 가장 권위 있는 상인 퓰리처상까지 수상했습니다.

그는 초보기자시절 때부터 미리 준비하는 습관을 들였는데 이것은 그가 기자에겐 어울리지 않게 타이핑을 두 손가락으로 굉장히 서툴게 했기 때문입니다. 당연히 다른 기자들보다 속도가 떨어졌기 때문에 대신 지미는 정확성을 높이기 위해서 노력했는데 사람 이름에서부터 아주 작은 실수도 하지 않으려고 신중을 기했습니다.

당시엔 사건이 일어난 후 사무실에서만 기사를 처리하는 게 보통이었지만 지미는 자신이 보도할 사건을 조사하기 위해 현장으로 나갔습니다. 사건의 목격자를 만나 자세한 경위를 들었고 사건과 관계있는 사람들은 이름 철자까지 정확히 조사했습니다. 이렇게 시간을 투자하는 데에는 1~2시간 밖에 들지 않았지만 대부분의 기자는 그런 노력을 하지 않았고 기사의 내용은 갈수록 차이가 날 수밖에 없었습니다.

자신의 약점을 커버하기 위해서 한 노력이 자신의 최대 강점이 됐고 그 정확성 덕분에 지미는 최고의 기자가 될 수 있었습니다.

지미는 비록 속도는 남들보다 느렸지만 약간의 시간을 투자해 정확성을 높였고, 최고의 기자가 될 수 있었습니다. 우리의 생활도 매일 아침을 주님의 말씀으로 하루의 생활을 준비한다면 최고의 삶이 될 것입니다. 준비하는 삶을 사십시오.

 주님! 하루를 생활하고 주님을 예배하는데 먼저 준비하게 하소서.
 하루 일과를 시작하기 전에 마음을 가다듬고 말씀을 묵상하십시오.

나의 영적 일지

측은지심

● 마 5:41 또 누구든지 너로 억지로 오 리를 가게 하거든 그 사람과 십 리를 동행하고

명지학원을 설립한 고 유상근 박사님은 살아생전에 언제나 남을 먼저 생각하는 마음씨로 유명했습니다. 자신에게 피해를 입힌 사람이라도 상대의 사정을 먼저 헤아려보고 그럴 수도 있겠다며 그냥 넘어가는 일이 다반사였습니다.

전후 모두가 어려웠던 시절이었지만 유 박사의 집은 잘 살았던 터라 모든 것이 풍족했습니다. 하지만 그 주변엔 어려운 사람들이 많이 모여 살았고 배고픔과 가난을 이기지 못해 유 박사집의 물건을 훔쳐가는 일들이 빈번했습니다. 매일 밤마다 쌀과 옷, 돈을 비롯해 많은 도구들이 사라졌습니다.

그러나 유 박사는 경찰에 신고도 하지 않고 오히려 집안 가족들을 불러 어려운 사람들을 도와야 한다며 안 입는 옷과 남는 쌀을 꺼내놓으라고 하였습니다. 여유가 생길 때마다 물건들을 보따리로 챙겨 마당에 놓아두었고, 다음날 아침이 되면 없어지곤 했습니다. 그러나 보따리를 놔두어도 도둑질은 계속 되었고 가족들은 모두 소용없는 방법이니 경찰에 신고하자고 설득했습니다.

그러나 유 박사의 마음은 어려운 사람들 편에 있었고 몇 달 계속해서 보따리를 놔두었습니다. 가족들도 슬슬 포기할 무렵 다른 집들은 여전히 도둑질로 인해 곤욕을 치렀지만 유 박사의 집에서는 더 이상 몰래 사라지는 물건들이 없었습니다.

예수님께서는 친구가 오리를 가자고 하면 십리를 가고, 겉옷을 달라는 자에게는 속옷까지 주라고 하셨습니다. 작은 손해를 생각하지 말고 먼저 사랑을 실천하기 위해 노력하십시오.

 주님! 상대방의 상황을 먼저 이해하고 품게 하소서.
 법과 규범을 따지기 전에 먼저 사랑을 생각하십시오.

나의 영적 일지

비어있는 무덤

● 눅 24:12 베드로는 일어나 무덤에 달려가서 구부려 들여다 보니 세마포만 보이는지라 그 된 일을 놀랍게 여기며 집으로 돌아가니라

4월 20일

'크리스천 센츄리'의 편집장 마티 목사님이 주일학교 교사를 했을 때의 일입니다. 목사님은 부활절 한 주 전에 아이들에게 상자를 나누어 주며 '이 안에 생명을 하나씩 넣어오라'는 숙제를 내주었습니다. '아이들이 어떤 생명을 담아왔을까?' 기대하는 마음으로 목사님은 한 명, 한 명 앞으로 불러 상자를 열어보게 했습니다. 어떤 아이의 상자 속에서는 나비가 날아올랐고, 또 어떤 아이의 상자 속에는 꽃이 담겨 있었습니다. 이윽고 스티브라는 학생의 차례가 다가왔는데 텅 비어있는 상자를 열어본 목사님은 화들짝 놀랐습니다. 스티브는 일반 학생들보다 약간 지능이 떨어지는 아이였는데, 그래서 숙제를 이해 못하고 빈 상자를 가지고 나왔다고 목사님은 생각했습니다. 하지만 스티브는 즐거워 보이는 얼굴로 말했습니다.

"목사님. 저는 이 안에 예수님을 담아왔습니다. 이 상자는 예수님의 무덤이예요. 하지만 목사님이 예수님은 부활하셨다고 했으니까 제 상자는 비어있을 수밖에 없네요."

목사님은 스티브의 대답을 듣고는 매우 놀랐습니다. 지능이 떨어진다고 생각했던 스티브가 자신도 생각지 못한 깨달음을 전해주었기 때문입니다.

"그래, 스티브 네가 말이 맞다. 네가 숙제를 가장 잘해왔다."

스티브의 말에 깨달음을 얻은 목사님은 이후 다른 잡지에 칼럼을 쓰면서 다음과 같은 말을 했습니다.

부활은 빈 곳으로부터 시작되었다. 이건은 크리스천들이 알아야 할 진리다."

죽음의 권세를 끊고 무덤에서 일어나신 예수님은 하늘로 승천하셔서 오늘도 우리를 위해 일하고 계십니다. 주님을 의지하며 늘 우리와 함께 계시는 부활의 예수님을 느끼십시오.

 주님! 부활의 능력을 믿고 체험하게 하소서.

 예수님의 부활의 의미를 되새겨 보십시오.

나의 영적 일지

4월 21일 합심의 위력

●마 25:15 각각 그 재능대로 한 사람에게는 금 다섯 달란트를, 한 사람에게는 두 달란트를, 한 사람에게는 한 달란트를 주고 떠났더니

예전 대우건설의 사장으로 있었던 장영수 씨가 파키스탄의 도로공사 수주를 맡아 나갔을 때의 이야깁니다.

반드시 기한을 맞춰달라는 파키스탄 측의 요구에 장 사장은 최선을 다해 공사를 했고 물량도 끊이지 않게 맞춰서 들여왔습니다. 그렇게 열심히 했는데 기한으로부터 6개월을 남겨놓고 현재의 속도로는 도저히 준공을 맞춰서 완료할 수 없다는 것을 알게 되었습니다. 현장 책임자로써 장 사장은 직원들을 닦달하며 야근을 요구할 수도 있었지만 그는 오히려 쉬어가는 길을 택했습니다.

일이 끝난 후 현장을 돌며 직원들과 진솔한 대화를 나누기 시작했습니다. 대화 도중에 그는 자신의 고충을 털어놨고 기한에 맞춰 공사를 끝내야할 필요성에 대해서 직원들에게 이야기해 주었습니다.

정 사장의 마음을 이해하게 된 직원들은 더욱더 한 마음으로 일했고 자발적으로 남아서 기한까지 일을 마치기 위해서 노력했습니다. 그 결과 기한 내에 준공할 수 있었고 일을 하기 전에 사람의 마음을 모으는 것이 우선이라는 귀한 교훈까지 장 사장은 얻을 수 가 있었습니다.

여러 사람의 마음이 한 뜻으로 뭉칠 때 엄청난 시너지 효과가 일어납니다. 객관적으로 불가능해 보이는 일들도 문제없이 이룰 수 있게 됩니다. 선한 뜻을 품고 모이기에 힘쓰십시오.

 주님! 주신 재능을 올바로 발견할 수 있게 하소서.
 아이들의 다양한 재능을 인정해 주십시오.

나의 영적 일지

비교 의식

4월 22일

● 벧전 2:9 그러나 너희는 택하신 족속이요 왕 같은 제사장들이요 거룩한 나라요 그의 소유가 된 백성이니 이는 너희를 어두운 데서 불러내어 그의 기이한 빛에 들어가게 하신 이의 아름다운 덕을 선포하게 하려 하심이라

시드 필드는 세계 최고의 예술관련 시나리오 작가로 인정받고 있습니다. 그가 시나리오에 대해서 집필한 책들은 영화계에선 교과서 대접을 받고 있고 브라질과 멕시코 같은 남미의 정부들은 그에게 예술분야에 대한 조언을 구하고 있습니다.

누가 봐도 성공한 사람이지만 시드는 자신이 성공을 했다는 걸 알게 되기까지 오랜 시간이 걸렸습니다. 언제나 형과 비교 당했던 어린 시절의 경험 때문입니다. 그의 부모님은 언제나 무엇을 하던지 형과 비교를 했습니다. 시드가 최선을 다해서 무언가를 해내도 형이 언제나 더 잘했고 부모님은 시드를 언제나 모자란 녀석이라고 불렀습니다.

결국 형과 반대의 길을 가기 위해 시나리오를 쓰기 시작했는데 그는 글쓰기에 놀라운 재능을 가지고 있었습니다. 다큐제작자로서 써낸 시나리오는 나올 때마다 엄청난 성공을 거뒀고 데뷔 때 쓴 9편은 대부분 판매되어 제작되는 훌륭한 성과를 거뒀지만 그는 어린 시절의 기억 때문에 몇 안 되는 실패한 작품들만 떠올리며 괴로워했습니다.

그러나 왈도 솔트라는 훌륭한 스승을 만나 자신의 오랜 열등감을 이겨내게 되었고 자신에게 큰 상처를 줬던 부모님도 용서하고 사랑할 수 있게 되었습니다. 자신의 콤플렉스를 극복한 시드는 이렇게 말했습니다.

"모두는 있는 그대로 소중한 존재입니다. 자신을 있는 그대로 받아들이고 행복해지기 위해 노력하십시오."

우리 모두는 하나님이 창조한 소중하고 특별한 존재입니다. 자신을 남들과 비교하지 말고 남들도 다른 이들과 비교하지 마십시오.

 주님! 있는 그대로 모두가 완벽하다는 것을 깨닫게 하소서.
 나를 남과 비교하지 말고 있는 그대로 인정하십시오.

나의 영적 일지

4월 23일
근본적인 문제

● 행 2:47 하나님을 찬미하며 또 온 백성에게 칭송을 받으니 주께서 구원 받는 사람을 날마다 더하게 하시니라

미국의 경제위기는 더 크고 좋은 집에 살려는 욕심으로 인해 발생했는데 세계경제에도 좋지 않은 영향을 끼쳤습니다.

또 미국은 전쟁을 많이 하는 나라이기도 한데 이런 것들 때문에 현재 미국의 경제와 정치에 문제가 생겼다고 진단하는 전문가들이 많이 있습니다. 하지만 기독교계의 전문 여론조사가인 조지 바나 박사는 미국의 이런 문제들은 정치, 경제적인 문제보다도 도덕이 붕괴되어 일어나는 현상이라고 진단했습니다.

몇 년간 미국 내의 이혼과 낙태, 배우자 학대로 인한 범죄 같은 비율들이 매우 높아지고 있고 이것은 다른 선진국들과 비교해 볼 때도 훨씬 높은 수치를 기록하고 있다는 것입니다.

지난 30년간 미국의 힘으로 여겨졌던 공익의 추구와 사회공통의 비전이 사라지는 대신 극단적인 개인주의와 도덕성을 포기하는 경향으로 치닫고 있기 때문에 모든 경제, 정치적인 문제의 원인을 제공했다는 설명입니다. 따라서 정치, 경제문제를 해결하기 위해선 먼저 가장 근본적인 가치의 회복에 초점을 맞춰야 하며, 사람들의 내적 평화와 청렴정신을 고양시키고, 종교의 진리를 머리가 아닌 삶을 통해 나타내며, 자신들과 타인의 삶을 존중하는 좋은 시민이 되기 위해 신앙인들이 노력해야 한다고 말했습니다.

미국 뿐 아니라 세계의 모든 경제, 정치적인 문제들은 인간의 기본적인 성향이 틀어진데서 온 것이기 때문에 가치와 영적인 부분들이 먼저 회복되어야 합니다. 신앙인으로서 더욱 근본적인 문제를 보고 해결하기 위해 노력하십시오.

 주님! 우리의 근본이 다시 주님께 돌아가게 하소서.
 인간의 가치와 영적인 회복을 위해 기도하십시오.

나의 영적 일지

최고의 후원자

4월 24일

● 고전 4:17 이로 말미암아 내가 주 안에서 내 사랑하고 신실한 아들 디모데를 너희에게 보내었으니 그가 너희로 하여금 그리스도 예수 안에서 나의 행사 곧 내가 각처 교회에서 가르치는 것을 생각나게 하리라

안드레아 보첼리는 파바로티가 세상을 떠난 이후 가장 실력 있는 테너가수로 인정받으며 대중과 가장 잘 소통하는 음악가로 알려져 있습니다. 그러나 그는 처음부터 성악을 전공하지 않았고 어려서 사고로 시력을 잃는 아픔까지 겪었습니다. 하지만 타고난 낙천적인 성격으로 장애를 극복하고 열심히 공부해 변호사로 일하게 되었습니다.

그러나 음악만이 자신을 행복하게 만들 수 있다는 것을 깨닫고 일을 그만두고 레슨을 받으며 노래를 할 수 있는 곳은 어디든 찾아다니며 공연을 했습니다. 그러던 중 우연히 이태리의 한 유명 록가수가 파바로티에게 들려줄 듀엣 곡의 데모 테이프를 보첼리가 녹음하게 되었습니다.

파바로티는 노래를 듣고 보첼리가 자신보다 낫다며 양보하려 했지만 소속사의 이해 관계로 결국 자신이 녹음을 했습니다. 하지만 파바로티는 보첼리의 팬이 되었으며 자신이 인정한 테너를 세상에 알리기 위해 직접적으로 후원했습니다. 자신이 공연에 할 수 없을 때에는 반드시 보첼리가 공연하도록 힘 써주었고 세계에 방송되는 '파바로티와 친구들'이라는 자선 음악회에도 매년 보첼리를 출연시켰습니다.

파바로티의 후원이 있었기에 보첼리의 실력이 더 빨리 인정받을 수 있었습니다. 자신과 아름다운 우정을 나눴던 파바로티가 2007년 세상을 떠났을 때 보첼리는 장례식장에서 모차르트의 '아베 베룸 코르푸스'를 부르며 감사와 존경을 표했습니다.

파바로티는 보첼리를 시기하지 않고 오히려 더욱 도와주었습니다. 최고의 자리를 계속 지키는 것보다 재능 있는 인재를 키우고 알리는 것이 더 중요했기 때문입니다. 진실한 우정과 믿음을 나눌 수 있는 최고의 후원자가 되어주십시오.

 주님! 인재들을 향한 미움과 시기를 버리고 진실한 후원자가 되게 하소서.
 주위의 훌륭한 인재들을 후원하기 위해 노력하십시오.

나의 영적 일지

4월 25일

숨겨진 가능성

● 사 11:2 그의 위에 여호와의 영 곧 지혜와 총명의 영이요 모략과 재능의 영이요 지식과 여호와를 경외하는 영이 강림하시리니

고세진 교수는 1995년에 이스라엘의 예루살렘대 고고학과 교수로 재직하고 있었습니다.

재직 중에 가족 없이 지내는 고아들을 품어야 겠다는 감동이 들어서 현지에서 2명의 아이들을 입양했습니다.

첫째로 입양한 제이슨 군은 건강한 사내아이였고 두 번째 입양한 수지는 여자아이로 건강이 좋지 않은 상태였습니다. 생후 6개월 때 만난 수지는 아이답지 않게 멍하니 허공만 쳐다보았지만 크면서 나아질 거라 생각했습니다. 하지만 3년이 지나고 집중력 결핍이라는 진단이 내려졌고 의사는 정상인처럼 생활할 수 없다고 했습니다. 그러나 고 교수는 하나님의 마음으로 그녀의 가능성을 보았고 치료에 음악이 도움이 된다는 얘기를 듣고는 4살 때부터 그녀에게 바이올린을 가르쳤습니다. 그 결과 장애를 극복할 수 있을 뿐 아니라 뛰어난 음악적 재능을 발견하게 되었습니다.

수지는 바이올린을 배운지 3년도 안된 7살 때부터 예루살렘 심포니 오케스트라와 협연을 할 정도로 두각을 나타내며 화려한 재능의 꽃을 피웠습니다. 치료를 목적으로 선물한 바이올린이 그녀의 장애를 치유하고 놀라운 인생을 선물한 것입니다. 현재 미국의 각종 음악 프로와 잡지에서는 수지 양을 '촉망받는 차세대 음악인'이라며 칭찬을 아끼지 않고 있습니다. 생후 6개월 때만 해도 모두 수지에게서 아무런 가능성을 발견하지 못했지만 그 영혼을 하나님의 선물이라고 생각한 고 교수가 있었기에 새로운 희망을 꽃 피울 수 있었습니다.

현재 보이는 모습이 전부가 아닙니다. 모든 생명에는 주님이 주신 무한한 가능성이 있습니다. 현재의 모습으로 인해 나와 남을 평가하지 마십시오. 그들이 품고 있는 하나님의 무한한 가능성을 바라보십시오.

 주님! 모든 영혼 속에 담긴 무한한 가능성을 바라보게 하소서.

 사람을 외모로 평가하지 말고 중심을 보기위해 노력하십시오.

나의 영적 일지

열심의 씨앗

4월 26일

●시 97:11 의인을 위하여 빛을 뿌리고 마음이 정직한 자를 위하여 기쁨을 뿌리시는도다

지금은 돌아가신 고려대의 고 김인수 교수는 학업을 늦게 시작하였습니다. 집안이 너무 가난해 중학교도 진학할 형편이 되지 않았기 때문입니다. 생계가 어려워 아르바이트를 하면서 중학교를 겨우 마쳤고 바로 취직을 위해 직업학교에 들어간 후 9급 공무원이 되었습니다. 집안 환경도 좋지 않았고 박봉 월급으로 집안을 부양하며 겨우 살아가던 김 교수에게 꿈을 품게 해주었던 것은 한 구절의 성경 말씀덕분이었습니다.

"사람이 무엇으로 심든지 그대로 거두리라(갈라디아서 6:7)"는 말씀이 김 교수의 가슴에 와 닿았고 좋은 것을 거두기 위해 매순간 할 수 있는 최선을 다해 열심을 심었습니다. 또한 양심을 속이지 않고 선행을 심으려고 노력한 결과 35살이 되던 해 야간대를 졸업하고 미국 정부의 장학금을 받고 유학을 갈 수 있는 길이 열리게 되었습니다. 그렇게 하나님께 감사한 마음으로 떠난 유학길에서 어려움 없이 수월하게 대학원 과정을 마치고 돌아올 수 있었고 여러 일을 거쳐 고려대 교수로 일을 하게 되었던 것입니다.

생전에 김 교수는 자신이 심었기에 당연히 그것을 거둔 것이 아니라 심은 것을 가꾸고 키워주신 하나님의 은혜가 더욱 감사하다며 교수의 꿈을 이룬 자신의 결과보다 그 과정에서의 하나님의 은혜가 더욱 값진 것이라고 말했습니다.

무엇이든지 우리가 행한 대로 받게 될 것입니다. 우리의 머리카락까지도 세신 바 되는 주님이 우리의 모든 것을 감찰하시기 때문입니다. 매사에 진실 되고 선한 일을 하기 위해 노력하십시오.

 주님! 선한 것을 거두는 축복을 누리게 하소서.
 자신이 미래에 거두기를 바라는 것을 심으십시오.

나의 영적 일지

멘토의 조건

●시 시 30:10 여호와여 들으시고 내게 은혜를 베푸소서 여호와여 나를 돕는 자가 되소서 하였나이다

인생에서 만나는 어려운 결정의 순간들과 올바른 방향을 잡을 수 있게 지혜로운 조언을 들려주는 사람을 멘토라고 합니다.

헬렌 켈러에겐 설리반이라는 스승이자 멘토가, 퀴리 부인에게는 피에르라는 남편이자 멘토가 있었습니다. 성공한 사람의 대부분은 그만큼 훌륭한 멘토의 존재가 있었기에 어떤 멘토를 만나느냐에 따라 인생이 달라진다고도 말할 수 있습니다.

나에게 맞는 멘토를 찾기 위해서 다음과 같은 다섯 가지 방법이 도움이 될 수 있습니다.

① 나를 객관적으로 바라보고 미래의 방향까지도 잡아 줄 수 있는 능력이 있어야 합니다.
② 전문 지식이 있으면서 멘토링 경험이 있어야 합니다.
③ 나의 잠재능력을 파악하고 이끌어 줄 수 있어야 합니다
④ 나의 어떤 비밀도 지켜줄 수 있는 신뢰성이 있어야 합니다.
⑤ 내가 따라할 수 있고 나의 성공을 진심으로 기뻐해 줄 수 있어야 합니다.

이런 조건을 갖춘 사람을 찾기란 쉽지 않지만 만난다면 인생의 크기와 든든함이 달라질 것입니다.

멘토에는 여러 종류가 있을 수 있습니다. 나의 전문성을 키워줄 멘토, 인생의 지혜를 가르쳐 줄 멘토, 올바른 영적성장을 위한 멘토, 어떤 멘토든지 모두 인생에서 중요한 역할을 하게 됩니다. 언제나 우리의 가장 완벽한 멘토는 하나님이라는 사실을 잊지 마십시오.

 주님! 올바른 영향력을 끼칠 수 있는 훌륭한 멘토를 붙여주소서.
 나의 약한 부분을 키워줄 멘토를 찾아보고 부탁하십시오.

나의 영적 일지

하나님은 너를 지키시는 자

●시 시 121:5 여호와는 너를 지키시는 이시라 여호와께서 네 오른쪽에서 네 그늘이 되시나니

4월 28일

원로 희극배우이자 희극인들이 가장 존경하는 배우 중 한 명인 구봉서 씨는 장로 직분을 섬기며 믿음을 전하기 위해 노력하고 계십니다.

지금은 건강이 좋지 않으셔서 예전만큼 활동은 못하시지만 자신의 영향력을 통해 복음을 전하고 계십니다. 한 때 극동방송에서도 방송한 구 장로님의 본업은 배우였지만 직접 대본을 쓰기도 하고 공연 때 연주자 대신 연주를 할 정도로 다방면에 재능이 있었습니다. 젊은 날의 구 장로는 뭐든지 다 할 수 있다는 자신감에 차 있었기에 하나님의 도움 같은 것은 생각할 필요도 없었습니다. 마을 교회의 십자가를 바라볼 땐 자신도 모르게 마음이 편해지곤 했지만 어머님이 신앙을 권유할 땐 한귀로 흘렸습니다. 이 후 전쟁이 일어나 떠난 피란길에서 지프차 밑에 깔리게 되는 사고를 당했는데 기적적으로 목숨을 건질 수 있었습니다. 깔린 상태에서 구조될 때 까지 그의 눈에 보인 것은 교회 종탑의 십자가뿐 이였지만 그는 여전히 주를 영접하지 않았습니다.

전쟁이 끝나고 영화를 촬영할 때는 큰 부상을 입어 촬영이 중단될 위기에 처했으나 주위 분들과 어머니의 기도로 상처가 빨리 회복되어 촬영을 무사히 마칠 수 있었습니다. 삶에 위기의 순간마다 하나님이 신호를 보냈지만 구 장로님은 그때마다 모른 척 넘어갔습니다. 하지만 다 나았던 다리가 다시 아무 이유 없이 아프기 시작했고 그때야 자신을 지켜준 분이 누구인지 깨닫고 바로 하나님을 영접했습니다.

하나님은 우리를 지키시는 분입니다. 사망의 골짜기를 다닐지라도 해를 두려워하지 않는다는 다윗의 고백처럼 우리 삶 속의 완전한 하나님의 보호하심을 믿으며 담대하십시오. 주님이 주시는 담대함으로 나아갔을 때 가나안 땅이 정복되었고 여리고 성이 무너졌습니다.

 주님! 온전한 믿음으로 세상에서 담대함이 꺾이지 않게 하소서.

 매 순간 우리를 지키시는 하나님의 보호하심에 감사하십시오.

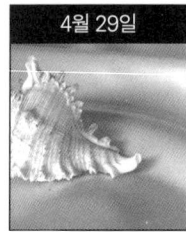

4월 29일

사랑의 집짓기 운동

● 요 3:21 진리를 따르는 자는 빛으로 오나니 이는 그 행위가 하나님 안에서 행한 것임을 나타내려 함이라 하시니라

사랑의 집짓기 운동으로 알려진 '해비타트 운동'은 '망치의 신학'이라고도 알려져 있습니다.

사랑의 신앙을 표현하는 것으로 집을 짓기 때문에 붙은 이름인데 이 해비타트 운동은 지난 30여 년간 150만 명의 빈민들에게 살 집을 지어주었습니다.

해비타트를 설립한 밀러드 풀러는 원래 엄청난 재력가였습니다. 가난했던 어린 시절 덕분에 그는 오로지 부자가 되는 것이 인생의 목표였고 대학을 들어가면서부터 돈을 버는 일에 온 힘을 쏟았습니다. 30대 되기 전에 그는 백만장자가 되었고 변호사이자 사업가로 원하는 모든 것을 소유할 수 있었습니다. 모든 것이 행복해 보였던 자신의 삶에 아내가 이혼요구를 하면서 그의 인생은 180도 바뀌게 됩니다. 돈과 부귀만을 쫓는 삶이 싫다는 이유로 아내가 떠나려 한 것입니다. 밀러드는 충격을 받고 자신의 삶을 되돌아보았습니다. 자신의 인생에서 행복했던 사람은 오직 자신뿐이었다는 것을 깨닫고 자신의 전 재산을 정리해 아내와 함께 '해비타트'를 설립하고 운영하기 시작했습니다. 그는 해비타트를 통해 사랑을 전하는 선교사로, 빈민에 대한 대책을 호소하는 시민 운동가로, 어려운 이들에게 집을 지어주는 평화의 사자로 삶을 살기 시작했습니다.

해비타트 운동에 참가했던 지미 카터 전 미국 대통령은 이런 고백을 했습니다.

"집을 지으면서 처음에는 나의 희생이라고 생각했던 것들이 실제로는 내 인생의 가장 큰 축복이었다는 것을 알게 되었다."

남을 돕는 것이 진정한 축복입니다. 주님의 말씀과 사랑을 주위에 실천하십시오.

 주님! 신앙을 통해 깨달은 사랑과 자비를 삶 속에 실천하게 하소서.
 신앙과 사랑을 주위에 표현할 방법을 찾아보십시오.

나의 영적 일지

생명의 소중함

4월 30일

● 고후 3:17 주는 영이시니 주의 영이 계신 곳에는 자유가 있느니라

인제대 일산 백병원의 이원로 원장은 심장외과 전문의입니다. 심장은 인간의 신체에서 가장 중요하고 민감한 부위이기 때문에 전문의들은 한 번 수술할 때마다 많은 압박을 받고 긴장을 하게 됩니다. 그렇기에 많은 심장외과 전문의들이 수술이 끝나고 '수술을 성공적으로 끝마쳤는가?'라고 자문하고 과정을 되돌아보지만 이 원장은 조금 다른 질문을 던집니다.

'환자를 대할 때 내 마음에 하나님의 사랑이 있었는가?'

대학 때까지 교회를 다니지 않았지만 미국 유학시절 주님을 영접하고 말씀을 통해 진리를 깨닫게 되었던 이 원장은 환자를 치료하면서 환자의 회복 여부보다, 좋은 결과를 내 승진하려는 경쟁적인 마음, 자신의 실력을 과시하고픈 욕구들로부터도 자유로워지고 눈앞에 있는 환자 생명에만 온전히 집중하고 싶었습니다. 그런 이유로 다른 의사들과는 달리 의사로서의 진료의무가 아닌 하나님이 주신 사랑의 의무를 다했는가를 스스로에게 묻는 것입니다. '진리가 너희를 자유케 하리라'는 말씀으로 인해 영혼이 건강해지고 진정한 자유를 느끼게 되었다는 이 원장은 하나님을 만나고 나서 자신이 진정으로 구해야할 것이 무엇인지를 깨달아 행복하다고 말했습니다.

하나님의 진리는 모두를 자유롭게 합니다. 세상의 경쟁 원리와 모든 고민과 고통 속에서 우리를 건져냅니다. 예수님 주위에 많은 사람들이 몰렸던 것도 그들이 예수님의 말씀을 들음으로 자유로워 질 수 있었기 때문입니다. 예수의 이름은 진리이자 소망입니다. 그 이름이 우리를 자유롭게 할 것을 믿으십시오.

 주님! 진리의 말씀을 깨달아 세상의 굴레로부터 자유로워지게 하소서.
 말씀을 묵상함으로 나를 묶는 것들로부터 자유로워지십시오.

나의 영적 일지

● 마태복음 6:26,27

5월 1일

한 번의 기회

● 딤후 2:21 그러므로 누구든지 이런 것에서 자기를 깨끗하게 하면 귀히 쓰는 그릇이 되어 거룩하고 주인의 쓰심에 합당하며 모든 선한 일에 준비함이 되리라

수잔 보일이라는 여인은 태어날 때 산소결핍을 겪어 지적능력이 일반인에 비해 다소 떨어집니다.

스코틀랜드의 시골에서 고양이 한 마리와 쓸쓸이 살고 있는 그녀는 사람들의 놀림이 두려워 거의 평생을 집 안에서만 살아왔습니다. 하지만 영국의 뮤지컬 스타 엘런 페이지 같이 되고 싶다는 꿈을 품게 되어 매주 나가는 교회의 성가대에서 노래를 배웠고 집에서도 거울을 보며 끊임없이 노래를 연습했습니다.

마흔 살 후반이 되어 '브리튼즈 갓 탤런트'에 출연하게 된 것은 어떻게 보면 인생의 거의 마지막 기회였습니다. 볼품없는 외모와 엉뚱한 답변으로 인해 심사위원들은 그녀에게 별로 관심을 갖지 않았고 그녀가 엘런 페이지 같은 가수가 꿈이라고 하자 냉소적으로 비웃기 까지 했습니다. 그러나 그녀가 몇 년에 걸쳐 매일같이 연습한 노래를 선보이자 심사위원 뿐만 아니라 그 자리에 있던 관객, 티비로 보던 시청자들까지 모두들 놀랐습니다. 한 여인의 일생의 꿈을 담은 노래는 실력을 뛰어넘는 감동을 전했기 때문입니다.

인터넷에 뜬 그녀의 동영상은 1주일도 되지 않아 4000만에 가까운 조회 수를 기록했고 그녀의 우상인 엘런 페이지는 방송을 보고서 듀엣을 제안했습니다. 오프라 윈프리 쇼를 비롯한 미국과 영국의 유명 토크쇼에서는 그녀의 이야기를 소개하며 초대하고 있습니다. 정부 보조금으로 살아가며 평생 데이트 한 번 못해 본 수잔은 하루아침에 신데렐라가 되었습니다.

그녀는 평생을 자신의 꿈을 위해 노력했기에 찾아온 단 한 번의 기회를 놓치지 않을 수 있었습니다. 하나님이 나의 환경을 뛰어넘어 기회를 주시는 분이라는 걸 믿으십시오.

 주님! 우리의 계획을 뛰어넘는 주님을 믿고 의지하게 하소서.

 자신의 꿈을 위해 지금 필요한 것을 준비하십시오.

나의 영적 일지

외로움을 달래시는 하나님

●렘 1:8 너는 그들 때문에 두려워하지 말라 내가 너와 함께 하여 너를 구원하리라 나 여호와의 말이니라 하시고

5월 2일

국내 스타 발굴 프로그램인 스타킹에 나와 3연승을 해 화제가 된 김지호 군은 시각장애인이지만 뛰어난 음악적 재능을 지니고 있습니다.

뛰어난 노래 실력으로 '영혼을 울리는 목소리'라는 별명을 얻은 김 군은 노래뿐만 아니라 드럼, 미림바, 피아노등 다양한 악기에도 수준급의 연주 실력을 자랑합니다.

스타킹 3연승 우승이 발표되자마자 무릎을 꿇고 기도를 드린 김 군은 독실한 믿음을 가지고 있습니다.

어렸을 때부터 시각장애를 통한 외로움과 슬픔을 이겨낼 수 있던 것도 신앙 덕분이었습니다. 선천성 녹내장 때문에 날 때부터 앞을 보지 못했던 김 군은 수술만 16차례 받았습니다. 앞을 볼 수 있을 것이라는 기대가 사라지면서 절망 속에서 살아야만 했지만 그럴 때마다 믿음과 음악의 힘으로 다시 일어설 수 있었습니다. 하나님의 사랑을 통해 아픈 상처가 만져졌고 언제나 하나님이 나와 함께 하신다는 믿음이 있었기에 고된 연습 중에도 외로움을 느끼지 않을 수 있었습니다. 비슷한 처지의 장애인들뿐만 아니라 비장애인들에게도 자신의 음악 하는 모습으로 꿈과 도전을 주는 것이 비전이라는 김 군은 안드레아 보첼리같은 가수가 꿈 입니다.

'하나님 감사합니다. 제 노래로 힘들어 하는 사람들에게 용기와 희망을 줄 수 있게 해주세요.'

김 군이 스타킹 우승이 확정된 후 무릎 꿇고 하나님께 드린 기도 내용입니다.

나보다 더 날 잘 아시는 주님은 우리의 고통과 슬픔까지도 모두 알고 계십니다. 슬프고 괴로운 순간에도 그분 앞에 내려놓으십시오. 새로 설 힘을 주실 것입니다.

 주님! 언제나 우리의 마음속에 당신이 있음을 알게 하소서.

 힘들고 슬픈 순간에도 잠잠히 주를 바라십시오.

나의 영적 일지

5월 3일

하나님 중심의 경영

● 고후 6:1 우리가 하나님과 함께 일하는 자로서 너희를 권하노니 하나님의 은혜를 헛되이 받지 말라

최근 미국에서 가장 주목받는 IT기업인 ISI 사의 최고 경영자인 김진수 장로님은 회사 경영의 원칙을 '하나님 중심'으로 정했습니다. 인생길의 수많은 고비마다 하나님의 손길을 느꼈기에 기업 경영에 있어서도 하나님을 중심에 놓은 것입니다.

창세기 23장에 나오는 아브라함의 모습을 보고 정직한 납세의 의무를 어기지 않겠다고 원칙을 세웠으며 개인이 십일조를 하는 것 같이 기업 이윤의 10%도 반드시 사회로 환원합니다.

때로는 회사가 어려운 순간에 봉착할 때도 있지만 그때도 불의와 타협하지 않고 반드시 원칙을 지킵니다. 또 ISI는 직원들을 인격적으로 존중하는 회사로도 유명한데 이것 역시 하나님 중심경영에서 나온 것입니다.

김 장로의 회사엔 여러 인종들이 사원으로 있는데 이들이 서로를 어려워하지 않고 화합하는 것을 돕기 위해서 회사 내의 건전한 토론 문화를 만들었습니다. 또한 사업뿐만 아니라 카이스트나 인하대와 같은 한국 대학에서의 강의 일정으로 바쁜 와중에도 항상 직원들과는 1:1로 면담을 하고 그들의 기도제목과 회사 내에서의 고충을 직접 파악하고 빠짐없이 기도로 중보를 합니다.

이윤만을 목적으로 하지 않고 더 큰 가치를 추구하는 경영을 하지만 ISI는 미국 내의 혁신적이고 우수한 기업들만 받을 수 있는 'Ernst&Young'상을 비롯한 '기술혁신상'과 같은 많은 상을 수상했습니다.

일의 계획은 사람에게 있지만 그것을 성취하는 것은 하나님입니다. 급한 마음과 욕심을 버리고 성경의 원리를 적용하십시오.

 주님! 눈앞에 보이는 것보다 더 높은 가치를 위해 달려가게 하소서.

 성경에 나오는 말씀과 방법들을 직접 적용하십시오.

나의 영적 일지

우울증을 넘어서

5월 4일

● 눅 9:6 제자들이 나가 각 마을에 두루 다니며 곳곳에 복음을 전하며 병을 고치더라

'드림 라이프'라는 공연 기획사는 우울증 극복을 위한 클래식과 간증을 접목시킨 공연을 많이 하고 있습니다. 기획사의 대표인 유정현 목사님도 과거엔 심각한 우울증을 3번이나 겪었기 때문에 그 누구보다 우울증의 어려움을 잘 알고 있기 때문입니다.

유 목사의 첫 번째 우울증은 대학시절 찾아왔습니다. 남들이 모두 부러워하는 서울대 음대에 합격했지만 일등을 하지 못한다는 열등감에 우울증이 찾아왔고 대인기피증이 생기게 되었습니다. 하지만 적절한 친구를 붙여주신 하나님의 은혜로 한 고비를 넘길 수 있었습니다. 그러나 마지막에 걸렸던 우울증은 유 목사님을 자살 직전까지 몰아갈 정도로 심각했습니다. 옆에서 따사로이 격려해주시던 어머니가 뇌종양에 걸려 1년여를 식물인간처럼 살다가 돌아가셨는데 죽음 자체로도 큰 슬픔이었지만 병상의 치료비를 대기 위해 살던 집까지 모든 재산을 처분해야 했습니다. 유 목사님에겐 더 이상 삶은 의미가 없었기에 자살을 위해 아파트 옥상을 오르기만 수차례였지만 그때마다 자신을 위해 기도해주시던 어머니의 얼굴이 떠올라 차마 뛸 수 없었습니다. 어차피 뛸 수 없을 바엔 죽을 용기로 교회를 나가보자 결심을 했고 주님의 손길을 통해 치유되는 자신을 확인할 수 있었습니다.

불가능할 것 같았던 자신이 치유 받았기에 자신과 같은 고통을 겪는 사람들에게 꿈을 주며 더 앞으로 나아갈 수 있도록 믿음의 동반자가 되어주기를 원하는 유 목사님은 오늘도 복음을 전하기 위해 노력하고 있습니다.

우울증에 걸린 사람들은 매우 낮은 자존감을 갖게 됩니다. 하나님의 말씀과 사랑으로 자신이 얼마나 귀한 존재이며 하나님의 완벽한 작품인지 깨닫게 도와주십시오.

 주님! 우리들이 얼마나 귀하고 완벽한 존재인지 알게 하소서.

 자존감이 약한 사람들에게 희망의 복음을 전하십시오.

나의 영적 일지

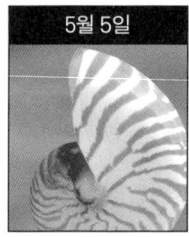

5월 5일 네 명의 어린이들

●마 19:14 예수께서 이르시되 어린 아이들을 용납하고 내게 오는 것을 금하지 말라 천국이 이런 사람의 것이니라 하시고

미국의 한 주일학교 교사가 교회를 가던 중 함께 모여 놀고 있던 4명의 어린이들을 보았습니다. 이 시간에 놀고 있는 것을 보니 아이들은 교회를 안 다니는 것 같았기에 그 교사는 아이들에게 말을 붙여보았습니다.

"얘들아, 잠깐 말 좀 물어도 될까? 너희들 혹시 교회 다니니?"

"아니요. 저희는 모두 교회를 안 다니는데요?"

그 말을 들은 교사는 그 자리에서 아이들에게 복음을 전하기 시작했습니다. 어찌나 열정적으로 복음을 전했던지 아이들은 그 자리에서 모두 교회를 나가기로 했고 곧바로 선생님을 따라 교회를 출석하며 신앙생활을 시작했습니다.

그로부터 30년이 지난 후 이 교사의 생일날에 오랫동안 연락이 끊겼던 예전의 4명의 아이들로부터 축하 편지가 도착했습니다.

그런데 그 전보의 발신인을 본 교사는 무척 놀랄 수밖에 없었습니다. 그들은 지금 중국으로 떠난 유명한 선교사, 연방정부 은행의 총재, 미국 대통령의 비서관, 그리고 미국 대통령인 허버트 후버 였습니다!

어린이들에게는 무한한 가능성이 있습니다. 복음과 함께 아이들의 가능성을 일깨워준다면 장래에 백배의 열매를 맺는 훌륭한 복음의 일꾼으로 성장할 것입니다. 어린 나이의 아이들이지만 복음의 의미를 정확하게 전하고 올바른 신앙의 길로 인도해주십시오.

 주님! 당신의 마음으로 아이들을 사랑하게 하소서.
 어린이들에게도 확실한 복음의 씨앗을 심어주십시오.

나의 영적 일지

지나친 관심

● 히 13:1 형제 사랑하기를 계속하고

5월 6일

2008 베이징 올림픽에서 여자역도 종목 세계신기록으로 금메달을 딴 장미란 선수는 귀국 후 엄청난 유명세를 누렸습니다. 비인기 종목인데도 불구하고 세계최고가 되기 위해 묵묵히 연습하는 성실성과 바른 이미지가 국민들 마음에 감동을 주었기 때문입니다.

장 선수는 자신의 노력이 보답을 받은 것은 신앙과 국민들의 성원덕분이라고 생각했고 그래서 훈련에 지장이 갈 정도가 아니라면 각종 공익 행사와 이벤트에 될 수 있는 대로 참석하고 있었습니다. 하지만 이제는 도가 너무 지나쳐 제대로 훈련을 할 수 없다고 어려움을 호소했습니다.

세계선수권대회 4연패를 목표로 훈련 중이라 행사를 자제하고 있는데도 각종 광고와 영화, 이벤트 행사에서 장 선수의 허락도 받지 않고 출연을 결정해 언론에 보도까지하기 때문입니다. 장 선수는 계속 일어나는 이런 일들 때문에 훈련에 집중할 수가 없다며 무단으로 자신을 섭외하고 홍보대사에 위촉하는 행위를 자제해 줄 것을 요청하는 장문의 글을 각 언론사에 보냈습니다.

베이징 올림픽에서 금메달을 딴 것은 신앙의 힘과 국민들의 성원이 덕분이었다고 고백하고 국민들에게 다시 보답하고 싶은 마음을 갖고 있습니다.

때로는 지나친 관심이 독이 될 수도 있습니다. 교계에서도 극적인 회심으로 화려한 주목을 받다가 부담감을 이기지 못해 다시 이전으로 돌아가는 사람들을 심심치 않게 볼 수 있습니다. 그 사람이 잘 되기를 바라는 마음으로 그 사람에게 필요한 일을 꾸준히 해주십시오.

 주님! 관심 받는 대상의 입장을 잘 헤아리게 하소서.
 과도한 관심보다는 꾸준한 관심을 전해주십시오.

나의 영적 일지

5월 7일

새날을 주소서

● 시 104:30 주의 영을 보내어 그들을 창조하사 지면을 새롭게 하시나이다

한국청소년상담원의 원장인 이혜성 씨는 아버지로부터 많은 가르침을 받았습니다. 평생을 국어교사로 지내셨던 이 원장의 아버지는 여성교육과 하루하루의 중요성을 언제나 강조하며 가르치셨습니다. 매일 하루를 새날처럼 여기고 새날처럼 긴장하고, 새날처럼 조심하고, 새날처럼 성실하고, 새날처럼 열중할 때에 후회 없는 인생을 살아갈 수 있다고 생각하셨기 때문입니다.

이 원장은 덤벙대는 성격으로 언제나 시간에 쫓기며 급박한 삶을 살았는데 그럴 때마다 아버지의 가르침을 생각하면서 매일하루를 최선을 다해 보내겠다고 다짐을 하며 약점을 극복해 나갔습니다. 또 이 원장의 아버지는 말뿐만 아니라 실천으로도 본을 보이셨습니다. 평생을 국어교사로 재직하시면서 수도 없이 본 교과서지만 매일 새벽에 가르칠 부분을 먼저 읽고 그전과는 다른 것을 가르치기 위해 노력하셨습니다. 맡고 있는 반에서도 언제나 아이들보다 일찍 나와 칠판에 좋은 지혜의 글을 적어서 아이들에게 전해주셨습니다.

매일을 새날이라고 생각했기에 언제나 아이들을 소중히 대할 수 있었고 반복에 의한 습관적인 교육이 아닌 나날이 발전하는 진정한 교육을 실천할 수 있었던 것입니다. 평생을 그런 아버지를 보며 '새날의 마음가짐'이란 중요함을 깨달은 이 원장도 그런 평생의 아버지의 모습에 감동받아 청소년들에게 좋은 카운슬러가 되기 위해 노력하고 있습니다.

사람들은 반복되는 일상을 지루하게 여기지만 그 안엔 또 다른 즐거움들이 있습니다. 매일 같은 하늘을 보지만 구름은 매번 다릅니다. 매일 같은 사람들을 만나지만 나누는 대화는 다릅니다. 매일 하루하루를 새로운 날로 살아가고 싶다면 이처럼 우리의 일상 속의 작은 변화들을 기쁨으로 받아들이며 살아가십시오.

 주님! 매일하루를 새로운 시작이라고 생각하고 즐거워하게 하소서.
 반복된 일상속의 작은 변화들을 생각해보고 감사하십시오.

나의 영적 일지

부모의 자리

● 골 3:20 자녀들아 모든 일에 부모에게 순종하라 이는 주 안에서 기쁘게 하는 것이니라

5월 8일

발리스키 부부는 모두 10명의 자녀를 키우고 있습니다. 아버지는 초등학교 4학년까지만 학교를 다녔지만 신앙을 기초로 아이들을 모두 훌륭하게 양육했습니다. 10명의 아이들 중 6명은 선교사가 되어 복음을 전하고 있고 나머지 4명의 아이들도 훌륭한 신앙을 가지고 자신의 분야에서 성공해 형제들의 선교를 물심양면으로 후원하고 있습니다. 10명이나 되는 자녀를 모두 훌륭히 키운 비결이 궁금한 어떤 사람이 발리스키 부부의 자녀들을 찾아다니며 비결을 물어 보았는데 누구 하나 빠질 것 없이 다음과 같은 다섯 가지 이유를 얘기했습니다.

① 부모님은 우리가 태어나기 전부터 하나님께 먼저 드렸습니다. 그러므로 자녀가 10명이나 됐지만 하나님의 인도하심을 믿고 전혀 걱정을 하지 않으셨습니다.

② 우리는 매일 가정예배를 드렸습니다. 그것은 매우 귀찮을 때도 있었지만 돌이켜 보니 우리의 신앙의 힘이 되고 아름다운 가정의 추억이 되었습니다.

③ 아버지는 우리를 친구처럼 대해주시면서도 가장의 위엄을 잃지 않으셨습니다. 친구같은 친근함이 아버지의 위엄을 더욱 세웠기에 우리는 아버지를 신뢰할 수 있었습니다.

④ 부모님은 누구에게나 공평하게 대해주셨습니다. 우리 모두 잘했을 땐 상을 받았고 못했을 땐 벌을 받았습니다. 그것은 누구에게도 예외가 아니었습니다.

⑤ 부모님은 언제나 언행이 일치했습니다. 자신들이 지키지 못하는 것을 우리에게 요구하지 않으셨습니다. 그렇기에 부모님의 말씀에 우리들은 순종할 수 있었습니다. 그리고 이것들보다 가장 중요했던 것은 부모님이 우리를 진실로 사랑했다는 사실입니다.

하나님이 맡겨 주신 영혼으로 아이들을 바라보고 말씀과 기도로 아이들을 양육하십시오.

 주님! 가정을 통해 아이들의 믿음과 신앙이 성장하게 도와주소서.

 아이들과 함께 말씀을 읽고 기도하는 시간을 가지십시오.

나의 영적 일지

정직한 그리스도인

● 욥 1:1 우스 땅에 욥이라 불리는 사람이 있었는데 그 사람은 온전하고 정직하여 하나님을 경외하며 악에서 떠난 자더라

동덕여대의 손봉호 총장님은 우리 사회 속에 정직을 뿌리내리기 위해서 많은 노력을 하고 있는 분입니다. 손 총장은 어떤 상황에서도 정직한 길을 걸으려고 하신 분입니다.

1960년대 한국의 경제상황이 좋지 않을 당시 군대의 경비병으로 복무하고 있었는데, 원체 나라 사정이 어렵다보니 국민들이 군수물자를 몰래 빼돌려가곤 했습니다. 워낙 다들 상황이 어렵던 터라 경비를 서는 군인들은 모른 척 눈감아 주는 것이 관행처럼 되어 있었습니다. 물론 시민들의 어려운 사정도 이해가 됐지만 그렇다고 도둑질을 모른 척 할 수도 없었던 손 총장은 소신껏 경비를 섰지만, 시민들에게 욕도 많이 먹고 상사들에게 구타도 당하게 되었습니다.

그래도 정직의 뜻을 꺾지 않았던 손 총장은 군대에서의 경험으로 인해 자신이 전공하던 문학대신 사회적 의식에 더 도움이 되는 신학으로 전공을 바꾸기로 결정했습니다.

네덜란드 유학시절 만났던 장사꾼들이 물건을 팔지 못해도 거짓말을 하지 않고 사실만을 이야기하는 것을 보고 손 총장은 정직이야말로 선진국의 필수조건이며 이것이 정착될 때 많은 사회적 낭비를 막을 수 있을 것이라고 확신을 하게 되었습니다.

손 총장은 귀국하자마자 유산 남기지 않기 운동, 돈 정치 추방 시민연대, 기독교 윤리 실천 운동과 같은 기관들을 통해 사회적으로 정직한 사람들과 기관을 추구하는 사회개혁 운동을 시작했고 많은 실질적인 효과들을 거두고 있습니다.

하나님은 우리의 모든 것을 감찰하십니다. 그러므로 우리는 모든 일에 정직해야 합니다. 누구를 만나더라도 진실함을 잃지 않기 위해 노력하십시오.

♡ 주님! 남을 속임으로 자신의 양심을 속이지 않게 하소서.

 나의 이익을 취하기 위해서 남들을 속이지 마십시오.

나의 영적 일지

남편 전도법

5월 10일

● 엡 5:24 그러나 교회가 그리스도에게 하듯 아내들도 범사에 자기 남편에게 복종할지니라

　한국교회 성도들 중 70%가 여성들인데 그 중 불신자 남편과 결혼한 여성이 30%정도 된다고 합니다. 불신자 남편과 결혼한 크리스천 여성들의 사랑의 힘으로 남편을 전도할 수 있을 것이라 생각하지만 실제로 결혼 후엔 남편을 전도하려다 포기하고 혼자 신앙생활을 하거나 본인마저 신앙을 잃어버리게 되는 경우가 많다고 합니다. 남편을 전도하는데 있어서 가장 중요한 것은 복음을 전하는 아내의 모습입니다.
　온누리 교회에서는 남편 전도로 인해 힘들어하는 아내들을 위해 '아내의 프로포즈'라는 남편 초청집회를 여는데 참석을 원하는 아내들은 미리 남편들에게 '아내의 약속 7가지'를 읽어주고 자신의 마음을 담은 사랑의 편지를 띄워서 남편이 동의한다면 함께 이 집회에 참석하게 됩니다.
　남편을 위한 아내의 약속 7가지는 다음과 같습니다.
　① 나는 남편을 전심으로 섬기겠다.
　② 자신의 자아와 고정관념까지도 버리겠다.
　③ 신앙문제로 남편과 다투지 않겠다.
　④ 어떤 순간에도 남편을 인정하겠다.
　⑤ 출퇴근하는 남편에게 사랑 표현을 하며 힘을 불어넣어 주겠다.
　⑥ 매일의 시작과 끝에 남편을 위한 기도를 하겠다.
　⑦ 하나님의 때와 하나님의 방법을 기다리겠다.
　서로 사랑하고 평생 함께 살 남편이지만 전도는 쉬운 일이 아닙니다. 사람의 노력만으로는 한계에 부딪히니 성경에 나온 대로 아내의 의무를 다하며 매일 기도하십시오.

 주님! 부부가 서로 돕고 섬기는 아름다운 믿음의 부부되게 하소서.
 믿지 않는 남편을 위해 꾸준히 기도하고 약속을 실천하십시오.

나의 영적 일지

5월 11일

가장 위대한 삶

●요일 3:17 누가 이 세상의 재물을 가지고 형제의 궁핍함을 보고도 도와 줄 마음을 닫으면 하나님의 사랑이 어찌 그 속에 거하겠느냐

반기문 유엔 사무총장은 미국 워싱턴에 있는 존스홉킨스 대학원의 졸업식 축사를 부탁받았는데 이제 막 사회로 진출하는 학생들에게 반 총장은 '삶의 의미'에 대해서 얘기했습니다.

"봉사하는 삶이 가장 위대한 삶입니다."

유엔 사무총장에 취임한 후 처음으로 맡은 졸업식 축사에서 반 총장이 학생들에게 전한 내용입니다. 학생들의 엄청난 에너지와 잠재력을 더 좋은 일자리와 큰 집을 사기 위해서만 사용하지 말고 세상을 더 나은 곳으로 변화시킬 수 있는 변화와 의미가 충만한 삶을 위해 사용해야 하기 때문입니다.

반 총장 역시 한국 전쟁이 끝난 후의 가난과 배고픔을 경험 했기에 남을 돕는 봉사의 소중함을 누구보다도 잘 알고 있었습니다. 세계에는 아직도 우리들의 도움을 필요로 하는 곳이 많이 있습니다.

콩고에서는 아직도 소년들을 징집해 내전을 치루고 있고, 세계 곳곳에는 사막화가 진행되고 있습니다. 아이티에서는 식량이 없어 진흙을 구워 쿠키처럼 먹고 있으며 차드와 다르푸르에서는 기아와 질병으로 인해 거의 모든 국민이 고통 받고 있습니다.

반 총장은 축사를 마치며 먼 훗날 여러분을 이런 곳에서 볼 수 있었으면 좋겠다며 축사를 마쳤습니다. 남을 위한 인생의 의미를 전해들은 천여 명의 학생들은 축사가 끝난 후 반 총장에게 오랫동안 기립박수를 보냈습니다.

우리가 조금이라도 남들을 위해 봉사하는 시간을 가진다면 세상은 더욱 희망적인 곳이 될 수 있습니다. 주님의 명령대로 이웃을 사랑하십시오.

 주님! 변화를 이루기 위한 노력과 봉사를 멈추지 말게 하소서.

 자신의 삶의 의미를 찾을 수 있는 봉사활동이 있는지 찾아 보십시오.

나의 영적 일지

부지런의 축복

● 시 37:3 여호와를 의뢰하고 선을 행하라 땅에 머무는 동안 그의 성실을 먹을거리로 삼을지어다

5월 12일

공자는 사람에게 3가지 계획이 있다고 했습니다.

하나는 하루가 시작되는 새벽의 계획입니다.
둘째는 일 년이 시작되는 봄의 계획입니다.
셋째는 인생이 시작되는 어릴 때의 계획입니다.

아침에 일어나지 않으면 하루의 계획이 없고 봄에 씨뿌리지 않으면 가을의 수확이 없고 어려서 배우지 않으면 늙어서 아는 것이 없다는 뜻입니다. 그만큼 부지런의 중요성을 강조한 것입니다. 또한 성경도 부지런에 대해서 말하고 있습니다.

"게으른 자여…네 빈궁이 강도같이 오며 네 곤핍이 군사같이 이르리라"(잠언 6:9~11).

"게으름이 사람으로 깊이 잠들게 하나니 해태한 사람은 주릴 것이니라"(잠언 19:15).

지혜를 다룬 잠언서에도 게으름을 경고하고 있는 것입니다. 그와는 대조적으로 부지런한 사람은 사람들을 부리면 부의 축복을 누린다고 나와 있습니다. 인생에서의 맡겨진 임무를 완수하기 위해 부지런히 생활해야 하는 것이 하나님의 원리입니다. 그리고 그 원리를 따를 때 인생이 더 풍요로워지고 남을 도울 힘이 생긴다고 성경은 말씀하고 있습니다.

일찍 일어나는 것과 같이 좋은 습관을 하나 들이는 데는 3주 정도가 걸린다고 합니다. 성경이 말하는 부지런의 축복을 받기위해 인생을 더욱 부지런하게 살기 위해서 좋은 습관을 들이십시오.

 주님! 착하고 충성된 종이 될 수 있게 부지런한 의지를 갖게 하소서.
 부지런하게 만들어주는 습관들을 3주에 하나씩 실천하십시오.

나의 영적 일지

5월 13일

700억 달러 클럽

●행 10:2 그가 경건하여 온 집안과 더불어 하나님을 경외하며 백성을 많이 구제하고 하나님께 항상 기도하더니

빌 게이츠, 오프라 윈프리, 조지 소로스, 마이클 볼룸버그, 워런 버핏, 테드 터너, 이름만 대도 누구나 알만한 세계 최고의 갑부들입니다.
이들의 총 재산을 합치면 180조원이라는 엄청난 액수입니다.
엄청난 재력가라는 공통점을 지닌 이들의 또 다른 닮은 점은 바로 엄청난 기부액수입니다. 지금까지 이들이 기부한 금액은 80조원이나 된다고 합니다.
세계 최고의 재력가이면서 동시에 세계최고의 기부가인 이들이 한자리에 모였습니다. 이들이 모인 이유는 정확히 밝혀지진 않았지만 기부를 더 효율적으로 하기 위해 서로 정보를 나누고 연합하기 위해서일 것이라고 합니다. 실제로 빌 게이츠는 아프리카와 같은 3세계의 전염병 예방 같은 보건 문제에 관심이 많고, 테드 터너는 환경문제에 많은 관심을 보였습니다. 오프라 윈프리는 여성과 아이들의 교육에 대해서 많은 돈을 기부했습니다. 이처럼 이들의 관심분야가 모두 다르지만 미래 지구의 환경과 경제에 대해서 서로 의견을 교환하며 더 효율적인 자선단체 운영을 위해 논의한 것입니다. 이들 모두가 서로 다른 분야에서 많은 돈을 기부하고 있지만 모두 사랑의 마음으로 미래를 걱정하고 있기에 가능한 모임이었습니다.
이처럼 많은 부자들이 기부를 하고 있지만 전체적인 기부의 액수는 오히려 줄고 있다고 합니다. 뜻이 맞는 사람들과 함께 작은 기부 모임을 결성하십시오. 공통된 목표를 위해 서로 독려하며 나누는 삶을 실천하십시오. 인류의 미래를 위해 기도하십시오.

 주님! 작은 마음들이 모여서 큰 힘을 가지게 됨을 알게 하소서.
 관심 분야가 비슷한 사람끼리 기부 모임을 결성하십시오.

나의 영적 일지

완전한 희생

5월 14일

●고전 5:7 너희는 누룩 없는 자인데 새 덩어리가 되기 위하여 묵은 누룩을 내버리라 우리의 유월절 양 곧 그리스도께서 희생되셨느니라

아프리카 초원엔 많은 동물들이 살고 있습니다. 이 동물들은 저마다 서로 먹고 먹히는 먹이사슬의 관계에 놓여 있습니다. 그러나 초식동물이 아무리 힘이 없다고 해도 자신들을 보호하기 위한 무기가 하나쯤은 있기 때문에 사자와 표범 같은 맹수에게도 사냥이 생각만큼 쉬운 일은 아닙니다.

코뿔소에겐 강력한 뿔이, 코끼리는 큰 덩치로 자신을 보호합니다. 이런 동물들을 사냥하려다 자칫하면 목숨을 잃을 수도 있기 때문에 아무리 사나운 맹수라도 이 동물들에겐 함부로 덤비지 못합니다.

이런 강력한 무기를 지닌 동물 중엔 기린도 포함되어 있습니다. 기린은 겉보기엔 약해보이지만 강력한 파워의 뒷발차기를 가지고 있습니다. 아무리 강한 맹수라도 이 뒷발차기에 잘못 맞게 되면 한 방에 죽을 수도 있습니다. 하지만 같은 기린끼리 싸울 때는 절대 이 뒷발차기를 쓰지 않는다고 합니다. 비록 자신의 영역을 내주고 다른 곳으로 떠나게 되는 일이 있더라도 같은 동족의 생명은 보호하기 위한 배려입니다.

예수님은 이 땅에 사람의 몸으로 오셔서 같은 고난을 참으셨습니다. 누구보다 강한 힘이 있으셨지만 목숨을 잃을 때까지도 사용하지 않으셨습니다. 인간으로선 품을 수 없는 사랑과 구원의 의지가 있으셨기 때문입니다. 지극히 높은 곳에서 오신 예수님이 세상의 가장 낮은 자들을 위해 완전한 희생을 하신 것입니다. 예수님도 우리의 구원을 위해 목숨을 바치셨습니다. 예수님을 본받으며 그 희생과 사랑의 정신을 달라고 구하십시오. 미움과 시기대신 사랑과 평안의 마음을 품으십시오.

 주님! 주님의 희생을 본받아 더 낮아지고 더 사랑하게 하소서.
 남들을 사랑하며 용서하기가 힘들 때마다 주님의 희생을 생각하십시오.

나의 영적 일지

5월 15일
존경받는 학자

●전 12:11 지혜자들의 말씀들은 찌르는 채찍들 같고 회중의 스승들의 말씀들은 잘 박힌 못 같으니 다 한 목자가 주신 바이니라

모든 사람들이 스승으로 생각하는 존경받는 학자가 있었습니다. 학자는 자신을 찾아온 사람들의 사소한 일도 관심 깊게 들어주었고 도움을 주기 위해 노력했습니다. 하루는 한 어머니가 아들의 손을 잡고 찾아와 도움을 청했습니다.

"우리 아이가 단 음식을 너무 좋아해서 찾아왔습니다. 단 것 때문에 이도 상하고 몸도 많이 상했는데도 그것에 중독되어서 점점 더 많이 먹으려고 하고 있습니다."

"제가 도울 수 있을 것 같습니다. 하지만 일주일 뒤에 다시 오십시오."

고칠 순 있지만 일주일 뒤에 다시 오라는 학자의 말을 이해할 수 없었지만 어머니는 잠자코 시키는 대로 했습니다. 일주일 뒤 다시 찾아오자 학자는 아이와 대화를 통해서 단 음식을 절제할 수 있도록 도와주었고 아이는 어머니의 바람대로 단 음식을 줄여나갔습니다.

"선생님, 이렇게 쉽게 하실 수 있는 일을 왜 일주일 뒤에 오라고 하셨죠?"

"사실은 저도 단 음식을 매우 좋아하기 때문입니다. 제가 단 음식을 참지 못하면서 어떻게 아이를 설득할 수 있겠습니까? 지난 일주일 동안 저도 단 음식을 참았고 이제는 아이에게 당당히 말할 수 있게 되었기 때문입니다."

예수님은 언제나 자신의 가르침을 몸소 실천하신 후에 제자들에게도 이와 같이 하라고 말씀하셨습니다. 신앙이 더하여질수록 겸손하게 섬김을 실천하는 스승이 되십시오.

 주님! 말씀을 아는 것만큼 행동으로 나타내게 하소서.

 말씀을 몸소 실천함으로 본을 보이는 신앙인이 되십시오.

나의 영적 일지

아무도 가지 않는 길

5월 16일

● 행 21:4 제자들을 찾아 거기서 이레를 머물더니 그 제자들이 성령의 감동으로 바울더러 예루살렘에 들어가지 말라 하더라

초한주 목사는 신학교를 졸업한 후 바로 독일로 건너가 교회를 개척했습니다. 프랑크푸르트를 근처에서 교회를 네 개나 개척한 최 목사는 그 쪽 지역의 교민들이 거의 다 교회에 나오게 되고 본격적으로 목회를 할 만한 상황이 되자 부목사님들에게 교회를 모두 맡기고 홀연히 떠났습니다.

그리고 한국에 와서 서울 북가좌동에 있는 성도 30명 남짓의 교회를 맡았습니다. 최 목사님이 오신 지 3년 만에 성도 수는 100명이 훌쩍 넘었고 교회당도 훨씬 넓은 곳으로 이사 가게 되었습니다. 하지만 이번에도 역시 교회가 자리를 잡자 경남 마산으로 내려가 교회를 개척했습니다.

그렇게 교회가 터가 잡히면 다시 다른 개척지를 찾아 떠났던 최 목사님이지만 서울시민교회를 맡은 동안은 고민을 많이 했습니다. 6년 동안 섬기는 동안 성도 수는 거의 두 배로 증가해 천육백 명 정도가 되었고 교회뿐만 아니라 노인과 아동들을 위한 복지 시설까지 설립했습니다. 더 이상 이 교회에서 도전할 만한 일이 없다고 생각되었지만 최 목사님에게 부임을 요청한 새로운 교회의 사정이 너무 열악해 보였습니다. 성도수도 40명밖에 되지 않았고 담임목사님자리도 공석으로 비어있어 많은 번민이 들었습니다. 이제 와서 다시 어려운 생활을 적응하기도 힘들 것 같다는 생각이 들었고 괜히 안 좋은 일에 휘말려 쫓겨나면 어쩌나 하는 고민도 했지만 그는 결국 하나님의 부르심에 응답해 용기 있는 결단을 내렸고 새로운 시작을 하기 위해 자신을 부르는 곳으로 갔습니다.

나의 생각과 의지를 내려놓을 때 하나님의 역사하심을 보게 됩니다. 그분의 뜻에 조용히 순종하고 늘 기도함으로 그분의 임재하심을 느끼십시오.

 주님! 당신의 의지를 거역하지 않고 순종하게 하소서.
 나의 의지와 생각을 내려놓고 주님이 주시는 감동을 따라 행동하십시오.

5월 17일
편견이 부른 편견

●행 14:27 그들이 이르러 교회를 모아 하나님이 함께 행하신 모든 일과 이방인들에게 믿음의 문을 여신 것을 보고하고

최근 기업과 교회 같은 많은 조직들이 가장 중요하게 하는 것은 창의성입니다. 많은 기업들이 '창의성'을 중시하는 슬로건을 내걸고 있고 교회에서도 비신자들의 마음을 사로잡을 수 있는 공연과 획기적인 프로그램을 개발하기 위해 노력하고 있습니다. 이런 창의성들을 개발하기 위한 더 좋은 조건이라고 생각되는 것들이 있는데 많은 사람들이 나이가 젊을수록, 튀는 성격을 가질수록 그리고 일 외의 개인적인 시간을 많이 가질수록 더 좋은 아이디어들이 나오고 창의성이 뛰어날 것이라고 생각합니다.

하지만 이 모든 것들은 편견이 부른 편견일 뿐입니다.

실제로 LG경제 연구원이 최근에 조사한 결과에 따르면 나이가 젊을수록 관행에는 얽매이지 않으려고 하는 경향은 있지만 해당 분야에 대한 전문적인 지식이 떨어지기 때문에 나이가 든 직원과의 발상의 차이는 거의 없다고 합니다. 지능이 평균수준만 넘으면 사람의 창의성은 거의 다 같은 것으로 과학적 연구 결과가 나왔기 때문입니다. 그리고 튀는 성격이라고 해서 아이디어까지 특별할 것이라는 생각 역시 전혀 근거가 없는 이야기들입니다. 개인적인 시간을 많이 주는 것도 마찬가지입니다. 적절한 자극과 긴장이 있는 상태에서 창의적인 생각들이 더 많이 나오기 때문에 충분한 개인 시간보다는 회사에서 팀과 함께하는 시간을 늘리는 것이 더 효율적이기 때문입니다.

사람들의 나이나 성격에 따른 편견은 또 다른 편견을 불러냅니다. 그리고 이런 편견들로 인해 많은 사람들이 피해를 보고 상처를 받습니다. 사회적인 부작용도 만만치 않습니다. 그러므로 회사나 교회 어떤 조직에서든 남을 어떤 것으로도 판단하지 않기 위해 조심하십시오.

 주님! 다른 사람을 판단치 않고 정죄치 않게 하소서.
 사람들을 보면서 드는 느낌과 생각들을 그냥 내려놓으십시오.

나의 영적 일지

미래의 억만장자

●잠 16:3 너의 행사를 여호와께 맡기라 그리하면 네가 경영하는 것이 이루어지리라

5월 18일

세계 최고의 부자인 빌 게이츠는 어린 시절을 어떻게 보냈을까요? 자서전을 낸 빌게이츠의 아버지 빌 게이츠 시니어의 말을 따르면 빌 게이츠는 아주 어린 나이 때부터 부모에게 함부로 대들고 마음에 상처를 주던 천덕꾸러기였습니다.

빌 게이츠가 12살 때에 어머니와 심한 말다툼을 한 적이 있었습니다. 저녁 식사자리에서까지 말다툼이 벌어졌고 옆에서 지켜보던 아버지는 아들의 심한 무례함에 분노해 자신도 모르게 컵에 담긴 물을 빌의 얼굴에 뿌리고 말았습니다. 하지만 빌은 반성의 기색도 전혀 보이지 않고 오히려 '덕분에 샤워 한 번 잘했네요'라고 대꾸했습니다. 이런 버릇없는 꼬마가 훗날 세계최고의 부자가 될 것이라고는 부모님뿐 아니라 아무도 생각하지 못했을 것입니다.

아버지 시니어 게이츠도 월스트리트저널과의 인터뷰에서 언제나 대들기를 좋아하던 어린아이가 장래에 자신을 고용할 정도의 큰 부자가 될 것이라고는 꿈에도 상상하지 못했다고 합니다.

우리 모두는 하나님의 작품이기 때문에 무한한 가능성을 지니고 있습니다. 미래에 어떤 일이 일어날지 알 수 없으므로 만나는 모든 사람을 향해 축복하십시오. 그들의 인생에서 벌어질 수 있는 최고의 일을 상상하며 축복하십시오.

 주님! 만나는 이들의 미래를 위해 격려하고 기도하게 하소서.
 만나는 모든 사람들에게 최고의 축복을 하십시오.

나의 영적 일지

5월 19일

이웃을 향한 마음

● 롬 15:2 우리 각 사람이 이웃을 기쁘게 하되 선을 이루고 덕을 세우도록 할지니라

중국의 명문인 베이징 인민대의 경영학과에 다니던 윤경주 씨는 고 2때부터 유학을 떠났습니다.

미래의 성장 가능성이 풍부한 중국에서 성공의 꿈을 이루고 싶었기 때문입니다. 하지만 개방 분위기에 휩쓸린 중국 청소년들의 문란한 사생활을 보고는 청소년 문제에 정통한 사회복지사가 되어야겠다고 생각했고 다니던 학교를 그만두고 돌연 귀국해 서강전문학교 복지학부에서 사회복지사가 되기 위한 공부중입니다. 그녀는 자격증을 따면 다시 중국으로 돌아가 청소년들을 위해 일하고 싶다고 합니다.

공군 부사관으로 7년이나 복무 중이었던 강우근 씨는 최근 전역하고 윤 씨와 같은 학교에서 마찬가지로 사회복지를 공부하고 있습니다. 강 씨가 안정적인 직장을 그만두고 진로를 변경하게 된 이유는 군복무 시절 매주 한 번씩 하던 독거노인들을 위한 목욕봉사 때문입니다. 자신의 생각보다 힘겹게 지내는 노인 분들이 많다는 것을 알게 된 강 씨는 사회에서 오랫동안 헌신하신 어르신들이 노년에 소외되지 않도록 노인 사회복지관을 설립하는 것이 꿈입니다.

윤 씨와 강 씨가 다니는 학교에는 계기와 대상은 다르지만 이들과 같은 이유로 사회복지를 공부하는 학생들이 많이 있습니다. 이웃을 향한 마음을 가지고 사십시오.

 주님! 작은 소자 하나라도 관심을 가지고 바라보게 하소서.
 남을 향한 마음을 키우기 위한 봉사활동을 계획해보십시오.

나의 영적 일지

받은 것에 감사하라

5월 20일

● 골 3:17 또 무엇을 하든지 말에나 일에나 다 주 예수의 이름으로 하고 그를 힘입어 하나님 아버지께 감사하라

신경례 할머니는 나라에서 주는 지원금을 받으며 살아가고 있습니다. 청각장애도 있는 신 할머니지만 한 때는 남편과 아들과 함께 단란한 가정을 꾸리며 행복한 생활을 살았습니다. 하지만 그때부터 인생의 불행이 끊이지 않고 일어났습니다. 마흔도 되지 않은 나이에 남편이 늑막염에 걸려 세상을 떠나 홀몸이 되었고 잘 꾸려 나가던 아들의 회사가 갑자기 부도가 나게 됩니다. 그 충격으로 인해 아들은 집 앞에서 심장마비로 죽었습니다.

심적으로 너무나 힘들었고 재정적인 상황도 점점 어려워져갔습니다. 그대로 죽고만 싶었지만 신 할머니의 딱한 사정을 알고 이웃에 사는 할머니들이 매일 번갈아가며 찾아와 집안일을 해주며 따뜻한 위로를 해주었습니다. 정부에서도 적지만 매달 돈이 나왔고 때가 되면 각종 봉사단체에서도 따뜻한 물품과 성금을 보내왔습니다. 그 사람들의 도움으로 신 할머니는 삶에 대한 의지를 되살릴 수 있었고 여전히 어려운 생활이었지만 다른 사람들을 돕기 위해 푼푼히 돈을 모아왔습니다.

그리고 그렇게 힘들게 모은 돈 이천만원을 가난한 학생들에게 주라며 쾌척했습니다.

글도 배우지 못해 기부 계약서에 사인도 대필을 했던 신 할머니는 이웃과 나라로부터 받은 사랑이 너무 감사하다며 자신의 전 재산도 어려운 학생들을 위해 써달라며 자신의 전 재산인 오백만원도 기부했습니다.

신 할머니는 받은 것보다 잃은 것이 훨씬 많았습니다. 하지만 잃은 것에 대해 불평하기 보다는 받은 것에 대해 감사하는 삶을 선택했습니다. 감사하는 삶을 사십시오.

 주님! 받은 것에 감사할 줄 알며 받은 도움을 갚을 줄 알게 하소서.
 이웃의 작은 도움에도 감사하십시오.

나의 영적 일지

맡은 일에 충성

● 고전 4:2 그리고 맡은 자들에게 구할 것은 충성이니라

인명구조견 '하나'는 경력이 7년이 넘는 베테랑 구조견입니다. 중앙 119 구조대에서 활약하던 하나는 각종 산불이나 화재, 사고가 일어나면 119구조대와 함께 가장 먼저 출동합니다.

실제로 2008년에 이천 냉동고에서 대형화재가 발생했을 때도 가장 먼저 달려가 인명구조를 위해 활동했습니다. 하나는 국내뿐 아니라 국외로도 많은 구조를 다니며 뛰어난 활약을 보였습니다.

2004년도에 이란에서 큰 지진이 일어나 국제적으로 도움의 손길을 보냈을 때도 한국의 구조대원들과 함께 하나도 파견되었습니다.

7년 동안 생사를 넘나드는 현장을 다니며 어느새 사람의 나이로 따지면 환갑이 된 하나는 많은 훈련으로 인한 후유증으로 더 이상 인명구조견 역할을 할 수 없게 되었고 함께 활동했던 구조대원의 집에 분양되어서 여생을 보내게 되었습니다. 비록 짐승이지만 관절염에 걸릴 정도로 자신의 맡은바 임무를 다했던 하나이기에 그의 은퇴식에 많은 사람들이 참석해서 하나를 축하해줬습니다.

하나는 비록 짐승이지만 자신의 임무를 다하기 위해서 몸을 사리지 않았습니다. 세상 사람들은 자신이 손해 보지 않는 범위에서의 적당한 열심을 추구하지만 맡을 바에게 구할 것은 충성입니다. 하나님과 사람들 보시기에 합당한 사람이 되기 위해 자신이 있는 곳이 어디든지 그 곳에서 할 수 있는 최선을 다하십시오.

 주님! 착하고 충성된 종으로 쓰임 받게 하소서.
 모든 장소에서 기도하는 마음으로 최선을 다하십시오.

나의 영적 일지

다른 이들의 꿈

5월 22일

● 딤전 4:10 이를 위하여 우리가 수고하고 힘쓰는 것은 우리 소망을 살아 계신 하나님께 둠이니 곧 모든 사람 특히 믿는 자들의 구주시라

이효리 씨나 보아 같은 유명 가수들의 백댄서 출신인 박 모 씨는 서울 노원구 가출청소년 쉼터에서 봉사활동을 하고 있습니다.

보통 봉사활동이라고 하면 학생들의 학업을 도와주거나 고민을 상담해 주는 것으로 생각하지만 박 씨는 춤으로 봉사를 합니다.

가정에서 상처를 받아 언제나 시무룩한 표정을 짓고 있던 아이들이 춤을 배우면서 점점 표정이 밝아지고 자신감이 생기는 것을 보고 자신의 방법에 확신을 얻었기 때문입니다. 말보다 몸을 부대끼며 함께 하기 때문에 더 효과가 좋은 것 같다는 박 씨는 아이들의 꿈을 위해 자신의 춤을 사용할 수 있어 기쁘다고 말했습니다.

박 씨 뿐만 아니라 유도 유단자인 이대로 씨와 수영을 10년 넘게 해온 권 모 씨, 강원도 양궁 팀에서 실업선수로 활동 중인 박미경 씨 등도 자신들의 특기를 살려 장애인들에게 가르치며 재활과 복지 분야에서 활동하고 있습니다. 자신들의 장기로 운동선수로서의 꿈을 키우는 장애인들의 꿈이 이루어지게 도와주고 있습니다.

또한 개성공단에 입주한 기업에서 일하면서 탈북자들의 사정을 자세히 알게 된 구 모 씨도 어려운 환경을 벗어나기 위해 목숨을 걸고 탈북한 사람들의 꿈을 도와주고 싶다며 다니던 직장을 그만두고 탈북자 복지의 전문가가 되기 위해 다시 학생이 되는 길을 택했습니다.

자신에게는 그냥 취미생활이며 소일거리이지만 그것을 통해 꿈을 이루기 원하는 사람들이 있습니다. 남들의 꿈을 이루기 위해 도울 일이 있다면 도우십시오.

 주님! 나의 가진 것으로 다른이의 꿈을 돕게 하소서.
 자신의 취미나 특기로 남을 도우십시오.

5월 23일

도울 수 있는 일

●시 25:4 여호와여 주의 도를 내게 보이시고 주의 길을 내게 가르치소서

유명한 대중연설가인 빌 샌즈는 불우한 어린 시절을 보냈습니다. 아버지가 유명한 연방법원 판사였기에 돈 문제로 어려운 것은 없었지만 아버지와 어머니의 관계가 좋지 않아 어머니는 알코올 중독까지 걸리게 되었습니다.

부모님 중 어느 한 분도 빌에게 관심을 가져주지 않았기에 빌은 관심을 끌기 위해 범죄를 저지르기 시작했습니다. 처음엔 가게 유리창을 벽돌로 깨고 물건을 훔치는 수준이었지만 이윽고 범죄의 수준은 점점 심해졌고 마침내 악명 높은 산쿠엔틴 교도소에 수감되게 되었습니다. 그곳에서 죄수들은 빌에게 폭력을 행사하며 마구 학대했습니다. 코를 부러뜨리고 손가락을 분지르며 한 순간도 편하게 놔두질 않았습니다. 하지만 우연한 기회에 교도소장으로부터 나폴레옹 힐이 쓴 책을 선물 받게 되었고 빌은 그 책을 읽고 현재의 상황을 바꾸기 위해선 자신이 먼저 행동해야 한다는 것을 깨달았습니다.

빌은 평생을 교도소에서 살아야 했기 때문에 딱히 할 수 있는 일이 없었지만 그런 상황 속에서도 다른 죄수들을 도와야겠다고 생각했고 실제로 실천했습니다. 그러자 죄수들과 간수들의 빌을 보는 시선이 달라졌고 그는 얼마 지나지 않아 가석방 될 수 있었습니다. 그리고 출소 후에 전과자들의 자립을 돕는 단체를 설립하여 큰 성공을 거뒀고 자신의 교도소 시절의 경험을 담은 책까지 출판하여 많은 사람들에게 도움을 주었습니다.

아무런 해결책이 보이지 않는 상황이라도 우리가 할 수 있는 일이 있습니다. 바다에 길을 만드시고 사막에 강을 만드시는 주님이 응답하시니 소망을 담아 계획한 일을 시작하십시오.

 주님! 모든 것을 주께 맡기고 내가 할 수 있는 일을 하게 하소서.

 어떤 상황에 놓여있든지 긍정적인 행동을 하십시오.

나의 영적 일지

기적을 가능케 한 열정

5월 24일

●딤후 4:7 나는 선한 싸움을 싸우고 나의 달려갈 길을 마치고 믿음을 지켰으니

뛰어난 육상선수였던 테리는 운동신경이 뛰어나 대학 때는 여러 종목에서 프로선수 제의가 들어왔습니다. 하지만 재능이 꽃피기도 전에 다리에 암이 생겨 절단할 수밖에 없게 되었습니다. 힘든 상황이었지만 테리는 '온 마음을 다한다면 너는 뭐든지 할 수 있다'라고 했던 코치 선생님의 말을 떠올리며 자신과 같은 이들을 위해 암 연구 발전기금을 모금하기로 했습니다.

모금을 위한 마라톤 대회를 열기 위해 부모님부터 많은 사람들과 단체를 찾아다녔지만 모두 거절당하자 그는 돌연 학교를 중퇴하고 대서양에 있는 작은 섬으로 날아가 무작정 뛰기 시작했습니다. 기금 모금을 위해 의족을 달고 뛰는 테리에게 사람들은 아무런 관심도 갖지 않았지만 1년이 지나고 캐나다를 뛰고 있었을 때는 마침내 많은 신문들이 취재하기 시작했고 NFL의 슈퍼스타 웨인 그레츠키 같은 선수들도 테리를 응원하기 시작했습니다. 당초 그의 모금목표인 10만 달러는 이미 넘어있었지만 그는 캐나다 인구수에 1달러를 곱한 2억 4천백만 달러로 목표를 다시 잡았습니다. 하지만 그는 마라톤 도중 자신의 가슴에까지 암이 퍼져 있다는 사실을 알게 되었고 결국 뛰던 중에 구급차에 실려 후송되었습니다. 들것에 실려가는 테리에게 기자들이 물었습니다.

"테리 씨 이후에는 어떤 계획이 있습니까?"

테리는 카메라를 당당하게 쳐다보며 말했습니다.

"저의 달리기를 끝마쳐 주시겠습니까?"

병원에 실려 간 얼마 뒤 테리는 숨을 거두었습니다. 그리고 머지않아 캐나다에 국민들은 2억 4천백만 달러를 기금으로 모금했습니다. 목표를 향해 열정적으로 사십시오.

 주님! 하나님의 나라를 위해 노력하는 신령한 경주자 되게 하소서.

 모든 일에 대한 열정을 품으십시오. 당당히 전진하십시오.

나의 영적 일지

5월 25일
권위를 세우라

●눅 4:32 그들이 그 가르치심에 놀라니 이는 그 말씀이 권위가 있음이러라

1984년 서울 올림픽의 기획을 맡았던 피터 유베로드는 자유로운 기업 활동과의 연계를 통해 올림픽을 흑자로 만들겠다고 선언했습니다.

몇몇 사람들은 그의 생각에 지지를 표하고 동의했지만 대부분의 사람들은 말도 안 되는 허풍이라며 비웃었습니다. 하지만 피터 유베로드는 자신의 말을 증명해보이겠다고 공언했고 서울 올림픽을 통해 실제로 1억 5천만 달러의 이익을 거두었습니다.

이 일이 있고나서부터는 아무도 피터의 말을 무시하지 못했습니다.

올림픽 이후 그는 야구협회의 사무총장 자리를 맡게 되었고 야구선수들의 약물사용을 추방시키겠다고 말했습니다.

올림픽이었다면 모두 그의 말을 비웃었겠지만 이제는 달랐습니다. 많은 사람들이 그를 신뢰했고 그가 반드시 그 일을 해낼 것이라고 믿었습니다. 피터는 훗날 권위에 대해서 이런 말을 했습니다.

"권위의 80퍼센트는 노력으로 얻는 것이지만, 20퍼센트는 그저 주어지는 것이다."

권위는 스스로 세워나가는 것이라고 성경은 말씀하고 있습니다. 아무리 작은 일이라도 자신이 한 말을 직접 실현시켜서 보여준다면 사람들은 당신을 특별하고 능력 있고 신뢰할 수 있는 사람이라고 생각할 것입니다. 교회 안과 밖에서도 권위를 세우십시오.

 주님! 그리스도인으로써 말과 행동을 더욱 더 책임지게 하소서.

 입으로 한 말은 꼭 이루어내서 권위를 세우십시오.

나의 영적 일지

사명자는 죽지 않는다

●고전 9:17 내가 내 자의로 이것을 행하면 상을 얻으려니와 자의로 아니한다 할지라도 나는 사명을 맡았노라

5월 26일

'영혼을 위한 닭고기 수프'의 저자인 마크 빅터 한센은 최근에 미국 애틀랜타 조지아에 있는 라이프 카이로프랙틱 대학의 졸업식 연설을 맡은 적이 있었습니다. 졸업생 중에는 엄청 나이 들어 보이는 할머니가 한 분 계셨습니다. 올해 일흔 두 살이라고 밝힌 그녀가 많은 나이에도 불구하고 왜 어려운 의학을 공부하는지 궁금한 마크는 몇 가지 질문을 했습니다.

"선생님, 의학을 공부하기 전에는 무엇을 하셨나요?"

"나의 전직은 수녀였습니다. 하지만 내가 있던 수녀원의 정년은 66살이었고 그 나이가 되면 반드시 수녀원을 나와야 합니다."

"이미 많은 나이인데도 어째서 7년이나 되는 세월을 의사가 되는 일에 쓰겠다고 결심하셨습니까?"

그러자 그녀가 미소를 띠며 말했습니다.

"나이는 들었지만 나는 아직 죽지 않았습니다. 제 인생의 목적은 남을 섬기는 데 있습니다."

그렇게 대학을 졸업한 그 수녀님은 현재 하루에 150명의 환자들을 돌보고 있습니다.

사명자는 죽지 않습니다. 자신의 나이나 성별, 건강은 아무런 문제가 되지 않습니다. 자신의 사명을 다할 때까지 주어진 시간을 감사하며 할 수 있는 일을 하기 때문입니다. 값진 인생을 살기위해 자신의 사명을 찾으십시오.

 주님! 사명자로의 삶을 살아가게 하소서.

 먹고사는 일 이외에 말씀을 실천할 수 있는 일을 찾으십시오.

나의 영적 일지

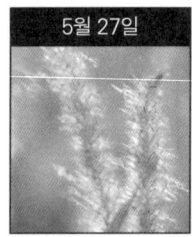

5월 27일 자신이 보기를 원하는 것

● 히 11:1 믿음은 바라는 것들의 실상이요 보지 못하는 것들의 증언니

소크라테스는 종종 아테네의 바깥으로 나가 낯선 사람들과 대화를 나누곤 했는데 어느 날 여행자로 보이는 낯선 사람이 와서 물었습니다.

"이 도시 사람들이 어떻게 사는지 궁금합니다. 이 곳에는 어떤 사람들이 살고 있나요?"

"글쎄요, 당신이 떠나온 도시 사람들은 어떻습니까?"

"우리 도시는 좋은 곳이 못됩니다. 다들 서로 속이며 물건을 훔칩니다. 그래서 다른 도시를 찾아 떠나온 것입니다."

잠시 생각하던 소크라테스가 대답했습니다.

"여기도 똑같습니다. 조금만 지켜보시면 당신도 알게 될 겁니다."

잠시 뒤 또 한 사람이 다가와 같은 질문을 던졌고 마찬가지로 소크라테스는 여행자에 도시에 대해서 물었습니다.

"제가 온 곳은 환상적인 곳입니다. 누구나 서로 돕고 살며 정직하며 성실합니다. 전 다른 세상이 어떤지 궁금해서 여행을 온 것입니다."

그러자 소크라테스가 대답했습니다.

"이 도시도 당신네 도시와 똑같습니다. 물론 지켜보면 알겠지만 시간 낭비하지 말고 돌아가는 것이 현명한 선택일 것입니다."

사람은 자신이 상상하는 대로 본다는 사실을 소크라테스는 알고 있었습니다. 모든 것이 완벽한 하나님의 창조물로 세상을 바라보십시오.

 주님! 모든 물질과 사람들을 주님의 최고의 작품으로 생각하게 하소서.

 아침마다 완벽한 세상과 완벽한 사람들을 상상하십시오.

나의 영적 일지

어린이의 눈높이

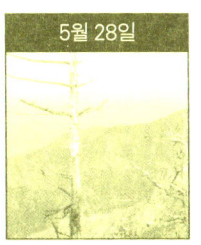

5월 28일

● 마 18:5 또 누구든지 내 이름으로 이런 어린 아이 하나를 영접하면 곧 나를 영접함이니

어린이들은 때가 묻지 않아 순수하고 찬양과 레크레이션같은 프로그램에 많은 관심을 보이는데 그래서 '성경학교'를 어린이 전도의 황금어장이라고 합니다.

월간 '교사의 벗'에서는 프로그램을 잘 준비하려면 다음의 4가지를 잘 확인해야 한다고 말했습니다.

① 주제를 명확히 했는지 확인하는 것입니다. 매년 비슷한 행사가 되게 하지 않기 위해 주제를 먼저 명확히 정하고 그 위에 뼈대를 세워야 합니다.

② 충분한 홍보가 계획되어 있는지 확인해야 합니다. 교회 외부 아이들을 데려오기 위해 노력하는 것도 좋지만 교회를 다니고 있는 어린이들과 부모들을 포함한 내부에서부터 하는 것이 좋습니다. 최소 한 달 전부터는 홍보를 진행해야 인원확보에 실질적인 도움이 됩니다.

③ 예산을 넉넉히 확보했는지 확인해야 합니다. 재정이 빠듯하면 좋은 프로그램을 계획하기 어렵습니다. 좋은 성경학교가 되기 위해선 식사부터 전문 강사 섭외까지 돈이 들어가는 부분이 많이 필요하기 때문입니다. 부족한 부분은 미리 후원을 받으려고 노력해야 합니다.

④ 일주일이나 매달 한 번씩 모여 교사들이 각각 담당한 부분을 제대로 준비하고 있는지 확인해보는 시간이 필요합니다. 더 좋은 아이디어를 나눌 수도 있고 어려운 부분을 놓고 함께 기도할 수 있기 때문입니다.

성경학교는 아주 소중한 기회입니다. 많은 영혼들을 주님 품으로 데려올 수 있는 기회이기 때문에 열과 성을 다해 준비해야 합니다. 프로그램적인 부분도 물론 중요하지만 기도와 말씀을 통한 영적준비도 잘 되고 있는지 확인해야 합니다.

 주님! 많은 영혼들이 구원받을 수 있는 기회를 위해 기도하게 하소서.

 교육부서의 여름성경학교를 위해서 도울 수 있는 부분을 도우십시오.

나의 영적 일지

5월 29일

청소년들의 행복

● 신 6:7 네 자녀에게 부지런히 가르치며 집에 앉았을 때에든지 길을 갈 때에든지 누워 있을 때에든지 일어날 때에든지 말씀을 강론할 것이며

연세대 사회발전 연구소는 한국의 어린이와 청소년들의 행복지수를 측정해서 다른 나라들과 상대적으로 비교해 보았습니다.

어린이와 청소년들이 스스로의 행복감을 평가하는 점수는 71점으로 나왔고 이것은 경제협력개발기구인 OECD국가 중 최하위로 나왔습니다. 조사결과 반이 넘는 학생들이 현재 자신은 행복하지 않다고 느끼고 있었으며 자신의 건강이 좋지 않다고 생각하는 비율도 다른 나라의 평균치를 크게 웃돌았습니다.

반면에 학업성취에 대한 열망부분에서는 벨기에에 1점차로 뒤진 높은 점수로 세계 2위에 올라있었습니다. 대학이 인생의 모든 것처럼 보이는 교육 분위기 속에 학생들이 스트레스를 받고 있고 그로인해 많은 학생들이 자신의 인생을 불행하다고 느끼고 있었습니다. 하지만 나이를 먹으면서 점차 깨닫게 되듯이 인생에는 대학보다도 공부보다도 더 중요한 것들이 많이 있습니다. 주어진 교육방식대로만 따라 살아가서는 무엇이 자신의 삶에 진정 의미 있는 일인지 찾을 수가 없습니다.

세상에서 가장 불행한 청소년들이 살고 있는 나라가 되어서는 안 됩니다. 어린이, 청소년들이 자신들의 미래를 디자인하고 그것에 맞는 교육을 받으며 행복해 하는 나라가 되어야 합니다.

자녀들도 자신이 원하는 인생을 살 권리가 있습니다. 저마다를 위한 하나님의 계획이 있듯이 우리의 자녀들도 하나님이 주신 재능과 삶의 목적이 있음을 기억하십시오.

 주님! 자녀들에게 부모의 권한을 함부로 사용하지 않게 하소서.

 자식들이 인생에서 원하는 것이 무엇인지 대화해 보십시오.

나의 영적 일지

더욱 큰 쓰임

● 요 5:20 아버지께서 아들을 사랑하사 자기가 행하시는 것을 다 아들에게 보이시고 또 그보다 더 큰 일을 보이사 너희로 놀랍게 여기게 하시리라

5월 30일

초고의 인기가수였던 혜은이 씨는 요즘도 활동을 계속 하고 있습니다. 방송이 아닌 교회와 여러 전도 집회에서 가요가 아닌 찬송을 부르고 있습니다. 가수생활만 30년 넘게 한 혜은이 씨는 방송 3사의 가수왕을 모두 탔었고 가요프로그램에서 1위에 오른 노래가 15곡이나 되는 인기가수입니다. 그런 그녀가 화려한 무대대신 교회와 집회를 다니며 찬양사역을 하게 된 것은 신앙을 통해 역경을 이겨낸 경험이 있기 때문입니다.

많은 팬들의 사랑을 받는 그녀이지만 어머니의 사망과 남편의 사업실패, 건강의 악화로 인해 큰 수술을 받으면서 몸과 마음이 너무나 힘들었습니다. 습관처럼 다니던 교회를 진지한 마음으로 나가게 되었고 목사님의 말씀을 통해 많은 힘을 얻을 수 있었습니다. 찬양을 부를 때마다 하나님의 진한 사랑이 느껴졌습니다.

교제하고 있던 탤런트 김동현 씨에게도 결혼 조건으로 교회출석을 얘기했습니다. 처음엔 마지못해 승낙했던 김 씨도 신앙생활을 하면서 하나님의 사랑을 체험하게 됐고 즐기던 술과 담배를 끊고 다른 종교를 갖고 있던 자신의 가족들까지도 모두 전도하는 역사가 일어나게 됩니다. 이 부부는 최근 팬들에게 이런 부탁을 남겼습니다.

"마이크와 십자가를 들고 복음을 전하는 게 저희 부부의 사명인 것 같습니다. 찬양 선교사를 희망하는 저희 부부를 위해 기도해주세요."

두 분 다 연예계에서 성공을 거뒀지만 하나님의 사랑을 체험한 지금은 그 연예활동을 모두 예수님을 전하는 데 사용하고 있습니다.

하나님의 사랑을 체험했다면 자신이 잘 할수 있는 방법으로 그 사랑을 전하십시오.

 주님! 지금 하고 있는 일을 통해 주님을 전하게 하소서.
 돈과 시간에 자유롭다면 어떤 일을 하고 싶은지 생각해보십시오.

나의 영적 일지

5월 31일 장수의 과학

● 잠 10:27 여호와를 경외하면 장수하느니라 그러나 악인의 수명은 짧아지느니라

서울대 외과 교수인 박상철 박사님은 '장수 과학자'라는 별명을 갖고 있습니다. 전국을 돌며 의료봉사를 하며 900명이나 되는 장수 노인들을 만났기 때문입니다.

이들 중 인상 깊었던 100명의 노인들과의 만남을 책으로도 냈던 그는 자신의 지식을 바탕으로 이들의 장수 비결을 분석해 보았는데 박 교수가 만난 장수한 노인들의 공통점은 다음과 같았습니다.

가족들의 사랑과 헌신, 자신의 일에 충실한 삶의 자세와 성실성, 꾸준한 운동과 적당한 식사입니다.

그가 만난 백 명의 사람들은 한국 전쟁과 일제강점기까지 겪었지만 이런 혼란들을 지혜롭게 극복해 낸 사람들이었습니다. 노년에도 배우자나 가족과 함께 생활하는 경우가 많았고 자신이 늙었다는 생각을 하지 않고 계속 움직이며 많은 일과 운동을 했습니다.

또한 이들 중에는 신앙을 가진 사람들이 많았는데 그들은 걱정과 근심을 거의 하지 않고 감사하는 삶의 자세를 가지고 있었습니다. 올해 104살인 한 할머니는 아직도 그리 가깝지 않은 교회를 걸어 다니며 마태복음까지 줄줄 욉니다. 한센병에 걸려 17살 때 소록도에 들어갔지만 올해 103살로 장수하고 있는 정 할아버지는 몸도 아프고 기력도 약해지고 있지만 하나님이 계시기에 전혀 걱정 없다며 웃으며 말합니다. 가족들에겐 버림을 받고 주위 사람들에게도 미움을 받았지만 하나님이 자신을 사랑한다는 긍정적인 생각으로 장수할 수 있었습니다.

장수의 비결은 다른 것이 아닙니다. 그저 마땅히 할 일을 하며 서로 사랑하는 것입니다. 하나님이 우리를 지으신 목적에 충실하십시오.

 주님! 행할 바를 행하고 받을 복을 누리게 하소서.
 하나님의 말씀을 삶속에 실천하십시오.

나의 영적 일지

● 누가복음 12:6,7

6월 1일

성경안의 답

● 눅 1:37 대저 하나님의 모든 말씀은 능하지 못하심이 없느니라

광고는 15초의 미학이라고 합니다. 짧은 시간 안에 제품을 홍보하고 시청자들의 마음을 사로잡아야 하기 때문에 방송되는 시간은 짧지만 준비되는 과정은 영화촬영 못지않은 많은 준비를 필요로 합니다. 특히 마지막에 나오는 한 마디의 광고 카피는 전체 광고에서 가장 중요한 것으로 뽑히는데 한 문장으로 시청자들의 관심과 공감을 끌어내야 하기 때문입니다.

광고대행사 웰콤과 문미엔이라는 크리스쳔 미디어 연합을 이끌고 있는 문애란 씨는 한 때 광고카피라이터 계의 마이더스의 손으로 불렸습니다. '열심히 일한 당신 떠나라', '미인은 잠꾸러기'와 같은 유명한 카피들은 모두 그녀로부터 나온 것들입니다. 지금은 광고계를 떠나 크리스쳔 문화를 세상에 미디어적으로 전파하기 위해 문미엔(문화·미디어·엔터테인먼트 크리스쳔 연합)에 전력투구하고 있습니다.

한 번 대박내기도 힘들다는 카피라이터의 세계에서 수도 없이 많은 히트를 치고 세계 3대 광고제인 칸 광고제에서 수상까지 한 그녀의 비결은 바로 성경이었습니다. 맡은 광고마다 성경속의 비슷한 사건이나 인물을 떠올리며 그 인물에게 하나님이 어떤 말씀과 지혜를 주셨는지를 묵상하면 획기적인 카피가 떠오른다는 것이었습니다.

성경엔 모든 것이 들어있습니다. 삶의 지혜, 창조 때의 이야기, 사랑, 어떤 사람은 성경 말씀을 묵상함으로 유전을 찾은 사람도 있습니다. 성경을 그저 먼 옛날 이야기나 나의 삶에는 적용할 수 없는 영적인 말씀으로만 생각하지 마십시오.

 주님! 진리가 담긴 성경의 놀라운 능력을 삶속에 체험하게 하소서.

 성경을 묵상하며 자신의 일과 삶에 연관 지어 보십시오.

나의 영적 일지

자살의 원인

6월 2일

● 시 139:18 내가 세려고 할지라도 그 수가 모래보다 많도소이다 내가 깰 때에도 여전히 주와 함께 있나이다

작년에 막 마흔을 넘긴 A 씨는 강한 자살충동을 느끼고 자신이 사는 아파트의 베란다를 어슬렁거렸습니다. 최근 들어 부부관계의 어려움을 느끼고 있던 A 씨는 인생에서 처음으로 심각한 고민을 하게 된 것이 원인인 것 같다고 말했습니다.

또한 간호사가 직업인 B 씨는 어렸을 때 불우한 집안 환경으로 인해 우울증에 걸려 자살을 시도했습니다. 매우 오랜 기간 우울증을 앓아온 B 씨는 아직도 사람들과의 관계 맺는 것에 큰 어려움을 느낍니다.

C 씨는 산후 우울증으로 자살충동을 느꼈는데, 자신이 생각하던 신혼 생활과 실제 생활에 큰 차이가 나자 출산 후 우울증이 찾아오게 되었습니다. 자녀를 키우며 생활이 더 어려워지자 하나님을 원망하는 마음이 생기며 자녀와 함께 죽고 싶은 충동을 여러 번 느꼈습니다. 그러나 이들 모두가 자살하지 않고 다시 마음을 다잡게 된 것은 자신을 잘 알고 있는 사람들의 도움 덕분이었습니다. 이들이 어려움 속에서 힘들어 한다는 것을 알았던 사람들은 더욱더 관심을 가지고 이들을 챙겨 주었습니다.

한 조사결과에 따르면 대부분의 자살충동의 원인은 가정불화와, 우울증이었는데 증상이 심해지면 신앙이 있어도 하나님조차 자신들을 버렸다고 생각하게 된다고 합니다.

자살의 원인은 자신을 이해해주는 사람이 아무도 없다고 생각하는 것이 원인입니다. 하나님도 주위 사람도 모두 자신을 떠났다고 생각하게 됩니다. 이들에게 따뜻한 관심과 지혜로운 격려를 하십시오.

 주님! 그리스도의 사랑을 필요한 사람들에게 전하게 하소서.
 하나님의 사랑이 언제나 함께 한다는 사실을 믿으십시오.

나의 영적 일지

6월 3일

공동체의 의미

●몬 1:6 이로써 네 믿음의 교제가 우리 가운데 있는 선을 알게 하고 그리스도께 이르도록 역사하느니라

미국 내의 기독교인들이 어떤 가치관과 성향을 가지고 있는지 알기 위해서 존더반 출판사에서 미국 전역에 있는 크리스천들에게 설문조사를 실시했습니다.

설문 조사 결과 미국 내 기독교인들은 행동, 예배중시, 문화, 고백, 개인과 같은 크게 다섯 가지 성향을 가진 것으로 분류되었습니다. 특이한 점은 많은 성도들이 교회에서 성경을 가르치는 수준에 만족하지 못하고 있으며 교회에 직접 참석해 교제하기 보다는 인터넷과 라디오를 통해 예배드리는 개인 중심적인 신앙이 많아지고 있다는 것입니다.

교회에서 전하는 메시지가 자신들의 수준이나 입맛에 맞지 않기 때문에 자신에게 맞는 설교를 티비나 인터넷으로 시청하고 교회에 가는 대신 혼자 하나님과의 개인적인 관계를 추구하는 것입니다.

실제로 개인형과 문화형같은 경우에는 자신들이 기독교인이라고 생각하지만 대부분 교회에도 출석하지 않고 종교적인 행동을 주위 사람들에게 드러내지도 않는 것으로 나왔습니다. 서로의 고민을 위해 기도하고 삶을 나누는 교제보다는 기독교에서 자신에게 맞는 것만 적용하는 사람들이 점점 많아지고 있는 것입니다.

기독교는 다른 종교보다 모임의 중요성을 많이 강조합니다. 개인적인 신앙도 중요하지만 사람들과 모이고 교제해야 하는 이유는 서로 위로하고 세워주며 서로를 위해 중보 해야 하기 때문입니다. 직접 만나서 따뜻한 목소리와 마음을 전하며 사랑의 손짓으로 문안하십시오. '이웃을 내 몸과 같이 사랑하라'는 주님의 말씀을 실천하십시오.

 주님! 교회내의 공동체가 올바른 방향으로 성장하게 하소서.
 구역과 목장 모임에 참석하며 장기 결석자들에게 문안하십시오.

나의 영적 일지

내가 할 수 있는 것

●마 14:17 제자들이 이르되 여기 우리에게 있는 것은 떡 다섯 개와 물고기 두 마리뿐이니이다

6월 4일

한 교회의 추수감사절 예배 때 있었던 일입니다. 추수감사절을 맞아 감사카드에 전교인의 감사제목을 적으라고 한 뒤 그것을 게시판에 전시했습니다.

그 중 가장 눈에 띄는 두 가지 감사제목이 있었는데 하나는 칠순이 넘으신 권사님의 카드였습니다.

'고요한 길 주심을 감사합니다'라고 적힌 카드는 외로운 노후를 살면서 주말에만 분주한 봉사의 시간을 보내지만 언제나 마음속에 주님의 평안이 있었음을 알 수 있었습니다.

그리고 나머지 카드는 백혈병에 걸린 15살 한 소녀의 카드였습니다.

'남을 위해 중보기도 드릴 수 있음을 감사합니다'라는 내용이었는데 비록 몸이 아파 아무것도 할 수 없는 소녀였지만 자신이 할 수 있는 최고의 것으로 남들을 섬기고 있었음을 알 수 있었습니다. 어린 나이에 병마와 싸우고 있는 한 소녀가 자신들을 위해 기도하고 있었을 줄은 어떤 성도도 알지 못했기에 카드를 읽는 성도들마다 눈물을 참지 못했습니다. 소녀는 자신이 처한 환경 속에서 자신이 할 수 있는 가장 귀한 일을 했기에 많은 성도들이 감동을 받으며 자신이 처한 환경 속에서 더욱 감사한 마음을 품게 할 수 있었습니다.

성경을 보면 하나님은 때때로 아무것도 없는 사람을 사용하십니다. 잘난 것 하나 없는 평범한 인물들이 많은 영혼들을 구원하고 민족을 구원하는 것을 볼 수 있습니다. 이들 인물들은 비록 뛰어난 능력은 없었지만 예수님의 능력을 믿고 자신들이 할 수 있는 것을 했기에 하나님이 사용하신 것입니다. 아무도 거들떠보지 않는 작은 일을 통해서도 하나님은 역사하심을 믿으십시오.

 주님! 일의 크고 작음을 떠나 기쁨으로 하게 하소서.

 아무리 작은 일이라도 남을 위해 할 수 있다면 실행하십시오.

나의 영적 일지

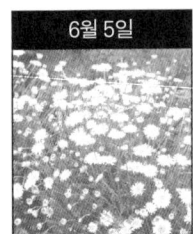

6월 5일 — 개처럼 벌어 정승처럼

● 잠 10:2 불의의 재물은 무익하여도 공의는 죽음에서 건지느니라

"재산은 계속 줄지만 마음은 오히려 커진다." 삼영화학그룹 이종환 회장님이 최근 청소년들을 위한 장학 사업에 자신의 전 재산인 6000억 원을 기부하며 한 말입니다. 이 회장은 평소 검소한 생활을 통해 모은 평생의 재산을 미래의 노벨상을 받을 인재들을 위해 사용하기로 했습니다. 힘들게 모은 재산이지만 사회를 위해 환원하기로 결심했던 것은 가족을 통해 중요한 것을 깨달았기 때문입니다.

작은 회사를 알차게 꾸리려고 스스로와 가족들에게 엄격한 잣대를 대다 보니 가족들의 힘든 사정을 몰라 경험한 아픔이 있었습니다. 지금은 다시 재결합했지만 1999년 이 회장의 사모님은 천 억대의 이혼소송을 걸었습니다. 부러울 것이 하나 없는 환경이었지만 너무 거칠었던 이 회장의 행동에 평생을 마음 편히 생활하지 못했던 사모님이 주변 사람들의 부채질과 변호사의 설득으로 황혼에 이혼소송을 한 것입니다. 그리고 미국 유학 시절 심한 우울증을 겪는 것을 모르고 방치했다가 자폐증에 걸리게 된 둘째 아들은 현재도 요양을 하고 있습니다. 이런 일들로 이 회장은 자신의 과거를 돌아보게 되었고 비록 천사처럼 돈을 벌지는 못했지만 천사처럼 사용해야 겠다고 결심했습니다. 그리고 돈보다 더 중요한 가족을 위해 조금씩 시간을 내며 소통하기 시작했습니다. 많은 돈을 벌었을 때보다 그 돈을 가치 있게 사용했던 순간이 더 행복했다고 이 회장은 고백했습니다.

모든 일에는 목적이 있습니다. 돈을 버는 것도 물론 중요하지만 그 돈을 벌어야 하는 이유도 중요합니다. 돈에게 지배받지 않고 돈을 지배할 수 있는 방법입니다. 많은 돈을 버는 것에 목적을 두기보다 그것을 어떻게 사용할 것인지를 먼저 명확히 하십시오.

 주님! 세상의 모든 피조물과 창조물을 올바로 사용하게 하소서.
 자신이 이루고 싶은 목표를 이루기 위한 방법을 생각하십시오.

나의 영적 일지

죽음보다 더 두려운 문제

● 요 8:51 진실로 진실로 너희에게 이르노니 사람이 내 말을 지키면 영원히 죽음을 보지 아니하리라

6월 6일

치열한 전투 경험이 많은 한 군인이 총탄을 맞고 부상을 입어 막사로 실려 들어왔습니다. 병사의 괴로워하는 표정을 보고는 부대의 군목이 다가와 물었습니다.

"형제님, 매우 고통스러워 보이는 군요. 죽음이 두려우십니까?"

그러자 자존심이 상한 병사는 불쾌한 목소리로 대답했습니다.

"목사님. 그게 무슨 말씀이십니까? 저는 지금까지 계속해서 전쟁터에 있으면서 죽을 고비를 넘긴 적이 한 두 번이 아닙니다. 그럼에도 아직 군인으로 전투에 참가하고 있는데 두렵다니요? 설사 지금의 부상으로 목숨을 잃는다 해도 저는 두려워하지 않을 겁니다."

그러자 목사님은 더욱 굳은 표정으로 물었습니다.

"훌륭합니다. 하지만 죽음 뒤에 일은 어떻습니까? 죽은 뒤의 일도 준비되어 있습니까?"

병사는 방금 전의 자신만만한 표정을 거두고 한숨을 쉬었습니다.

"사실은 목사님. 바로 그 문제가 죽음보다도 더욱 두렵습니다."

현충일은 많은 군인들이 북한의 침략에 맞서 나라를 지키기 위해서 목숨을 잃은 것을 기념하는 날입니다. 용맹한 군인들은 조국과 국민을 위해 자신의 목숨을 바치는 것을 두려워하지 않습니다. 하지만 그들도 죽음 뒤의 일은 알 수 없기에 두려운 것입니다. 죽음 뒤의 문제까지 해결하기 위해선 예수님을 구주로 영접해야 합니다. 아직 예수를 구주로 영접하지 않았다면 어서 결단을 내리십시오. 또한 주위에 죽음 이후를 두려워하는 분들에게 어서 복음의 좋은 소식을 전하십시오.

 주님! 구원의 기쁜 소식으로 죽음의 문제를 해결하게 하심을 감사드립니다.

 예수님을 나의 구주로 시인하고 영접하십시오.

나의 영적 일지

6월 7일

하나님에 대한 신념

● 행 12:5 이에 베드로는 옥에 갇혔고 교회는 그를 위하여 간절히 하나님께 기도하더라

제럴드 코피 대위 일행은 월남전에 참전했다가 붙잡혀 베트남에 포로로 수용된 적이 있었습니다.

베트남 병사들은 미군의 정보를 캐내기 위해 이들에게 모진 고문을 했고 비위생적인 시설에 이들을 수감했습니다. 훈련이 잘 된 군인들이었지만 계속 반복되는 학대에 모두들 힘들어했고 전쟁까지 길어지면서 구출에 대한 희망을 포기하는 병사들도 하나 둘 생겨났습니다.

몸은 멀쩡해도 정신이 이상해져가는 병사들도 생겼습니다.

하지만 코피 대위는 7년이나 수감되었으면서도 정신과 육체 모두 온전한 모습을 유지한 채로 구출되었습니다. 다른 포로들과 마찬가지로 힘든 상황을 겪은 대위였지만 그에겐 하나님에 대한 믿음이 있었습니다.

감옥에 갇혀 있으면서도 자신이 자유로워졌을 때의 모습을 계속해서 상상했고 마음속으로 그렸습니다. 그렇게 해서 코피 대위는 마음의 평안을 얻을 수 있었고 모진 학대도 이겨낼 수가 있었습니다. 그리고 이제는 자신이 감옥 속에서 그렸던 믿음을 남들에게 가르치고 있습니다.

우리들의 마음속에 하나님에 대한 믿음이 있다면 그곳은 어디든 천국과 같을 것입니다. 하나님에 대한 백퍼센트의 믿음이 있었기에 예수님은 고난의 잔도 기쁘게 받으시고 구원의 열매를 맺으실 수 있었습니다. 확고한 믿음을 가지십시오. 하나님에 대한 믿음을 머리로만 알고 있지 말고, 마음으로 믿고 생각으로 그리십시오.

 주님! 머리뿐만 아니라 생각과 마음으로도 믿게 하소서.
 자신이 가지고 있는 하나님에 대한 신념을 마음에 그려보십시오.

나의 영적 일지

불평과 불만

6월 8일

● 골 4:2 기도를 계속하고 기도의 감사함으로 깨어 있으라

옛날 어떤 수도원에 아주 특별한 규칙이 있었습니다. 이곳에 들어오려는 수도사들은 모두 말을 한마디도 하지 않아야 한다는 규칙이었습니다. 그리고 일 년의 마지막 날에만 수도원장에게 한 마디의 말을 할 수 있었습니다.

어느덧 일 년이 지났고 수도원장은 새로 온 수도사에게 질문을 했습니다. 수도사는 무표정한 얼굴로 대답했습니다.

"잠자리가 딱딱해서 너무 불편합니다."

수도원장은 알았다고 대답했고 어느새 다시 일 년이 지났습니다. 이번에도 수도원장은 작년의 새로왔던 수도사에게 질문을 했고 이번에도 수도사는 무표정한 얼굴로 대답했습니다.

"음식이 너무 맛이 없습니다. 먹기 힘들 정도입니다."

수도원장은 잠시 생각한 뒤에 수도사에게 알았다고 대답했습니다. 그리고 다시 일 년이 지난 뒤 예년의 그 수도사가 다시 수도원장을 만났습니다.

"더 이상 못 참겠습니다. 이제 그만두겠습니다."

그러자 수도원장이 대답했습니다.

"사실 난 자네가 그만둘 줄 알고 있었네, 2년 동안 나에게 한 두 마디가 모두 불평한 것뿐이니까."

불평이 합당한 것 같은 상황이 있습니다. 하지만 그런 때야말로 우리는 불평 대신 감사의 마음을 품어야 합니다. 주어진 상황에 감사하고 남에게 축복하는 말이 아니라면 아끼십시오. 매순간 내뱉는 말이 한 번 뿐인 귀중한 기회라고 생각하십시오.

 주님! 입에서 언제나 감사와 축복이 나오게 하소서.

 감사의 말과 축복의 말만 전하도록 노력하십시오.

6월 9일 할 수 있다는 확신

● 고전 4:20 하나님의 나라는 말에 있지 아니하고 오직 능력에 있음이라

북미 아이스하키 리그의 슈퍼스타인 웨인 그레츠키는 원래 뛰어난 육상선수였습니다. 여러 방면에 다양한 재능이 있었지만 17살이 되던 해에는 축구와 아이스하키 중에서 하나를 선택해야만 했습니다.

보통 아이스하키 선수들은 100KG이 넘는 거구들이 했지만 웨인은 80KG도 나가지 않았습니다. 그렇기에 코치 선생님을 비롯한 주위 사람들은 모두 축구를 선택하라고 권유했지만 웨인은 아이스하키를 너무도 사랑했기에 포기할 수가 없었습니다. 아이스하키를 선택한 후에도 그는 주위를 통해 부정적인 소리를 계속해서 듣게 되었습니다. '넌 너무 가벼워', '너의 체격으로는 하키를 할 수 없어' 하지만 그럴 때마다 웨인은 가슴을 두드리며 외쳤습니다.

'나는 그 누구보다 건강하다. 퍽(아이스 하키 게임에서 사용하는 공)이 가는 곳에는 나도 간다.'

다른 사람들이 자신에 대해서 걱정할 때도 그는 온전히 아이스하키에만 매달렸습니다. 지칠 때까지 또 연습하고 또 연습했습니다. 그 결과 그는 북미 아이스하키 리그의 간판스타로 성장했고 연봉으로만 수억 달러를 받는 선수가 되었습니다. 팬들은 그의 뛰어난 활약에 '위대한 자'라는 별명을 붙여줬고 그가 은퇴하면서 모든 아이스하키 팀에선 그의 등번호가 영구결번 되었습니다. 북미아이스하키 리그(NHL)에는 이런 말이 있습니다. '웨인 그레츠키가 없다면 NHL의 기록도 없다.'

신체적 불리함이나 정신적 장애를 이겨내며 불가능을 가능케 한 사람들은 모두 강한 '자기확신'을 가지고 있습니다. 크리스천들은 역시 마찬가지로 무엇이든 할 수 있다는 확신을 가져야 합니다. 하지만 나의 강함과 성공을 자랑하기 위해서가 아니라 내게 능력주시는 이가 누구인지 알게 하기 위한 확신을 가지십시오.

 주님! 성공을 도구로 복음을 더 효율적으로 전하게 하소서.

 주님의 말씀을 생각하며 강한 확신을 가지십시오.

나의 영적 일지

따뜻하게 안아주세요

6월 10일

● 요삼 1:15 평강이 네게 있을지어다 여러 친구가 네게 문안 하느니라 너는 친구들의 이름을 들어 문안하라

호주의 후안 만이라는 젊은이는 길거리에서 'Free-hugs'라는 피켓을 들고 지나가는 사람들을 안아주는 일을 하고 있었습니다.

이 영상이 동영상 공유 사이트인 유투브에 올라갔고 한국을 포함한 많은 나라에 프리 허그 열풍이 불었습니다.

이렇게 포옹에 대해 사람들의 관심이 높아지면서 한 조사기관에서 미국 전역의 남녀를 대상으로 '하루에 몇 번이나 포옹을 하는지'에 대한 설문조사를 했습니다. 조사 결과 80%가 넘는 사람들이 하루에 한 번 이하의 포옹을 하며 그들이 살아오는 동안에도 비슷한 경험을 한 것으로 나타났습니다. 그리고 99%의 사람들이 지금보다 포옹을 더 많이 받기를 원한다고 나왔습니다.

포옹은 다른 사람들과 사랑을 주고 받을 수 있는 좋은 방법이라고 알려져 있는 데도 많은 사람들이 삶에서 이것을 실천하지 못하는 것입니다.

신시내티의 연구소에서 자신감에 대해 연구하는 멕그레인 박사는 안정적인 심리상태를 유지하기 위해선 하루에 적어도 네 번의 포옹을 해야 하고, 더 안정적인 심리상태로 성장하기 위해선 최소 열 두 번 이상의 포옹이 필요하다고 합니다.

포옹은 연인과만 나누는 사랑의 표현이 아닙니다. 서로가 서로에게 사랑을 전해 줄 수 있는 즉각적이고 뛰어난 방법입니다. 나이와 성별을 뛰어넘어서 서로 문안하며 안아주십시오. 매일 아침 가족과 함께 시작해 매일 만나는 사람들과 포옹을 나누십시오.

 주님! 사랑의 실천을 부끄러워하지 않는 용기를 주소서.
 매일 아침 가족들과 만나는 사람들과 서로 포옹을 나누십시오.

나의 영적 일지

6월 11일

따뜻한 말 한마디

● 요 17:20 내가 비옵는 것은 이 사람들만 위함이 아니요 또 그들의 말로 말미암아 나를 믿는 사람들도 위함이니

얼이라는 사업가가 포틀랜드의 유명한 식당을 찾아갔을 때의 이야기입니다.

워낙 유명한 식당이라 식사시간보다 이른 시간에 도착했음에도 불구하고 이미 엄청난 길이의 줄이 서 있었습니다. 그는 줄이 없어지기를 기다리며 시간을 여유 있게 보내기 위해 카운터 옆 벤치에 앉았는데 침울한 표정의 한 남자가 먼저 앉아 있었습니다. 활기차고 사교성이 뛰어난 얼은 그 남자와 2시간 정도 대화를 나눴고 침울한 표정의 남자도 어느새 얼에게 마음을 열었고 둘은 함께 식사까지 하게 되었습니다.

그렇게 짧았던 만남이 끝나고 몇 주가 지난 후 그 남자가 갑자기 얼의 사무실에 찾아왔습니다. 갑작스런 방문에 얼은 당황했지만 그 남자의 표정은 몰라보게 환해져 있었습니다. 그 남자는 자신이 얼을 식당에서 만났던 날 사실 죽을 결심을 하고 있었다고 말했습니다. 병원에서 시한부 인생을 선고했기에 다가오는 고통을 피하기 위해 가족들에게 말도 하지 않은 채 집을 나왔던 것입니다. 하지만 얼과 나눈 짧은 대화에서 비록 얼마 남지 않은 시간이지만 가족과 행복한 시간을 만들겠다는 결심을 하게 됐고 남은 수명을 정확히 진단하기 위해 병원을 다시 찾았습니다. 그런데 재검사 결과 오진이라고 밝혀졌고 그 남자는 건강에 전혀 문제가 없는 것으로 밝혀졌습니다. 그날 식당에서 만났던 얼의 따뜻한 말 한 마디가 없었더라면 자신은 이미 죽어 있었을 것이라며 그는 눈물로 얼에게 감사를 표시했습니다.

따뜻한 말 한마디가 한 영혼을 구원할 수도 있습니다. 잠시 베푼 호의지만 누군가의 인생에 영향을 크게 미칠 수도 있습니다. 손을 잡고 기도하며 그들의 영혼을 축복해 주십시오.

 주님! 말 한마디 손짓 하나로도 사랑을 전하게 하소서.

 마음에 감동이 온다면 거리낌 없이 다른 이들에게 다가가십시오.

나의 영적 일지

두 번째 감사

 6월 12일

● 눅 17:17 예수께서 대답하여 이르시되 열 사람이 다 깨끗함을 받지 아니하였느냐 그 아홉은 어디 있느냐

그림과 시를 좋아하는 린다라는 교사가 있었습니다. 교사로서의 자질을 갖추고 있던 그녀는 학생과 학부모 모두에게 인정받는 뛰어난 교사였습니다. 그런 그녀가 스물여덟이 되던 해에 갑자기 원인을 알 수 없는 심한 두통이 찾아왔는데 증상이 점점 더 심해져 병원에서 검진을 받았습니다. 진단 결과 뇌종양으로 밝혀졌고 의사는 수술을 받아도 살 가능성이 2% 도 되지 않는다고 말했습니다. 린다는 의사에게 7개월 뒤 수술을 받겠다고 말하고 6개월 동안은 자신이 평소에 즐기던 시와 그림을 마음껏 쓰고 그리며 행복한 시간을 보냈습니다.

마침내 수술 날이 다가왔고 린다는 만약 수술이 실패한다면 자신의 장기를 모두 기증하겠다는 내용의 유서를 남기고 수술실로 향했습니다. 불행히도 그녀의 수술은 성공하지 못했고 유언에 따라 장기는 모두 기증되었습니다.

그 중 그녀의 눈은 안구은행을 거쳐 사우스캐롤라이나에 사는 어떤 청년에게 광명을 가져다주었는데 그 청년은 자신에게 새 삶을 선물해준 안구은행과 린다에게 너무 감사했기 때문에 편지로 그 마음을 전했습니다.

그 편지는 안구은행이 지금까지 받은 2번째 감사편지 였습니다. 안구은행은 지금까지 3만 명이 넘는 사람들에게 안구를 전달해 주었습니다.

감사는 넘칠수록 좋은 것입니다. 많은 사람들이 자신에게 주어진 감사의 기회를 놓치고 살아갑니다. 우리에게 주어진 많은 감사제목과 행복한 일들을 당연하게 생각하지 마십시오.

 주님! 받은 것을 당연하게 생각하지 않고 즐겁게 감사하게 하소서.
 작은 것 하나에도 만족하며 상대방에게 진심으로 감사를 표하십시오.

나의 영적 일지

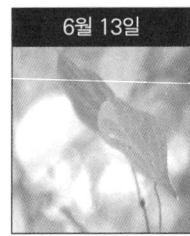

6월 13일

새로운 서약

● 히 6:17 하나님은 약속을 기업으로 받는 자들에게 그 뜻이 변하지 아니함을 충분히 나타내시려고 그 일을 맹세로 보증하셨나니

결혼한 부부의 사랑이 지속되기 위해서 가장 중요한 것 중 하나는 매년 새로운 서약을 하는 것이라고 합니다. 새삼스럽게 들릴지 몰라도 이것은 많은 가정 전문가들이 행복한 결혼생활을 위해서 아주 중요한 일이라고 말하고 있습니다.

처음 배우자와 결혼하게 된 이유를 떠올리며 신혼의 기쁨과 낭만을 누릴 수 있기 때문입니다.

다음은 잭과 조지아라는 부부가 매년 하는 새로운 서약의 일부분입니다.

"하나님과 가족, 친구들 앞에서 나는 당신을 사랑한다고 선언합니다. 나는 당신과 함께 내 능력이 닿는 데까지 하나님의 뜻을 행할 것을 굳게 약속합니다. 나는 당신이 내게 어떤 모습을 보일지라도 당신에게서 최고의 능력과 참된 속성을 가진 하나님을 보기 위해 노력할 것을 굳게 약속합니다. 나는 우리의 결혼이 당신을 통해 또한 하나님과도 결혼하는 것임을 확신합니다. 내 사랑의 표징이자 약속의 보증으로 이 반지를 당신께 드립니다. 또한 당신을 받아들이고 나는 이제 당신을 사랑하고 지원하며, 우리가 가진 모든 것에 감사하고, 영원히 사랑하며 살아갈 것을 굳게 약속합니다."

사랑을 유지하는 데에는 노력이 필요합니다. 수고로이 생각지 말고 부부관계를 개선하기 위해서 필요한 일들을 행하십시오.

 주님! 배우자를 언제나 한결같이 사랑하고 존중하게 하소서.

 매년 결혼기념일마다 서로 작은 이벤트를 열어 새로운 서약을 하십시오.

나의 영적 일지

기죽은 아이들

6월 14일

● 엡 1:11 모든 일을 그의 뜻의 결정대로 일하시는 이의 계획을 따라 우리가 예정을 입어 그 안에서 기업이 되었으니

미국 아이오와 대학의 연구기관에서 실시한 조사에 따르면 우리나라 나이로 세 살 정도의 아이들이 하루에 듣는 부정적인 말과 긍정적인 말의 비율은 100:1 정도라고 합니다. 어려서부터 자신감이 꺾이면서 자랐기 때문에 많은 교사들이 교육 현장에서 아이들이 무기력하고 자신감이 없으며 자발성이 떨어진다고 느끼는 것은 전혀 이상한 일이 아니라고 합니다. 청년들의 통계를 봐도 10명 중 3명 정도만이 스스로 만족할 정도의 자신감을 가지고 있다고 합니다.

제임스 휘필드 박사가 '아이의 내면 치료'라는 책에서 말하는 아이들의 자신감을 약하게 만드는 부정적인 메시지와 규칙의 내용은 다음과 같습니다.

◎ 아이들의 자신감을 옭매는 부정적인 규칙들
1. 내가 시키는 대로 할 것, 착하고 친절하고 완벽하게 행동할 것.
2. 자신의 생각이나 의견을 나타내지 말 것.
3. 공부에 신경 쓸 것, 귀찮은 질문은 하지 말 것, 가족을 실망시키지 말 것.

◎ 아이들의 자신감을 꺾는 부정적인 메시지
1. 언제나 착한 아이처럼 굴어라, 그런 식으로 생각하면 안 돼.
2. 그런 짓은 하면 안 돼 너는 정말 멍청하구나.
3. 네가 계속 이런 식으로 행동하면 널 사랑하지 않을 거야.

아이들은 하나님이 우리에게 맡겨주신 소중한 선물입니다.
나의 지나친 욕심으로 아이를 원하는 대로 키우기보다는 아이 스스로 원하는 인생을 살아갈 수 있게 교육시키십시오.

 주님! 아이들을 통해 나의 계획이 아닌 주님의 계획을 이루게 하소서.
 내 마음에 안 들어도 아이들에게 부정적인 규칙과 메시지를 말하지 마십시오.

6월 15일

아이디어 파워

●마 6:28 또 너희가 어찌 의복을 위하여 염려하느냐 들의 백합화가 어떻게 자라는가 생각하여 보라 수고도 아니하고 길쌈도 아니하느니라

아서 프라이가 3M에서 '포스트 잇'을 개발하게 된 일화는 유명합니다. 그는 덤벙대는 성격으로 언제나 일을 계획적으로 처리하지 못했습니다. 언제나 메모에 무엇이라고 적어놓고도 나중에 그것을 어디에 뒀는지 전혀 생각해내지 못했는데 덕분에 접착력이 약해 실패한 풀을 보고 편리하게 붙였다 다시 뗄 수 있는 메모지를 개발하자고 회사에 아이디어를 제시할 수 있었습니다.

많은 사람들이 터무니없는 생각이라며 '포스트 잇'의 개발을 막으려 했지만 회사는 프라이의 아이디어를 받아들였고 1년간의 개발을 통해 완제품을 시장에 내놓자 대박을 터트렸습니다.

그렇다면 아서 프라이는 이 아이디어를 통해 얼마의 수익을 얻고 있을까요?

그는 이 아이디어를 제공한 대가로 '포스트 잇'의 전체 판매금액의 1%를 받기로 했습니다. 현재 '포스트 잇'은 매년 1억 달러의 매출을 올리고 있고 프라이는 자신의 아이디어의 대가로 매년 백만 달러를 받고 있습니다.

사람들은 누구나 하루에 백가지의 아이디어를 떠올린다고 합니다. 하지만 평생을 살면서 그 중 하나도 실행에 옮기기 위해 노력하는 사람은 많지 않습니다. 프라이의 작은 아이디어 하나가 그에게 엄청난 부를 안겨줬듯이 아무리 작은 아이디어라도 그것을 실행해 보려는 노력이 중요합니다. 벌 수 있는 만큼 벌고 베풀 수 있는 만큼 베푸십시오.

 주님! 작은 생각 하나까지도 선한 일에 도움 되게 하소서.

 아이디어 노트를 만들어 하루에 최소 한 개씩 적어 나가십시오.

나의 영적 일지

자신의 일을 사랑하는 사람

●잠 10:16 의인의 수고는 생명에 이르고 악인의 소득은 죄에 이르느니라

 6월 16일

'영'혼을 위한 닭고기 수프'의 저자로 유명한 마크 빅터 한센의 아버지는 훌륭한 제빵사 였습니다.

자신의 일을 너무도 사랑한 그는 교회를 가는 주일 빼고는 언제나 가게 문을 열고 신선한 빵을 구웠습니다. 어느덧 나이가 들은 그는 운영에 힘이 부쳐 제과점을 다른 사람에게 넘기고 은퇴하게 되지만 자신의 사랑했던 일을 하루 아침에 그만 둘 순 없었습니다.

마크의 아버지는 자신이 잘하는 일로 남에게 도움을 줄 수 있을 것이라고 생각했고 외로운 노인들에게 도움을 줘야겠다고 느꼈습니다. 그 생각으로 인해 거동이 불편한 노인들에게 자동차로 무료로 식사를 배달해주는 '무료 식사 배달'을 시작했습니다. 굶주린 노인들에게 식사를 배달해주는 것이 자신의 일이라고 생각한 그는 즐거운 마음으로 음식을 만들고 배달을 했습니다.

하지만 노안으로 인해 거리감각에 문제가 생겨서 더 이상 운전을 할 수가 없게 되었습니다. 어쩌면 일을 하기에 너무 나이가 많은 것일 수도 있었겠지만 그는 자신이 보람 있는 일을 할 수 없을 만큼 늙지는 않았다고 생각했습니다. 그리고는 자동차 대신 자전거를 타고 무료식사 배달을 계속했습니다.

목숨이 다하지 않는 한 너무 늦은 일이란 건 없습니다. 오늘 하루 무언가 새로운 일을 할 수 있겠다는 생각이 든다면 바로 실행하십시오.

 주님! 저의 일을 통해 더 큰 일을 할 수 있게 하소서.
 현재하고 있는 일이 끝난 다음에 할 일을 생각해 보십시오.

숨겨진 가치

● 마 13:44 천국은 마치 밭에 감추인 보화와 같으니 사람이 이를 발견한 후 숨겨 두고 기뻐하며 돌아가서 자기의 소유를 다 팔아 그 밭을 사느니라

아메리카 퍼니스트 홈비디오는 미국의 가족단위 시청자들에게 가장 인기 있는 프로그램입니다.
　방송은 시청자들이 직접 찍어 보낸 40개 정도의 에피소드를 틀어주면서 진행되는데 일상 생활속의 재밌는 영상이라면 어떤 주제라도 허용됩니다. 워낙에 인기 있는 프로이다 보니 매 주 방송국으로 보내지는 테이프만 사천 개가 넘고 제작진은 그 중 1%인 40개를 추려내기 위해 고심을 합니다.
　미국 전역의 약 2천 7백만 명이 시청을 하는 이 방송에는 달걀을 깨는 다양한 방법부터 이가 없는 노인이 스파게티를 먹는 법, 아이를 이발시키는 손쉬운 방법 같은 상상을 초월하는 다양한 내용의 에피소드들이 등장합니다. 그렇게 1000:1의 경쟁률을 뚫고 선택된 40개의 에피소드 중에서도 다시 대상을 뽑게 되는데 대상을 수상한 사람들의 거의 유일한 공통점이 있었다고 합니다.
　그것은 모두 자신들이 보내는 비디오테이프가 가치 없을 것이라고 생각했다는 점입니다. 4천개의 테이프 중에서 1%에 뽑혔고 다시 그중에서 대상을 차지할 정도로 사람들에게 인정을 받은 작품이지만 방송국에 보내기 전까진 전혀 쓸모없을 것 같아 1,2년 씩 고민하는 경우가 대다수였다는 것입니다.
　'남의 떡이 커 보인다' 라는 말이 있습니다. 남들의 영상보다 더 재밌는 영상의 주인공들이 정작 자신이 가지고 있는 것의 가치에 대해선 정확하게 평가하지 못하기 때문에 좋은 기회를 놓치고 있었습니다. 자신에 대해서 의심하며 좋은 기회를 놓치지 마십시오.

 주님! 당신과 함께하는 일에 대한 가치를 깨닫게 하소서.
 다른 사람과 비교하는 열등의식을 버리십시오.

나의 영적 일지

최선을 다하라

6월 18일

● 눅 16:12 너희가 만일 남의 것에 충성하지 아니하면 누가 너희의 것을 너희에게 주겠느냐

헨리 키신저가 미국 국무장관 자리에 있던 시절 당시 준비 중이던 어떤 정책에 대해서 조사하기 위해 사람을 고용했습니다.

자신의 실력에 자신이 있던 직원은 장관이 지시한 보고서를 일사천리로 끝내고 제출했습니다. 30분이 지난 뒤 '보고서가 엉망이니 다시 작성하시오'라는 쪽지와 함께 보고서가 돌아왔습니다. 직원은 약간 당황했지만 다시 보고서를 읽어보니 자신이 실수한 부분이 보이기 시작했습니다. 보고서의 실수한 부분을 수정한 직원은 이번에야말로 완벽할 것이라고 생각하고 다음날 다시 제출했습니다.

그러나 이번에도 30분 뒤에 '아직도 엉망이니 다시 수정하시오' 라는 쪽지와 보고서가 돌아왔습니다. 직원은 어안이 벙벙했습니다. 하지만 이번일은 자신의 경력에 큰 도움이 될 것이기 때문에 포기하지 않고 아무런 실수를 찾을 수 없을 때까지 이틀 밤을 꼬박새서 보고서를 작성했습니다. 그리고는 비서를 통해 주지 않고 직접 보고서를 들고 장관을 찾아가 말했습니다.

"이것이 제 한계입니다. 전 이 이상의 보고서는 이제 작성할 수 없습니다."

장관은 그 이야기를 듣고 나서 빙그레 웃으며 말했습니다.

"좋네, 그렇다면 드디어 한 번 읽어보겠네."

사람들은 어떤 일을 할 때 최선보다는 최저에 기준을 맞춰놓고 하는 경향이 있습니다. 50점만 맞으면 되는 일에 90점, 100점을 맞을 노력을 하는 것은 낭비라고 생각하기 때문입니다. 최선을 다하는 사람만이 큰일을 맡게 됩니다. 최선을 다하십시오.

 주님! 작은 일에 충성하고 큰일에도 충성하는 자가 되게 하소서.
 아무리 사소한 일이라도 할 수 있는 최선을 다해 임하십시오.

나의 영적 일지

선행된 순종

●몬 1:21 나는 네가 순종할 것을 확신하므로 네게 썼노니 네가 내게 말한 것보다 더 행할 줄을 아노라

어떤 도시의 정유공장에서 큰 화재가 발생했습니다. 도시의 소방대원들은 신고를 받자마자 빠르게 출동했지만 불길과 매연이 워낙 거세서 건물 근처에도 접근하기가 힘들었습니다. 결국 공장에서 멀리 떨어진 곳에 차를 세우고는 불길을 진압하고 있는데 아직 건물 안에 갇혀있는 노동자들이 있다는 소식을 듣게 되었습니다. 섣불리 들어갔다가는 목숨을 잃을지도 모르는 상황이었기에 모두가 망설이고 있었는데 갑자기 길 위쪽으로부터 소방차 한 대가 뒤늦게 내려오더니 곧바로 공장으로 돌진해 문을 부수고 들어갔습니다.

다른 대원들이 놀라고 있는 사이 그 소방차에 타고 있던 대원들은 안에 있는 사람들을 구출해서 나왔고 이 대원들의 용기에 감명을 받은 다른 대원들도 열심히 노력해 겨우 화재를 진압할 수 있게 되었습니다. 뒤 늦게 화재소식을 접한 도시의 시장은 그 용감한 소방대원들의 이야기도 듣게 되었고 시장의 권한으로 포상을 내려야겠다고 생각해서 대원들을 찾아가 원하는 것이 무엇이냐고 물었습니다. 그러자 그 차에 타고 있던 대장이 대원들과 함께 곰곰이 생각한 후 말했습니다.

"감사합니다. 시장님. 하지만 저희들은 단지 소방차의 브레이크만 새것으로 교체해주셨으면 합니다."

불길 속의 시민을 구하는 것은 소방대원의 임무였지만 브레이크가 고장나 돌진하기 전까진 아무도 그 일을 하지 않았습니다. 요나와 같이 자기가 맡은 일을 제대로 하지 않고 회피할 때 하나님은 다양한 방법으로 우리에게 그 일을 권하십니다. 상황을 재보지 말고 먼저 순종하십시오.

 주님! 모든 일의 중요성을 깨닫고 즐겁게 순종하게 하소서.
 마지못해 하지 말고 순종과 즐거움으로 맡은 일을 하십시오.

나의 영적 일지

'예' 와 '아니오'

6월 20일

● 골 4:6 너희 말을 항상 은혜 가운데서 소금으로 맛을 냄과 같이 하라 그리하면 각 사람에게 마땅히 대답할 것을 알리라

질문은 수없이 다양하게 할 수 있으나 대답의 대부분은 '예'와 '아니오'로 나누어집니다.

그리고 '예'와 '아니오' 중 어떤 것을 선택하느냐에 따라 사람의 몸에선 각기 다른 반응이 일어나게 됩니다.

어떤 질문인가에 상관없이 대답을 '예'라고 할 땐 근육이 이완되고 뇌에선 몸에 좋은 호르몬들이 나온다고 합니다. 반대로 '아니오'라고 할 때는 근육이 수축해 긴장하게 되고 뇌에서 건강에 좋지 않은 호르몬들을 내보냅니다.

따라서 원하는 대답을 이끌어내기 위해서는 상대방이 '예'라고 하게끔 질문하는 것이 가장 중요하다고 볼 수 있습니다. 극단적인 질문을 제외하고는 사람은 본능적으로 몸에 좋은 영향을 미치는 대답을 하고 싶어 하기 때문입니다. 그렇기 때문에 상대방에게 확신을 심어주거나 지금 하고 있는 일에 대해서 긍정적인 격려를 해주려고 할 때도 당연히 상대가 '예'라고 대답을 하게 하는 것이 효과적인데 다음과 같은 부가의문문을 사용함으로 더욱 쉽게 긍정적인 대답을 유도해낼 수 있습니다.

"네가 할 수 있지?", "그게 될까?", "해야 하지?", "그게 옳지?", "그렇겠지?", "네가 할 거지?"

짧은 한 마디의 대답이지만 우리의 몸과 마음에 중요한 영향을 미칩니다. 어차피 해야 할 일이나 마음먹은 일들을 권유받았을 때는 주저 없이 긍정의 대답을 하십시오.

 주님! 짧은 대답부터 변화하게 하소서.

 상대방에게 질문을 할 때는 '예'라는 대답을 유도하십시오.

나의 영적 일지

6월 21일

문제의 발생

● 고후 2:8 그러므로 너희를 권하노니 사랑을 그들에게 나타내라

다음은 청소년 상담소에 접수된 한 어머니와 딸의 대화 내용입니다. 아직 중학생인 딸의 방을 청소하던 어머니는 맥주 캔을 발견하게 됐습니다. 어머니는 딸이 들어 오자마자 맥주 캔을 내밀며 말했습니다.
"얘야 이게 도대체 뭐니?", "맥주 캔 같은데요? 왜 그러시죠?"
시치미를 떼는 딸에게 어머니는 약간 더 격앙된 어조로 말했습니다.
"나는 이 맥주 캔을 네 방에서 발견했단다. 어서 바른대로 말하렴."
"아, 그래요? 아마 내 친구가 마시고 나서 걸릴 까봐 저에게 줬던 것 같아요."
"너는 엄마가 바보인줄 아니? 어서 바른대로 말해"
두 모녀의 대화는 그런 식으로 진행되다가 딸아이가 자기 방으로 들어가 문을 걸어 잠그며 일단락 되었습니다. 사연을 들은 상담원은 어머니에게 물었습니다.
"맥주 캔 하나에 왜 그렇게 걱정을 하시지요? 딸이 문제를 일으킬까봐 그런가요?" "딸의 인생을 망치는 걸 원하는 부모가 어디 있겠어요? 저는 우리 딸을 사랑한답니다." "좋습니다. 물론 어머니가 옳습니다. 하지만 딸이 어머니의 메시지를 잘 알아들었을까요?"
어머니는 아니라고 대답했고 상담원은 대화를 다시 시작하라고 권했습니다. 걱정과 훈계가 아닌 사랑으로부터 이렇게 말입니다.
"얘야, 난 정말 널 사랑한단다. 그래서 아직 학생인 너의 방에서 이 맥주 캔이 발견됐을 때는 조금 혼란스러웠단다. 혹시 힘든 문제가 있는지 잠시 이야기 할 수 있겠니?"
모든 문제의 90% 오해에서 비롯됩니다. 자녀를 위한 걱정의 마음이 어디서부터 오는지 알려주십시오. 대화의 시작을 걱정에서 사랑으로 바꾸십시오.

 주님! 자녀를 위한 모든 훈계와 가르침 걱정이 사랑으로부터 나오게 하소서.

 자녀를 대하는 감정의 시작이 어디에서 오는지 느껴보십시오.

나의 영적 일지

열 가지 요청

6월 22일

● 막 10:51 예수께서 말씀하여 이르시되 네게 무엇을 하여 주기를 원하느냐 맹인이 이르되 선생님이여 보기를 원하나이다

'**완**전한 존경을 향하여'의 저자인 다이앤 로망스는 자신의 배우자에게 '나에게 해줬으면 하는 열 가지 사랑의 방법'이라는 것을 편지로 써서 주었습니다.

① 한 달에 두 번 정도는 나를 놀라게 할 이벤트를 해 주세요.
② 아무리 바빠도 일주일에 몇 번은 전화를 걸어 사랑을 표현해 주세요.
③ 보름에 한 번 정도는 꽃을 선물로 주세요.
④ 나에 대한 긍정적인 감정을 글로 써서 표현해 주세요.
⑤ 일주일에 두 번은 나와 함께 만나서 대화를 나누어 주세요.
⑥ 멋진 데이트 계획을 함께 세워주세요. 보고 싶은 공연 같은 것들은 미리 계획을 세워 함께 준비해요.
⑦ 깜짝 여행 계획을 세워주세요. 때로는 장소도 시간도 숨긴 채 여행을 떠나요.
⑧ 내가 이 목록을 만드는 것처럼 당신도 자세하게 나에게 요청해 주세요. 정직한 요청은 최고의 사랑 표현 방법이에요.
⑨ 당신이 남들에게 받은 도움이나 고마움도 글로 써서 전해주세요.
⑩ 내 꿈을 이룰 수 있도록 도와주세요. 그리고 당신의 꿈도 말해주세요. 우리가 힘을 합해 서로의 꿈을 성취하는데 도움을 줄 수 있는 사람이 되어요.

요청은 이기적인 행동이 아닙니다. 남에게 받은 도움으로 또 다른 누군가를 도울 수 있습니다. 상대방이 나에게 해줬으면 하는 것이 있다면 지혜롭고 분명하게 표현하십시오.

 주님! 이기심이 아닌 뜻깊은 성취를 위한 요청을 하게 하소서.
 사람들의 도움이 필요한 것을 요청하십시오.

나의 영적 일지

6월 23일

하나님의 방법으로

● 롬 8:27 마음을 살피시는 이가 성령의 생각을 아시나니 이는 성령이 하나님의 뜻대로 성도를 위하여 간구하심이니라

마틴이라는 사업가가 중요한 회의에서 연설을 하기 위해 캐나다로 가게 되었습니다.

환불이 되지 않는 할인 티켓을 예매한 그는 출발 시간에 늦지 않기 위해 평소보다 이른 시간에 출발을 했지만 차가 너무 막혀서 그만 비행기를 놓치고 말았습니다. 제 시간에 캐나다까지 도착할 수 있는 방법은 즉시 다른 비행기를 타는 것뿐이었지만 예매한 표는 환불이 되지 않았고 당장 새 비행기 표를 구매할 돈도 없는 상황이었습니다. 절박한 상황에 처한 마틴은 안 된다는 걸 알면서도 안내데스크에 자신의 사정을 설명하고 다른 비행기를 탈 수 없는지 문의를 했습니다. 하지만 항공사 승무원은 사정은 이해하지만 도와줄 방법이 없을 것 같다고 말했습니다.

"저도 손님을 진심으로 돕고 싶지만 현재로선 70만원을 내고 비행기 표를 예매하는 것 밖에는 방법이 없는 것 같습니다."

이미 예상했던 대답이었기에 마틴은 승무원에게 다시 요구할 수도, 그렇다고 돌아설 수도 없었습니다. 그렇게 한참을 서있던 도중에 갑자기 승무원이 뜻밖의 대답을 했습니다.

"아, 손님을 도울 방법이 어쩌면 있을지도 모르겠어요."

승무원은 그리고는 여기저기 전화를 걸어 문의를 하더니 마틴의 티켓을 사용하여 비행기를 환승해 애초에 목적한 시간까지 캐나다에 도착할 수 있게 만들어 주었습니다. 마틴이 캐나다에 도착하기 위해 화를 내고 떼를 썼다면 승무원의 도움을 받지 못했을 것입니다. 자신의 실수를 인정하고 잠잠히 기다렸기에 승무원이 그를 도울 방법을 생각해낼 수 있었던 것입니다. 때로는 하나님도 이와 같이 일하십니다. 기도의 응답을 기다리며 잠잠히 하나님의 임재하심을 기다리십시오.

 주님! 모든 수고와 노력을 한 후에 기도로 준비하게 하소서.

 나의 생각과 방법을 내려놓고 주님의 방법을 기다리십시오.

나의 영적 일지

거절의 기쁨

● 롬 12:12 소망 중에 즐거워하며 환난 중에 참으며 기도에 항상 힘쓰며

6월 24일

10년 동안 삼천 명이 넘는 사람들로부터 기부하겠다는 약속을 받아, 200만 달러가 넘는 돈을 자선단체에 기부한 릭 겔리나스라는 사람이 있습니다.

계산해 보면 일 년에 300명이 넘는 사람들로부터 승낙을 받은 것이고 다시 계산해보면 거의 하루에 한 명이 생전 처음 보는 그에게 기부를 약속한 것입니다. 그가 이토록 놀라운 실적을 올리는 것은 과거 보험 판매사 일을 하면서 배운 '거절의 법칙' 때문입니다.

당시 보험 설계사는 지금보다 상황이 열악해서 고객도 많지 않고 판매 수수료도 적은 편이었지만 가난한 집안환경에 학력도 보잘 것 없었던 그는 어떤 일이든 할 수 밖에 없었습니다. 그를 가르쳤던 선임은 그에게 7번 거절을 당해야만 한 번 승낙을 받을 수 있다고 가르쳤는데 그 가르침이 그의 인생을 변화시켰습니다. 일곱번 거절을 당한다면 한 번의 승낙을 받을 수 있었기 때문에 그는 상대방의 거절에 좌절하지도 기분 나빠하지도 않았습니다. 거절을 당할수록 승낙이 다가오고 있다는 것을 알았기 때문입니다. 일곱번의 거절을 넘어 여덟번, 아홉번이 되어도 열네번이 되는 순간에는 두번의 승낙이 다가올 것이라고 생각하고 그는 기꺼이 사람들을 만나 보험을 판매했습니다.

그렇게 여섯 달이 지난 뒤 그는 전국에 있는 모든 직원들 중에 가장 우수한 판매사원이 되었고 지금은 자선단체를 위해 일하고 있습니다. 거절이 많아질수록 다가올 승낙이 많은 것을 알기에 그는 거절은 오히려 좋은 소식이라고 말합니다.

많은 성도들이 거절이 두려워 복음을 전하지 못하고 있습니다. 거절을 두려워 하지 마십시오.

 주님! 거절을 넘어선 전도의 열정을 품게 하소서.
 복음을 전할 기회가 온다면 담대히 선포하십시오.

6월 25일

비판하지 말아라

●마 7:2 너희가 비판하는 그 비판으로 너희가 비판을 받을 것이요 너희가 헤아리는 그 헤아림으로 너희가 헤아림을 받을 것이니라

베들레헴 철강의 찰스 슈왑은 직원들을 잘 다루기로 유명한 사람이었습니다. 그의 부하 직원들은 언제나 최선을 다했고 그의 부탁이라면 자신들의 이익을 조금 포기하더라도 회사의 목표를 달성하기 위해 노력했습니다.

회사는 이런 찰스의 능력을 인정해 당시로서는 파격적인 액수였던 백만 달러의 연봉을 주었습니다. 많은 사람들이 그에게 그토록 충성스럽고 근면한 직원들만 밑에 두게 되는 이유가 무엇이냐고 물었고 그때마다 찰스는 대답했습니다.

"사람들의 능력을 최고로 발휘하게 만들어주는 것은 칭찬과 격려입니다. 나는 어떤 직원에게도 비판해본 적이 없습니다."

'친구를 얻고 사람들을 감명시키는 법'이라는 책에 실린 그의 일화를 보면 그가 직원들을 어떤 식으로 대하는지 쉽게 알 수가 있습니다. 사내 시설을 점검하던 찰스는 흡연 금지구역에서 담배를 피우는 3명의 직원을 목격했습니다. 그곳에서의 흡연은 자칫하면 큰 화재로 이어질 수 있었기에 찰스가 화를 내도 직원들은 뭐라고 할 수 없는 상황이었습니다. 하지만 찰스는 갑자기 자신의 담배를 직원들에게 나눠주며 이렇게 말했습니다.

"일하느라 힘들텐데 내 담배를 피우게, 아차 근데 여긴 금연구역이었지? 우리 잠깐 밖에서 피우고 오세나."

칭찬과 격려는 사람의 기본적인 필요를 만족시키며 가진 능력을 최대한 발휘하게 만들어주지만 우리는 칭찬보다는 비판, 격려보다는 무시를 하곤합니다. 언제나 상대방을 향한 작은 배려를 품으십시오. 그 누구도 비난하려 하지 마십시오.

 주님! 남에게 하는 비판으로 내가 비판 받음을 알게 하소서.
 상대방의 실수를 지적하기 위해 격려와 칭찬을 사용하십시오.

나의 영적 일지

진짜인 것처럼

● 롬 8:24 우리가 소망으로 구원을 얻었으매 보이는 소망이 소망이 아니니 보는 것을 누가 바라리요

6월 26일

행크 언더우드라는 탤런트 지망생이 있었습니다. 그의 꿈은 훌륭한 연기자가 되는 것이었지만 워낙에 실력이 뛰어난 많은 지망생들이 있었기 때문에 짧은 단역하나 맡는 것도 쉬운 일이 아니었습니다.

어느 날 연기를 지도해주던 강사가 그에게 중요한 조언을 해주었습니다.

"행크, 좋은 연기자가 되기 위해선 실력도 물론 중요하지만 가장 중요한 것은 상대방이 어떤 역할을 원하는지 파악하는 거라네."

강사의 충고를 새겨들은 행크는 바로 적용해 보기로 했습니다. 때마침 어떤 광고회사에서 건설 노동자 역할을 구하고 있었고 행크는 오디션을 보기 위해 지원했습니다. 상대방이 원하는 것은 건설업에 종사하는 노동자였기 때문에 상대가 무엇을 원하는지는 쉽게 파악할 수 있었습니다. 그는 작업복을 입고 안전모를 착용했습니다. 그리고 연장벨트까지 갖추고는 오디션을 보기 위해 사무실로 들어갔습니다.

"안녕하세요. 행크 언더우드라고 합니다. 제가 뭘 하면 되죠?"

행크를 본 면접관들은 순간 놀라며 대답했습니다.

"죄송합니다만, 여긴 공사현장이 아닙니다. 저희는 지금 배우 오디션을 보는 중입니다."

"네, 저는 그 오디션을 보러 온 배우입니다."

그리고 며칠 뒤 행크는 그 역할을 맡게 되었다는 연락을 받게 되었습니다.

배우들은 자신들이 맡은 역할을 위해 실제 그 사람이 된 것 같이 행동합니다. 그리스도인들도 마찬가지입니다. 성령으로 새사람이 되었으니 작은 예수가 된 것처럼 행동하십시오.

 주님! 매일 삶의 조금씩이라도 주님을 닮아가게 하소서.

 한 달에 한 가지씩 예수님의 말씀을 지키기 위해 노력하십시오.

6월 27일

악인의 최후

●시 11:5 여호와는 의인을 감찰하시고 악인과 폭력을 좋아하는 자를 마음에 미워하시도다

허먼 램은 독일 태생의 뛰어난 군인으로 '남작' 작위까지 받았습니다. 그는 타고난 창의성과 뛰어난 리더십을 갖고 있었지만 언제나 자신의 능력을 잘못 사용해 왔습니다. 군에 입대 했을 때에도 능력을 발휘해 금세 장교자리까지 올랐지만 부대 내에서 도박을 하다 속임수를 써 쫓겨났습니다. 그 후 그는 미국으로 건너가 특유의 말솜씨로 사람들을 속여 돈을 갈취하고 불량배들과 어울려 지냈습니다. 지역 갱단의 리더가 된 그는 은행 강도를 계획했습니다. 당시 20세기 초의 은행보안기술은 놀라운 발전을 이뤄 더 이상 은행을 털려는 갱단이 거의 없었지만 허먼은 자신이 군시절에 배웠던 기술을 은행을 터는데 사용해 세상을 놀라게 했습니다. 그는 은행을 털기 몇 주 전부터 치밀한 작업에 들어갔고 기자로 위장해 은행의 내부정보까지 미리 알아 내었습니다. 그는 갱들의 행동을 분 단위로 조직화했고 도주 경로를 100m 단위로 세분화해 파악하고 있었기에 경찰들도 속수무책이었습니다. 1919년부터 무려 10년 동안 미국 전역의 은행을 털었지만 한 번도 체포당하지 않았습니다. 1930년에 허먼은 도주하던 중 타이어에 펑크가 나서 재빨리 다른 차를 훔쳐 탔지만 그 차에는 속도 조절 장치가 되어 있어 60km 이상의 속도를 낼 수 없었습니다. 다시 차량을 절도했지만 이번엔 냉각수가 유출되어 경찰이 흔적을 보고 추적을 해왔습니다. 그러나 아직 경찰이 오기까진 여유가 있었고 다시 한 번 차량을 훔쳤지만 이번엔 차에 연료가 없었습니다. 허먼은 결국 뒤쫓아 온 경찰과 총격전을 벌이다 가슴에 총을 맞고 허무하게 세상을 떠났습니다.

허먼은 자신의 재능을 잘못 사용했습니다. 처음엔 그것이 많은 재물을 가져다 주었지만 결국엔 허무하게 죽음을 맞이했습니다. 여호와를 경외함으로 의인의 영화를 누리십시오.

 주님! 악을 멀리하고 의의 길을 따르게 하소서.
 재능과 재물을 양심에 비추어 올바른 곳에 사용하십시오.

나의 영적 일지

약간의 틈

●살전 5:22 악은 어떤 모양이라도 버리라

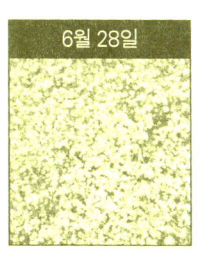
6월 28일

옛날 중동의 어떤 상인이 직접 만든 고급 카펫을 비싸게 팔기 위해 낙타에 짐을 싣고 길을 떠났습니다. 목적지까지 가기 위해선 아주 큰 사막을 지나야했기에 하루 만에 도착할 수가 없었고 도중에 사막에서 텐트를 치고 하룻밤을 묵어야 했습니다.

사막의 낮은 엄청 덥지만 밤이 되면 기온이 급격히 낮아져 매우 추워지기에 상인은 텐트에 들어가 이불을 덮고 누웠습니다. 상인이 자려는 찰나 갑자기 낙타가 얼굴을 들이밀고 불쌍한 얼굴로 상인에게 애원했습니다.

"주인님, 밖이 너무 춥습니다. 제가 감기라도 걸리면 주인님도 큰일이니 얼굴만 텐트에 넣고 잘 수 있게 해주십시오."

주인이 생각해보니 밖이 정말 춥기도 하고 낙타가 몸이 아프면 자기도 카펫을 싣고 갈수 없었기에 허락해 주었습니다. 낙타는 얼굴이 따뜻하다보니 몸이 더 추운 것 같이 느껴졌고 주인이 자는 틈을 타서 몸을 텐트 안으로 슬금슬금 밀어넣었습니다. 주인은 낙타가 조금씩 들어오는 것을 느꼈지만 바깥 날씨가 춥기에 '조금쯤은 괜찮겠지'라고 생각했지만 아침이 되자 자신은 텐트밖에 있었고 오히려 낙타가 텐트 안에서 자고 있었습니다.

어쩔 땐 세상의 유혹을 받아들일 그럴듯한 이유가 있어 보이고 약간의 타협은 상관없을 것 같지만 결국엔 돌이킬 수 없는 결과로 돌아올 때도 있습니다. 한 번 틈이 생기면 점점 벌어지기 때문에 언제나 양심을 지키기 위해 노력하십시오.

 주님! 악을 미워하고 선을 가까이 하게 하소서.

 양심의 거리낌이 느껴질 때마다 말씀을 생각하십시오.

나의 영적 일지

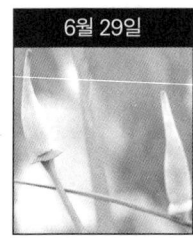

6월 29일 올바른 목표

● 고후 4:17 우리가 잠시 받는 환난의 경한 것이 지극히 크고 영원한 영광의 중한 것을 우리에게 이루게 함이니

'파브르 곤충기'로 유명한 세계적인 곤충학자 파브르가 어느 날은 날벌레에 대해서 연구하고 있었습니다. 날벌레들의 움직임에 어떤 의미가 있는지 궁금했던 파브르는 유심히 관찰하다가 뜻밖의 결과를 얻게 됩니다.

날벌레들의 움직임은 그저 가장 앞에 있는 날벌레를 따라다니는 것에 불과했습니다. 태어나서 맨 처음 만나는 날벌레를 쫓아 평생을 돌아다니는 것이었습니다. 희한한 것은 가까운 곳에 먹이가 있더라도 맨 앞의 날벌레가 그것을 먹으러 가지 않으면 뒤따르는 무리들도 그것을 먹으러 가지 않았습니다. 심한 경우에는 1주일동안 그저 앞의 벌레만 따라다니다가 굶어 죽는 경우도 있었습니다. 한 마디로 배가 고파 죽기 직전에도 먹이를 찾지 않고 그저 앞의 벌레만 쫓아다니는 것이었습니다.

사람의 목표가 무엇이냐는 그 사람의 인생을 결정합니다.

프랑스 영화계의 거장 트뤼포는 암에 걸려 의사로부터 한 달 밖에 살지 못한다는 진단을 받았지만 자신은 지금 계획 중인 영화를 마치기 전까진 죽지 않을 것이라고 얘기했습니다. 그는 실제로 한 달을 훌쩍 넘겨 살았고 반년이 지난 뒤 영화를 완성한 다음 주에 세상을 떠났습니다. 우리의 목적도 분명해야 합니다. 단순히 하루 앞을 보며 살아가는 것이 아니라 인생의 전체를 걸고 실행할 만큼 목표를 확고히 하십시오.

 주님! 인생의 전체를 걸만한 확고한 비전을 갖게 하소서.
 짧은 주기의 목표가 아닌 인생 전체를 바라본 목표를 계획하십시오.

나의 영적 일지

사회의 일원

6월 30일

● 요 17:4 아버지께서 내게 하라고 주신 일을 내가 이루어 아버지를 이 세상에서 영화롭게 하였사오니

1985년 미국에서 팝의 황제 고 마이클 잭슨과 전설적인 가수 라이오넬 리치가 주축이 되어 아프리카를 돕기 위한 앨범이 만들어졌습니다.

당시 천재지변과 기아로 아프리카 사람들은 극심한 고통을 겪고 있었고 이들을 본 마이클과 라이오넬은 단지 '아프리카를 위해 무언가를 해야 한다'는 생각을 가지고 자신들과 같은 뜻을 품은 연예인들을 모았습니다. 그 결과 명곡이 탄생했고 마이클 잭슨과 라이오넬 리치를 비롯해 흑인 음악의 거장 레이 찰스와 스티비 원더, 사이먼 앤 가펑클의 사이먼, 밥 딜런과 같은 당시 최고의 팝스타 43명이 뭉치게 되었습니다.

이들은 자신들의 바쁜 스케줄까지 모두 멈춘 채 이 앨범을 위해 하나로 뭉쳤고 아프리카를 위해 헌신했습니다. 그 결과는 4천만 달러가 넘는 자선기금의 모금으로 이어졌고 미국 전 국민이 아프리카에 많은 관심을 갖게 만들었습니다.

그 파급효과는 여기서 그치지 않았고 라이브 에이드(live aid)같은 다른 자선 콘서트로 이어지며 계속해서 좋은 사회적 영향을 미쳤습니다. 밥 겔도프와 프레디와 같은 유명 뮤지션들이 주축을 이룬 이 행사 역시 아프리카구호를 위해 기획되었고 런던과 필라델피아에서 열린 공연은 모두 만원을 이뤘으며 10억이 넘는 사람들이 라디오로 아프리카를 위한 이들의 콘서트를 청취했습니다.

우리 모두는 사회의 일원입니다. 내 안위와 주변을 돌 볼 여력이 된다면 조금 더 먼 지역을 사랑의 마음을 품고 바라보십시오.

 주님! 사회의 일원으로써의 책임감과 관심을 갖게 하소서.
 국제 지역의 분쟁과 구호문제에도 관심을 가져보십시오.

● 요한일서 4:9,10

7월 1일 — 만드는 기회

● 마 15:25 여자가 와서 예수께 절하며 이르되 주여 저를 도우소서

가난으로 15살의 때부터 일을 시작해야 했던 어떤 소년이 있었습니다. 그가 하던 일은 건축회사에서 사용하는 창고에서 짐을 나르는 일이었는데 힘들고 작업환경은 좋지 않아 언제나 소년은 땀과 먼지투성이가 되어 있었습니다. 매일을 힘겹게 보내던 소년은 우연히 창고 옆의 건물의 사무실을 보았습니다. 그곳의 사람들은 쾌적한 환경에서 쉬워 보이는 일을 하고 있었기에 소년은 자신도 사무실에서 일하고 싶다는 소망을 품었습니다. 그날부터 혹시나 사무실에서 사람을 구하지 않을까 싶어 귀를 쫑긋 세우고 일부러 옆의 건물의 화장실을 사용하던 중 드디어 기회가 찾아왔습니다. 회사의 건축자재를 판매하는 사원 한 명이 몸이 아파 당분간 일을 할 수 없다는 정보를 듣게 된 것입니다. 당연히 새로 일할 사람을 구할 것이라고 생각한 소년은 당장 그 부서의 벤이라는 담당자를 찾아가 말했습니다.

"판매사원이 한 명 부족하다는 얘기를 들었습니다. 저를 시켜주세요."

담당자는 소년을 힐끗 쳐다보더니 단호하게 거절했습니다. 그는 소년에겐 관심도 주지 않고 다시 일을 시작했으나 소년은 포기하지 않고 다시 한 번 말했습니다.

"저는 그 일을 하기 위한 충분한 각오가 되어있어요. 제발 일을 시켜주세요."

담당자는 그제야 소년을 쳐다보았고 열정이 깃든 눈을 보고는 그를 판매사원으로 고용하고 일을 가르쳐 주었습니다. 데이브 오라는 이름의 소년은 지금은 지역에서 가장 실적이 좋은 판매사원으로 회사에 많은 이익을 가져다 주고 있습니다.

'하늘은 스스로 돕는 자를 돕는다'라는 말이 있습니다. 성도들은 여기에 더해서 하나님을 의지해야 합니다. 할 수 있는 노력을 하며 하나님을 전적으로 의지하십시오.

 주님! 주님을 먼저 의지하고 그 위에 노력을 더하게 하소서.

 주님께 기도와 간구로 구하며 노력하십시오.

나의 영적 일지

생각해보라

7월 2일

● 눅 13:19 마치 사람이 자기 채소밭에 갖다 심은 겨자씨 한 알 같으니 자라 나무가 되어 공중의 새들이 그 가지에 깃들였느니라

하와이에서 식품 유통업을 하는 한 사람이 있었습니다. 그는 식욕을 억제하지 못해 심한 비만상태가 되었고 일로 인한 스트레스를 담배와 같이 몸에 안 좋은 방법으로 해결하곤 했습니다. 당연히 그는 현재 자신의 삶에 만족하지 못했고 언제나 사람들을 만나면 불만을 늘어놓곤 했습니다.

어느 날 그 불평을 듣던 사람 중 하나가 물었습니다.
"좋아요. 그렇다면 사장님이 원하시는 삶은 어떤 것입니까?"

그는 살면서 자신이 삶에서 무엇을 원하는지 생각해본 적이 없었습니다. 그리곤 집에 가서 자신의 삶을 만족스럽게 바꾸기 위해서 필요한 것이 무엇인지 깊이 생각해 보았습니다. 첫째로 그는 금연을 하고 싶었고, 둘째로 현재 115kg이던 몸무게를 65kg으로 줄이고 싶었습니다. 하지만 금연은 그렇다 치더라도 키가 165cm 밖에 안 되던 사내는 도저히 65kg인 자신의 모습을 상상하기가 힘들었습니다. 그리고 자신이 65kg이 되려면 무엇을 해야 하는지 다시 한 번 생각해 보았습니다. 살을 빼기 위한 운동 방법과 참아야 할 음식들이 떠올랐고 이제 그는 자신이 원하는 몸무게의 모습을 상상할 수 있게 되었습니다. 결국 자신이 원하는 몸무게를 만들고 금연을 하는데 1년이 걸렸지만 그는 자신의 인생에서 원하던 것을 이뤘고 자신의 또 다른 소원을 생각함으로 그것을 믿을 수 있는 확신이 생기게 되었습니다.

예수님은 들에 핀 백합화를 보고 생각해 보라고 말씀하셨습니다. 꽃 한 송이도 진지하게 생각할 때 우리는 하나님의 놀라운 사랑을 깨달을 수가 있습니다. 생각을 삶에서 올바로 사용하십시오.

 주님! 모든 사물을 보고 생각함으로 진리를 깨닫게 하소서.
 일이 막히고 믿음이 흔들릴 때 자신과 주변을 바라보고 생각해보십시오.

나의 영적 일지

7월 3일

미루어 짐작하지 말아라

●약 1:6 오직 믿음으로 구하고 조금도 의심하지 말라 의심하는 자는 마치 바람에 밀려 요동하는 바다 물결 같으니

미국 플로리다의 한 카메라 판매사원이 겪었던 이야기입니다. 어느 날 한 남자가 매우 서두는 기색을 보이며 가게 안으로 들어오자마자 비디오 카메라를 주문했습니다.

"가격은 상관없으니 당장 사용할 수 있는 쓸 만한 것으로 어서 하나 주시오."

가족과 여행을 가는 중이라던 남자는 매우 서둘렀고 따라서 판매원은 가장 잘 나가는 기종의 카메라를 보여주고 간단한 작동 법을 알려주었습니다. 추가 배터리와 테이프 같은 것을 추천하려고 했으나 바빠 보이는 남자의 행동에 괜한 면박만 당할 것 같아 그냥 보냈습니다. 그리고 며칠이 지나 그때 그 남자가 다시 판매점을 들렀는데 몹시 화가 나 보였습니다.

"이봐요, 며칠 전에 카메라를 구입했는데, 어째서 나에게 물건을 제대로 판매하지 않았소?"

며칠 전 남자는 가족과 처음으로 디즈니월드에 가던 중이었고 소중한 추억을 만들기 위해 카메라를 구입한 것이었습니다. 하지만 판매원이 남자의 급한 모습에 충전 방법과 추가 배터리의 구매 여부를 물어보지 않았고 남자는 촬영시작 20분 만에 배터리가 떨어져 소중한 추억을 카메라에 담을 수가 없게 된 것이었습니다. 자신의 작은 실수가 한 가족의 휴가를 망치게 된 것을 깨달은 사원은 큰 교훈을 얻었고 이후로 어떤 모습의 손님이 오더라도 카메라에 대한 모든 기능과 주변기기에 대한 설명을 빼먹지 않았습니다. 물론 판매실적도 훨씬 나아졌습니다.

상대를 배려하기 위한 행동이 오히려 오해를 불러일으킬 수 있습니다. 겉모습이 전부가 아니라는 것을 기억하십시오.

 주님! 작은 배려도 올바로 실행하는 지혜를 주소서.

 상대방의 요구를 짐작하기보다는 지혜롭게 질문 하십시오.

나의 영적 일지

기적의 조건

7월 4일

● 마 6:10 나라가 임하시오며 뜻이 하늘에서 이룬 것 같이 땅에서도 이루어지이다

몇 년 전, 뉴욕에 살던 한 부부가 추수감사절을 맞아 이웃에 봉사할 계획을 세웠습니다. 언제나 하던 대로 마음만 감사하는 것보다는 굶주린 사람들을 찾아가 베푸는 것이 좋겠다는 생각을 했기 때문입니다. 부부는 정성껏 음식을 준비했고 뉴욕에서 가장 가난한 동네인 할렘가로 떠나기로 했습니다. 많은 양을 준비했기에 일반 승용차로는 운반할 수가 없었고 소형트럭이 필요했습니다. 하지만 뉴욕에 있는 모든 렌터카 업체의 소형 트럭은 거짓말처럼 모두 임대 중이었습니다. 그러나 부부는 포기하지 않고 길가에 지나다니는 소형 트럭을 세워서 도움을 요청하기로 했습니다. 많은 소형트럭이 지나갔지만 추수감사절에 할렘가로 가려고 하는 트럭 기사는 한 명도 없었습니다. 수없이 많은 거절을 당한 후에 사례비로 100달러까지 내걸었지만 목적지가 할렘이라는 말에 모두들 외면하고 다시 갈 길을 떠났습니다. 부부는 그렇게 한 시간이 넘게 계속 거절을 당했지만 자신들을 할렘으로 데려다 줄 트럭이 나타날 것이라고 굳게 믿었습니다. 그 때 마침 여유 공간이 넉넉해 보이는 멋진 트럭 한 대가 부부 앞에 섰습니다. 부부는 계속 하던 대로 자신들의 목적을 설명하고 할렘으로 데려가준다면 100달러를 주겠다고 했습니다. 그러자 남자가 웃으며 대답했습니다.

"100달러는 필요 없습니다. 대신 할렘보다 더 가난한 지역으로 모시고 가도록 하겠습니다."

그는 뉴욕에서 가장 가난한 브롱크스 지역의 구세군 대장 존 론들이었습니다. 덕분에 부부는 계획한 대로 가난한 사람들을 섬기며 아주 뜻 깊은 추수감사절을 보낼 수 있었습니다.

우리의 행동에 사랑이 충만할 때 강력한 믿음이 생겨 기적을 이룹니다. 착한 일을 하면서 낙심하지 마십시오.

 주님! 나의 바라는 것이 확실한 믿음과 사랑에서 오게 하소서.

 무언가에 바라기에 앞서 믿음을 생각하고 사랑을 점검하십시오.

나의 영적 일지

7월 5일

26번의 충고

● 행 15:32 유다와 실라도 선지자라 여러 말로 형제를 권면하여 굳게 하고

배리 파버는 사업을 하는 사람들의 성공을 도와주는 저서와 프로그램으로 유명한 사람입니다. 그의 대표작인 '다듬어지지 않은 다이아몬드'는 전 세계 18개국의 언어로 번역되었으며 이 책 외에도 9권이나 되는 베스트셀러가 있습니다. 그는 글만 잘 쓰는 것이 아니라 언변술 또한 훌륭해서 자신의 책과 같은 이름의 TV 토크쇼까지 진행하고 있는 인기 작가입니다.

그가 처음으로 쓴 책은 '판매의 기술'이라는 책인데 많은 연구 끝에 나온 결과물이었지만 찾아간 출판사들마다 모두 매몰차게 거절했습니다. 10번의 거절을 당한 후에 그는 도대체 자신의 책의 문제가 무엇인지 궁금해졌고 지금까지 찾아갔던 출판사에 전화를 걸어 문제점을 물어보았습니다. 대부분의 출판사에서는 '그와 비슷한 책이 많이 나와 있기 때문에'라고 대답했고, 그는 충고를 받아들여 비슷한 저서 중에서도 튈 수 있는 아이디어를 생각해 다시 적용했습니다. 그 후에도 다시 16번의 거절을 당했지만 그때마다 그는 부족한 점을 물었고 납득이 되는 이유는 고치기 위해 노력했습니다. 그렇게 배리가 27번 째 찾아간 출판사는 26번이나 전문가들에 의해 교정을 받은 원고를 받게 되었고 원고를 본 후 성공을 확신하며 단번에 계약을 제의했습니다.

그때를 시작으로 승승장구하며 배리는 지금의 위치에 오를 수 있었고 지금도 자신의 책과 강의에 문제를 지적하는 사람들의 의견을 감사한 마음으로 받아들이고 있습니다. 그는 많은 유능한 작가들이 몇 번의 거절로 인해 꿈을 포기하고 있다며 사람들의 생각을 충고로 받아들이는 방법이 많은 도움이 될 것이라고 얘기했습니다.

때로는 매몰찬 거절이 값진 충고가 될 수 있습니다. 악의적인 비난은 흘려버리더라도 납득할 만한 문제라면 겸허히 받아들이고 감사함을 표하십시오.

 주님! 다양한 의견을 듣고 올바로 분별할 수 있게 하소서.

 적절한 충고는 감사함으로 받아들이십시오.

나의 영적 일지

적절한 조력자

7월 6일

● 막 9:24 곧 그 아이의 아버지가 소리를 질러 이르되 내가 믿나이다 나의 믿음 없는 것을 도와 주소서 하더라

미국 어느 시골에 무대 예술가를 꿈꾸는 청년이 있었습니다. 그는 뉴욕의 브로드웨이로 가서 공연을 직접 경험하며 공부하고 싶었지만 뉴욕으로 떠날 차비조차 없었습니다.

어느 날 동네 공원으로 바람을 쐬려고 나간 그는 누군가 버리고 간 신문을 읽으며 소일하고 있었습니다. 신문 기사 중에는 지역의 은행장인 '오토 칸'이라는 사람의 인터뷰가 실려 있었고 백만장자라면 예술가들을 지원하는 것이 당연한 의무라는 내용이 쓰여 있었습니다. 그 기사를 읽는 순간 청년은 정신이 번쩍 들며 뉴욕에 갈 수 있는 방법이 떠올랐습니다. 곧바로 집으로 돌아간 그는 돈이란 돈은 죄다 긁어모았습니다. 그리고 5달러가 약간 넘게 나온 전 재산을 가지고는 곧바로 우체국으로 달려가 신문에서 본 그 은행장에게 자신의 처지를 설명하고 지원을 해달라는 내용의 편지를 보냈습니다. 자신의 전 재산을 투자해 생전 만나본 적도 없는 백만장자에게 편지로 도움을 요청한 것이었습니다. 편지를 보낸 며칠 후 그 청년에게 은행장이 보낸 400달러가 도착했고 그는 그 돈을 가지고 뉴욕으로 건너가 일자리를 잡을 때까지 생활할 수 있었습니다. 브로드웨이에서 공연되는 모든 무대에서 일을 하며 경력을 쌓은 그는 머지않아 일류 제작자로 이름을 날렸고 후에 의자와 냉장고 같은 생활 용품의 디자이너로서도 성공하게 됩니다. 벨 게더스라는 이름의 이 청년은 자신의 전 재산을 걸고 도박을 했지만 꿈을 이루는 것을 도와줄 수 있는 적절한 사람에게 요청을 했습니다.

벨은 적절한 사람에게 요청했기에 딱 한 사람에게 도움 받았지만 꿈을 이룰 수 있었습니다. 하나님은 사막에 풀이 나게 하고 물이 흐르게 하시는 분이십니다. 그분을 믿고 의지함으로 적절한 조력자에게 도움을 요청하십시오.

 주님! 상황에 맞는 조력자를 필요한 때에 보내주소서.
 도움이 필요한 상황에선 적절한 조력자를 놓고 기도로 간구하십시오.

나의 영적 일지

발상의 전환

● 눅 12:26 그런즉 가장 작은 일도 하지 못하면서 어찌 다른 일들을 염려하느냐

미국 미네소타 지역의 적십자사에서는 휴가철을 맞아 줄어드는 헌혈을 어떻게 막을 수 있을 지에 대해서 고민을 했습니다.

그리고 고민 끝에 한 광고 문구를 만들어냈고 덕분에 오히려 헌혈이 늘어났습니다.

"모기는 피를 빨고 커피와 도넛을 주지 않습니다. 하지만 우리는 드린답니다. 휴가를 떠나기 전 헌혈을 하고 가세요. - 미네소타 적십자"

어떤 교회의 청년들이 단기선교 자금을 마련하기 위해서 성도님들의 차를 세차하려는 계획을 세웠습니다.

그런데 주일날이 되자 갑자기 예보에도 없던 장대비가 쏟아졌습니다.

비오는 날 세차하는 사람이 있을 리 없기에 청년들은 급히 모여서 회의를 했으나 뾰족한 수가 없어보였습니다. 회의 분위기는 점점 어두워졌고 단기선교를 포기하자는 부정적인 의견까지 나올 때 한 청년이 다음과 같은 피켓으로 홍보를 하자는 제안을 했습니다.

"우리는 비누칠하고, 주님은 닦으신다."

물론 그 피켓 덕분에 많은 성도님들이 세차를 했고 청년들은 계획한대로 단기선교를 잘 다녀올 수 있었습니다.

생각을 조금만 바꿔보면 답이 나옵니다. 부정적인 생각에 휩쓸리지 말고 언제나 조금 다른 각도로 상황을 바라보십시오.

 주님! 위기를 지혜롭게 벗어날 수 있는 창의력을 주소서.

 틀에 박힌 생각을 벗어나 새로운 시각으로 상황을 바라보십시오.

나의 영적 일지

복음을 전하는 사람의 담대함

●고후 3:12 우리가 이같은 소망이 있으므로 담대히 말하노니

7월 8일

마이클 제프리는 평소에 관심 있던 유명한 연사들을 인터뷰 해 책을 쓰기 위해 먼저 미국에 있는 가장 유명한 연사 중의 한 명인 지그 지글러에게 연락을 했습니다. 그가 연락을 했을 당시에 지그 지글러는 바쁜 일정으로 해외에 나가 있었고 차가운 목소리의 사무실 직원이 대신 전화를 받았습니다. 마이클은 자신의 책을 소개하며 인터뷰 약속을 잡았으면 좋겠다고 말했지만 직원은 냉담한 목소리로 거절했습니다.

"그분이 얼마나 바쁜 분인지 아십니까? 연락 오는 사람마다 모두 만나준다면 아무 일도 하실 수 없을 것입니다."

보통 사람 같으면 다음 기회를 알아보려 했겠지만 마이클은 오히려 더 담대한 모습을 보이며 다시 한 번 말했습니다.

"제가 쓰려는 책은 '미국의 가장 위대한 연사들'이라는 책입니다. 나는 그 책에 지그 지글러가 빠진다는 것을 상상조차 할 수 없습니다. 이미 충분히 유명한 분이라는 것을 알지만 지그 지글러씨가 돌아오신다면 제 연락처를 전해주시겠습니까?"

마이클은 거절을 당했음에도 더 당당하게 다시 한 번 의사를 전했습니다. 처음 듣는 사람이라면 오히려 마이클이 지그 지글러에게 도움을 주는 것 같이 느낄 정도였습니다. 며칠 후에 지그 지글러로부터 연락이 왔고 그를 만나서 인터뷰할 수 있었습니다. 그리고 지그 지글러와 만났다는 소문이 퍼져 다른 유명한 연사들과의 인터뷰도 쉽게 잡을 수 있었습니다.

담대함에는 숨겨진 힘이 있습니다. 어떤 일도 주님을 믿고, 두려워 말고 당당하십시오.

 주님! 십자가를 부끄러워하지 않고 자랑하게 하소서.

 복음을 전하는 것에 언제나 자신감을 가지십시오.

나의 영적 일지

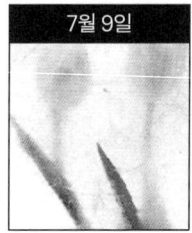

7월 9일

인생의 전환점

●행 9:27 바나바가 데리고 사도들에게 가서 그가 길에서 어떻게 주를 보았는지와 주께서 그에게 말씀하신 일과 다메섹에서 그가 어떻게 예수의 이름으로 담대히 말하였는지를 전하니라

한국 기독교학교 연맹 및 기독교리더십연구원의 이사장인 이원설 박사님은 모두가 인정하는 교계의 지성입니다. 또 그에 못지않게 일반 교육계에도 많이 알려져 있는 그는 기독교식의 교육을 위해 평생을 노력했는데 그가 만든 교재는 미국 현지의 대학에서도 사용하고 있는 것들도 많이 있습니다. 이처럼 그가 기독교 및 일반 학생들의 교육을 위한 길을 걷게 된 것은 자신의 학생시절 겪었던 죽을 고비 덕분이었습니다.

1950년에 연세대를 다니던 이 박사는 당시 마을을 점령하고 있던 공산당의 눈 밖에 들어 재판을 받게 되었습니다. 하지만 형식적인 재판에 불과했고 결국 그는 죄의 유무와 상관없이 사형을 선고받게 되었습니다. 그는 사형장으로 향하는 산길에서 마음 속으로 계속해서 기도했습니다.

"주님, 만약 저를 여기서 살려주신다면 평생을 당신의 도구로 살겠습니다."

그러던 중 기적처럼 이 박사를 감시하던 군인이 한 눈을 팔며 틈이 생겼고 그 때를 틈타 그는 죽을 힘을 다해 탈출했습니다. 그리고 자신이 한 말을 지키기 위해 자신이 가장 잘 할 수 있는 교육 분야를 통해 하나님의 뜻을 이루기 위해 노력하며 살았습니다. 자신의 서원을 지키기 위해 열심히 노력한 그는 이후 문교부 고등교육국장, 경희대 부총장, 한남대 총장과 같은 자리를 두루 거치며 기독교식 교육의 발전을 위해 자신을 헌신했습니다.

병에 걸리거나 목숨을 잃을 상황이 닥치면 많은 사람들이 그것을 극복하게 된다면 자신의 인생을 주님의 도구로 사용하겠다고 말합니다. 특별한 상황에 이르러 주님께 헌신하는 것도 좋지만 일상생활 속에서 주님을 만나며 그분을 위한 헌신을 결심하십시오.

 주님! 매일의 일상을 통해 인생에서 정말 중요한 것을 깨닫게 하소서.

 내일 자신이 죽는다면 인생 중 가장 후회할 일이 무엇인지 생각해 보십시오.

나의 영적 일지

기도로 세운 교회

7월 10일

● 시 37:9 진실로 악을 행하는 자들은 끊어질 것이나 여호와를 소망하는 자들은 땅을 차지하리로다

한국의 산업 발달 시절에 한 목사님이 발전하는 강남지역을 보고 앞으로는 이곳에 사람들이 몰려들 것이라는 생각을 하게 되었습니다. 그래서 교회를 건축하기 위해 좋은 부지를 알아보러 매일 기도하며 적당한 땅을 알아보러 다녔습니다.

그러던 중 꿈에 그리던 적당한 위치가 드디어 나타났고 목사님은 기도에 응답받았다고 생각하며 곧바로 땅주인을 만나 계약을 하려고 했습니다. 하지만 그 지역은 사실 알고 보니 팔려고 내놓은 땅도 아니었고 땅 주인은 기독교엔 전혀 관심이 없는 일반 사람이었기에 계약은 커녕 허무하게 발길을 돌려야만 했습니다.

하지만 목사님은 포기하지 않고 자신이 그리던 터에 몰려든 수많은 사람들을 데리고 목회를 한다는 확실한 꿈을 가지고 매일 같이 사모님과 함께 한 달을 기도했습니다. 그리고선 다시 땅 주인을 만났지만 여전히 요지부동이었습니다. 자신의 기도만으로는 안되자 목사님은 현재 교회에 다니는 성도님들에게 자신의 비전을 명확히 설명했습니다. 그리고는 그 부지로 성도들을 데리고 가 이곳을 놓고 기도해달라고 부탁했습니다. 모든 성도들과 목사님이 합심으로 기도하며 주일날만 되면 모두 함께 그곳으로 몰려가 여리고성을 돌던 것처럼 행진하며 기도했습니다. 결국 머지않아 땅 소유주들이 마음을 바꾸어 땅을 팔겠다고 하는 놀라운 일이 일어났고 가격도 전혀 비싸지 않게 합리적으로 제시했습니다. 그렇게 시작한 '광림교회'는 지금은 성도가 5만 명이 넘는 대형 교회로 성장했습니다.

기도는 우리가 바라는 것을 실제로 이루어줍니다. 비록 상황은 전혀 희망적이지 않더라도 멈추지 말고 기도하십시오.

 주님! 불평과 불만대신 감사의 기도가 먼저 나오게 하소서.

 현재 상황을 바라보지 말고 앞으로의 비전을 바라보는 기도를 드리십시오.

나의 영적 일지

7월 11일 — 나 그대를 사랑하는 까닭은

● 요 3:16 하나님이 세상을 이처럼 사랑하사 독생자를 주셨으니 이는 그를 믿는 자마다 멸망하지 않고 영생을 얻게 하려 하심이라

독일의 사진작가이자 시인인 샤퍼는 사랑에 대한 마음을 다음과 같이 시로 표현했습니다.

나 그대를 사랑하는 까닭은
아무도 그대가 준만큼의 자유를 내게 준 사람이 없었기 때문입니다.

나 그대를 사랑하는 까닭은
그대 앞에 서면 있는 그대로의 내가 될 수 있는 까닭입니다.

나 그대를 사랑하는 까닭은
그대 아닌 누구에게서도 나 자신을 깊이 발견할 수 없기 때문입니다.

비록 연인에 대한 마음을 표현한 시이지만 그의 표현은 우리가 하나님께 사랑을 고백하는 내용과 거의 같습니다.
하나님은 우리를 조건 없이 사랑하시기에 많은 것들을 선물로 주셨습니다. 또한 우리는 그분으로부터 나왔기에 그분은 인정하고 받아들일 때만 진정한 기쁨과 자유를 누리고 진정한 자신을 찾을 수 있는 것입니다. 주님에 대한 사랑을 표현하십시오.

 주님! 우리를 향한 당신의 사랑처럼 나도 당신을 사랑하게 하소서.
 하나님을 사랑하는 이유를 생각해보고 글로 써보십시오.

나의 영적 일지

네 가지 종류의 화

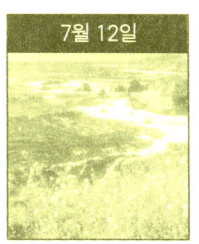

7월 12일

● 눅 17:1 예수께서 제자들에게 이르시되 실족하게 하는 것이 없을 수는 없으나 그렇게 하게 하는 자에게는 화로다

우리는 살아가면서 많은 사람들을 만나고 다양한 경험들을 하게 됩니다. 그 과정에서 필연적으로 사람들과 부딪히며 마음이 상할 때가 있고 때로는 분노하게 되는 경우도 있습니다.

고대 그리스 최고의 철학자 중 한 명인 아리스토텔레스도 사람은 누구나 쉽게 화를 낼 수 있고 아무때나 화를 내는 것은 언제나 쉬운 일이라고 말했습니다.

하지만 올바른 대상에게 화를 내고, 올바른 시기에 화를 내고, 올바른 목적으로 화를 내고, 올바른 방법으로 화를 내는 것은 모두 어려운 것이며 아무도 해낼 수 없는 것이라고 말했습니다. 화를 올바르게 내는 것은 절제하는 것보다 훨씬 힘이 드는 일이기 때문입니다.

우리는 흔히 분노의 감정을 제어할 수 없는 것으로 생각합니다. 그래서 흔히 '눈에 뵈는 것이 없다'라는 표현을 쓰기도 합니다.

하지만 그리스도를 따르는 사람들이라면 화를 낼 때도 언제나 먼저 생각하기 위해 노력해야 합니다. 자신의 분노를 전달하면서도 상대를 비난하지 말고 많은 사람들 앞에서 감정을 표현하는 것 보다는 개인적으로 전달하려고 하십시오.

예수님은 남을 비판하지 말라고 가르치셨고 언제나 사랑을 강조하셨지만 회당에서 짐승을 파는 상인들에게는 화를 내셨습니다. 하지만 예수님께서 화를 낸 것에 대해 의문을 표시하거나 꼬투리를 잡은 사람은 아무도 없었습니다. 예수님께서는 화도 완벽한 상황에서 알맞게 사용하셨고, 그것을 참고 또 올바로 사용함으로 모범을 보이셨습니다. 바르게 화를 내십시오.

 주님! 나의 감정을 이기지 못해 남에게 상처를 주지 않게 하소서.

 화를 올바로 표현하고 절제할 수 있도록 노력하십시오.

나의 영적 일지

7월 13일 용기의 필요성

●삼상 30:6 백성들이 자녀들 때문에 마음이 슬퍼서 다윗을 돌로 치자 하니 다윗이 크게 다급하였으나 그의 하나님 여호와를 힘입고 용기를 얻었더라

현대의 심리학을 기독교와 연결시키는데 큰 공헌을 한 폴 투르니에는 용기의 필요성에 대해서 다음과 같이 말했습니다.

"위대한 용기는 가장 위급한 시련기에 생기는 것이고, 그것은 오직 시련, 그 자체와 함께 생깁니다. 어떤 사람들은 상실과 고통, 질병과 사랑하는 이의 죽음 같은 것들을 자신들이 감당할 용기가 있을지를 놓고 항상 걱정합니다. 하지만 생각해 보십시오. '불행해 처했을 때 용기가 왜 필요한가?' 그것은 용기 있게 직면하는 것이 절망 속에 빠져 있는 것보다 더 고통스럽지 않기 때문입니다. 진정으로 좋은 날씨를 느끼려면 오랜 기간의 악천후를 경험해야 합니다. 마찬가지로 불경기를 겪어야만 호경기를 감사할 수 있게 되는 것입니다. 인생은 모험으로 사는 것입니다. 그리고 그 모험을 수월하게 마치기 위해서는 '용기' 라는 것이 필요합니다."

진정한 용기란 하나님을 의지할 때 생깁니다.

기드온과 다윗 그리고 모세 모두 자신의 연약함을 알았지만 하나님과 함께하는 자에게 생기는 놀라운 능력을 알았기에 미디안 족속을 물리칠 수 있었고 골리앗을 쓰러뜨릴 수 있었고 이스라엘 백성을 이끌고 바로에게서 떠날 수 있었습니다.

하나님을 의지하는 것이 곧 강한 용기입니다. 하나님을 의지하십시오.

 주님! 언제나 주님을 의지함으로 불의와 맞설 용기를 갖게 하소서.

 성경의 위대한 인물들이 하나님을 어떻게 의지했는지 알아보십시오.

나의 영적 일지

진정한 영향력

7월 14일

● 엡 4:29 무릇 더러운 말은 너희 입 밖에도 내지 말고 오직 덕을 세우는 데 소용되는 대로 선한 말을 하여 듣는 자들에게 은혜를 끼치게 하라

엘리야 심부라는 케냐에서 마사이족에게 복음을 전파하고 있는 목사입니다. 마사이족은 우리가 매우 난폭한 부족이어서 엘리야 목사가 복음을 전하기 전까진 한 번도 선교에 성공한 적이 없는 부족입니다. 하지만 엘리야 목사가 불같은 열정과 목숨을 아까워하지 않는 담대함으로 계속해서 복음을 전하자 결국 마사이 부족의 원로들이 복음을 받아들이게 되었고 그로 인해 활발한 선교 활동을 펼칠 수 있게 되었습니다.

엘리야 심부라 목사는 원래 케냐의 회교도 집안에서 태어났습니다. 어려서부터 철저한 종교적 교육을 받은 그는 어려서부터 특히 기독교를 조심하라고 교육받았습니다. 그런 그가 성장하여 다른 지역으로 여행을 떠나는 도중 어느 나이 많은 선교사를 만나게 되었습니다. 기독교인들은 자신의 종교를 강제로 타인에게 전파한다고 교육받았던 그였기에 선교사라는 것을 알고는 경계했지만 그 선교사는 종교를 강요하지도, 성경을 가르치려고 그를 압박하지도 않았습니다. 그저 오래 알고 지낸 친구 같은 인상을 풍기던 그 선교사는 여행 중에 엘리야와 평범한 수준의 대화들을 나눴으나 엘리야는 그 만남으로 깊은 감명을 받고 예수님을 영접하기로 마음먹게 됩니다. 그로인해 가족들은 그를 구타하며 핍박했으나 그는 끝까지 뜻을 굽히지 않았고 오히려 한 술 더 떠서 신학을 공부해 목사가 되기로 결심했습니다. 그리고 신학교를 마치자마자 케냐에서도 사납기로 소문난 마사이 족에게 복음을 전파하러 떠난 것입니다.

비록 짧은 시간 함께 했지만 그 나이든 선교사의 모든 행동에서 예수의 향기가 났기에 기독교에 대한 경계심이 있는 엘리야 목사도 복음에 관심을 갖게 되고 새로운 삶으로 태어날 수가 있었습니다. 진정한 영향력이란 말과 논리가 아닙니다. 친절하게 행동합시다.

 주님! 강요와 압박이 아닌 사랑과 부드러움으로 진리를 전하게 하소서.

 행동이 먼저 앞서서 말을 증명할 수 있게 하십시오.

나의 영적 일지

7월 15일

사명과 집착

● 딤후 4:18 주께서 나를 모든 악한 일에서 건져내시고 또 그의 천국에 들어가도록 구원하시리니 그에게 영광이 세세무궁토록 있을지어다 아멘

폴란드의 종교지도자인 요한은 뛰어난 학식을 갖추었을 뿐 아니라 삶으로도 모범을 보인 존경받는 분이었습니다.

그는 크라쿠프 대학에서 신학을 오래토록 강의했고 자비와 사랑을 실천하는 신앙에 대해서 언제나 강조했습니다. 실제로 자신의 삶에서도 언제나 이웃을 위한 봉사와 사랑을 실천함으로 가르치는 학생들뿐만 아니라 강의하는 교수와 함께 일하는 사람들에게도 참된 모범이 되었습니다.

그런 그가 하루는 이 세상에서 소명을 이루기 위해 열심히 노력하는 것과 삶의 즐거움에 집착하는 것을 제자들에게 가르치기 위해 다음과 같은 말을 했습니다.

"모든 것을 얻으려면, 아무것도 얻으려 하지 마십시오.
모든 것을 맛보려면, 아무것도 맛보려 하지 마십시오.
모든 것이 되기를 원한다면, 아무것도 되려고 하지 마십시오.
모든 것을 알려면, 아무것도 알려고 하지 말아야 합니다."

우리의 본향은 이곳이 아니기에 모든 것들에 집착할 이유가 없습니다.

재물과 사회적 지위같은 것들은 우리가 이 세상에서의 사명을 이루기 위해 사용되어질 도구일 뿐이지 그것 자체를 추구하는 삶은 아무런 의미가 없습니다. 세상의 모든 것을 사용할 도구로 생각하십시오.

 주님! 오로지 본향을 생각하며 이 땅의 것을 바라보게 하소서.

 세상의 즐거움 중 자신이 집착하는 것이 무엇인지 파악해 보십시오.

나의 영적 일지

하루를 시작할 때

7월 16일

● 시 92:2 주의 이름을 찬양하고 아침마다 주의 인자하심을 알리며

스티븐 스필버그는 이상할 정도로 창의력인 왕성한 사람입니다. 그는 E.T, 쥐라기 공원, 라이언 일병 구하기, 쉰들러 리스트같은 히트작을 연이어 쏟아내면서 예술성을 추구하면서도 상업적으로 엄청난 성공을 거둔 영화계의 거장이 되었습니다.

이런 스필버그의 놀라운 창의성은 영화에 대한 그의 열정에서 비롯됩니다. 그는 감독이 된 후 지금까지 아침을 먹어본 적이 없다고 합니다. 잠에서 깨면 영화를 찍을 생각에 너무도 설레어 아무것도 제대로 할 수 없기 때문입니다. 그리고는 집을 나가 하루 종일 영화에 관련된 일을 합니다.

특히나 촬영을 할 때는 밤새워 촬영을 해도 모자랄 만큼 열정이 넘치지만 함께 하는 스텝들이 모두 퇴근하기 때문에 어쩔 수 없이 자신도 퇴근한다고 합니다. 그리곤 집에 와서 다시 영화와 관련된 일을 몰두하다 잠이 들고 다시 아침이 되면 영화를 찍을 생각에 설레며 잠에서 깨는 것입니다.

스필버그의 영화에 대한 상상력과 열정을 유지시켜주는 매일 하루를 시작할 때 느끼는 기대감이라고 합니다.

우리의 하루하루는 놀라움의 연속이 되어야합니다. 주님은 우리가 매일을 통해 많은 것을 느끼고 많은 것을 배우기를 원하십니다. 하루를 의무감으로 보내지 마십시오. 매일 아침 하루를 다시 살게 해준 하나님께 감사하는 마음으로 설렘을 가지고 시작하십시오.

 주님! 오늘 하루를 다시 시작할 수 있게 해 주심을 진심으로 감사드립니다.

 매일 아침 일어나자마자 감사의 기도를 드리십시오.

나의 영적 일지

7월 17일

승리의 원동력

●삿 7:9 그 밤에 여호와께서 기드온에게 이르시되 일어나 진영으로 내려가라 내가 그것을 네 손에 넘겨 주었느니라

미국이 월남전을 치르고 있을 때의 일입니다. 격전지에서 한창 전투를 치르던 도중 한 미군 병사가 대인지뢰를 밟고 말았습니다. 그 병사는 순식간에 다리 하나를 잃게 되었고 땅에 쓰러져 고통스러워하며 다른 병사들에게 도움을 요청했습니다.

하지만 그 주변에도 지뢰가 묻혀 있을 가능성이 컸기에 다른 병사들은 함부로 움직이지 못했고 지휘관도 휘하의 병사들을 움직이지 못하게 했습니다. 눈앞에 쓰러진 자신의 동료들을 보고도 누구하나 구하러 갈 수 없는 상황이 계속되고 있는 도중 어떤 군인이 그 쓰러진 군인을 향해 아무런 망설임 없이 걸어갔습니다. 그 주변에 있던 사람들은 그에게 지뢰가 있을 것이라고 말했지만 그의 걸음엔 망설임이 없었습니다.

그 용감한 군인이 마침내 부상당한 병사를 데리고 아군 진영으로 데리고 오자 그때서야 병사들은 그가 누군지 알 수 있었습니다. 그는 부대의 최고 사령관인 노만 장군이었습니다.

월남전이 끝나고 그는 군인들 사이의 전설적인 인물이 되었고 모든 장병들은 그를 자랑스럽게 여기며 충성을 굳게 다짐했습니다. 노만 장군은 훗날 걸프전에도 참전했는데 휘하 부하들의 절대적인 신뢰로 인해 전쟁을 승리로 이끌 수 있었습니다.

사령관 한 명의 놀라운 행동이 모든 군인들에게 감동을 주었고 훗날 전쟁을 승리로 이끌 원동력이 되었습니다. 우리의 대장이신 예수 그리스도는 자신의 생명까지 우리를 위해 주신 분이십니다. 그분의 선하심을 믿고 따르십시오.

 주님! 세상의 어떤 것보다 주를 더욱 믿고 신뢰하게 하소서.
 말이 아닌 삶의 행동을 통해 주님을 따르십시오.

나의 영적 일지

머리와 손 사이

● 신 31:24 모세가 이 율법의 말씀을 다 책에 써서 마친 후에

7월 18일

한 연구기관에서 최고의 수재들이 모이는 미국 아이비리그의 학생들을 상대로 장래 목표에 관해 조사해 보았더니 목표를 뚜렷이 적을 수 있는 학생들은 전체 2%에 불과했고 나머지는 미래에 대한 뚜렷한 비전이 없었습니다.

10년 뒤 이들을 다시 조사해 보았더니 목표가 있던 2%학생들의 수입이 전체 98%의 학생들보다 많았습니다.

또한 미국의 리더십 교육기관인 L.M.I.의 연구에 따르면 미국 전체 인구 중의 3%는 상류층으로 분류되며 엄청난 성공을 거두고 있습니다. 그리고 10%는 흔히 말하는 중산층으로 자신의 삶을 여유 있게 즐기며 살아가고 있었습니다. 그리고 60% 대다수의 사람들은 서민층으로 분류되어 생계를 꾸려나갈 여유는 있지만 그 이상의 것을 누릴 여유는 없었습니다. 나머지 27%의 인구는 다른 사람이 도와주지 않으면 살아갈 수 없는 빈민층으로 분류되었습니다. 이 중 주목할 만한 결과는 3%의 해당하는 상류층은 10%의 중산층보다 월등히 높은 소득을 거두고 있었는데 이들의 학력이나, 출신, 경력 등을 비교해보면 둘 사이의 별다른 특징을 발견할 수 없었다는 것입니다. 이들이 차이점은 다만 한 가지, '자신의 목표를 글로 적었는가?, 적지 않았는가?' 였습니다. 머리의 생각이 손으로 전달된 여부의 단순한 차이가 능력을 발휘하는 데에는 엄청난 격차를 불러일으킨 것입니다.

머리와 손 사이에는 뭔가 특별한 것이 있습니다. 4자성어「적자생존」을 "적는 자는 생존한다."고 재미있게 푸는 사람도 있습니다. 걱정과 고민이 있을 때도 글로 적는 방법은 매우 효과적입니다. 원하는 것이나 고민거리가 있을 때면 그것을 적어보며 분석해 보십시오.

 주님! 주님 안에서 뚜렷한 목표를 세우게 하소서.

 작은 생각도 메모하는 습관을 지니도록 하십시오.

나의 영적 일지

7월 19일

자신을 위한 선물

●유 1:20 사랑하는 자들아 너희는 너희의 지극히 거룩한 믿음 위에 자신을 세우며 성령으로 기도하며

미국의 어떤 여성이 살을 빼려고 노력했지만 언제나 실패로 끝나 깊은 고민에 빠졌습니다. 언제나 시작할 때는 독한 마음을 먹고 1,2 주는 생각대로 그럴듯하게 진행되었지만 왠지 모르게 결국 다시 원래의 생활 습관으로 돌아가게 되었고 체중도 원래대로 돌아오게 되었습니다. 깊은 고민 끝에 그녀는 무턱대고 감량을 시작하기 전에 먼저 지식을 쌓아야 겠다고 생각했고 일이 끝난 후 피트니스 클럽 대신 서점에 들려 관련 서적을 구입해 읽기 시작했습니다. 그리고 급격한 감량대신 오랜 기간에 걸쳐 살을 빼는 것이 더욱 효과적이라는 사실을 알게 됐고 급한 마음을 버리고 차분하고 철저히 계획을 세운 다음 실행에 옮겼습니다. 그녀는 포기하지 않고 감량을 하기 위해 재미있는 이벤트를 생각했는데 그것은 한 달 단위로 몇 Kg씩 감량계획을 세우고 월급날 체중을 확인해 목표를 달성했다면 보답으로 자신에게 작은 선물을 하나씩 주는 것이었습니다. 비록 큰 선물은 아니었지만 자신에 대한 선물은 뭔가 특별하고 의미 있게 느껴졌습니다. 그녀는 매달 월급날이 기다려졌고 감량되는 체중과 함께 받는 자신의 선물로 인해 지루해하지 않고 오랜 기간 동안 체계적으로 감량을 할 수 있었습니다. 그녀는 현재 자신이 원하는 감량 목표를 달성했지만 아직도 매달 다른 작은 목표를 세워놓고 그것을 성취하면 자기 자신에게 선물을 주는 이벤트를 계속 하고 있습니다.

자기 자신을 사랑하지 않으면 남도 사랑할 수 없습니다. 자신의 돈으로 자신에게 선물을 주는 것이 아무 의미 없게 느껴질 수도 있겠지만 그것은 자기 자신을 사랑한다는 의미의 멋진 이벤트가 될 수 있습니다. 자신이 자신에게 선물해 보십시오.

 주님! 먼저 자신을 사랑할 줄 알게 하소서.

 목표를 세워놓고 그것을 달성했다면 작은 선물을 스스로 주십시오.

아이들의 소원

7월 20일

● 마 18:4 그러므로 누구든지 이 어린 아이와 같이 자기를 낮추는 사람이 천국에서 큰 자니라

미국 애리조나에 살던 '밥시'라는 아이는 불치병에 걸려 죽어가고 있었습니다. 무슨 병에 걸렸는지도 모르는 부모는 너무 괴로웠고 아이의 마지막 소원이라도 들어주고 싶었습니다.

"밥시야, 만약의 네 소원을 한 가지 이룰 수 있다면 무엇을 빌거니?"

"소방관이요. 엄마 전 꼭 소방관이 되고 싶어요."

부모는 아들의 소원을 꼭 들어주고 싶었기에 무턱대고 가까운 소방서를 찾아가 사정을 설명하고 부탁했습니다. 소방서장은 깊은 동정을 표하며 부탁을 들어주겠다고 말했습니다.

"내일 아침 일곱 시까지 밥시를 데리러 가겠습니다. 밥시의 치수에 맞는 유니폼을 준비해 입히고 저희와 함께 활동하는 일일 소방대원으로 임명하도록 하겠습니다." 소식을 들은 밥시는 뛸 듯이 기뻐했고, 소방대원들과 함께 활동하며 실제 화재 현장에도 방문을 했습니다. 밥시는 의사들의 예상보다도 3개월을 더 살았고 얼굴엔 미소가 넘쳤습니다. 하지만 모두의 노력에도 밥시의 건강은 급격히 악화되었습니다. 각종 생명신호가 약해지기 시작했고 응급조치도 소용이 없더니 마침내 의식을 잃었고 부모는 소방대원들에게 급하게 연락을 했습니다. 소방대원들은 5분 안에 병원으로 갈 테니 밥시에게 전해달라고 했습니다. 5분이 지나자 소방차가 싸이렌을 울리며 병원에 도착했고 사다리를 타고 밥시의 병실 창문으로 들어왔습니다. 10명이 넘는 소방대원들이 밥시 주위에 둘러섰고 서장이 밥시를 안아들자 간신히 정신을 차리며 대답했습니다. "서장님, 저 소방관 맞죠?" "물론이지, 밥시 우린 함께 출동도 했잖니?"

대답을 들은 밥시는 행복한 미소를 지으며 숨을 거두었습니다. 이이들의 꿈은 소중합니다. 그들의 꿈과 소원을 진지하게 들어주고 도움을 주십시오.

 주님! 아이들의 순수함과 바라는 것을 들어주고 도와주게 하소서.

 아이들의 꿈을 작다고 무시하지 말고 소중히 여겨주십시오.

나의 영적 일지

7월 21일

위대한 선포

●롬 1:4 성결의 영으로는 죽은 자들 가운데서 부활하사 능력으로 하나님의 아들로 선포되셨으니 곧 우리 주 예수 그리스도시니라

흑인들의 인권을 위해 일했던 마틴 루터 킹 목사는 말했습니다. "나는 언젠가는 조지아의 붉은 언덕에서 옛날 노예들의 후손과 전에 노예를 부리던 사람들의 후손이 형제애를 나누며 한 식탁에서 자리를 함께 할 수 있을 것이라는 꿈을 가지고 있습니다."

그리고 그가 암살당한 뒤에도 많은 사람들이 나타나 인권운동을 위해 힘썼고 마침내 미국에서 흑인 대통령이 당선되기까지 이르렀습니다.

사람들에게 성공과 동기에 대한 비전을 제시하는 폴 마이어는 "세계 모든 사람이 그 잠재능력을 최대한으로 발휘할 수 있도록 그들을 동기화 시킨다"는 목표를 선언 했습니다. 그를 통해 많은 사람들이 자신의 인생을 성공으로 이끌었고 더 나은 삶을 위한 동기를 부여 받았습니다. 그리고 그의 연구소를 통해 길러진 많은 동기부여 연사들도 폴 마이어의 정신으로 사람들에게 강연을 하고 있습니다.

캘리포니아 소재의 스탠포드 대학교는 목표를 "서부의 하버드가 되자"로 정했고 지금은 하버드보다도 뛰어난 학과도 있는 것으로 평가받는 대학이 되었습니다.

강한 믿음을 가진 사람은 주위의 사람들을 변화시킵니다. 그리고 그런 사람들로 인해 세상이 변화됩니다. 그 신념이 많은 사람들을 위한 것이냐 아니냐에 따라 많은 사람들을 더 행복하게 만들 수도 있고 불행하게 만들 수도 있습니다. 강하고 올바른 신념을 주님께 구하십시오.

 주님! 강하고 올바른 신념을 믿음으로 선포하게 하소서.

 자신의 신념과 생각들이 주위 사람들을 행복하게 만드는지 생각해 보십시오.

나의 영적 일지

잔잔한 사랑

7월 22일

● 시 119:97 내가 주의 법을 어찌 그리 사랑하는지요 내가 그것을 종일 작은 소리로 읊조리나이다

1992년 12월 18일 미국 캘리포니아의 산 마테오라는 도시에서 이상한 일이 일어났습니다.

산 마테오 도시와 인접한 모든 마을들의 상점이 문을 닫고 집집마다 조의를 표하는 일이었습니다. 이런 일은 보통 사람들이 존경하는 명사들이 죽었을 때 일어나는 일이었지만 그날은 어떤 명사들도 죽지 않았고 아무런 공휴일도 아니었습니다.

모든 일들은 그 마을에 살았던 메리 셰퍼드라는 여인의 죽음 때문에 일어났던 일이었습니다. 그녀를 모르는 사람들은 도대체 그녀가 어떤 사람인지 궁금했습니다. 그녀는 유명인사도 아니었고 사람들을 위한 봉사단체나 자선단체의 회원도 아니었습니다. 인류의 발전을 위해 큰 공헌을 한 사람은 더더욱 아니었습니다. 단지 그녀는 누구든 그녀의 집에서 식사를 하고 하룻밤 묵어갈 수 있게 대접을 했습니다. 그녀의 집에는 찾아왔던 손님들이 찾아와서 인사말을 써놓고 걸어둔 리본과 옷핀이 셀 수 없을 만큼 많이 있는데 그녀는 시간이 날 때마다 그것들을 하나하나 보며 찾아온 사람들을 생각하며 축복기도를 했다고 합니다.

그녀의 사랑은 잔잔했지만 그렇게 그 지역 전체 마을 사람들에게 퍼져갔고 그녀가 죽자 인근 마을까지 문을 닫고 조문 행렬이 끊이지 않을 정도로 이어졌습니다. 그 어떤 사람도 거리끼지 않고 자신의 가족처럼 생각했던 그녀의 사랑이 모든 사람들의 진심을 울렸던 것입니다.

사랑을 전하는 방법이 꼭 거창할 필요는 없습니다. 메리 셰퍼드는 주부였을 뿐이지만 그 어떤 위인 못지않게 많은 사람들에게 사랑과 힘을 전해주었습니다. 이웃을 사랑하십시오.

 주님! 맡은 일의 크고 작음을 떠나 그 일에 사랑을 담게 하소서.
 삶의 작은 일들을 통해 사랑을 전하십시오.

나의 영적 일지

7월 23일 진심어린 존경

●롬 12:10 형제를 사랑하며 서로 우애하고 존경하기를 서로 먼저 하며

미국 텍사스에 폴이라는 청년이 있었습니다. 그는 성공한 사람들과 부의 축적에 관심이 많았는데 결국 돈을 벌기 위해 대학을 중퇴하고 보험판매업에 뛰어들었습니다.

갓 스무 살이 된 그는 돈을 벌기 위한 열정이 있었고 의욕도 넘쳤지만 실적은 영 신통치 않았습니다. 어김없이 또 판매에 실패하고 집으로 돌아가던 어느 날 그는 멋진 저택에 스포츠카가 세워져 있는 것을 보고는 갑자기 엉뚱한 생각을 하게 됩니다.

'저런 성공을 이룬 사람과 나의 차이점은 뭘까?'

그는 성공의 비결을 듣기 위해 집의 주소를 알아내 진심어린 마음의 편지를 썼고 매일 같이 전화를 해 15분만 시간을 내달라고 요청했습니다. 결국 금전적인 도움과 일자리를 요청하지 않는다는 조건으로 저택의 주인은 승낙을 했습니다. 폴은 미리 준비한 질문을 그에게 했고 답변을 잊지 않기 위해 빠짐없이 메모했습니다. 폴의 진중한 자세에 그는 깊은 감명을 받았고 어느새 15분을 훌쩍 넘어 2시간이 넘게 폴과 대화를 나눴습니다. 폴은 일에 방해가 될까봐 그만 가겠다고 했지만 그는 괜찮다며 폴과의 대화를 계속해서 이어나갔습니다.

대화가 끝난 후 그는 폴의 직업을 물어봤고 폴이 요구하지도 않았는데 엄청난 액수의 보험 계약까지 성사시켜 주었습니다. 그리고 그 남자에게 들은 성공의 비법을 적용해 폴은 27살에 억만장자가 되었고 지금은 자신이 축적한 부를 다른 사람들에게 효율적으로 분배하기 위해 노력하고 있습니다.

먼저 성공한 이를 진심으로 존경했기에 폴은 그의 마음에 들 수 있었고 뜻하지 않은 도움까지 받게 되었습니다. 나의 비전을 이미 이룬 사람이 있다면 진심으로 존경하십시오.

 주님! 선구자들을 질시하지 않고 진심어린 존경의 마음을 갖게 하소서.

 자신의 분야에서 이미 성공한 사람들을 조사해 보십시오.

나의 영적 일지

갈등의 해결 방법

● 막 7:21 속에서 곧 사람의 마음에서 나오는 것은 악한 생각 곧 음란과 도둑질과 살인과

7월 24일

미국의 루즈벨트 대통령은 4번이나 대통령에 당선된 탁월한 리더십의 소유자였습니다.

그는 미국뿐만 아니라 세계를 이끌어가는 지도자였는데 1929년 세계적으로 일어난 대공황을 뉴딜 정책이란 새로운 발상으로 극복해 내었고 2차 세계대전에선 연합군에 참전하는 결단을 내려 전쟁을 승리로 이끌었습니다. 그리고 얄타회담을 통해 UN을 창설하는데 지대한 영향을 미친 세계적으로도 훌륭한 지도자였습니다.

이런 그의 리더십은 갈등을 완만히 해결하는 능력에서 나왔습니다. 그는 자신의 집에서 일하는 사람의 가족사항까지도 알고 있을 만큼 친화력이 있었고 소속과 반대인 정당이라 하더라도 적을 두지 않았습니다.

한 번은 대통령시절 자신의 법안에 강력히 반대하는 상대 정당의 의원을 설득하기 위해 그의 취미를 조사했습니다. 의원이 우표수집을 광적으로 좋아한다는 사실을 안 루즈벨트는 곧바로 연락을 취해 자신이 모으던 우표의 정리를 도와달라고 요청했습니다. 의원은 달가워하지 않았지만 우표수집이란 말에 마지못해 루즈벨트를 만났습니다. 루즈벨트는 자신보다 낮은 위치의 의원이었지만 우표에 대한 그의 지식을 인정하며 그에게 많은 도움을 구했습니다. 함께 있는 동안 루즈벨트는 우표에 대한 얘기 외에는 아무 말도 하지 않았지만 다음 법안 통과일에서 그 의원이 찬성에 투표함으로 큰 갈등 없이 입법을 통과할 수 있었습니다. 루즈벨트의 갈등해결 방법은 차이를 좁히려 노력하는 것 보다는 공통점을 찾아 공유하는데 있었습니다.

갈등을 해결하기 위해선 다름을 보기보다는 같음을 봐야 합니다. 우리의 같음은 한 아버지 되신 예수 그리스도이십니다. 그 누구도 미워하지 마십시오.

 주님! 우리가 모두 같은 하나님의 자녀임을 알게 하소서.

 사이가 좋지 않은 사람이 있다면 공통점을 공유해 보십시오.

7월 25일

진정한 재능

● 갈 4:18 좋은 일에 대하여 열심으로 사모함을 받음은 내가 너희를 대하였을 때뿐 아니라 언제든지 좋으니라

골프 황제 타이거 우즈, 하루아침에 팝스타가 된 제시카 심슨, 해마다 10만 명에 가까운 유럽클럽과 계약을 하는 브라질 유소년 축구선수들, 모두가 특별한 재능을 가지고 있을 것이라고 생각하는 사람들입니다. 이들은 천재적인 재능을 갖고 태어난 것 같아 보이지만 본인들의 대답은 조금 다릅니다. 그들을 같은 선수들 사이에서 재능 있게 보이게 만드는 것은 더 많은 노력뿐이라고 이야기 합니다. 타이거 우즈는 이렇게 말했습니다.

"나는 항상 최고의 선수는 아닐지 모른다. 하지만 난 항상 누구보다 연습을 가장 많이 하는 선수이다. 내가 연습할 땐 옆에서 폭탄이 떨어진다 해도 모를 것이다."

17살 때 데뷔해 첫 앨범을 300만이나 판매한 제시카 심슨도 마찬가지입니다. 데뷔는 17살 때 했지만 그녀는 뛰어난 보컬 강사가 있는 댈러스의 교습소에서 11살 때부터 레슨을 받아왔습니다. 창법을 교정하는 데에만 2년이 걸렸고 나머지 3년 동안은 노래에 감정을 싣고 관객들과 호흡하는 방법을 배우기 위해 매일을 빠지지 않고 연습했습니다. 하지만 그녀가 데뷔했을 땐 사람들은 모두 하루아침에 스타가 된 팝계의 신데렐라라고 불렀습니다.

축구왕국 브라질의 선수들도 마찬가지입니다. 사람들은 브라질에 뭔가 특이한 것이 있어서 훌륭한 선수들을 많이 배출한다고 생각하지만 그들의 비결 역시 연습이었습니다. 브라질 유소년 축구선수들의 연습시간은 주당 20시간으로 잉글랜드의 유소년 축구선수들보다도 4배 이상 많습니다. 뛰어난 재능을 가진 사람들의 유일한 공통점, 그것은 바로 노력이었습니다.

다 빈치는 말했습니다. "나의 노력을 사람들이 안다면, 나의 재능을 별로 신통치 않게 생각할 것이다." 기도로 구하는 것만큼 노력을 하십시오.

 주님! 노력과 열정이 뒷받침된 간구로 구하게 하소서.

 내가 성공을 원하는 분야의 프로들이 얼마나 노력하는지 알아 보십시오.

나의 영적 일지

여호와를 경외하라

7월 26일

● 딤전 2:10 오직 선행으로 하기를 원하노라 이것이 하나님을 경외한다 하는 자들에게 마땅한 것이니라

중국 송나라 시대의 대학자로 불리는 주자는 세월이 빠르니 매사에 최선을 다하라며 다음과 같은 글귀를 남겼습니다.

"오늘 배우지 않으면서 내일이 있다고 말하지 말고
올해 배우지 않으면서 내년이 있다고 말하지 마십시오.
해와 달은 가고 세월은 나를 기다려 주지 않습니다.
어느새 나이가 들었음을 깨달아도 그것은 누구의 잘못도 아닙니다.
순간 순간의 세월을 헛되이 보내지 마십시오.
다만 주어진 시간에 최선을 다하십시오.
세월은 사람을 기다리지 않습니다."

모든 유교경전에 주석을 달 정도로 뛰어난 학자였던 주자는 세월의 빠름을 걱정하며 매순간 최선을 다하라고 가르쳤습니다.

하지만 최선을 다한다 하더라도 죽음은 피할 수 없기에 인생의 무상함은 해결할 수 없습니다.

역사상 가장 지혜롭고 많은 재물을 가졌던 솔로몬은 그래서 하나님을 경외하라고 말했습니다. 이 세상에선 아무리 많은 것을 이루고 최선을 다해도 삶의 마지막을 막을 순 없기 때문입니다.

먼저 예수 그리스도를 믿어 구원받고 나의 삶의 우선이 하나님을 경외하는 것이 되도록 하십시오.

 주님! 나의 삶에 만족과 믿음이 뒤바뀌지 않게 하소서.
 여호와를 경외하는 것이 어떤 것인지 생각해 보십시오.

나의 영적 일지

7월 27일

살아있는 말과 죽은 말

●행 19:20 이와 같이 주의 말씀이 힘이 있어 흥왕하여 세력을 얻으니라

한국 사람들이 가장 많이 하는 말 중 하나가 "언제 한 번 밥 한번 먹자"라고 합니다. 그러나 그냥 인사치레로 하는 경우가 많아서 요즘은 누구도 이 말을 듣고 다음 만남을 생각하진 않는다고 합니다.

고대 중국에서 어떤 임금이 명마를 수집하는 것을 엄청 좋아해서 신하들에게 돈은 얼마든지 줄 테니 나라를 모두 뒤져 가장 뛰어난 말을 찾아오라고 명령했습니다. 신하들은 각기 지역에서 모두 수소문을 했지만 임금이 말 한 마리에 정말 돈을 줄까 싶어 누구도 자신의 말을 선뜻 보내주지 않았습니다. 임금은 보다 못해 자신의 신하 중 가장 총명한 자에게 부탁을 했습니다. 그는 임금의 부탁을 받고 다음 날 바로 어느 마을에 가서 이미 죽어버린 말을 엄청난 돈을 주고 사서 요란한 치장을 한 다음 임금이 있는 궁궐까지 행렬을 만들어 보냈습니다. 임금은 믿었던 신하가 명마는 고사하고 죽은 말을 사오는 바보 같은 짓을 했기에 화가 났지만 일주일만 기다려 보라는 신하의 말에 참고 기다렸습니다. 임금이 명마라면 죽은 말까지도 엄청난 돈을 사들인다는 소문이 순식간에 퍼졌고 일주일이 안 되어 전국에서 뛰어난 말이란 말은 모두 궁궐로 몰려 들었습니다. 사람들이 임금이 하는 말이 진짜라는 것을 믿게 되었기 때문에 직접 자신의 말을 몰고 왔던 것입니다.

임금은 자신이 원하는 대로 명마를 얻을 수 있었고 신하는 나라의 가장 큰 위치에 오르게 되었다고 합니다.

매일 거짓말만 하는 사람의 말을 갑자기 신뢰하게 되기는 어려울 것입니다. 비록 인사치레의 말이라도 진짜 지킬 수 있는 사람이 되십시오.

 주님! 사람들에게 확신을 심어줄 수 있는 사람이 되게 하소서.
 지나가는 작은 말이라도 지킬 수 있는 것을 하십시오.

나의 영적 일지

보이지 않는 성실함

7월 28일

● 시 119:30 내가 성실한 길을 택하고 주의 규례들을 내 앞에 두었나이다

셰익스피어가 가장 존경했던 사람은 친구의 집에서 일하는 하인이었다고 합니다. 그가 친구네 집에 말없이 놀러갔던 적이 있었는데 아무도 없는 빈 방에서 카펫을 걷고 바닥을 청소하는 하인을 보게 된 것입니다. 청소하지 않아도 보이지 않는 곳이고 해봤자 알아주는 사람이 없는데도 불구하고 자신의 일을 묵묵히 하는 그 하인에게 셰익스피어는 감동을 받았습니다.

또한 미국에 있는 자유의 여신상은 1886년에 제작된 길이만 92미터가 되는 초대형 건축물입니다. 밑에서 보면 끝이 보이지 않을 정도로 거대한 이 여신상을 사람들은 그냥 대형 건축물 정도로만 생각했습니다. 하지만 어떤 사진작가 한 사람이 자유의 여신상을 자세히 촬영하기 위해 헬리콥터를 타고 올라가 하늘에서 사진을 찍다가 놀라운 사실을 알게 되었습니다. 자유의 여신상의 머리와 팔과 횃불이 믿기지 않을 정도로 섬세하게 조각되어 있던 것입니다. 머리는 빗겨져 있었고 횃불은 작은 불길 부분까지 표현되어 있었으며 팔도 실제와 거의 흡사한 모습으로 조각되어 있었습니다. 자유의 여신상의 머리는 건축물 꼭대기에 올라가도 보이지 않는 부분이었고 다른 어떤 건물에 올라가서 보아도 볼 수 없는 부분입니다. 그런 부분임에도 머릿결까지 표현하는 조각가의 성실함에 사진작가는 놀랐고 이 사진은 많은 사람들에게도 놀라움을 주었습니다. 그리고 사람들이 자유의 여신상을 단순히 커다랗기만 한 건축물이 아니라 섬세하기까지 한 더 높은 수준의 건축물로 생각하게 되는데 큰 영향을 끼쳤습니다.

쓸데없는 일을 하는 어리석은 행동처럼 보일지 모르지만 보이지 않는 성실함이야말로 진정 주님이 원하시는 것입니다. 자신의 일에 최선을 다하는 성실한 사람이 되십시오.

 주님! 사람들을 의식하는 것이 아니라 뭐든지 주를 위해 하게 하소서.

 언제나 주님이 보고 계신다는 마음가짐으로 일하십시오.

나의 영적 일지

7월 29일
두렵지 않은 이유

● 신 1:29 내가 너희에게 말하기를 그들을 무서워하지 말라 두려워하지 말라

한트럭 운전사가 있었습니다. 성실하고 책임감이 강했던 그는 직장에서도 두터운 신임을 받았습니다.

어느 날, 그가 사는 지역에 심한 눈보라가 쳤습니다. 하지만 회사에서는 반드시 보내야할 물건이 있었기에 신임할 수 있는 트럭 운전사에게 부탁 했습니다. 아내는 눈보라가 점점 더 심해진다고 뉴스에 나왔으니 이번일은 맡지 말라고 했지만 남편은 회사에 중요한 일이라 어쩔 수 없다며 아내를 안심시키고 떠났습니다. 하지만 눈보라는 점점 심해졌고 목적지의 절반도 가지 못해 더 이상 나아갈 수가 없었습니다.

운전사는 눈보라가 약해지면 다시 길을 떠나야겠다는 생각으로 차를 길옆에 대놓고 잠시 쉬며 잠을 청했습니다. 눈보라가 점점 심해지는 것도 모른 채 깊은 잠에 빠졌던 그는 잠에서 깬 뒤 깜짝 놀랐습니다. 차 주위가 온통 눈으로 뒤덮여 있어서 아무것도 보이지 않았기 때문입니다. 그는 그렇게 차 안에 갇힌 채 아무것도 먹지 못하고 목이 마를 땐 눈을 먹으며 버텼습니다.

마침내 5일 만에 구조대가 그를 찾아냈고, 갇혀 있을 동안 정신적인 충격이 걱정되어 정신과 의사에게 상담을 받게 됐습니다. 의사는 운전사에게 물었습니다. "당신은 5일 동안이나 눈 속에 파묻혀 있었습니다. 두렵지 않으셨나요?" 트럭 운전사는 담담한 목소리로 대답했습니다. "저에게는 친한 동생이 있는데 반드시 저를 찾아줄 것이라고 믿었습니다. 내가 살아만 있다면 반드시 저를 찾아낼 것이라고 믿었기에 전혀 두렵지 않았습니다."

주님께선 우리에게 두려워말라고 말씀하셨습니다. 다윗은 고백했습니다. "내가 사망의 음침한 골짜기를 다닐지라도 해를 두려워하지 않음은 주의 팔과 지팡이가 나를 안위하시나이다." 어떤 어려움 속에서도 주님을 믿으십시오.

 주님! 언제나 올바로 인도해주시는 선한 목자되심을 감사드립니다.

 시편 23편을 묵상하면서 말씀을 마음에 품으십시오.

나의 영적 일지

나눔의 기술

●행 4:35 사도들의 발 앞에 두매 그들이 각 사람의 필요를 따라 나누어 줌이라

 7월 30일

19세기 경, 미국의 한 시골에 있는 약국에서 일을 하는 아서 캔들러라는 청년이 있었습니다. 그는 남들에게 도움이 되는 삶을 꿈꿨지만 그러기 위해 필요한 돈과 지식, 배경 어느 것 하나 갖추지 못했습니다.

그러던 어느 날 자신을 의사라고 밝힌 한 노인이 약국 안으로 들어와 자신이 개발한 소화제가 있는데 혹시 관심이 있느냐고 물었습니다. 노인은 개발한 소화제가 생각만큼 효과가 없어 싼값에라도 약국에 팔아넘기려고 여러 동네를 전전하고 있었지만 효과가 거의 없는 소화제에 관심을 보인 약국은 한 군데도 없었습니다. 캔들러는 밑져야 본전이라는 생각에 어떤 물건인지 한 번 보기로 했습니다. 맛을 살짝 봤던 캔들러는 이것을 소화제가 아닌 음료수로 만들어 판다면 분명 성공할 것 같다는 느낌이 들었습니다. 순간 그는 이런 생각을 했다고 합니다.

"내가 이 제품을 만들어 팔면 분명히 성공할 것이다. 그럼 많은 사람들에게 일자리를 제공해 줄 수 있을 것이고, 제품을 만드는 공장을 짓기 위해 자재를 파는 사람들에게도 도움을 줄 수 있을 것이다. 그리고 제품을 홍보하기 위해 광고를 만들고 방영하는 방송국과 카피라이터들도 많은 도움을 받을 수 있게 될 것이다."

그는 지금껏 모아왔던 오백달러를 주며 그 소화제를 만드는 비법과 샘플을 함께 팔라고 말했습니다. 노인은 어차피 팔리지 않던 소화제를 제법 큰돈을 받고 팔 수 있는 기회였기에 비법을 적은 종이와 함께 샘플을 주전자에 담아 넘겼습니다. 그리고 아서 캔들러는 그 제품을 코카콜라라는 이름으로 시중에 판매해 큰 성공을 거뒀습니다.

꿈이 있는 사람에겐 기회가 옵니다. 남을 도우고자 하는 꿈을 가지고 있던 캔들러는 실패한 소화제로부터 기회를 찾았습니다. 자신의 현실을 생각하지 말고 더 큰 꿈을 품으십시오.

 주님! 나를 위한 사고를 넘어서 더 큰 생각을 갖게 하소서.
 현실을 바라보지 말고 더 큰 뜻을 품으십시오.

7월 31일

명작의 조건

●골 1:28 우리가 그를 전파하여 각 사람을 권하고 모든 지혜로 각 사람을 가르침은 각 사람을 그리스도 안에서 완전한 자로 세우려 함이니

나이는 어리지만 그림 실력이 출중한 소녀가 있었습니다. '로자'라는 이름의 소녀는 그림을 그리기 위해 태어난 사람처럼 엄청난 재능을 보였고 언제나 붓을 들고 다닐 정도로 열정 또한 있었습니다.

그녀 인생의 목적은 멋진 그림을 그려서 다른 사람들에게 감동을 주는 것이었습니다. 그러나 가난이 그녀의 앞길을 막았습니다. 그녀는 당시의 다른 화가들처럼 인물을 묘사해 사람들에게 감동을 주고 싶었지만 돈이 없었기에 모델을 구할 수가 없었기 때문입니다. 또 여자라는 이유로 뛰어난 실력에도 불구하고 변변한 후원자조차도 없었습니다. 하지만 그럼에도 그녀는 그림을 멈추지 않았습니다. 비록 모델을 구하지 못해도 사람들에게 감동을 줄 수 있는 그림을 그릴 수 있을 것이라는 희망을 절대 포기하지 않았습니다.

언제나 붓과 그림틀을 준비해 다니던 그녀는 집을 나서던 중 한 농부가 끌고 가는 말을 보게 됩니다. 순간 그녀에게 말은 완벽한 모델처럼 느껴졌고 꼭 그려야만 한다는 느낌이 떠올랐습니다. 말의 모습을 급하게 스케치 한 그녀는 심혈을 기울여 그림을 완성했습니다. 그 그림은 지금 뉴욕시 미술관에 '장터의 말'이라는 제목으로 전시되어 있습니다. 사람만이 모델 취급을 받던 그 시대에 오히려 말을 모델로 한 그림이 불후의 명작이 된 것입니다.

명작은 이미 우리들 안에 있습니다.

세상의 모든 것이 이미 하나님께서 창조하신 완벽한 작품입니다. 있는 그대로의 모습을 나타내는 것 그것이 명작의 조건입니다. 우리는 하나님이 창조하고 만족하셨던 완전한 작품임을 기억하십시오.

 주님! 내가 하나님의 작품임을 알게 하소서.

 있는 그대로의 모습으로 하나님께 나아가십시오.

나의 영적 일지

● 요한복음 10:28,29,30

입장의 차이

● 갈 5:14 온 율법은 네 이웃 사랑하기를 네 자신 같이 하라 하신 한 말씀에서 이루어졌나니

삼중고의 장애를 극복한 헬렌 켈러가 발명왕 에디슨을 만났던 적이 있었습니다. 헬렌 켈러는 에디슨이 유명한 발명가라는 사실을 알고는 다음과 같이 말했습니다.

"선생님, 제가 만약 당신 같은 훌륭한 발명가였다면 저와 같은 청각 장애인들을 위해서 들을 수 있게 만드는 기계를 발명했을 것 같습니다."

에디슨이 축음기와 소형영사기와 같은 소리와 관련된 발명을 많이 한 것을 헬렌 켈러는 알았기 때문입니다. 하지만 이에 대해 에디슨은 전혀 의외의 대답을 했습니다.

"글쎄요, 제 생각엔 그런 기계는 필요 없을 것 같습니다. 어쩌면 듣지 못하는 것이 더 나은 삶을 위한 것일지도 모릅니다. 제가 보기에 사람들은 언제나 쓸데없는 말을 합니다. 남을 헐뜯고 약점을 잡는 것과 같은 말만 하지 정작 들을만한 이야기는 거의 하지 않기 때문입니다. 어차피 남의 말을 들어봤자 사람들은 결국 자신이 하고 싶은 대로만 하고 살아갑니다."

에디슨은 헬렌 켈러와 같은 세계에 있는 청각장애인들의 고통을 이해하지 못한 것입니다.

에디슨은 자신이 관심 있는 분야에서는 최고의 발명가였을지 모르지만 타인을 생각하는 발명가는 되지 못했습니다. 다른 사람의 필요를 이해하는 사람이 되십시오.

 주님! 타인의 입장에서 일을 발전 시켜나갈 수 있도록 하소서.

 뭐든지 역지사지의 입장에서 생각하십시오.

나의 영적 일지

핑계거리

8월 2일

● 눅 21:14 그러므로 너희는 변명할 것을 미리 궁리하지 않도록 명심하라

어떤 농장 주인이 아들의 혼인잔치에 쓸 음식을 위해 오리를 잡으려고 했습니다.

주인이 자신을 잡으려고 한다는 것을 눈치 챈 오리는 주인을 보자마자 말했습니다. "제가 죽으면 누가 주인님을 위해 알을 낳지요? 알을 못 낳는 수탉을 잡으시죠?" 주인이 들어보니 일리가 있는 말이었습니다. 근데 이번엔 수탉이 말했습니다. "제가 죽으면 누가 주인님을 위해 아침에 큰 소리로 울지요? 제가 죽으면 주인님도 일찍 일어나지 못하실 것입니다. 밭에서 풀이나 뜯는 양이나 잡으시죠?" 아침에 못 일어나면 농장 일을 할 수 없기에 주인도 고개를 끄덕였는데 이번엔 양이 말했습니다. "제가 죽으면 해마다 겨울을 어떻게 나시겠어요? 양털을 더 이상 깎을 수가 없을 텐데요. 시끄럽게 짖기만 하는 개를 잡으시죠?" 곧바로 개가 말했습니다. "제가 없으면 양을 늑대로부터 지킬 수가 없으실 겁니다. 차라리 말을 잡는 건 어떠세요?" 말은 자신이 주인이 외출할 때 타야하므로 안 된다고 했고 이번엔 소를 추천했습니다. 하지만 소는 밭일을 할 때 필요함으로 잡을 수가 없었습니다. 결국 주인은 고민하다가 음식을 장만할 때를 놓쳤고 결국 아무것도 차리지 못한 초라한 혼인잔치를 치를 수밖에 없었습니다.

때로는 누군가가 희생하고 손해 보지 않으면 일을 해나갈 수 없을 때가 있습니다. 그럴 때 자신의 이익만을 위해 빠져나갈 구멍을 찾는 것이 아니라 할 수 있는 일이라면 당당히 나서십시오.

 주님! 주님의 희생정신을 기쁘게 따르게 하소서.
 모두가 꺼리는 일을 믿음으로 자원하십시오.

나의 영적 일지

8월 3일

특기를 개발하라

●벧전 3:13 또 너희가 열심으로 선을 행하면 누가 너희를 해하리요

한젊은이가 일류대학에서 취직을 위한 완벽한 조건을 갖추고 졸업을 했습니다.

명성 있는 교수님께 추천장까지 받은 젊은이는 의기양양하게 뉴욕에 있는 라피드 운송회사에 취직하기 위해 면접을 보러 왔습니다.

다른 사람들보다 한두 가지 정도는 더 잘하는 것이 있을 것이라고 생각한 젊은이는 자신만만하게 면접 장소에 들어왔습니다. 그를 본 면접관은 제일 먼저 물었습니다.

"당신의 특기는 무엇입니까? 우리 회사에서 하고 싶은 일이 무엇이죠?"

젊은이는 자신의 능력을 과시하려는 말투로 대답했습니다.

"저는 어떤 일이든 잘 할 자신이 있습니다. 아무 일이나 시켜주시면 됩니다."

그러자 면접관이 실망스런 표정을 지으며 말했습니다.

"그래요? 우리는 모든 일을 잘하는 사람은 필요 없습니다. 그저 한 가지 일이라도 맡은 일을 잘할 수 있는 사람이 필요합니다."

너무 많은 것을 신경쓰다보면 한 가지도 제대로 할 수 없게 됩니다.

미래를 보고 자신의 비전을 위한 특기를 개발하십시오. 나이가 늦었다 생각하지 마시고 계획을 세워 천천히 준비하십시오. 10년을 꾸준히 연습하면 그 분야의 유명한 전문가가 될 수 있다고 합니다. 더욱 다양한 것으로 다른 사람들에게 복음을 전하는데 귀한 도구로 사용하십시오.

 주님! 귀하게 쓰임 받을 수 있는 능력을 키우게 하소서.

 어떤 것이든 관심 있는 분야의 특기를 키우도록 하십시오.

나의 영적 일지

구할만한 믿음

● 마 16:8 예수께서 아시고 이르시되 믿음이 작은 자들아 어찌 떡이 없음으로 서로 의논하느냐

8월 4일

멕시코에 사는 카를로스라는 남자가 하반신이 마비되는 큰 사고를 당했습니다. 그는 다시 걷기 위해서 가능한 모든 치료를 받았지만 의사들은 가능성이 없다며 치료를 포기했습니다. 가족들도 이제는 장애를 안고 살아가는 법을 익히자며 다독였지만 카를로스는 다시 걷는 것을 포기할 수가 없었습니다. 그러던 중 마을로부터 약 15km 떨어진 사비엘 교회라는 곳에서 병자가 고쳐지는 기적이 많이 일어난다는 소문을 듣고는 그곳까지 걸어서 찾아가야 겠다는 결심을 했습니다. 다리에 힘이 없었기에 어린 아들의 부축을 받고 여행을 떠난 그는 목적지까지 태워주겠다는 운전자들의 호의를 거절하며 힘든 발걸음을 계속해서 이어나갔습니다. 자신이 나음을 받기 위해선 믿음으로 교회에 걸어 들어가야 된다고 생각했기 때문입니다.

15km밖에 안 되는 거리였는데 하루 종일 걸은지 이틀이 되어서야 겨우 교회에 도착할 수 있었습니다. 오는 도중 노숙까지 했기에 부자의 몰골은 말이 아니었지만 교회를 도착하자마자 강단 앞까지 걸어 나갔습니다. 몸은 이미 한계에 다다랐지만 그는 기어나가면서까지 포기하지 않았습니다.

마침내 카를로스는 강단에서 기도를 드렸고 많은 사람들이 그를 주시하고 있었습니다. 기도를 마친 카를로스는 천천히 자리에서 일어났고 거짓말처럼 멀쩡히 걸어서 교회를 나왔습니다.

예수님께서는 구하면 뭐든지 주신다고 우리에게 말씀하셨습니다. 카를로스는 진짜 나을 수 있다는 확고한 믿음과 뒤따르는 행동이 있었기에 나음을 받을 수 있습니다. 하지만 정말 중요한 것은 그 나은 다리로 무엇을 할 것 인가입니다. 자신이 바라던 것을 받았다면 그것을 하나님의 영광을 위해 사용하십시오.

 주님! 받을 것을 구하는 이상의 믿음을 갖게 하소서.
 자신이 바라는 것들의 이유가 무엇인지 생각해보십시오.

8월 5일

불평보단 행동

●출 40:16 모세가 그같이 행하되 곧 여호와께서 자기에게 명령하신 대로 다 행하였더라

지금 미국엔 남성보다 영향력이 큰 여성 정치가와 경영자들이 많이 있지만 몇 십 년 전만해도 여성의 사회 진출이 힘겹고 차별받던 시절이 있었습니다.

메리 케이 화장품의 설립자인 메리 케이 애쉬 역시 마찬가지였습니다. 그녀는 미국에서 거의 처음으로 성공한 여성 경영자로 알려져 있지만 자신의 회사를 세우기 전까진 많은 차별을 당했습니다. 주부가 된 후에 세일즈 일을 시작한 메리는 일 년 만에 최우수 판매 왕이 될 정도로 뛰어났습니다.

이후 '월드 기프트'라는 회사에 스카우트 되어 최초의 여성 CEO 자리에 올랐지만 높은 직위에도 불구하고 회사 내의 성차별은 견디기 힘들 정도로 심했습니다. 결국 차별을 이유로 회사를 그만둔 그녀는 자신의 분노를 글로 쓰기 시작했습니다. 여성이 사회적 차별을 당하는 사례부터 어떻게 대응해야 하는지 적어서 피해를 보는 다른 여성들을 돕고 싶었기 때문입니다.

한창 글을 쓰던 중 그녀는 문득 '차라리 여성들을 위한 회사를 차리면 어떨까?'라는 생각을 하게 됐고 실제 창업 준비를 하기 시작했습니다. 여성들이 상대적으로 유리한 화장품이 적격이라고 생각한 그녀는 메리 케이 화장품이라는 브랜드를 설립하고 주부들을 판매사원으로 고용했습니다. 결과는 매우 성공적이었고 처음 8명으로 시작했던 그녀의 회사는 지금 32만 명이 다니는 엄청난 기업으로 성장했습니다.

메리가 창업을 결심했을 때의 나이는 48이었습니다. 그녀는 분노의 글로 세상에 대한 불만을 표현할 수도 있었지만 더 좋은 행동을 선택했습니다. 마음에 들지 않는 일과 문제가 생겼을 땐 화를 내기 보다는 그것을 해결할 수 있는 방법에 대해서 기도하며 구하십시오.

 주님! 나뿐만 아니라 남의 어려움도 해결하기 위한 지혜를 주소서.

 내가 겪는 어려움을 남도 겪는다는 생각을 가지십시오.

더 나은 표현

● 잠 27:5 면책은 숨은 사랑보다 나으니라

8월 6일

어떤 마을의 한 어린이가 이사를 간 친구에게 편지를 썼습니다. 글씨는 삐뚤빼뚤했지만 정성껏 편지를 쓴 아이는 기쁜 마음으로 우체통에 넣기 위해 달려갔습니다. 하지만 키가 작아서 아무리 노력해도 우체통에 편지를 넣을 수는 없었습니다. 아이는 누군가가 도와주길 바랬지만 주위의 어른들은 신경도 쓰지 않고 지나갔습니다. 아이가 결국 울상이 되었을 때 멀리서 집배원 아저씨가 다가오고 있었습니다. 아이는 아저씨에게 직접 편지를 주면 되겠다고 생각하고는 작은 손으로 편지를 내밀었습니다.

집배원 아저씨는 아이를 보고는 환하게 웃으며 편지를 받아주는 것 대신 아이가 직접 편지를 우체통에 넣을 수 있도록 안아서 들어주었습니다. 집배원 아저씨의 옷에 묻은 먼지와 땀 때문에 아이의 옷은 엉망이 되었지만 아이는 편지를 넣고 밝은 표정을 지으며 집으로 돌아갔습니다. 이 광경을 본 한 어른이 집배원에게 물었습니다.

"그냥 편지를 받아주면 될 것을 어째서 안아주었습니까? 어차피 꺼내야 될 편지를 다시 넣게 됐고 아이의 옷까지 더러워지지 않았습니까?"

"그렇긴 합니다만, 저는 아이에게 누군가 도와준다면 자신도 할 수 있다는 것을 알게 해주고 싶었습니다. 비록 옷은 더러워졌지만 나중에 아이가 커서 스스로 편지를 넣을 수 있게 되면 다른 아이들에게 같은 도움을 주는 사람이 되었으면 하는 마음으로 한 것입니다."

집배원과 바라보던 어른은 둘 다 아이를 위하는 마음은 같았지만 표현 방식의 차이가 있었습니다. 무엇이든지 해주는 환경과 적당한 도움을 받으며 자신이 해나가는 환경에서 커나간 아이의 미래는 분명히 큰 차이가 날 것입니다. 그것을 해줄 수 있을지라도 그 사람에게 더 도움이 되는 방법으로 표현해 주십시오.

 주님! 사람이 더 성장하고 자랄 수 있게 도움을 주게 하소서.

 내가 해주는 것보다 그가 할 수 있게 도와주십시오.

나의 영적 일지

8월 7일 선한 목자

● 요 10:11 나는 선한 목자라 선한 목자는 양들을 위하여 목숨을 버리거니와

세계 2차대전이 벌어졌을 당시 독일군은 유럽으로 진격하며 폴란드를 공격했습니다. 폴란드를 순식간에 점령한 독일군은 곧바로 유태인들이 많이 모여 있는 학교로 들어가 수업중인 학생들을 모두 수용소로 끌고 가려고 했습니다. 어린 아이들은 수업 도중 들이닥친 독일군에 놀라서 모두 두려움에 질려 있었습니다.

당시 유태인 반을 맡고 있던 코르작이란 선생님은 아이들을 보호하기 위해 필사적이었지만 아이들이 끌려가는 것을 막을 수는 없었습니다. 아이들이 울며불며 끌려가는 모습을 보던 선생님은 참을 수 없는 슬픔을 느끼며 독일군에게 다가가 말했습니다.

"난 이 교실의 선생인데, 유태인은 아니지만 나도 가겠습니다. 나는 이런 상황에서 도저히 아이들만 보낼 수 없습니다."

선생님의 의외의 행동에 아이들은 물론 독일군까지도 놀랐습니다. 선생님은 아이들을 위로하며 함께 기도를 드리면서 수용소로 들어갔습니다. 사랑하는 제자들만 수용소로 보낼 수 없다던 선생님은 결국 아이들의 손을 잡고 가스실까지 함께 들어갔습니다. 수용소에서 이 모습을 지켜본 사람들은 모두 코르작 선생님을 '진정한 스승'이라고 불렀고, 훗날 독일이 패전국이 되고 가스실에서 죽은 유태인들을 위해 세워진 기념관 입구에는 제자들을 양팔로 꼭 안고 있는 코르작 선생님의 동상이 세워지게 되었습니다.

코르작 선생님은 아이들을 위해 자신의 목숨까지 바치는 진정한 스승이었습니다. 우리도 자신의 양들을 위해 목숨까지 바치신 주님을 생각하며 몸소 본을 보이십시오.

 주님! 당신의 사랑을 본받아 다른 이들에게 바른 가르침을 전하게 하소서.

 선한 목자로의 예수님의 사랑을 다시 한 번 생각해보십시오.

나의 영적 일지

잘 나가는 주유소

8월 8일

● 엡 4:32 서로 친절하게 하며 불쌍히 여기며 서로 용서하기를 하나님이 그리스도 안에서 너희를 용서하심과 같이 하라

미국에 장사가 잘 되기로 유명한 주유소가 있었습니다. 어찌나 장사가 잘 되던지 한참이나 떨어져 있는 워싱턴에까지 소문이 나서 그 지역의 상인들이 비결을 배우기 위해 사람들을 파견했을 정도였습니다.

소문난 주유소의 주인인 샘이 밝힌 비결은 바로 '친절'이었습니다. 비결치고는 너무도 뻔했지만 샘의 친절은 조금 달랐습니다. 그의 친절은 주유소가 더 잘 되기 위해서 베푼 것이 아니기 때문입니다. 몇 해 전 겨울 집 앞의 눈을 치우는 것이 힘들었던 샘은 제설차를 한 대 구입했습니다. 때마침 마을에 큰 눈이 내렸고 샘은 제설차의 성능을 시험할 겸 해서 마당의 눈을 치웠습니다. 눈을 거의 다 치웠을 무렵 이웃집 남자가 눈 때문에 차고에서 나오지 못하는 모습을 보게 되었습니다. 눈을 치우는 김에 샘은 그 이웃의 차고 앞의 눈을 치워주었고 내친김에 온 마을의 눈을 깨끗하게 치워버렸습니다. 마을을 모두 청소하고 난 뒤 샘은 남을 돕는 기쁨을 느꼈고 이후로도 남에게 도움을 주기 위해 노력했습니다. 눈이 오면 언제나 마을 전체의 눈을 치웠고 고민이 있는 사람이라면 장사를 둘째 치고라도 달려가서 함께 고민해주었습니다. 사람들은 작은 일이라도 부탁할 것이 생기면 모두 샘에게 달려왔고 샘은 언제나 그들을 반갑게 맞아 주었습니다. 마을 사람들이 주유를 어디서 할 것인지는 너무도 분명한 일이었습니다. 샘은 장사를 위해서 친절을 베풀지 않았고 친절 그 자체를 위해서 남을 도왔습니다. 샘의 친절은 사람들에게 도움을 주었고 돈도 잘 벌게 해주었지만 무엇보다도 그렇게 함으로써 진정 보람을 느낄 수 있었습니다.

성공에 대한 관심이 높아지면서, 많은 예절과, 친절과 같은 덕목들까지 처세기술처럼 되어버렸습니다. 이익에 대한 생각을 버리고 자신의 마음에 집중을 하며 선행을 베푸십시오.

 주님! 보여주기 위한 모습을 버리고 진심을 담게 하소서.

 모든 선행 자체에서 기쁨을 찾기 위해 노력하십시오.

8월 9일 — 베푸는 공장

● 삼하 2:6 너희가 이 일을 하였으니 이제 여호와께서 은혜와 진리로 너희에게 베푸시기를 원하고 나도 이 선한 일을 너희에게 갚으리니

1945년, 만주를 점령한 공산당이 유리공장을 하고 있던 최태섭이라는 한국인을 재판하고 있었습니다. 최 씨가 많은 돈을 벌었기에 그를 죽이고 재산을 귀속시키기 위해서였습니다. 검찰은 다음과 같은 항목으로 그를 기소했습니다.

① 일본군의 협조를 받았다. ② 노동자들의 임금을 착취했다. ③ 비위생적인 환경에서 일을 시켰다.

말이 재판이지 그것은 그를 처형하기 위한 구실들에 불과했습니다. "이 죄목으로 최태섭을 처형하겠습니다. 반론 있으십니까?" 최 씨는 그저 마음의 준비를 하고 있었습니다. 그런데 갑자기 구경하던 사람들 중 한 명이 말했습니다. "재판관 동무, 나는 그 공장에서 일을 했었지만 아무래도 최 씨가 누명을 쓴 것 같습니다. 그는 이 지역 공장 중에선 가장 많은 임금을 주었습니다. 자식들의 학비까지 대주었고 몸에 무리가 갈 정도의 중노동을 시키지도 않았습니다. 가족까지 병원에 데려갈 정도로 직원들을 챙겨주었습니다."

재판관은 그냥 무시하고 형을 집행하려고 했지만 곧 같은 주장을 하는 사람들이 너무 많아졌습니다. 결국 판결을 미루고 감옥에 가둬놓았는데, 그날 밤에 최 씨 밑에서 일하던 사람들이 몰려와 감옥에서 탈출시켰습니다. 최 씨가 정말로 직원들을 위해 많은 것을 베풀었기에 많은 사람들이 그를 구하고자 했던 것입니다.

최 씨는 한국으로 와서 한국유리공업 회사를 설립했습니다. 육천 명이 넘게 일하는 큰 회사의 사장인 그는 다음과 같이 얘기했습니다. "기독 실업인의 목표가 돈만 버는 것이어서는 안 됩니다. 우리는 다만 재물을 관리하는 청지기일 뿐입니다. 사람이 죽으면 아무것도 소유할 수 없기 때문입니다."

선한 청지기가 되십시오.

 주님! 그 이 땅의 것보다 하늘의 것을 더 생각하게 하소서.

 돈보다 더 중요하게 생각하는 것이 무엇인지 생각해보십시오.

죽음을 뛰어넘은 용기

8월 10일

● 요일 2:29 너희가 그가 의로우신 줄을 알면 의를 행하는 자마다 그에게서 난 줄을 알리라

프랑스와 영국이 백년 전쟁을 치루고 있을 때 영국은 프랑스의 '칼레'라는 지역을 공격했는데 전략적으로 중요한 위치이면서도 규모가 작았기 때문입니다. 하지만 생각보다 거센 반항에 부딪히게 되어 영국 국왕은 칼레를 포위하고 식량이 모두 떨어질 때까지 기다렸습니다.

어느덧 성안의 모든 식량이 떨어졌고 칼레의 시민들은 결국 항복하기로 했습니다. 마을 대표가 영국 진영으로 가서 항복의 뜻을 전했지만 영국 국왕은 다음과 같은 조건을 내걸었습니다.

"내일까지 너희 모두를 대신해 죽을 6명이 나에게 왔을 때만 받아들이겠다."

소식을 들은 칼레 시민들은 서로 자신이 나서겠다고 했고 결국 제비를 뽑아 6명을 뽑았습니다. 그런데 무슨 일이 있어도 꼭 가야겠다고 하는 젊은이가 있어서 사람들은 고민에 빠졌다가 결국 내일 가장 늦게 일어난 사람을 빼놓고 가자는 약속을 하고 헤어졌습니다. 다음날 아침 제비를 뽑은 6명은 모두 도착했으나 꼭 가야겠다고 말했던 젊은이는 오지 않았습니다. 의아하게 여긴 사람들이 그의 집에 가보니 그는 이미 죽어 있었습니다. 다른 사람들을 구하기 위한 자신의 희생 의지를 보여주기 위해서였습니다. 사람들은 그의 죽음에 큰 용기를 얻어 담대하게 영국 국왕 앞에 나아갔습니다. 왕은 여섯 명이 온 것을 보고도 놀랐지만 표정에 전혀 두려움이 없는 것을 보고 더욱 놀랐습니다. 왕은 그 이유가 무엇인지 물었고, 사람들은 오늘 아침에 있었던 일을 말해주었습니다. 그 젊은이에게 큰 감동을 받은 왕은 비록 적이지만 경의를 표하고 남은 여섯 명의 시민들을 모두 돌려보내었습니다.

한 사람의 의로운 용기는 다른 사람들을 독려할 뿐만 아니라 많은 생명을 살리기도 합니다. 타인을 위하고 불의를 물리치는 거룩한 용기를 품으십시오.

💚 주님! 자신을 나타내는 호기가 아닌 남을 위한 용기를 내게 하소서!

🏃 남들을 돕는 일과 불의한 일을 향해 용기 있는 행동을 보이십시오.

나의 영적 일지

8월 11일

진정한 선물

●엡 4:8 그러므로 이르기를 그가 위로 올라가실 때에 사로잡혔던 자들을 사로 잡으시고 사람들에게 선물을 주셨다 하였도다

"선물을 지닌 자는 열린 문을 발견하리라" 라는 말이 있습니다. 이 말을 한 토마스 풀러는 가정집에 들어가 주부들에게 물건을 파는 데는 엄청난 재능이 있는 사람이었습니다. 자신의 이름을 딴 칫솔을 가정에 방문해서 팔았던 풀러는 1915년에 '가정집을 방문하는 기술' 이라는 것을 고안 해내 자신의 판매원들에게 다음과 같이 가르쳤습니다.

① 모든 칫솔 판매원은 물건을 팔지 못해도 샘플을 전해준다.
② '샘플' 이라는 말 대신 '선물' 이라는 용어를 사용한다.
③ '선물' 은 절대 현관이 아닌 집 안에 들어가서 주도록 한다.
④ 주부가 너무 바빠서 시간이 없다고 말해도 포기하지 않는다. 바쁜 일이 끝날 때까지 기다리겠다고 얘기한다. 만약 주부가 시간도 없고 '선물' 도 필요 없다고 말해도 다음과 같이 말해야 한다.

"아무리 바쁘시고, 이것을 원하지 않으셔도 저는 선물을 나눠줄 책임이 있답니다."

전도에 대한 중요성은 아무리 강조해도 지나치지 않습니다. 그것은 우리가 이 의무를 너무 가볍게 생각하거나 혹은 어렵게 생각하기 때문입니다.

풀러와 같이 복음을 선물로 생각하십시오.

아무리 상대가 바쁘고 그것을 원치 않아도 전하기 위해 많은 방법을 생각하며 오래토록 기다리십시오.

 주님! 세상의 기쁨이 아닌 영혼을 구하는 참 기쁨을 알게 하소서.

 복음을 '선물' 이라고 생각하십시오.

나의 영적 일지

국경을 뛰어넘은 애국

● 딤전 2:1-2 그러므로 내가 첫째로 권하노니 모든 사람을 위하여 간구와 기도와 도고와 감사를 하되 임금들과 높은 지위에 있는 모든 사람을 위하여 하라 이는 우리가 모든 경건과 단정함으로 고요하고 평안한 생활을 하려 함이라

8월 12일

어니스트 토마스 베델이라는 영국의 기자가 있었습니다. 그는 1904년 러시아와 일본의 전쟁을 취재하러 조선이라는 나라로 떠났습니다. 처음엔 단순히 기사를 취재하러 온 조선 땅이었지만 그는 당시 조선 사람들의 착한 성품과 후한 인심에 좋은 인상을 받고 비록 낯선 땅이지만 조선 사람들에게 많은 도움을 주어야겠다고 생각을 했습니다. 그래서 자신이 취재하던 전쟁이 끝난 후에도 조선에 계속 머무르며 사람들을 위해 할 수 있는 일을 찾아다녔습니다. 결국 자신의 본업을 살려 그는 '대한매일신보'라는 신문을 창간하고 독립 운동가들을 회사에 취직시켰습니다.

그는 신문을 통해 일제의 부당한 점을 설파함으로 많은 조선 국민들에게 힘을 실어 주었습니다. 뿐만 아니라 을사늑약의 전모를 서방의 알리기 위해 고종 황제에게 친필의 글을 쓰게 해 자신이 직접 미국과 프랑스 같은 여러 나라의 대통령들에게 직접 보내기도 하였습니다. 그로인해 서양인이었지만 투옥까지 되었던 베델은 그래도 조선을 향한 사랑을 멈추지 않았습니다. 자신보다 더 권력이 있는 다른 서양인에게 자신의 신문 사업을 맡기고는 자신은 독립운동에 직접 뛰어들어 조선의 독립을 위해 일했습니다. 그러던 중 1909년 37세의 나이로 그는 조선 땅에서 병에 걸려 죽고 말았습니다. 그는 죽으면서 다음과 같은 말을 했습니다.

"나는 죽지만 대한매일신보는 계속해서 살아 한국 사람들을 구했으면 좋겠습니다."

보통 애국이란 말은 자신이 태어난 나라를 말하는 것이지만 베델은 자신에게 중요한 것은 모국의 여부가 아니었습니다. 여러 가지로 힘들게 재건된 우리나라! 애국하십시오.

 주님! 모든 나라와 인종이, 성별이 평등하다는 것을 알게 하소서.
 우리나라를 사랑하십시오. 그 만큼 다른 나라도 인정해주십시오.

8월 13일

4년의 기다림

●시 130:6 파수꾼이 아침을 기다림보다 내 영혼이 주를 더 기다리나니 참으로 파수꾼이 아침을 기다림보다 더하도다

1984년 서울 올림픽에서 금메달을 땄던 육상선수 발레리는 원래 금메달을 딸 정도의 기량은 아닌 것으로 평가받았습니다. 그녀의 코치인 바비는 그녀가 최고가 될 자질은 가지고 있지만 그것을 간절히 원하는 열정이 없다는 것을 알고는 그녀에게 동기를 주기위해 켄 로스라는 상담사와 만나게 했습니다. 그녀는 국가대표로 뽑힐 정도로 뛰어난 기량을 갖고 있었지만 올림픽 같은 대회에서 최고가 되는 것은 자신과 관계없는 이야기라고 생각하고 있었습니다. 켄은 그녀를 만나자마자 계속해서 비전을 심어주었습니다.

"지금은 1984년이고 올림픽 경기장입니다. 당신은 이제 1등으로 결승선을 통과했고 수많은 관중들의 박수와 언론의 관심을 받고 있습니다. 기분이 어떻습니까?"

처음 발레리의 반응은 시큰둥했고 켄의 말대로 생각해보지도 않는 것 같았습니다. 하지만 시간이 흐를수록 현재의 모습이 자신이 바라는 것이 아니라는 것을 깨닫게 됐고 마침내 상상하는 것만으로 금메달에 대한 감격의 눈물을 흘릴 정도가 되었습니다. 그리고 다가온 1984년 발레리는 200m 경주에서 금메달을 땄고 ABC 방송국과 인터뷰를 하게 되었습니다.

"발레리 선수, 올림픽에서 금메달을 딴 기분이 어떻습니까?"
"그저 다른 날들과 똑같은 기분입니다."

그녀는 매일 금메달의 기쁨을 누려왔기에 실제 금메달을 딴 경우에도 다른 날과 다를 바가 없었던 것입니다. 그녀에게 훈련을 준비한 4년의 기간은 그것을 얻기 위한 고된 시간이 아닌 그것을 받기 위해 준비하며 기다리는 시간이었습니다.

우리 모든 믿는 자들에게는 약속된 상이 있습니다. 그 약속을 바라보며 매일 천국의 기쁨을 누리며 인생을 살아가십시오.

 주님! 그곳의 기쁨을 바라보며 이 땅의 소명을 다하게 하소서.

 천국의 기쁨을 미리 상상하며 매일을 보내십시오.

16년 동안의 기도

●눅 6:28 너희를 저주하는 자를 위하여 축복하며 너희를 모욕하는 자를 위하여 기도하라

8월 14일

'백의의 천사' 나이팅게일이 세계 1차 대전 때 부상병들을 치료하고 있었는데 치명상을 입은 한 군인이 후송되어 왔습니다. 상처가 너무 심해 치료를 하더라도 금방 죽을 것이라고 판단한 그녀는 목사님을 불러오려고 했지만 그 군인은 자신은 종교가 없다고 말했습니다.

"그렇다면 당신이 하나님을 받아들일 수 있게 제가 마지막까지 기도를 해드리겠습니다." "소용없소, 그런다고 내 맘이 변하진 않소, 당신만 싫증이 날거요."

군인은 짜증 섞인 목소리로 말했지만 나이팅게일은 미소를 잃지 않고 대답했습니다.

"천만에요, 전 한 번도 본적이 없는 사람을 위해 16년 동안이나 기도하고 있답니다." 모르는 사람을 위해 16년 동안이나 기도했다는 말에 군인은 적잖이 놀랐습니다. 얘기를 들어본즉 자신의 어머님이 일하던 저택의 주인 아들이 신앙을 가질 수 있게 기도해달라고 부탁을 받았는데 그것을 계속해서 기도해오고 있다는 것이었습니다. 병사가 다시 물었습니다.

"그 아들은 지금 무엇을 하고 있다고 하던가요?"

"최근에 들은 소식으로는 군대에 입대했다고 하더군요."

"혹시 당신 어머님의 이름이 아베타 입니까?"

그 군인은 나이팅게일이 16년 동안이나 기도했던 바로 찰스였습니다. 인생의 마지막 순간에 자신을 위한 놀라운 주위의 사랑을 알게 된 찰스는 결국 목사님을 불러달라고 요청하고 예수님을 구주로 영접하고 세례를 받은 뒤 얼마 뒤에 편안히 숨을 거두었습니다. 하나님의 섭리는 놀랍습니다. 내가 포기하지만 않는다면 반드시 다른 사람들의 구원을 위해 사용하십니다. 기도를 놓지 마십시오. 말씀을 놓지 마십시오. 전도를 놓지 마십시오.

 주님! 당신의 완벽한 섭리를 믿고 오직 기도하게 하소서.

 제목을 적어놓고 기도하는 습관을 들이십시오.

경찰서 백 개보다 나은 교회

● 마 16:18 또 내가 네게 이르노니 너는 베드로라 내가 이 반석 위에 내 교회를 세우리니 음부의 권세가 이기지 못하리라

우리나라가 일제치하에서 해방되고 광복을 맞자 해외에 있던 김구 선생은 기쁜 마음으로 서둘러 귀국을 했습니다. 그러나 당시의 국내 상황은 너무 좋지 않아서, 산업시설이나, 교육시설이 제대로 갖추어지지 않았고 질서를 유지할 수 있는 치안시설마저도 부족한 상황이었습니다.

김구 선생님 곁에 있던 사람들은 먼저 나라의 질서를 유지해야 한다며 경찰서를 추가로 건립해야 된다고 건의했습니다. 그때 김구선생이 이런 말을 했습니다. "경찰서 백 개를 세우는 것보다도 교회 하나를 세우는 것이 훨씬 더 낫네."

하나님의 말씀을 따르는 사람들은 누가 시키지 않아도 법을 지킬 것이고 이웃을 사랑함으로 그 지역을 활기차게 변화시킬 것이기 때문이었습니다. 김구 선생은 강압에 의한 실천보다는 진리에 의한 행동이 더 효과적이라는 것을 깨닫고 있었습니다.

지금 교회는 도시에서 가장 흔하게 찾아볼 수 있는 건물이 되었습니다.

하지만 김구 선생이 알던 교회와는 달리 교회내의 분쟁을 해결하기 위해 오히려 경찰서를 가고 변호사를 고용하고 서로를 고소합니다. 교회가 하나님의 법을 버리고 세상의 법 안으로 들어가 해결하려고 합니다.

이제는 진리의 말씀으로 다시 돌아갈 때입니다. 광복 후의 국민들에게 살아갈 희망과 행복을 줬던 교회가 오늘날에도 사람을 살리고 영을 살리는 교회가 되게 하십시오.

 주님! 말씀을 올바로 가르치고 양육하는 교회가 되게 하소서.

 주님의 말씀 안에 한국의 교회가 바로서고 사랑하도록 기도하십시오.

나의 영적 일지

한 사람의 격려

8월 16일

● 행 18:27 아볼로가 아가야로 건너가고자 함으로 형제들이 그를 격려하며 제자들에게 편지를 써 영접하라 하였더니 그가 가매 은혜로 말미암아 믿은 자들에게 많은 유익을 주니

마르코니가 처음 무선전신을 만들겠다고 발표했을 때 당시의 과학자들과 언론들은 모두 그가 미쳤다고 생각했습니다. 아직 유선전신이 발명된 지도 30년 밖에 되지 않았고 전화조차도 벨에 의해 막 발명된 상황이었기 때문입니다. 이런 불리한 상황 속에서도 마르코니가 무선전신을 발명할 수 있었던 것은 어떤 상황에서도 그를 믿어주었던 어거스트 교수 때문이었습니다. 12살 때부터 교수에게 가르침을 받았던 마르코니는 전파에 대해 배우자마자 무선에 대한 자신의 생각을 말했습니다. 교수도 다른 사람들과 같은 이유로 반신반의 했지만 그래도 어린 제자에게 도전해보라며 격려해 주었습니다. 그 격려가 마르코니에게 10년 동안 무선전신에만 몰두할 수 있게 만든 원동력이 되었습니다. 마르코니가 처음으로 무선전신을 실험한다는 얘기를 듣고는 교수는 건강이 좋지 않은데도 불구하고 실험을 보러왔습니다. 실험은 실패했지만 사제가 함께 밤새 문제를 연구를 한 끝에 다음날 바로 최초의 무선전신을 성공할 수 있었습니다. 마르코니는 눈부신 발전을 계속하여 대서양을 건너 미국에까지 무선 전신을 보내 세상을 놀라게 만들었습니다. 그는 조국에서 영웅이 되었고 귀국했을 때는 온 도시의 사람들이 그를 맞이하기 위해 나왔고 그를 위한 월계관까지 준비해 놓았습니다. 마르코니는 월계관을 받자마자 지체 없이 구석에 있던 한 노인을 찾아가 무릎을 꿇고 바쳤습니다. 그는 자신에게 끊임없이 관심과 도움을 주었던 어거스트 교수였습니다.

한 사람의 격려가 불가능을 가능케 합니다. 주위 사람들의 어려움을 그냥 지나치지 마십시오. 아무리 안 될 것 같은 상황이라도 그들의 말을 들어주고 격려해주십시오.

 주님! 격려로 사람들을 세워주는 바나바와 같은 사람 되게 하소서.
 사람들의 생각을 들어주고 긍정의 에너지를 불어 넣어 주십시오.

나의 영적 일지

8월 17일

감사의 조건

● 살전 5:18 범사에 감사하라 이것이 그리스도 예수 안에서 너희를 향하신 하나님의 뜻이니라

디알 교수는 태어날 때부터 앞을 거의 보지 못하는 선천적 장애를 갖고 태어났습니다. 한 쪽 눈은 아예 보이지 않았고 다른 쪽 눈은 왼쪽 끝의 작은 부분만 조금 보였습니다. 하지만 시력 대신에 뛰어난 암기력을 갖고 있던 그녀는 열심히 노력하여 대학을 졸업했고 훗날 오거스타 대학의 문학과 교수까지 맡았습니다. 자신의 장애를 콤플렉스로 생각하지 않고 언제나 긍정적으로 세상을 살았던 디알 교수는 사람들에게 인기와 존경을 한 몸에 받았습니다. 그런 그녀에게도 죽기 전에 꼭 이루고 싶은 소원이 있었는데 그것은 한 번만이라도 세상을 제대로 보는 것이었습니다. 그렇게 52세가 되던 해 그녀에게 기적과 같은 일이 일어났습니다. 발달된 의학 기술로 수술을 해서 시력을 회복 할 수 있다는 진단이 나온 것입니다. 그전에는 큰 글씨를 보기 위해서도 얼굴을 책에 파묻어야 했지만 수술을 받은 그녀는 이제 쉽게 책을 보고 일상을 누릴 수 있었습니다. 시력을 회복한 뒤에 출간한 그녀의 저서 '나는 보고 싶었다'에서 그녀는 다음과 같이 말하고 있습니다.
"나는 접시를 닦으며 비누거품과 장난을 칩니다. 햇빛에 거품이 비치면 작은 무지개가 이는 것을 볼 수 있는데 그것은 나에게 너무 아름다운 광경입니다."
50년 동안이나 보는 것을 갈망했던 그녀에겐 접시 닦는 일마저도 너무나 기쁘고 감사한 일이었던 것입니다.
그녀의 책 마지막 부분에서는 다음과 같이 적혀있습니다. '사랑의 신인 하나님이자 하늘에 계신 우리들의 아버지시여, 나는 당신에게 감사드립니다.' 디알 교수는 자신이 소원을 이루었기에 진정 그것에 대해 감사하며 기쁨으로 평생을 살았습니다. 받을 것만을 계속 구하는 것이 아니라 이미 받은 것에 충분히 감사하며 기쁨을 느끼십시오.

 주님! 이미 우리에게 많은 것을 주심을 감사합니다.
 이미 받은 것을 적어보고 그것에 대해 감사한 마음을 기도 드리십시오.

나의 영적 일지

무엇에 쓸 것인가

8월 18일

● 잠 25:4 은에서 찌꺼기를 제하라 그리하면 장색의 쓸 만한 그릇이 나올 것이요

중국 송나라 시대에 어떤 가문에 대대로 내려오는 신비한 약이 있었습니다. 약을 바르면 아무리 물을 묻히고 험한 일을 해도 손이 절대로 부르트지 않는 신비한 약이었는데 그 비법을 가진 집안이 대대로 하는 일이라곤 남의 집 빨래와 설거지를 해주는 일이었습니다. 허드렛일을 하다 손이 부르트면 그 약을 발라서 낫게 하면 되기 때문이었습니다. 하지만 품삯이 많지 않았기에 대대로 가난하게 살고 있었습니다.

결국 그 가문은 약을 만드는 비법을 팔아서 돈을 벌기로 하고 소문을 듣고 온 한 나그네에게 그 비법을 팔았습니다. 그 비법을 산 나그네는 곧바로 강가가 많은 오나라로 건너갔습니다. 그 당시 오나라는 월나라와 전쟁 중이었는데 나그네는 왕을 찾아가 자신이 전쟁을 이길 방법을 알고 있다고 말했습니다. 오나라는 월나라에 비해 약소국이었고 승리할 묘책도 없었기에 왕은 나그네에게 장군의 직위를 주고 전투를 통솔하게 했습니다. 나그네는 신비한 약을 만들어 병사들에게 나눠주고는 반드시 강가에서만 월나라와 전투를 벌였습니다.

시간이 지날수록 월나라 병사들의 손은 물집이 잡히고 부르터서 무기도 제대로 잡을 수가 없었지만 오나라 군사들의 손은 아무런 이상이 없었습니다. 결국 오나라는 월나라의 공격을 무사히 막을 수 있었고 전쟁이 끝난 후 그 나그네는 큰 벼슬을 하고 많은 재물을 얻을 수 있었습니다. 하지만 약을 팔았던 가문은 번 돈을 모두 쓰고 다시 남의 빨래를 하는 일을 계속했다고 합니다.

같은 재능을 가지고도 누구는 그것을 범죄에, 누구는 사회의 발전을 위해서 사용합니다. 가진 것을 무엇에 쓸 것인지, 그것이 어떤 결과를 낳을 것인지 먼저 고민한 후 행동하십시오.

 주님! 일을 하는데 있어 깊고 신중히 행동하게 하소서.

 현재 일과 미래의 비전이 나와 주위에 어떤 영향을 미칠지 생각해보십시오.

나의 영적 일지

8월 19일

담대함의 힘

●시 31:24 여호와를 바라는 너희들아 강하고 담대하라

유명한 방송국의 PD인 모건스턴은 담대함 하나로 20대 초반에 피디 일을 시작했습니다. 그는 어려서부터 오직 프로듀서가 되는 일에 온 힘을 쏟았습니다. 하지만 방송을 하기 위해선 특히나 인맥이 중요했는데 그에겐 충분한 인맥과 학력이 없었습니다.

그러던 어느 날 TV를 보던 도중 글로리아라는 유명인이 방송에서 자신의 책을 홍보하는 것을 보고는 영감을 얻었습니다. '비범한 행동, 일상의 반란'이라는 책을 홍보하던 그녀는 자신의 책을 소개하면서 오늘 특별한 일을 하겠다고 다짐을 하고 하루를 시작하라고 말했습니다. 순간 그녀의 책과 인터뷰 내용에 맞는 아침 프로그램을 만들면 좋겠다고 생각한 그는 당장 글로리아의 사무실로 전화를 해서 미팅 약속을 잡았습니다. "전 모건스턴이란 피디 지망생입니다. 저는 당신이 아침프로그램을 맡아서 매일 출근하는 사람들에게 희망의 메시지를 전해야 한다고 생각합니다. 아침 프로그램을 맡아주시겠습니까?" 글로리아는 모건스턴의 제안을 흔쾌히 수락했고 그는 그녀의 수락을 받자마자 다시 방송국으로 가 '투데이 쇼'라는 아침프로그램의 제작국장을 만났습니다. "글로리아 씨가 아침 방송에 출연하고 싶다고 저에게 말씀하셨습니다. 프로그램을 편성해서 고정패널로 사용하는 것은 어떻습니까?"

'글로리아'가 아침방송을 원한다는 말에 피디는 당장 그의 제안을 받아들였습니다. 그리고 그는 글로리아가 출연하는 프로의 일을 2년간 하게 됐고 덕분에 방송국 피디로서 일을 할 수 있게 되었습니다. 담대함이란 상상 속에서만 일어나는 많은 일들을 실제로 만들어주는 힘입니다. 예수님께서도 걱정하는 제자들에게 담대하라고 말씀하셨습니다. 이미 세상을 이기신 예수님이시기 때문에 우리가 걱정할 것은 아무것도 없다는 사실을 기억하십시오.

 주님! 세상을 이미 이기신 주님을 믿고 따르게 하소서.

 말씀을 믿고 좋은 생각들을 바로 실천할 담대함을 구하십시오.

나의 영적 일지

아이들의 경제교육

8월 20일

● 잠 11:14 지략이 없으면 백성이 망하여도 지략이 많으면 평안을 누리느니라

"어린이들은 과거에 비해 경험할 수 있는 일들이 훨씬 많아졌습니다. 하지만 아쉬운 것이 딱 한 가지 있습니다."
"그게 뭡니까?"
"은행에서 돈을 빌릴 수가 없다는 겁니다."
미국의 헬리콥터 재벌인 델과 그의 한 측근의 대화입니다.
그의 측근은 그에게 어린이에게 돈을 빌려줄 수 있는 방법을 알아보자고 제안했고 곧 그는 자신의 변호사들을 동원해 어린이들을 위한 은행을 만들기 위한 시도를 했습니다. 하지만 현행법상 어린이들을 대상으로 한 은행은 설립할 수가 없었기에 대신 그는 어린이들에게 기금을 무료로 대출해주고 자율로 되갚는 방식의 비영리 재단을 설립하기로 했습니다. 많은 어린이들이 자신의 아이디어를 실현하기 위해 재단을 찾아왔고 필요한 만큼의 돈을 빌렸습니다.
그중의 토미라는 어린이는 자동차에 파는 범퍼스티커를 만들어 레이건과 고르바초프같은 세계 각국의 정상들에게까지 팔정도로 성공을 거두었습니다. 하지만 비영리 재단이기에 아이들이 돈을 빌려간 후 갚지 않아도 돈을 받을 수 있는 방법이 없었습니다. 그러나 놀랍게도 돈을 빌려간 아이들은 모두 100% 다시 돈을 되갚았습니다. 뿐만 아니라 그들은 자신들과 같은 더 많은 어린이들이 혜택을 볼 수 있게 빌린 돈의 이자까지 쳐서 되갚았습니다.
아이들이 어려서부터 양심적이고 합리적인 경제활동을 배울 수 있다면 커서도 그것을 절대 잊지 않을 것입니다. 아이들이 단순히 지식만 습득해야 한다고 생각하지 마시고 다양한 사회적, 경제적 활동을 하도록 장려해 주십시오.

 주님! 아이들이 어려서부터 올바른 관념들을 익힐 수 있게 돕게 하소서.
 아이들에게 용돈을 관리하고 돈을 사용하는 법을 가르쳐주십시오.

나의 영적 일지

8월 21일

최고의 축복

●시 118:26 여호와의 이름으로 오는 자가 복이 있음이여 우리가 여호와의 집에서 너희를 축복하였도다

먼 길을 떠났다 돌아오는 탐험가가 있었습니다. 탐험은 무사히 마쳤지만 그가 자신의 마을까지 돌아오기 위해서는 길고 긴 황무지를 지나야 했습니다. 그곳의 땅은 척박하고 풀 한 포기 없어서 탐험가는 오랜 시간을 고생한 끝에 겨우 지나올 수 있었습니다. 몸과 마음이 피곤했던 탐험가는 곧 멋진 아름드리 나무를 한 그루 발견하고 휴식을 취하기 위해 다가갔습니다. 나무는 적당한 물가에 자리 잡고 있었으며 열매도 주렁주렁 많이 열려 있었습니다.

탐험가는 물가에서 목을 축이고 열매로 허기를 달랠 수 있었고 시원한 나무 그늘에서 꿀맛 같은 휴식을 취했습니다. 다시 마을로 돌아가기 위해 떠날 채비를 하던 중 탐험가는 나무를 보며 다음과 같이 말했습니다.

"아름다운 나무여, 나에게 너무 많은 것을 주었기에 나는 너를 축복하고 싶지만 너는 이미 적당한 물가에 자리 잡고 있고 너의 열매는 풍성하며 그늘마저 훌륭하게 드리웠구나. 내가 너에게 해줄 유일한 축복은 네가 언제나 지금과 같이 훌륭한 나무로 있으며 너의 씨앗도 너와 같은 훌륭한 나무가 되도록 기도해 주는 것밖에 없구나."

우리의 근원이 하나님인 것을 아는 사람들은 더 이상 바랄 축복이 있습니다. 우리의 본향에서는 누구나 완벽한 모습이기 때문입니다. 우리가 남에게 해줄 수 있는 축복은 그들 역시 하나님의 자녀임을 알게 하는 것과 그 주변의 사람들도 그와 같이 되게 해달라는 것뿐입니다. 축복을 위해 기도할 때 한번 더 생각하고 기도하십시오.

 주님! 최고의 축복을 알고 누리게 하심을 감사드립니다.

 자녀와 가족, 주변사람들을 위한 축복을 해주십시오.

나의 영적 일지

꽃이 피기 위한 조건

●히 2:18 그가 시험을 받아 고난을 당하셨은 즉 시험 받는 자들을 능히 도우실 수 있느니라

8월 22일

작은 마을에서 목회를 하는 조이스 목사님이란 분이 계셨습니다. 목사님의 취미는 원예였는데 교회 주변에 작은 뜰을 만들어 여러 나무와 꽃을 심고 가꾸셨습니다. 어느 날 목사님은 뜰에 덩굴장미를 심으려고 많은 종자를 사오셨습니다. 덩굴장미는 화사하고 풍성해 보이는 화려한 노란 색의 꽃을 피웁니다. 뜰에 덩굴장미를 잔뜩 심은 조이스 목사님은 온 정성을 다해서 꽃을 가꾸었습니다. 땅을 기름지게 하기 위해서 좋은 비료를 주었고, 제때 물을 주며 가장 볕이 잘 드는 곳으로 자리를 잡았습니다. 주변에 잡초는 나는 대로 제거해 주었습니다.

하지만 덩굴장미는 심은 지 몇 년이 지나도록 꽃을 피우지 못했습니다. 꽃은 고사하고 줄기마저 점점 시들해져갔습니다. 보다 못한 조이스 목사님은 마을의 원예사를 찾아가 뜰에서 자라는 덩굴장미를 보고 어떻게 해야 할지를 물었습니다.

"덩굴장미는 원래 척박한 땅에서 자라는 식물입니다. 비료를 절대 주지 마시고 물도 제때 주지 마십시오. 대신 덩굴장미의 가지를 자주 쳐준다면 금방 꽃을 피울 것입니다."

목사님은 원예사의 말대로 했고 한 달도 되지 않아 덩굴장미는 화사한 꽃을 피웠습니다.

덩굴장미의 화사한 꽃을 피우게 하는 것은 척박한 환경이었습니다. 마찬가지로 진정 아름다운 인생은 역경과 고난이 없는 것이 아니라 그것을 슬기롭게 극복하고 이겨낸 인생입니다. 시험을 당할 때에 기뻐하십시오. 주님께서 그것을 통해 우리를 정금과 같이 단련하실 것이기 때문입니다.

 주님! 감당치 못할 시험은 주지 않는 주를 찬양합니다.
 역경과 고난이 찾아올 때 기뻐하며 기도하십시오.

나의 영적 일지

8월 23일

도마뱀 이야기

● 시 146:7 억눌린 사람들을 위해 정의로 심판하시며 주린 자들에게 먹을 것을 주시는 이시로다 여호와께서는 갇힌 자들에게 자유를 주시는도다

일본의 도쿄에서 올림픽을 개최하기 위해 주경기장을 확장하기로 결정했습니다. 일본 정부는 경기장 주변의 집들을 모두 구입한 다음에 그것들을 헐기 위한 공사를 시작했습니다.

인부들이 집을 헐기 위해서 작업을 하는 도중 한 집의 지붕에서 작은 도마뱀 한 마리가 발견되었는데 그냥 단순한 도마뱀이 아니었습니다. 도마뱀은 꼬리에 못이 박혀 움직일 수 없는 상태였는데도 멀쩡히 살아있는 것이었습니다.

혹시나 최근에 못이 박힌 게 아닌가 싶어 집주인을 불러 확인해 보았지만 3년 동안은 집에 어떠한 수리나 공사도 한 적이 없다고 했습니다. 사람들은 도대체 어떻게 도마뱀이 아무것도 먹지 않고 3년 동안이나 살아있을 수 있는지 궁금해하며 계속 관찰하던 도중 곧 그 이유를 알게 되었습니다.

다른 도마뱀 한 마리가 그 도마뱀을 위해 먹이를 날라다 주는 광경을 보게 된 것입니다. 몸이 불편한 자신의 친구를 위해 3년 동안 그 집을 떠나지 않고 헌신을 한 도마뱀을 보며 사람들은 많은 것을 생각하고 느꼈습니다.

비록 작은 도마뱀이었지만 친구를 위해 3년 동안이나 먹이를 물어다 준 이야기는 많은 사람들에게 감동을 주었습니다. 어쩌면 서로 속고 속이고 자신만 이득을 취하려고 하는 이기적인 일들이 너무 많이 일어나기 때문이 이런 작은 도마뱀의 이야기가 큰 감동을 주는지도 모르겠습니다. 어려움 중에 있는 사람을 성실하게 도우십시오.

 주님! 악한 세상 속에서 더욱 거룩하게 하소서.
 이익보다도 사람과의 관계와 신의를 더 우선시하십시오.

나의 영적 일지

사랑할 대상

● 요 15:17 내가 이것을 너희에게 명함은 너희로 서로 사랑하게 하려 함이라

8월 24일

캐롤은 자신의 나이가 52살이 되던 1997년에 인생의 불운이란 불운은 모두 경험했습니다. 30년 가까이 계속 해왔던 결혼생활이 파경을 맞게 되었고 변변한 직업도 없이 위자료도 많이 받지 못해 엄청난 빚을 지게 되었습니다. 설상가상으로 양 다리가 모두 부러지는 사고까지 당해 건강마저도 온전치 못한 상황에 처했습니다.

그녀의 이혼절차를 맡아준 변호사는 그녀를 위로하기 위해서 농담조로 "캐롤, 정신과 의사를 찾아보던가 개를 한 마리 키워야겠는데요?"라고 말했습니다. 하지만 때마침 외로움을 크게 느끼던 캐롤은 형편이 여의치 않음에도 '젤다'라는 이름의 불도그 한 마리를 구입해 사랑을 쏟으며 키우기 시작 했습니다. 하지만 사료 값이 만만치 않았기에 사료를 상품으로 건 애견 사진 콘테스트에 응모했다가 당선되면서 '젤다'의 사진이 의외로 사람들에게 반응이 좋다는 사실을 캐롤은 알게 되었습니다.

곧 예전에 광고 카피라이터로 일했던 자신의 경험을 사용해 젤다의 사진과 함께 크리스마스에 어울리는 짧은 문구를 넣은 카드를 만들어 큰 히트를 쳤고 전미 팬시용품 박람회에선 그녀와 젤다가 세운 회사인 '젤다 위스덤'과 라이선스를 체결하기 위해 업체들이 줄을 서서 기다릴 정도로 몰려들었습니다.

캐롤은 인생의 황혼기에서 나락으로 떨어지는 경험을 했지만 사랑할 수 있는 강아지 한 마리로 인해 인생의 큰 성공을 거둘 수 있었습니다.

사랑할 대상이 있다는 것은 매우 중요합니다. 그것이 사람이든 동물이든, 사랑할 대상이 있는 사람은 수많은 역경에도 다시 힘을 얻고 일어설 수 있습니다. 이웃을 자신의 몸과 같이 사랑하십시오.

 주님! 사랑을 나눔으로 주를 더 알게 하소서.

 이웃에게 말과 행동으로 사랑을 전할 방법을 찾아보십시오.

나의 영적 일지

8월 25일

작은 일도 포기하지 말 것

● 갈 6:9 우리가 선을 행하되 낙심하지 말지니 포기하지 아니하면 때가 이르매 거두리라

어느 따사로운 주말 오후였습니다. 미국 남부의 한 시골에 사는 베티라는 여학생의 가족은 함께 영화를 보고 식사를 하러 가고 있었습니다. 그런데 앳돼 보이는 한 소년이 신문을 팔기 위해 다가왔습니다.

"사장님, 신문 한 부 사시죠? 오늘따라 재미있는 기사들이 많이 실렸습니다."

"됐다. 아침에 벌써 신문을 읽고 나왔단다."

사실 베티네 가족은 신문을 구독하고 있지 않았지만 아버지는 소년을 떼어내기 위해 거짓말을 했습니다. 하지만 신문팔이 소년은 포기하지 않고 계속 따라왔습니다.

"사장님은 읽으셨지만 사모님은 안 읽으셨을 것 같은데요? 사모님을 위해 한 부 사시죠?"

아버지는 이번엔 소년을 조금 놀리는 투로 대답했습니다.

"아, 미안한데 말이야 여기계신 사모님은 까막눈이라 글씨를 모른단다."

보통 사람이라면 이 정도에서 물러섰겠지만 소년은 기다렸다는 듯이 곧바로 대답했습니다.

"그렇다면 더욱 사셔야 합니다. 사모님이 신문을 사서 들고 다닌다면 그렇게 멍청해 보이지 않을 테니까요!"

소년의 대답에 베티네 가족은 한바탕 웃음을 터트릴 수밖에 없었습니다. 소년의 재치와 끈기에 탄복한 아버지는 물론 소년의 신문을 샀습니다.

소년이 신문을 파는 것은 어떻게 보면 해도 그만 안 해도 그만인 작은 일처럼 보일지도 모르지만 소년은 그것을 위해 끈질기게 설득했고 마침내 자신이 원하는 신문을 팔 수 있었습니다. 목적을 달성할 수 있는 방법을 생각하고, 포기하지 마십시오.

 주님! 한 가지 일이라도 포기하지 않고 계속해서 도전하게 하소서.

 작은 일이라도 성공할 때까지 끈기 있게 도전하십시오.

나의 영적 일지

돈을 버는 비결

8월 26일

●골 3:24 이는 기업의 상을 주께 받을 줄 아나니 너희는 주 그리스도를 섬기느니라

10년 안에 빌 게이츠를 능가할 최고의 부자가 될 사람'으로 많은 전문가들은 중국의 '스정룽'씨를 꼽았습니다. 태양전지를 만드는 'SUNTECH' 기업의 회장인 그는 호주에 유학 가 있던 시절 패스트푸드점에서 힘들게 일을 하면서 태양전지에 대해 파고 들었습니다. 그가 태양전지에 매력을 느꼈던 이유는 당시 독일과 프랑스 같은 유럽등지에서 태양광에 대한 관심이 커지고 있어 가까운 장래엔 세계적으로 성장성이 있다고 생각했고 환경오염에 대한 걱정이 없어 정부의 지원을 받을 수 있고 사람들에게도 더 이익이 될 것이라고 생각했기 때문입니다.

호주에서 박사학위를 딴 후 중국으로 돌아와 창업한 그는 채 10년도 되지 않아 중국 최고 부자의 자리에 올랐습니다. 그의 눈부신 성장비결에 대해 궁금하게 생각한 한 신문사가 돈을 벌려면 어떻게 해야 하는지 물었는데 그는 다음과 같이 대답했습니다.

"돈은 일하는 과정에서 저절로 따라오는 선물입니다. 그것은 노력과 지혜와 근면의 보답입니다. 그렇게 때문에 돈을 벌려고 그것을 좇으면 안 됩니다. 눈앞의 수입에 급급해 하지 말고 창조적이고 혁신적인 생각을 가지십시오. 사람들에게 비전을 주고 더 나은 세상으로 바꾸기 위해 노력해야 합니다."

돈을 버는 비결은 돈을 좇는 것이 아닙니다. 돈이 따라올 수 있을만한 더 높은 가치에 노력을 쏟을 때에 그것은 놀랄 만큼 저절로 따라오게 되어 있습니다. 돈은 어떻게 생각하느냐에 따라 일만 악의 뿌리가 될 수도 있고 하나님의 사랑을 표현하는 선한 도구도 될 수 있습니다. 재물을 하나님 위에 놓지 말고 하나님을 따름으로 그것이 따라오게 하십시오.

 주님! 돈을 벌고 사용함으로 주님을 경외함을 나타내게 하소서.

 당장의 수입에 급급해하지 말고 더 앞을 바라보십시오.

나의 영적 일지

8월 27일

역경의 끝에서

● 롬 5:4 인내는 연단을 연단은 소망을 이루는 줄 앎이로다

한 달에 2대만 팔아도 성공이라는 수입차 판매업계에서 9대를 판매하고 일 년 동안 70여대의 수입차를 팔아 업계의 성공신화를 쓴 '김민우' 씨는 원래는 인기가수였습니다.

1990년 데뷔 때부터 가요계를 석권한 그는 최고의 인기를 누렸지만 후속곡인 '입영열차 안에서'가 큰 인기를 끌자 소속사는 노래 제목에 맞춰 더 극적인 상황을 연출해 인기몰이를 하려고 김 씨에게 실제로 입영을 권유했습니다. 최고의 인기를 누릴 때 군 입대를 했던 김 씨는 전역 후 복귀했지만 내는 앨범마다 실패하며 쓴 맛을 봤습니다. '안되겠다' 싶어 소속사를 떠나 스스로 작업실을 차렸지만 화재로 불타며 모든 것을 잃었습니다.

인기를 누리는 스타였다가 고작 27살의 나이에 수억 원의 빚을 지고 신용불량자 신세가 되었습니다. 삶이 힘들면 힘들수록 예전의 스타였던 시절이 자꾸 생각나 그를 괴롭혔습니다. 그 힘든 기억에서 빠져나오고 수입차 판매 왕으로 재기에 성공하기 까지 10년이란 세월이 걸렸지만 그는 이제 삶의 의미를 찾았습니다. 자신이 삶을 새로이 일굼으로 다른 한 사람에게라도 희망이 되고 위로가 된다면 그 인생은 의미가 있다는 걸 깨달았기 때문입니다. 삶의 의미를 찾을 수 있다면 어떤 어려움도 이길 용기를 낼 수 있다는 걸 경험했기에 김 씨는 모든 고난과 어려움의 끝엔 희망이 있다고 말했습니다.

누구나 자신의 일이 가장 어렵고 힘들다고 생각합니다. 예수님은 인간의 몸으로 세상에 오셨고 십자가의 고통까지도 우리를 위해 받으셨습니다. 그 사랑을 기억할 때에 이겨내지 못할 어려움과 고난은 없습니다. 절망의 끝에는 반드시 희망이 있음을 기억하십시오.

 주님! 그 누가 몰라도 주님은 다 알고 계심을 알게 하소서.
 우리의 모든 것을 아시는 주님께 감사하십시오.

나의 영적 일지

합격의 이유

8월 28일

● 시 121:7 여호와께서 너를 지켜 모든 환난을 면하게 하시며 또 네 영혼을 지키시리로다

14살 때 미혼모가 된 어머니와 함께 사는 흑인 소녀 카디자 윌리엄스는 집도 없고 돈도 없어서 태어났을 때부터 항상 노숙자 쉼터를 찾아다니며 구걸을 하며 살아왔습니다. 언제든 새로운 보금자리를 찾아 떠나야 했기 때문에 고등학교를 졸업할 때 까지 무려 12번이나 전학을 가야 했지만 그런 힘겨운 상황 속에서도 카디자는 절대 공부를 포기하지 않았습니다. 카디자를 보고 거리의 사람들은 모두 비웃었고 매춘부들마저 "너 같은 게 무슨 대학을 갈 수 있겠어?" 라고 말했지만 그녀는 매일 새벽 4시부터 저녁 11시까지 오직 공부에만 매진했습니다. 마침내 고등학교를 졸업하고 대학 합격통지서를 받았을 때 그를 놀리던 사람들은 물론 미국의 모든 언론이 그녀를 주목하게 되었습니다. 미국 전역에 있는 20여 곳의 명문대에 합격했을 뿐만 아니라 하버드에서는 4년간의 장학금까지 지원하겠다고 약속했기 때문입니다. L.A 타임즈에서 그렇게 힘든 환경 속에서도 하버드에 들어간 비결이 뭐냐고 물었을 때 그녀는 말했습니다. "제가 지내던 곳은 항상 마약상들과 매춘부가 들끓는 위험한 곳이었죠. 그런 곳에서 잠을 잘 곳을 찾고 먹을 것을 구하기 위해 노력했던 일들이 하버드 합격에 도움을 준 것 같습니다."

카디자와 같은 지역에 사는 노숙자들에게 묻는다면 그들 역시 똑같이 대답할 것입니다.

"내가 있던 곳은 언제나 위험한 곳이었습니다. 이곳에선 잠을 잘 곳과 먹을 것을 구하는 것만 해도 힘든 일이기 때문에 나는 성공할 수가 없습니다."

하지만 카디자에겐 자기를 '오프라 윈프리'라고 부르며 독려해 준 어머니가 있었기에 공부를 포기하지 않을 수 있었습니다. 우리에게도 언제나 눈동자처럼 지켜주시는 주님이 계십니다. 모든 역경을 극복하십시오.

 주님! 저의 불가능을 가능케 함으로 주 이름을 더욱 영화롭게 하소서.

 자신이 인생의 걸림돌이라고 여기는 게 무엇인지 생각해 보십시오.

8월 29일

로또와 청소부

● 계 3:19 무릇 내가 사랑하는 자를 책망하여 징계하노니 그러므로 네가 열심을 내라 회개하라

2003년도에 미국에선 한 10대 소녀의 복권당첨이 화제가 됐던 적이 있었습니다. 어린나이에 약 40억을 손에 넣은 그녀는 당첨된 지 6년이 지난해에, 다시 한 번 화제가 됐습니다. 혼자 평생을 쓸 정도로 많았던 돈을 모두 잃고 힘겹게 청소부 일을 하며 살아가고 있었기 때문입니다.

심성은 착했지만 너무 어려 돈을 제대로 사용할 줄 몰랐던 그녀는 당첨 직후 자신의 돈을 주위 사람들의 행복을 위해서 사용하려고 했습니다.

가족들과 친구들에게 돈을 달라는 대로 주었지만 그럴수록 주위 사람들은 더욱 더 그녀의 돈을 노리고 달려들었습니다. 그녀의 돈을 차지하기 위해 친구뿐 아니라 가족들까지 무슨 일이든 하려했고 그 과정에서 그녀는 마음의 상처를 얻어 두 번이나 자살하려고 시도했습니다.

그녀는 결국 돈 때문에 인생이 망가졌고 가족과 친구도 잃었습니다. 게다가 지금은 청소부 일을 하며 힘들게 살며 돈도 없지만 오히려 그 때보다 지금이 더 행복하다고 고백하고 있습니다. 돈으로 인해 사람이 행복해지는 것이 절대 아니라는 소중한 경험을 했기 때문입니다.

돈과 행복은 상관관계가 없다는 것은 모두가 알고 있지만 그럼에도 많은 사람들이 마치 돈으로 행복을 살 수 있는 것처럼 행동하고 있습니다. 쉽게 얻은 백억보다 땀 흘려 얻은 몇 십, 몇 백만 원의 돈이 훨씬 더 값어치가 있습니다. 요행을 바라지 말고 노력에 합당한 열매를 구하십시오.

 주님! 삶속의 돈과 욕심으로 인해 주님을 벗어나지 않게 하소서.

 재물에 관해 품은 허망한 마음을 내려놓으십시오.

나의 영적 일지

체벌보다 나쁜 차별

●행 15:9 믿음으로 그들의 마음을 깨끗이 하사 그들이나 우리나 차별하지 아니하셨느니라

8월 30일

기독교 교사들로 구성된 좋은교사운동본부에서 서울의 초,중,고생들을 바탕으로 선생님의 어떤 행동에 고마움과 미움을 느끼는지에 대한 설문조사를 실시했습니다. 상대적으로 아직 어린 초등학생의 경우에는 체벌할 때의 선생님이 가장 싫고 수업을 재밌게 하는 선생님이 가장 좋다고 응답했습니다.

하지만 중고생의 경우에는 선생님이 차별할 때가 가장 싫으며 관심을 가지고 따뜻할 때 대해줄 때 가장 좋다고 응답했습니다. 유의할 것은 이들이 말하는 차별이란 매우 작은 행동들에 대한 관심이었다는 것입니다. 시험이 끝나고 선생님들이 언제나 성적이 좋은 학생들에게만 "시험 잘 봤니?"라고 얘기하는 경우, 성적이 좋으면 품행이 좀 안 좋아도 그냥 넘어가는 경우, 수업을 상위권 아이들과만 소통하며 진행하는 것 같은 일들이었습니다. 아주 작고 소소한 부분이지만 학생들은 그것들을 가장 큰 불만으로 여겼습니다.

초등생의 경우도 단순한 체벌을 싫어하는 것이 아니었습니다. 같이 잘못했을 때 혼자만 혼내는 경우라든가 자신이 무엇 때문에 혼나야 하는지 뚜렷이 알지 못한 상태에서 당하는 차별이 밑바탕에 깔린 체벌을 싫어하는 것이었습니다. 아이들의 미래와 인성을 위해서라면 이런 작은 부분부터 관심을 가지고 사랑과 자비를 심기 위해 노력해야 합니다.

교회 교사들은 영혼을 살리는 일이기에 자기 일에 더 자부심과 소명감을 가지고 일해야 합니다. 하나님의 사랑을 가르치고 비전을 심는 교회에서 학생들이 차별 받는다고 느끼는 것은 더욱 있어서는 안 될 일입니다. 학생부 교사의 여부를 떠나 자라나는 아이들을 용서와 사랑의 마음으로 대해주십시오.

 주님! 모두가 같은 하나님의 자녀임을 가르치고 본을 보이게 하소서.
 아이들이 차별감을 느끼지 않도록 신경 써 주십시오.

나의 영적 일지

8월 31일

행복의 7가지 비결

● 전 6:6 그가 비록 천 년의 갑절을 산다 할지라도 행복을 보지 못하면 마침내 다 한 곳으로 돌아가는 것뿐이 아니냐

'행복은 무엇으로 얻을 수 있는가?'는 많은 사람들이 끊임없이 궁금해 하는 질문입니다. 사람들은 이에 대해 모두 다른 대답을 할 텐데, 자신이 무엇을 중요하게 여기는지에 따라 '가족, 돈, 술, 자녀, 신앙'과 같은 다양한 대답이 나올 것입니다.

그러나 한 연구기관에서 하버드 출신의 엘리트 268명의 삶을 72년간 추적해 연구한 결과에 따르면 누구든 상관없이 행복은 7가지 요소로 결정되어 진다고 합니다.

그것은 '고통을 받아들이는 성숙함, 교육, 안정적인 결혼생활, 금연, 금주, 운동, 적당한 체중'으로 이것을 5가지 이상 갖춘 사람은 자신이 행복하다고 느꼈지만 3가지 이하로 갖춘 사람은 단 한사람도 자신이 행복하다고 느끼지 못했습니다.

연구 대상은 모두 하버드를 나온 엘리트였고 그들 중에는 대통령이 선출되기도 했지만 그들의 행복 역시 이 7가지에 의해서 결정되었습니다. 단순히 행복하다고 느끼는 감정의 문제에서 끝나는 것이 아니라 그들의 건강을 통해서도 똑같은 현상이 나타났습니다. 특히나 가족관계가 좋았던 사람은 65세 이상의 나이에도 행복을 느끼며 건강한 삶을 살았다고 합니다.

행복의 7가지 요소는 모두 평범한 것들로 자신을 절제할 줄 아는 사람이라면 누구나 누릴 수 있는 것입니다. 하지만 우리는 스스로의 욕심으로 인해 '자신이 행복해지기 위해서'라고 말하며 실제론 '행복해지지 못하는 삶'을 위한 행동을 하고 있습니다. 욕심에 이끌려 살지 말고 자신의 행복을 위한 절제를 실천하십시오.

 주님! 소명을 다하는 이 땅에서도 행복을 누리가 하소서.
 행복의 7가지 요소 중 몇 가지를 갖추었나 체크해 보십시오.

나의 영적 일지

● 에베소서 1:4,5

9월 1일

엘리베이터 교회

● 행 9:31 그리하여 온 유대와 갈릴리와 사마리아 교회가 평안하여 든든히 서가고 주를 경외함과 성령의 위로로 진행하여 수가 더 많아지니라

한국의 많은 교회가 일본 선교를 위해 노력하고 있지만 아직도 일본 내의 기독교는 매우 미미한 수준입니다. 특히나 더 문제인 것은 교육부서인데, 전체 교회의 40%는 주일학교가 아예 없습니다. 이런 상황 속에서 '사사키 다쿠야' 목사가 담임하는 요코하마의 '엘리베이터 교회'는 개척 3년 만에 출석 학생 수만 400명이 넘는 부흥을 이뤄 일본 뿐 아니라 한국 교계까지 놀라게 했습니다.

사사키 목사님은 학생시절 한국의 집회에서 목회자의 소명을 받고는 신학을 공부했습니다. 기도하던 중에 일본 청소년들에게 복음을 전하고자 하는 소명을 품게 되었지만 친동생 마저 학교에서는 기독교인임을 숨길 정도로 기독교에 대한 이미지는 어렵고 다가가기 힘든 이미지였습니다.

그러던 여동생이 오빠의 마음을 이해하고 전도에 열심을 내면서부터 '엘리베이터 교회'의 부흥은 시작되었습니다. 동생은 열심히 반 친구들을 교회로 데려왔고 그때마다 목사님은 교회란 누구나 언제든 올 수 있는 편안한 공간임을 알려주기 위해 노력했습니다. 결국 편안한 이미지의 교회가 학생들에게 먹혔고 학생들은 예배가 없는 날에도, 기도회가 있지 않아도 교회를 모임의 장소로 생각하며 들락날락거렸습니다. 그러면서 목사님과도 친해지면서 저절로 복음이 전해졌고 이제는 학생들이 자진해서 친구들을 전도해오고 공공연히 자신의 신앙을 피력할 정도로 믿음이 바로 섰습니다. 놀라운 성장을 이루며 아직도 부흥하고 있지만 사사키 목사님은 일본 전역의 청소년들과 청년들에게 복음을 전하기 위해 여전히 열심히 기도하며 그들에게 다가가고 있습니다.

교회는 사회에 벽을 쌓아선 안 됩니다. 세상의 믿지 않는 영혼을 전도하길 원한다면 그들이 쉽게 다가올 수 있는 편안함을 주기 위해 노력 하십시오.

 주님! 다가오지 않음을 불평하지 말고 사랑으로 먼저 다가가게 하소서.

 지역사회의 불신자들이 편안히 다가올 수 있는 교회 공간을 계획 하십시오.

나의 영적 일지

정확한 요청

9월 2일

● 막 8:22 벳새다에 이르매 사람들이 맹인 한 사람을 데리고 예수께 나아와 손 대시기를 구하거늘

토마스 모리어리티라는 사회과학자가 요청에 관한 한 가지 실험을 했습니다. 실험은 우선 사람이 많이 오가는 뉴욕의 한 카페에서 이루어졌는데 젊은 여성이 들어와 다른 사람이 앉아 있는 테이블 앞에 가방을 잠시 놓고 음식을 주문하러 가는 척을 합니다. 그리고 이때 미리 대기하고 있던 다른 청년이 들어와 테이블 앞의 가방을 가져가려고 할 때 테이블에 앉아있는 사람들의 반응을 살펴보는 실험이었습니다.

아무 말 없이 여자가 주문하러 갔을 때는 실험을 여덟 차례 반복하는 동안 가방을 가져가려는 청년을 막아준 사람은 단 한 명에 불과했습니다. 하지만 여자가 주문을 하러 가기 전에 테이블의 손님에게 "죄송하지만 가방을 잠시 맡아주시겠어요?"라고 부탁을 한 경우에는 모두 청년이 가방을 가져가지 못하게 막았습니다.

장소를 카페에서 해변으로 바꾸고 가방대신 라디오를 부탁한 경우에도 결과는 마찬가지였습니다. 주위 사람에게 부탁을 한 경우에는 모두가 범행을 막으려 했지만 그렇지 않은 경우에는 대부분 지켜보고만 있었습니다.

정확한 요청은 이렇게 중요합니다. 우리가 원하는 도움을 제대로 받지 못하는 것은 상대뿐 아니라 우리에게도 많은 책임이 있는 것입니다.

하나님께 구할 때도 마찬가지입니다. 이미 우리의 머리털까지 세신바 되신 주님이지만 제대로 무엇을 원하는지도 모르는 사람에겐 아무것도 주실 수가 없습니다. 주님의 이름으로 원하는 바를 명확히 요청했다면 그것을 이미 받은 줄로 생각하고 믿으십시오.

 주님! 바라는 것을 명확히 구하게 하시고 받을 줄로 미리 믿게 하소서.
 원하는 것을 정확히 구하고 원하는 바를 명확히 요청하십시오.

웃음을 배달하는 사나이

● 요 8:56 너희 조상 아브라함은 나의 때 볼 것을 즐거워하다가 보고 기뻐하였느니라

미국의 유명 코미디언인 밥 호프는 사람들에게 웃음을 주는 일에 정말로 열정을 갖고 있는 사람입니다. '미국 코미디의 황제'라는 별명과는 어울리지 않게 그는 자신을 필요로 하는 곳이 있다면 전쟁터든 사막이든 어디든 찾아갑니다. 전쟁터의 병사들을 위해 13만km를 날아가기도 하고 부대가 폭격을 당하고 있는 와중에도 병사들을 찾아가서 농담을 건네곤 했습니다.

한 번은 영국에서 공연을 한 적이 있었는데 먼 곳에서 훈련 중이던 군인 60여 명이 공연을 보러 사막을 건너다가 힘이 빠져 중도에 포기하고 말았습니다. 자신의 공연을 보러오다 사막에 머물러 있는 병사들이 있다는 소식을 전해들은 밥 호프는 공연이 끝나기가 무섭게 일행을 지프차에 태우고는 병사들이 있는 사막으로 찾아갔습니다. 비도오고 날도 이미 까맣게 어두웠지만 밥은 아랑곳하지 않고 수많은 관중들 앞에서 펼쳤던 것과 똑같은 공연을 60여 명의 병사 앞에서 펼쳐 보였습니다.

코미디를 자신의 직업이 아니라 소명으로 생각했던 사나이 밥 호프는 미국 희극 배우계의 전설이 되었고 '미국 코미디의 황제'라고 사람들에게 불리게 되었습니다. 비록 지난 2003년도에 세상을 떠났지만 평생을 남에게 즐거움과 기쁨을 주는 삶을 살았던 그이기에 지금도 많은 사람들에게 기억되고 있습니다.

밥은 희극배우로 일하면서 많은 부와 성공을 거두었지만 남에게 웃음을 주는 일을 자신의 천직으로 생각했기에 언제나 본연에 충실했습니다. 자신이 원하는 만큼의 부를 획득한다면 지금 자신의 직업을 그대로 유지하려는 사람은 많지 않을 것입니다. 일을 통해 웃음을 배달하고, 희망을 전해주고, 기쁨을 전달하는 축복의 통로가 되십시오.

 주님! 지금 하는 일을 통해서 주님의 일을 하게 하소서.

 돈을 버는 방법 이상의 의미를 일에서 찾아보십시오.

나의 영적 일지

신앙의 전환점

9월 4일

● 합 2:4 보라 그의 마음은 교만하며 그 속에서 정직하지 못하나 의인은 그의 믿음으로 말미암아 살리라

아프리카의 '말라위'라는 작은 나라의 미인대회 우승자 출신인 '음판데' 양은 어려운 아프리카 나라들을 위해서 지원해달라고 호소하기 위해 한국을 방문했었습니다.

말라위는 1200만의 전체 인구 중 1/10이 넘는 140만 명이 에이즈로 인해 고통 받고 있고 고아만 해도 백만 명이 넘는 어려운 상황이기 때문에 자력으로 극복하는 것이 힘들므로 한국 교회가 더욱 관심을 가져달라고 요청하기 위해서였습니다.

음판데 양은 원래 교회에서 신앙생활을 하던 성도였습니다. 평소에도 주위에 사랑을 실천하며 복음을 전하는 삶을 살았지만 미인대회에서 우승을 하며 신앙의 표현 방식이 변하게 되었습니다. 말라위에는 딱히 방송이나 연예인이란 것이 전혀 없기 때문에 미인 대회 우승자 출신인 '음판데' 양에게 많은 대중들의 사랑과 관심이 몰려왔습니다. 그녀는 자신의 유명세를 이용해 문화사절로 활동하며 예수님의 사랑을 전하기로 인생 계획을 세웠고 여러 나라를 돌면서 아프리카의 어려운 실상을 알리며 지원을 호소하는 일을 계속하게 되었습니다.

음판데 양의 방한에 맞추어 한기총과 사랑의 곡식재단, 미스코리아 크리스천 모임 등은 연합하여 아프리카 동부 내륙 5개 국의 기아 문제를 해결하기 위해 기획한 '러브 아프리카'라는 프로젝트를 대대적으로 홍보하며 사람들에게 알렸습니다.

신앙의 더 큰 성장을 위해선 전환점이 필요합니다. 그렇기에 하나님의 계획에 온전히 따르기 위해선 주위의 변화에 언제나 민감하게 반응해야 합니다. 나에게 일어나는 일들을 통해 성령이 어떻게 말씀하시는지 주의를 기울이십시오.

 주님! 삶의 새로운 전환을 통해 신앙이 더욱 성장하게 하소서.
 삶의 변화가 일어날 때마다 성령에 귀 기울이십시오.

9월 5일

가슴속의 멜로디

● 엡 5:9 빛의 열매는 모든 착함과 의로움과 진실함에 있느니라

미국 국가인 '갓 블레스 아메리카'와 캐럴 '화이트 크리스마스' 같은 아름다운 곡을 수도 없이 만든 천재 작곡가 어빙 벌린은 미국 음악을 탄생시킨 사람이라고 해도 과언이 아닙니다. 하지만 그는 정규 교육이라곤 2년 밖에 받지 못했고 음악에 대한 공부도 전혀 한 적이 없었습니다. 작곡을 할 때도 오선지 위에 하지 않고 그저 생각나는 멜로디를 흥얼거리면 음악을 전공한 비서가 그 멜로디를 악보에 그려 넣는 방식으로 모든 작곡이 진행되었습니다. 그럼에도 그가 전미 음악감상협회로부터 최우수 작곡가상을 받을 정도로 전문가들에게도 인정받을 수 있던 것은 그의 멜로디가 사람들의 가슴을 울리는 것이었기 때문입니다. 그의 이런 재능은 어린 시절의 경험으로부터 나왔는데 그의 어머니는 언제나 감사기도를 드리며 '주여, 미국을 축복하소서'라고 읊조렸습니다. 어빙은 언제나 이것을 마음에 품으며 그것에 어울리는 가사와 멜로디를 생각했고, 어머니의 읊조림이 어빙을 거쳐 지금은 미국의 국가가 되었습니다. 또 그는 젊었을 때 한 시각장애인 악사의 길을 인도해주는 일을 했었는데 그의 연주를 들으면서 가슴에서 나오는 멜로디가 무엇인지 깨달았습니다. 그는 자신의 머리가 아닌 사람들의 가슴에서 나오는 멜로디와 가사를 노래로 만들었고 아직도 사람들의 입에서 불리는 명곡이 되었습니다. 비록 음악에 대해선 아무것도 몰랐지만 진심을 담아 만든 노래였기에 재능을 갖고 있는 다른 작곡가들보다도 더 크게 성공할 수 있었습니다.

많은 지식보다 더욱 효과적인 것은 사람의 가슴에서 나오는 진심입니다. 이것은 때론 논리적이지 못하고 터무니없어 보여도 듣는 사람으로 하여금 믿음과 감동을 주게 만듭니다. 우리가 대화를 하고 복음을 전할 때 머리가 아닌 가슴으로 다가갈 수 있도록 노력하십시오.

 주님! 마음의 진심이 전달될 수 있는 말을 하게 하소서.

 이성과 논리보다는 마음과 진심으로 사람들에게 다가가십시오.

나의 영적 일지

율법보다 사랑이 먼저

9월 6일

● 롬 13:8 피차 사랑의 빚 외에는 아무에게든지 아무 빚도 지지 말라 남을 사랑하는 자는 율법을 다 이루었느니라

"시튼 동물기'로 유명한 소설가이자 박물학자인 시튼이 캐나다에서 미술학교를 졸업하고 박물학자가 되기 위해서 런던으로 건너갔습니다. 집안 사정이 어려워 시튼은 일을 하며 공부를 해야 했는데 아무리 수소문을 해도 박물학에 관련된 책은 구할 수가 없었습니다. 어느 날, 브리튼 박물관에 세계적으로 유명한 박물학 서적들이 많이 있다는 소식을 듣게 되었습니다. 소식을 듣자마자 단박에 박물관으로 뛰어가 열람을 신청했지만 21세가 되지 않았단 이유로 거부 당했습니다. 당시 19세였던 시튼은 언제까지 런던에 있을지도 몰랐고, 당장 박물학을 공부하고 싶은 마음도 참아낼 수 없었기에 바로 사서관장을 찾아가 열람을 특별히 허락해 달라고 부탁했습니다. 하지만 돌아온 것은 원칙상 안된다는 뻔한 답변뿐이었습니다.

"그렇다면 누구의 허락을 받으면 됩니까? 가장 높은 분을 알려주십시오."

"글쎄, 아무래도 황태자나 대승정, 그리고 총리대신이 허락한다면 열람이 가능하겠지."

얼굴도 본적 없는 높은 분들이었지만 시튼은 집에 오자마자 편지를 썼습니다.

"박물학은 저의 인생입니다. 저는 그것을 공부하기 위해 런던에 왔지만 책을 구할 수 없었습니다. 오직 박물관에 있는 책들만이 저의 희망입니다. 제발 저에게 박물관에서 열람을 할 수 있는 기회를 주십시오."

한 통의 답장이라도 온다면 성공이라고 시튼은 생각했는데 며칠 뒤 세 통의 답장이 도착했습니다. 그리고 세통 모두 시튼의 열정에 감명 받았으며 박물관의 열람을 허락하겠다는 내용이 담겨있었습니다.

교회 내에서도, 인간관계에서도 원칙보다는 사랑이 우선되게 행동하십시오.

 주님! 사랑의 말씀을 이해할 뿐만 아니라 행동으로 실천하게 하소서.

 다른 무엇보다 사랑의 실천을 우선 하십시오.

초라한 시작

9월 7일

●욥 8:7 네 시작은 미약하였으나 네 나중은 심히 창대하리라

'**현**대 경영학의 아버지'라고 불리는 피터 드러커는 뛰어난 업적을 남긴 학자였을 뿐 아니라 일생동안 많은 사람들에게 도움을 준 조언자였습니다.

경영학의 대가로 인정받은 후에도 그는 자신에게 조언을 구하는 사람이라면 누구든지 최고의 도움을 주기 위해 노력했습니다. 물론 대부분의 부탁들은 대기업의 경영자들로부터 들어온 것이었지만 그는 무명의 작가나, 일반인들에게도 자신의 조언을 아끼지 않았습니다. "성공하는 기업들의 8가지 습관"으로 유명해진 짐 콜린스도 피터 드러커를 만나 큰 도움을 받을 수 있었습니다. 당시 무명작가였던 그는 새로운 일을 하기 위해 성급한 마음을 품었는데, 피터가 "정당하지 못한 방법으로 성공했다가는 나중에 더 큰 낭패를 볼 것이네"라고 말해준 덕에 차근차근 성공의 길로 올라설 수 있었습니다.

그의 경영철학은 '기업의 목적은 고객을 만족시키는 것'이라는 단순한 목적에서 나왔는데 이것은 젊은 시절 잠깐 근무했던 매장에서 받은 가르침 때문이었습니다. 당시 매장의 사장님은 피터에게 많은 것들을 알려주었는데, '손님들을 위해선 조금이라도 더 싸게 팔 것', '불편함이 없도록 물건을 제 때 전시할 것', '상인의 목적은 고객의 만족'과 같은 단순한 진리들이었습니다.

하지만 이 작은 매장에서의 가르침들이 젊은 피터에게 많은 영향을 줬고 후에 그가 창안한 '고객 지향형 경영'의 토대가 되었습니다. 작은 매장에서의 고객만족을 위한 가르침이 훗날 현대 경영학의 토대가 된 것입니다.

'네 시작은 미약하였으나 네 나중은 심히 창대하리라' 주님께서 약속하신 말씀입니다. 우리의 시작은 미약할지라도 창대할 나중을 바라며 기도하십시오.

 주님! 작은 일을 통해 창대한 나중을 약속하여 주심을 감사하게 하소서.

 작은 일의 시작을 즐거운 마음으로 행하십시오.

나의 영적 일지

제품에 대한 자신감

9월 8일

● 롬 4:21 약속하신 그것을 또한 능히 이루실 줄을 확신하였으니

에스띠 로더의 화장품 사업은 그녀가 10대일 때 시작되었습니다. 집에 들렀던 삼촌이 우연히 미용 크림을 만들어 주었는데 직접 사용해보니 효과가 너무 좋아 장사를 해도 되겠다고 생각했습니다. 그녀는 삼촌이 만들어준 크림을 샘플로 여러 개 만들어 다음날부터 여러 미용용품 판매점과 가정집 같은 곳을 돌며 샘플을 나눠주며 제품을 팔기 시작했지만 생전 처음 보는 상표라 사람들은 품질을 의심했고, 써보지도 않고 샘플을 버리는 경우도 있었습니다. 하지만 제품에 자신이 있었기에 그녀는 반드시 성공할 것이라는 확신이 있었습니다. 결국 제품을 실제 사용해본 한 판매점의 원장님이 자신의 가게에서 화장품을 판매 하도록 허락했고 이후로 입소문을 타고 매장이 하나 둘 씩 늘게 되었습니다. 3호점까지 확장을 한 후 에스띠 로더는 백화점 입점을 위해 자신의 제품을 들고 갔지만 아직 소규모에 이름도 잘 안 알려진 화장품을 입점할 수는 없다는 단호한 거절을 들었습니다.

하지만 그녀의 자신감까지 막을 수는 없었습니다. 그녀는 백화점 앞에서 며칠 동안 고객들에게 무료로 샘플을 나눠주었습니다. 이윽고 제품을 사용해본 고객들이 백화점에 가서 이 제품을 어디서 파는지 문의를 빗발치게 했고 이번엔 반대로 백화점 측에서 먼저 입점을 해달라고 요청하게 되었습니다. 이후에도 그녀는 새로운 제품이 나오고 매장을 열 기회가 생길 때마다 항상 제품을 먼저 가지고 가 승부를 걸었습니다. 고객에게 만족을 줄 자신이 있기에 처음의 시작부터 지금의 성공까지 가능한 일이었습니다.

아무리 멋진 설명이라도 실제 효과가 없다면 아무 소용이 없습니다. 성경의 진리를 설파하는 것도 좋지만 먼저 그로 인해 변한 우리 삶을 느끼게 해주십시오.

 주님! 말씀의 능력이 우리의 삶속에서 보이게 하소서,

 말씀을 삶속에 실천해 보이는 변화가 일어나게 하십시오.

9월 9일
나를 먼저 깨끗이

● 딤전 5:22 아무에게나 경솔히 안수하지 말고 다른 사람의 죄에 간섭하지 말며 네 자신을 지켜 정결하게 하라

해마다 가장 뛰어난 언론인들에게 주는 '퓰리처 상'을 제정한 퓰리처는 진실한 기사를 싣기 위해 그 누구보다도 노력한 언론인이었습니다. 그는 독자들의 관심을 끌만한 유명인의 스캔들이나 연예기사라도 사실여부가 확인되지 않은 것은 올리지 않았고 소소한 작은 일을 크게 부풀리는 일도 절대 하지 않았습니다.

그는 또 신문의 편집 기틀을 마련한 사람인데 큰 사건만 딱딱한 활자로 다루던 당대의 신문에 파격적으로 만평과 만화를 싣고, 스포츠와 연예 기사를 실었습니다. 이러한 혁신으로 퓰리처가 운영하던 '뉴욕 월드'의 판매부수는 1만부에서 100만부로 껑충 뛰었고 이후로 다른 신문사들도 '뉴욕 월드'의 편집방식으로 신문 지면을 꾸리게 되었습니다.

이렇게 진실한 기사를 독자들에게 전하는 것을 자신의 천직으로 생각했던 퓰리처였지만 많은 정치인들에게는 골칫거리였습니다. 그래서 당시의 수많은 정치인들과 정재계 인사들은 퓰리처를 명예훼손죄로 고소하고 불시에 세무조사를 단행했습니다. 그리고 그의 사생활을 파헤치기 위해 사설탐정까지 고용했지만 그가 죽을 때까지 아무 꼬투리도 잡을 수가 없었습니다. 남의 잘못을 보도하기 위해선 자신이 먼저 깨끗해야 한다고 생각했던 퓰리처는 자신의 사생활뿐만 아니라 회사까지 정직하게 운영했기 때문이었습니다.

'자기 눈의 들보는 보지 못한 채 남의 눈에 티를 보고 나무라는 사람'이 되지 마십시오.

 주님! 남에게 있는 문제들을 보고 나의 모습을 알게 하소서.
 남을 비판하지 말고 나를 먼저 돌아보십시오.

나의 영적 일지

가서 제자 삼으라

●마 28:19 그러므로 너희는 가서 모든 민족을 제자로 삼아 아버지와 아들과 성령의 이름으로 세례를 베풀고

9월 10일

'내 삶의 절반은 일이고 나머지 반은 봉사입니다. 저도 돈 많이 벌어 일찍 은퇴해 편하게 살아가는 방법을 알지만 나처럼 운 좋게 성공한 사람이면 누구나 사회에 무언가를 돌려줘야 하는 거 아닐까요?"

영국 최고의 요리사 제이미 올리버의 말입니다. 그는 4살 때 아버지에게 요리를 배우기 시작하면서 오직 요리 한 길만 걸었습니다. 대학도 요리와 관련된 곳으로 갔고 졸업 후에도 요리사로서 일을 하던 도중 '네이키드 셰프'라는 TV 요리 프로그램을 맡게 되면서 대성공을 거둬 백만장자가 되었습니다. 20대에 부와 명예를 모두 얻은 제이미였지만 그는 그것을 다른 사람들을 위해 사용하기 시작했습니다. 그는 먼저 불우한 청소년들에게 꿈을 심어주기 위해 '피프틴'이란 레스토랑을 차린 후 방황하는 청소년들 15명을 뽑아 직접 가르치며 요리사로 키우기 시작했습니다. 6개월마다 새로운 지원자를 받아 계속해서 청소년들에게 요리로 꿈을 심어주는 제이미에게 감동을 받아 사람들은 앞 다투어 예약을 했고, 예약을 6개월은 기다려야 될 정도로 성황을 누리고 있습니다. 그리고 그는 학교의 급식문제에 눈을 돌렸습니다. 아이들이 건강을 전혀 생각하지 않는 정부의 급식 정책에 실망한 그는 자신의 사비를 털어 그리니치 지역의 학교 급식을 개혁했습니다. 5억 원이 넘는 돈이 들어갔지만 제이미는 개의치 않았고 그의 노력은 사회적인 이슈가 되어 마침내 영국 정부에서도 2005년에 학교 급식과 매점에서 정크 푸드를 모두 추방하겠다고 말했습니다.

제자를 삼는 것은 단순히 가르치는 것이 아니라 그 사람을 책임지는 것입니다. 교회에 데려오고 복음을 전하는 전도를 넘어서 그 영혼이 다른 사람을 낚는 어부가 될 수 있기까지 그 영혼을 책임져 주십시오. 많은 사람들로 주님의 제자 되게 하십시오.

 주님! 영혼의 구원뿐 아니라 제자 삼는 사명까지 감당하게 하소서.
 전도한 영혼들에게 꾸준한 관심을 갖고 영적 성장을 도와주십시오.

9월 11일

왕따보다 강한 격려

●대하 35:2 왕이 제사장들에게 그들의 직분을 맡기고 격려하여 여호와의 전에서 직무를 수행하게 하고

경북 김천, 한 학년 당 학생수가 15명이 채 되지 않는 작은 학교에서 한 여중생이 왕따로 인해 괴로워하고 있었습니다. 그 여학생은 집안 사정이 어려워 같은 옷을 입고 학교에 갈 때가 많았는데, 같은 반 아이들이 그 모습을 보고 헌옷을 입고 다닌다며 놀리기 시작한 것입니다. 때로는 신발에 죽은 곤충이 들어있을 때도 있었고 자신의 욕을 대놓고 앞에서 할 때도 있었습니다.

워낙에 적은 학생 수 탓에 다른 친구들을 만나 하소연 할 때도 없던 소녀는 가방에 독극물을 가지고 다니며 자살을 고민할 정도로 심한 스트레스를 받으며 고통스런 나날을 보냈습니다.

그러다 청소년폭력예방재단의 홈페이지에서 청소년들의 어려움을 상담해준다는 얘기를 듣고 답답한 심정을 토로하러 게시판에 글을 올렸는데, 별 말을 쓰지도 않았는데 상담원으로부터 따뜻한 전화와 메시지가 매일 왔고, 심심할 땐 언제나 말벗이 되어주며 기죽지 말라고 격려해 주었습니다.

어느덧 상담원과 마음을 터놓고 이야기를 할 수 있게 된 소녀는 왕따를 당하면서도 당당한 자신감을 갖게 되었습니다. 그런 아이의 모습에 놀리던 친구들도 다시 함께 어울리게 되었고 이제는 그 전보다도 더 자신감 있고 활발한 모습으로 인생을 살아가게 되었습니다.

힘들어하는 청소년들을 도울 수 있는 방법은 격려입니다. 아이들의 보이는 모습만 가지고 그들의 인생을 섣불리 판단하지 마십시오. 아이들의 마음이 치유되고 진정 자신이 원하는 삶을 펼쳐나갈 수 있게 그들에게 따뜻한 격려의 말을 전해주십시오.

 주님! 나타나는 행동이 아닌 그 속에 감춰진 마음을 보게 하소서.

 삐뚤어진 태도를 가진 아이들일수록 더 상냥하게 다가가십시오.

자신에게 어울리지 않는 일

● 눅 21:19 너희의 인내로 너희 영혼을 얻으리라

9월 12일

'미국에서 가장 영향력 있는 여성' 순위에서 1위에 오른 맥 휘트먼은 프린스턴 대학을 졸업하고 하버드 MBA까지 마친 엘리트입니다.

그녀는 P&G와 월트 디즈니같은 대기업을 거치며 실력을 인정받아 현재는 온라인 쇼핑몰인 e-bay에서 중책을 맡고 있습니다. 그러나 그녀가 훗날 자신에게 중요한 경력이 되었던 P&G에서 일을 시작했을 땐 '내가 왜 이런 일을 하고 있어야 되나?'라는 회의감에 일을 그만두고 싶은 충동을 많이 느꼈다고 합니다.

당시 그녀는 프로젝트 중에 샴푸 용기의 구멍 크기는 어느 정도가 적당한지 알아보는 일을 담당했는데 하버드까지 나온 자신이 하루 종일 이런 일에 매달려 있는 것이 참 어울리지 않는다는 생각이 계속해서 들었다고 합니다. 중간에 그만두고 다른 일을 알아볼까 라는 생각도 해봤지만 그때마다 친한 상사가 때로는 자신에게 어울리지 않아 보이는 일도 최선을 다해야 할 때가 있다며 격려해준 덕에 꾹꾹 참으며 프로젝트를 무사히 마칠 수 있었습니다. 이후에 그녀는 P&G에서 실력을 인정받아 다른 커다란 프로젝트를 맡으며 실적을 쌓을 수 있었고 점점 좋은 조건의 회사로 이직을 하다 세계 최대의 인터넷 쇼핑몰 e-bay의 사장자리에까지 오르게 되었습니다. 자신에게 어울리지 않는 일이라고 생각되던 것을 최선을 다해 마무리하자 이후 점점 그녀가 원하는 일들이 다가온 것이었습니다.

모든 일에는 순서가 있습니다. 때로는 나에게 어울리지 않는 일이라고 할지라도 그것을 마침으로써 더 좋은 기회를 가질 수 있는 순간도 있습니다. 성급히 결정하기 전에 먼저 기도함으로 하나님께 뜻을 구하고 신중히 결정하십시오.

 주님! 때로는 나의 기호를 떠나 일을 맡는 인내를 주소서.
 일을 맡을 때 적성을 떠나 더 훗날을 생각하십시오.

나의 영적 일지

9월 13일

일에 대한 책임

● 신 11:1 그런즉 네 하나님 여호와를 사랑하여 그가 주신 책무와 법도와 규례와 명령을 항상 지키라

천연화장품인 바디샵의 창립자인 애니타 로딕은 자신의 사업만큼 환경을 생각하는 사람이었습니다. 전 세계에 1800여 개의 매장을 가지고 있는 회사이지만 그녀는 자신의 이익보다도 사회적으로 유익한 일들에 관심을 가지고 지원해왔습니다.

2007년 세상을 떠나기 전까지만 해도 '그린피스의 영국 북해 독성 폐기물 처리 중단, 향유고래 포획 반대 캠페인, 루마니아 고아원설립지원' 같은 사회적 문제 해결을 위해 노력했던 그녀는 사회적 공헌을 하면서도 '가장 영향력 있는 여성 기업가' 순위에서 1위에 오를 정도로 인정받는 기업가였습니다. 그녀가 이런 사회적 활동에 많은 관심을 보인 것은 누구나 자신의 일에 책임을 져야 한다는 생각 때문이었는데 마찬가지로 직원들에게도 나은 작업환경과 많은 보수를 보장해주려는 노력보다는 하고 있는 일에 대한 사명감을 심어주기 위해 더 노력했습니다. 그녀는 회사를 알리기 위해 광고를 하지는 않았지만 '바디샵' 매장에 비치된 TV를 통해선 하루 종일 환경보호메시지를 담은 홍보물을 틀었습니다. 기업과는 전혀 관계없는 내용이지만 이런 것들을 통해서 직원들은 자신이 일하는 것이 세상에 어떤 도움을 주는지를 알 수 있었고 더욱 큰 애사심을 갖게 되었습니다. 그녀는 공장을 세울 때도 가장 좋은 조건의 부지보다는 실업률이 큰 지역을 우선적으로 고려했는데 그것은 실업률도 해결할 수도 있고 실직해 있는 사람들에게 일의 소중함을 알게 해줄 수도 있기 때문입니다. 바디샵은 이윤창출을 위한 경영이 아닌 자신의 일에 대한 책임감을 갖게 해주기 위해 노력해서 성공한 회사입니다.

지금하고 있는 일이 단순히 생계를 위한 수단이 아니라 남들에게도 도움을 주는 귀한 쓰임으로 변하게 하십시오.

 주님! 이 땅에서의 맡은 일에 더욱 즐거이 헌신하게 하소서.
 나의 일을 통해 어떤 사람들이 유익을 얻을지 생각해보십시오.

생명을 좌우하는 마침표

9월 14일

● 잠 11:3 정직한 자의 성실은 자기를 인도하거니와 사악한 자의 패역은 자기를 망하게 하느니라

러시아를 대표하는 희곡작가 안톤 체호프는 저작활동을 본격적으로 하기 전엔 의사로 일했습니다. 그는 매우 성실한 성격으로 매일 밤늦게까지 일을 했는데 어느 날은 외진 마을의 환자를 보기 위해 매우 먼 곳까지 마차를 타고 가야 했습니다. 마을에 도착한 후 환자를 치료하고 나니 밖은 어느새 어두워져 있었기에 안톤과 그의 조수는 서둘러 마차를 타고 길을 떠났습니다. 그런데 출발한지 10분 정도 되자 안톤이 갑자기 조수에게 말했습니다.

"이보게, 내가 아무래도 처방전을 잘못 쓰고 온 것 같네, 다시 마을로 돌아가세나."

조수는 이미 밤이 깊었기에 그냥 갔으면 했지만, 처방전이 잘못될 경우 환자의 목숨이 위험할 수도 있었으므로 안톤의 말대로 다시 마을로 향했습니다. 하지만 환자의 처방전을 다시 보던 안톤은 "조심하십시오"라는 마지막 문장에 마침표 하나만을 찍고 돌아왔을 뿐이었습니다. 어이가 없던 조수는 다시 떠나며 안톤에게 물었습니다.

"선생님, 어떻게 마침표 하나 때문에 이 길을 돌아오자고 하셨습니까?"

"마침표 하나라니? 이 마침표 하나 때문에 내가 돌아가지 않았다면, 다른 중대한 실수를 저질렀을 때도 돌아가지 않았을 걸세, 환자의 생명과 관련된 것은 마침표 하나라도 중요하다네."

'바늘도둑이 소도둑 된다'는 말이 있듯이 같은 실수를 반복하다 보면 점점 그것에 무뎌지고 나중엔 점점 큰 실수를 저지르게 됩니다. 대인관계에서도 실수한 일이 있다면 반드시 사과를 하십시오.

 주님! 작은 일이라 할지라도 소중하게 생각하고 해결하게 하소서.
 작은 실수 하나하나를 해결하기 위해 노력하십시오.

나의 영적 일지

챔피언의 도전

●히 10:22 우리가 마음에 뿌림을 받아 악한 양심으로부터 벗어나고 몸은 맑은 물로 씻음을 받았으니 참 마음과 온전한 믿음으로 하나님께 나아가자

'맨발의 영웅' 아베베는 올림픽 마라톤을 2연패한 훌륭한 선수이지만 단지 이것으로는 그를 전부 표현할 수가 없습니다. 그는 20대에 뒤늦게 마라톤에 입문했지만 1960년 로마 올림픽에 맨발로 출전해 우승했는데 이것은 전 세계 사람들의 고정관념을 깨는 사건이었습니다. 첫째로 당시 열악한 환경 때문에 아프리카 선수는 절대 금메달을 딸 수 없을 것이라는 관념이 깨졌고, 둘째로 인간의 한계로 여겨지던 2시간 20분대의 벽이 깨졌습니다. 그의 모습을 본 많은 아프리카 어린이들은 육상에 대한 꿈을 품었고 지금처럼 훌륭한 아프리카 육상 선수들이 많이 나오게 되는 원동력이 되었습니다. 멕시코 올림픽에선 다리가 부러지는 사고를 당하면서도 경기에 출전했는데 같은 동료인 마모의 페이스 조절을 도와주기 위해서였습니다. 이미 올림픽을 2연패 했고 사고까지 당했지만 팀 동료를 돕기 위해 군말 없이 출전한 것이었습니다. 또한 그는 이 올림픽 이후 자동차 사고로 하반신을 못 쓰는 불구가 되었는데도 국민들에게 힘을 주기 위해선 운동을 계속해야 한다며 장애인 올림픽을 목표로 피나는 노력을 했습니다. 그 결과 눈썰매 크로스컨트리 대회에 참가해서 다시 한 번 금메달을 목에 걸었고, 양궁대회, 탁구대회와 같은 각종 종목에서 휠체어를 타고 우승을 하며 전 세계인들에게 진한 감동을 선사했습니다. 결국 교통사고 후유증을 이기지 못하고 41의 나이에 세상을 떠났지만 그는 에티오피아뿐만 아니라 세계적인 영웅이 되었습니다.

비록 챔피언의 자리에 올랐다 하더라도 남을 위해 애쓰고 새로운 목표를 찾아 도전한다면 우리의 삶은 마지막까지 아름다울 것입니다. 계속해서 보람 있고 가치 있는 삶을 살기 위해서 끊임없이 도전하십시오.

 주님! 생의 마지막까지 끊임없이 도전하고 노력하게 하소서.

 인생의 도전 목표를 위해 노력하고 계속 더 높은 목표를 찾으십시오.

양심의 당당함

● 행 24:16 이것으로 말미암아 나도 하나님과 사람에 대하여 항상 양심에 거리낌이 없기를 힘쓰나이다

9월 16일

'인간 승리의 주인공' 랜스 암스트롱이 투르 드 프랑스에서 6번째 우승에 도전하던 때였습니다. 그전까지 이 대회에서만 5번 우승을 했던 암스트롱을 다른 선수들은 모두 따라오지 못했고 결승점에 다다라서는 얀 울리히라는 선수만 한 명 남게 되었습니다.

얀 역시 뛰어난 선수였지만 암스트롱에 가려져 몇 년째 2위만 계속해서 하던 불운의 선수였습니다. 그런데 결승이 30km밖에 남지 않은 상황에서 의외의 상황이 일어났습니다. 선두를 달리던 암스트롱이 주행 중 넘어지고 만 것입니다. 뒤따르던 얀이 기회를 놓치지 않고 계속해서 달린다면 아무리 암스트롱이라 해도 결코 따라 잡을 수가 없는 상황이었습니다. 하지만 얀은 싸이클 속도를 서서히 줄어 오히려 암스트롱이 페이스를 회복하여 따라올 때까지 기다리고 있었습니다. 암스트롱이 제 페이스를 찾아 다시 따라오자 그때부터 얀도 달리기 시작했습니다. 하지만 결국엔 암스트롱이 역전을 해 우승하게 됐고 얀은 다시 2위에 머무르고 말았습니다. 경기가 끝난 후에 많은 얀의 조국인 독일의 기자들이 안타까워하며 물었습니다.

"도대체 어째서 암스트롱을 기다린 것입니까? 암스트롱이 넘어진 것은 자신의 실수 때문이었고 그대로 달렸으면 분명히 우승했을 텐데요?"

"그를 이기는 것이 진짜 우승입니다. 암스트롱 때문에 매년 2위를 했는데 그가 넘어진 틈을 타 1위를 한다면 그것은 나에게 진정한 승리가 될 수 없습니다."

얀에게 있어서 중요한 것은 대회 우승이 아니었습니다. 자신도 인정할 수 있는 승리였습니다. 보이는 수확 못지않게 자신의 양심에도 떳떳하기 위한 일들을 행하십시오.

 주님! 양심을 올바로 지키면서도 큰 성공을 거두게 하소서.

 양심에 거리끼는 일이라면 좋은 조건의 일이라도 거부하십시오.

나의 영적 일지

9월 17일

축구황제의 비결

● 빌 2:3 아무 일에든지 다툼이나 허영으로 하지 말고 오직 겸손한 마음으로 각각 자기보다 남을 낫게 여기고

통산 1300골, 월드컵 3회 우승, 92회의 해트트릭, 올림픽위원회가 뽑은 20세기 최고의 운동선수, '축구황제' 펠레의 기록입니다. 남미의 한 국가에서는 펠레의 경기를 보기위해 내란을 휴전한 적도 있을 정도로 펠레는 엄청난 영향력을 가진 선수입니다. 당시 함께 팀을 이룬 선수들 역시 모두 실력이 있었지만 펠레가 더욱 뛰어난 활약을 펼친 비결은 어렸을 때 아버지에게 배운 동료를 소중히 여기는 마음 덕분이었습니다. 펠레가 12살 때 아버지가 그의 경기를 보러왔는데 펠레는 아버지 앞에서 잘 보이기 위해 화려한 개인기를 보이며 골도 성공시켰습니다. 하지만 경기가 끝난 후 아버지는 오히려 펠레를 크게 꾸짖었습니다.

"넌 축구를 전혀 모르는 것 같구나. 축구란 너 혼자 하는 게 아니란다." "네? 아버지 무슨 말씀이세요?" "동료들이 너의 패스를 받기 위해서 좋은 위치에 가 있어도 넌 언제나 개인기를 펼치며 혼자 공을 몰고 다니더구나. 그것은 팀 동료를 무시하는 행위란다. 게다가 그것은 너를 잠깐은 두드러지게 보일지는 모르지만 결과적으론 오히려 손해란다."

아버지의 말을 들은 다음부터 펠레는 동료가 좋은 위치에 있다면 반드시 패스를 했습니다. 패스를 받은 동료들은 능력을 최대한 발휘해 다시 더 좋은 상황에서 펠레에게 공을 연결시켜 줬고 이런 도움으로 인해 펠레는 전례 없는 큰 기록을 축구 사에 남길 수가 있었습니다.

경쟁의 마인드는 모든 것이 부족해 보이도록 만듭니다. 하나님이 창조하신 세상에는 우리 모두가 누릴 수 있는 충분한 자원이 있음에도 불구하고, 내가 얻기 위해 남의 것을 빼앗고 나를 돋보이게 하기 위해 남을 누르려고 합니다. 경쟁의 마인드를 버리고 이제는 성경적인 상생을 삶의 지침으로 삼아야 합니다.

 주님! 조급한 마음을 버리고 모든 것을 여유로운 시각으로 바라보게 하소서.

 남들의 장점을 칭찬하며 그들을 먼저 높여주십시오.

쓸모 있는 사람

● 고전 12:23 우리가 몸의 덜 귀히 여기는 그것들을 더욱 귀한 것들로 입혀 주며 우리의 아름답지 못한 지체는 더욱 아름다운 것을 얻느니라

9월 18일

레나 마리아는 날 때부터 양팔이 없는 채로 태어났습니다. 게다가 한 쪽 다리까지 매우 짧아서 부모님은 그녀가 아무것도 할 수 없을 것이라고 생각하며 매우 슬퍼했습니다. 그러나 비록 어리지만 항상 밝게 웃으며 자라는 레나를 보고 부모님은 힘을 얻었고 그녀가 보통 아이들과 다름없이 살아갈 수 있게 교육을 시키며 많은 노력을 했습니다.

이런 부모의 노력 덕택에 사실상 한 쪽 다리밖에 없는 레나였지만 국가대표로 장애인 올림픽에 나가 수영에서만 4개의 금메달을 땄습니다. 또한 그녀는 노래에 관심이 많아 복음성가 가수로도 활동했는데, 한 다리로 서 있어야 하기에 체력적 부담이 많이 들어 호흡과 발성이 어려웠지만 끝없는 노력으로 이를 극복해 세계의 언론으로부터 '천상의 노래'를 부르는 레나라는 칭찬도 들었습니다. 레나가 자서전에서 '아이들에게 보내는 편지'라는 제목으로 쓴 글이 있습니다.

"나는 양팔이 없습니다. 게다가 한쪽 다리도 짧아서 제대로 걸을 수도 없습니다. 그러나 나는 한 발로 십자수도 할 수 있고, 요리도 스스로 하고, 피아노도 친답니다. 그리고 운전도 하고 성가대를 지휘하기도 합니다. 가수를 하기 전에는 수영선수였고 장애인 올림픽에도 출전해 금메달을 땄습니다. 그런데 여러분은 멀쩡한 두 팔과 두 다리가 있으니 더 많은 일을 할 수 있지 않겠어요? 나는 정말로 쓸모 있는 사람 아닌가요?"

'할 수 없는 일'이 아닌 '할 수 있는 일'을 생각할 때 우리가 얼마나 쓸모 있는 사람인지 알 수 있습니다. 하나님은 우리 모두를 존귀한 주의 자녀 삼으셨습니다. 내가 할 수 있는 것을 생각하며 주께 기쁜 마음으로 감사하십시오.

 주님! 이미 많은 것을 할 수 있게 하신 은혜를 깨닫게 하소서.
 내가 당장 할 수 있는 일들의 목록을 10가지만 적어보십시오.

나의 영적 일지

이틀만 참아라

● 딤전 6:11 오직 너 하나님의 사람아 이것들을 피하고 의와 경건과 믿음과 사랑과 인내와 온유를 따르며

데일 카네기는 대인관계에 대한 자신의 연구를 책으로 출판해 수많은 베스트셀러로 만든 사람입니다. 책의 내용은 갈등을 해소하고 원만한 해결책을 구하는 방법들인데 그는 자신의 삶에서도 그 방법들을 그대로 적용하며 살았습니다. 하루는 카네기의 사무실에 편지가 도착했는데 그것은 최근에 출간된 그의 책을 심하게 비난하는 내용을 담고 있었습니다. 자신이 평생 연구한 결과를 담아낸 책을 비판하는 편지를 받자 카네기도 화가 머리끝까지 올라 바로 격한 내용의 답장을 작성했습니다.

"그것은 당신이 글씨를 제대로 읽지 못하기 때문입니다. 나로서는 내 책보다 당신의 지능이 더 의심스럽군요. 이 편지도 제대로 이해할 수 있을지 의문이 듭니다."

그는 비서에게 작성한 편지를 맡기며 아직 부치지는 말라고 부탁을 했습니다. 그리고 이틀이 지난 뒤 그는 새로운 편지를 비서에게 부치라고 전해주었습니다.

"당신의 충고를 감사히 받았고 더 좋은 책을 위해 열심히 노력하겠습니다."

새 편지를 보고 깜짝 놀란 비서는 어째서 이틀 전의 편지와 내용이 다른지 물어보았습니다.

"첫 번째 편지는 그냥 감정에 치우쳐 작성한 편지라네. 그것을 보낸다고 해도 나에겐 득 될 것이 전혀 없네, 두 번째 편지는 이성적으로 생각한 뒤 답변을 한 것이네 이쯤 되면 아무리 심사가 뒤틀린 사람이라도 더 이상 시비를 걸 수가 없다네."

마음에 안정을 찾은 후에 좀 더 이성적인 시각으로 사건을 바라본다면 더 나은 해결책을 찾을 수 있을 것입니다. 아무리 감정적으로 힘들어도 일단 이틀만 참으십시오.

 주님! 감정을 누르고 사건의 해결을 위한 더 나은 선택을 하게 하소서.

 감정적으로 격해졌을 때 말을 줄이고 일단 자리를 피하십시오.

전문가의 조건

9월 20일

● 고후 4:16 그러므로 우리가 낙심하지 아니하노니 우리의 겉사람은 낡아지나 우리의 속사람은 날로 새로워지도다

석주명은 어려서부터 나비에 관심이 많았습니다. 그가 소학교에 다닐 때 존경하는 스승님이 계셨는데 그 선생님은 항상 아이들에게 성공에 대해서 다음과 같이 가르쳐 주셨습니다.

"누구도 하고 있지 않은 일을 10년 동안 계속 한다면, 반드시 성공할 수 있을 거예요."

석주명은 자신이 관심 있는 나비를 연구하는 사람이 있나 찾아보았지만 당시엔 나비학자가 아니라 곤충학자도 찾기가 어려웠습니다. 자신이 좋아하는 나비를 연구하는 사람이 마침 없자 그는 이 일을 연구해야겠다고 생각했고 생계를 위해 중학교에서 선생님 일을 하면서 틈만 나면 나비를 채집하러 다녔습니다. 주위에선 그래도 선생님이란 직업을 가진 사람이 틈만 나면 나비를 잡으러 다니는 것을 도저히 이해할 수 없었으나 그는 훗날 75만 여개의 나비 견본을 모아 한국 환경에 맞게 248종으로 분류한 〈조선산 나비 총목록〉이란 책을 내 세계적인 나비학자로 인정받을 수 있었습니다. 비록 6·25 전쟁 때문에 42세의 젊은 나이에 세상을 떠났지만 그는 스승님의 가르침을 일찍부터 실천해 놀라운 업적을 달성할 수 있었습니다.

많은 전문가들을 연구한 결과 보통 사람이 어떤 분야에서 세계적인 수준을 지니게 되기까지는 보통 1만 시간이 소요된다고 합니다. 그런데 이것은 성별과, 연령대를 불구하고 누구에게나 똑같이 적용되는 것으로 아무리 재능이 없어도 매일 3시간씩 8,9년 정도만 몰두를 하면 세계적인 수준에 도달할 수 있다고 합니다. 자신이 평범한 사람이라는 생각을 버리고 매일 취미삼아 새로운 특기를 기르십시오.

 주님! 여러 분야에서 주님께 영광 돌릴 수 있게 끈기를 허락하여 주소서.
 평소 흥미 있는 분야가 있었다면 매일 한 두 시간이라도 배우기 시작하십시오.

나의 영적 일지

9월 21일 절약의 중요성

● 엡 5:16 세월을 아끼라 때가 악하니라

록펠러는 미국의 석유사업을 독점해 '석유왕'이라 불리며 엄청난 부를 축적했습니다. 많은 사람들이 록펠러가 부를 독점하고 있다고 그를 안 좋게 보았지만 그는 죽을병에 걸렸다 치유된 이후엔 새로운 인생을 살며 사회를 위해 막대한 자금을 기부했습니다.

그런 록펠러가 한창 자신의 사업을 확장하며 백만장자로 명성을 떨치고 있을 때 사업차 어느 도시의 호텔에서 숙박을 하게 되었습니다. 록펠러는 호텔에서 자신의 방까지 짐을 들어다준 종업원에게 감사의 표시로 5센트의 팁을 주었습니다. 당시에는 돈의 가치가 지금보다 낮았지만 팁으로도 5센트는 매우 적은 액수였습니다.

종업원은 세계최고의 부자인 록펠러를 에스코트하면서 내심 두둑한 팁을 바랐지만 생각보다도 훨씬 적은 액수를 받게 되자 불만이 가득한 목소리로 말했습니다.

"세계 최고의 부자가 주는 팁으로 5센트는 너무 적은 것 아닙니까? 아무리 못해도 1달러는 주실 줄 알았는데요."

그러자 록펠러가 대답했습니다.

"나를 도와준 종업원들에게 모두 1달러씩 팁으로 준다면 나는 아마도 지금과 같은 부자가 되지 못했을 걸세, 어쩌면 자네와 같은 일을 하고 있었을 수도 있겠지"

절약은 중요한 생활습관입니다. 절약은 돈과 시간을 더 효율적으로 사용할 수 있게 해주고, 낭비를 막아 종자돈을 모을 수 있게 해줍니다. 돈은 모으는 방법보다 사용하는 용도가 더욱 중요하다는 사실을 기억하십시오.

 주님! 뚜렷한 목표를 세우고 그것을 위해 돈과 시간을 절약하게 하소서.

 수입과 지출을 꼼꼼히 따져 불필요한 낭비를 막으십시오.

나의 영적 일지

맛만 보아도

● 롬 8:21 그 바라는 것은 피조물도 썩어짐의 종 노릇 한 데서 해방되어 하나님의 자녀들의 영광의 자유에 이르는 것이라

9월 22일

옛날 영국에 작가가 되기 위해 열심히 노력하는 한 젊은이가 있었습니다. 젊은이는 몇 년간 열심히 공부하며 습작을 했기에 글 솜씨엔 어느 정도 자신감이 있었습니다. 그는 자신이 작가로 데뷔해도 괜찮을지 물어보려고 가장 유명한 작가인 셰익스피어를 찾아가 말했습니다.

"존경하는 선생님, 제 글 솜씨가 어떤지 좀 봐주십시오."

셰익스피어는 젊은이의 당당함이 맘에 들어 청을 들어주었습니다. 젊은이는 자신이 몇 년간 습작을 한 두꺼운 노트를 셰익스피어에게 전해주었는데 셰익스피어는 작품을 보기 시작한지 한 시간도 되지 않아서 젊은이를 다시 불러 말했습니다.

"글을 너무 가볍게 생각하는 것 같군, 조금 더 깊게 생각한 후 글을 써보게."

자신이 몇 년간 쓴 글을 고작 한 시간 만에 평가한 것에 화가 난 젊은이는 따졌습니다.

"선생님은 소문과는 전혀 다른 분이군요. 아무리 빨리 읽어도 이것을 한 시간 만에 읽을 수 는 없을 것입니다. 어떻게 제 글을 읽어보지도 않으시고 평가하실 수가 있습니까?"

그러자 셰익스피어가 대답했습니다.

"자네말 대로 나는 이것을 다 읽지는 않았네, 하지만 썩은 달걀은 냄새만 맡아도 알 수가 있는 법이네, 굳이 그것을 맛까지 봐야 할 필요는 없단 말일세."

우리의 삶과 신앙을 방해하는 것들을 우리는 충분히 분별할 수 있습니다. 굳이 그것을 직접 경험해보고 끝까지 호기심을 같지 않아도 선한 분별력으로 판단할 수 있기 때문입니다. 그러므로 세상의 많은 것들 중에 거룩한 호기심만을 가지십시오.

 주님! 악을 분별하여 그것을 경험하지 않고도 미리 피하게 하소서.

 오직 선한 호기심만 마음에 품으십시오.

평생 사모할 것

●시 45:11 그리하면 왕이 네 아름다움을 사모하실지라 그는 네 주인이시니 너는 그를 경배할지어다

'첼로의 거성' 파블로 카잘스는 세상을 떠난 지 30년이 넘었지만 아직도 최고의 첼로 연주자로 많은 전문가들이 그를 뽑습니다. 스페인에서 태어나 평생 세계를 돌며 첼로를 연주한 그는 나이가 먹어서도 연습시간을 절대 줄이지 않을 정도로 음악에 엄청난 열정이 있었습니다.

그는 아흔이 넘어서도 하루에 6시간 이상씩 매일 연습을 했는데, 그를 취재하기 위해 찾아온 BBC 방송의 한 기자가 연습에 대한 질문을 던졌습니다.

"선생님께서는 이미 세계최고의 첼리스트로 인정을 받고 계십니다. 게다가 이제 나이도 적지 않으셔서 체력적인 부담도 클 텐데 어째서 아직도 그토록 많은 연습을 하고 계십니까?"

기자의 질문에 파블로는 즐거운 표정으로 큰 소리로 웃었습니다.

"하하하, 기자 양반 그건 나도 알고 있다네, 그런데도 내가 많은 연습을 하는 건 아직도 하면 할수록 내 실력이 조금씩이라도 늘고 있다는 걸 느낄 수 있기 때문이네."

이미 세계 최고의 실력이었지만 아직도 늘고 있다는 것을 알았기에 파블로는 연습을 멈출 수가 없었습니다.

우리의 신앙도 마찬가지입니다. 신앙생활을 아무리 오래 한다 하더라도 우리는 그것을 통해 우리의 믿음이 나아짐을 느껴야합니다. 우리의 목표는 다른 사람보다 나아지는 것이 아닌 예수님을 닮는 것이기에 생의 마지막까지 계속해서 수련하며 정진하십시오.

 주님! 당신을 닮기 원하는 마음으로 평생을 살게 하소서.

 기도와 말씀 같은 기본적인 신앙생활을 충실히 하십시오

나의 영적 일지

비행에 필요한 부분

9월 24일

● 빌 1:6 너희 안에서 착한 일을 시작하신 이가 그리스도 예수의 날까지 이루실 줄을 우리는 확신하노라

세계 2차 대전 때부터 전투에서 공군의 중요성이 크게 부각되었습니다. 땅에서 비행기를 공격할 효과적인 무기가 없었기 때문에 제공권을 장악하기만 하면 손쉽게 전투에서 승리할 수가 있었기 때문입니다. 양쪽 진영은 서로 우수한 전투기 조종사를 확보하기 위해서 많은 노력을 했는데 그때 당시 공중전의 승패를 결정지은 것은 비행기보다도 조종사의 역량이었기 때문입니다.

2차 대전 중 영국에는 더글러스라는 조종사가 있었는데 그는 혼자서 독일군 전투기를 26대나 격추시켰을 정도로 뛰어난 조종사였습니다. 하지만 공군은 처음엔 더글러스의 입대를 거부했습니다. 더글러스가 두 다리가 없는 불구였기 때문입니다. 비행기 추락사고로 두 다리를 잃은 더글러스는 사고 이후에도 비행을 계속하며 조종사들보다도 뛰어난 실력을 갖추고 있었지만 입대사정관은 그의 다리를 보고는 단칼에 입대를 거부했습니다.

"두 다리가 없는데 도대체 어떻게 군대에 들어오겠다는 얘깁니까?"

"내가 육군에 입대하러 온 것이라면 당신 말이 맞습니다. 하지만 나는 전투기 조종사로 지원하러 온 겁니다. 바로 어제까지만 해도 난 활주로에서 비행기를 몰았습니다."

그의 비행실력까지 본 사정관은 결국 그의 입대를 승낙할 수밖에 없었고 호언장담하던 더글러스는 자신의 말대로 전쟁 중에서 크게 활약했습니다.

찬양을 하기 위해선 목소리만 나오면 됩니다. 운동을 하기 위해선 몸만 멀쩡하면 됩니다. 다른 조건은 생각할 필요가 없습니다. 이미 필요한 조건이 우리에게 있다면 기도와 노력만 한다면 무엇이든 이룰 수 있습니다. 꿈을 이루기 위해 도전하십시오.

 주님! 부정적 생각들을 버리고 가능한 조건들을 바라보게 하소서.

 나의 꿈을 이루기 위해 필요한 조건들이 무엇인지 생각해 보십시오.

가능성과 기회

●시 32:6 이로 말미암아 모든 경건한 자는 주를 만날 기회를 얻어서 주께 기도할지라 진실로 홍수가 범람할지라도 그에게 미치지 못하리이다

링컨은 어린 시절 가난하여 일을 하며 남는 시간에 틈틈이 공부할 수밖에 없었습니다. 그가 청년 시절 사공 일을 했을 때가 있었는데 손님이 없는 시간엔 항상 책을 보며 공부를 했습니다. 링컨의 꿈은 정치인이었기에 법률 책을 읽고 있었는데 존 맥과이어라는 백만장자가 배를 타기 위해 다가왔습니다. 링컨이 책에 심취해 있어 그가 가까이 왔는데도 기척을 느끼지 못하자 존은 배에 올라타면서 링컨을 향해 말했습니다.

"사공이 노만 잘 저으면 되지, 법률 책은 봐서 어따 쓰려고 그러니?"

링컨을 살짝 무시하는 말투였지만 링컨은 오히려 웃으며 대답했습니다.

"글쎄요, 뭐 혹시 나중에 제가 대통령이 될 수도 있지 않겠어요?"

"얘야, 미안하지만 내가 봤을 땐 그건 거의 불가능에 가까운 일인 것 같구나."

"그럴지도 모르지요. 하지만 아무리 불가능한 일도 할 수 있다고 믿어야 기회가 찾아오지 않을까요?"

그 대답을 들은 존은 링컨을 인정할 수밖에 없었습니다.

링컨은 그날의 말대로 훗날 대통령이 되었고 존은 링컨의 후견인이 되어 그의 선거를 위해 많은 돈을 투자해주었습니다.

주님은 우리에게 모든 것을 할 수 있다고 말씀하셨습니다. 우리가 그분의 도구로써 선한 뜻을 품을 때 누구도 생각지 못한 상황과 방법으로 우리를 놀랍게 들어 사용하실 것입니다. 그 누구의 말보다 하나님 말씀을 의지하십시오.

 주님! 마음을 다잡고 주님을 향한 믿음이 약해지지 않게 하소서.

 그 누구의 말보다 주님의 말씀을 믿고 실행하십시오.

실패와 성공의 차이

●전 10:10 철 연장이 무디어졌는데도 날을 갈지 아니하면 힘이 더 드느니라 오직 지혜는 성공하기에 유익하니라

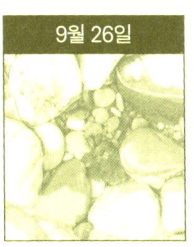
9월 26일

1977년 겨울, 마이클 버튼이라는 사람이 스노보드를 일반인들에게 팔겠다고 했을 때, 사람들은 모두 그를 정신 나간 사람 취급했습니다. 그 당시에 스노보드는 일부 전문가들만 타는 고급 스포츠였기 때문입니다. 심지어 그가 돈을 빌린 은행에서도 찾아와 말했습니다.

"우리는 당신의 사업이 스노보드를 대중에게 팔겠다는 미친 짓인 줄은 몰랐소. 왜 뻔히 실패할 사업을 벌이기 위해서 그렇게 큰돈을 빌려간 것입니까?"

사업에 실패할 경우 은행은 빌려준 돈을 받을 수가 없기 때문에 마이클이 사업을 포기하게 만들기 위해 사람을 보낸 것이었습니다. 하지만 마이클은 아랑곳하지 않고 말했습니다.

"이미 성공한 일을 따라한 사람들은 대부분 실패합니다. 그리고 성공한 사람들의 특징은 다른 사람들이 실패할까봐 시도하지 않았던 일을 가장 먼저 했다는 것입니다. 나의 사업은 절대 실패하지 않을 것입니다."

친구와 가족, 돈을 빌려준 은행까지 그를 비웃었지만 마이클은 끊임없이 노력을 했습니다. 그리고 1998년 스노보드는 전 세계적으로 8백만 명이 즐기는 대중스포츠가 되었을 뿐 아니라 동계올림픽 정식 종목에까지 채택되며 많은 이들의 사랑을 받는 겨울 스포츠가 되었습니다. 치솟는 인기에 마이클이 세운 버튼 스노보드는 연간 매출이 1억 달러가 넘었습니다.

실패와 성공의 차이는 생각에 있습니다. 아브라함도 롯과 헤어질 때 더 척박해 보이는 땅을 선택했지만 결국엔 그곳이 하나님이 약속하신 축복의 땅이었습니다. 나에게 주신 축복의 땅을 기도로 간구하십시오.

 주님! 주님이 복주시는 땅이 축복의 땅이자 약속의 땅임을 믿게 하소서.
 머릿속에 떠오르는 과감한 아이디어들을 검토해 보십시오.

나의 영적 일지

은혜를 잊지 말 것

● 고후 1:2 하나님 우리 아버지와 주 예수 그리스도로부터 은혜와 평강이 있기를 원하노라

'철의 여인'으로 불리는 마가렛 대처는 교육부 장관으로 정치 생활을 시작해서 영국의 수상 자리를 역임하기 까지 강한 카리스마를 바탕으로 사람들을 이끌었습니다. 당시 여성으론 처음으로 장관이자, 수상의 자리에 올랐기에 대처는 많은 사람들과 정치인들을 만나 개인적으로 협력을 구해야 했는데 그런 바쁜 스케줄에도 불구하고 가족과 친척 그리고 동네 이웃들의 경조사엔 작은 일이라도 언제나 빠지지 않고 참석했습니다. 그의 측근들은 가뜩이나 바쁜 일정 속에 그런 일들까지 참석하며 시간을 빼앗기는 대처를 이해하지 못했습니다.

"수상님, 그런 작은 일들까지 모두 참석하시다가는 정국을 제대로 돌보실수 없을 지도 모릅니다. 앞으로는 사람을 시켜 축하메시지만 전하게 하는 것이 어떨까요?"

"난 수상이고, 성공한 정치인도 맞습니다. 하지만 내 가족과 이웃과 같은 나의 지지자들이 없었다면 나는 절대 성공할 수 없었을 것입니다. 그렇기 때문에 그들의 기쁨과 슬픔에 함께 참여하는 것은 결코 작은 일들이 아닙니다."

영국 작은 시골의 구멍가게집안에서 둘째 딸로 태어난 대처가 성공할 수 있었던 것은 초창기에 그를 지지해준 지역 주민들이 있었기 때문이었는데 그녀는 나중에 성공해서도 그들이 베푼 은혜를 잊지 않고 기억하고 있었던 것입니다.

남에게 베푼 일은 잊고, 남에게 받은 신세는 절대 잊지 마십시오.

 주님! 받는 것보다 베푸는 것을 더 좋아하는 사람이 되게 하소서.
 남에게 받은 작은 도움이라도 감사해하며 축복을 해주십시오.

나의 영적 일지

아름다움의 비결

9월 28일

● 마 23:27 화 있을진저 외식하는 서기관들과 바리새인들이여 회칠한 무덤 같으니 겉으로는 아름답게 보이나 그 안에는 죽은 사람의 뼈와 모든 더러운 것이 가득하도다

'미의 여신', '세기의 연인'으로 불리는 오드리 햅번은 시대를 초월한 아름다움으로 유명합니다. 그녀가 죽은 지 십 수 년이 지났지만 아직도 패션과 미용 계에선 그녀의 이름을 사용해서 마케팅을 할 정도입니다. 그녀는 외모 못지않게 마음씨도 아름다웠는데 연예계에서 은퇴한 뒤엔 세계 각국을 돌며 구호활동을 펼치며 유니세프의 친선대사로도 활동했었습니다. 그런 어머니의 아름다움에 그의 딸도 놀랐는지 한 번은 이런 질문을 했다고 합니다.

"엄마, 엄마의 아름다움의 비결은 무엇이죠? 어떻게 하면 그것을 가질 수 있을까요?"

"딸아, 그것은 아주 쉬운 일이란다. 매력적인 입술을 가지고 싶다면 누구에게나 친절할 말씨를 사용하면 된단다. 그리고 사랑스런 눈매를 갖고 싶다면 다른 사람들의 좋은 점만을 보며 칭찬해주렴. 날씬한 몸매를 원한다면 음식을 이웃과 나누면 된단다."

눈에 보이는 것만이 진정한 아름다움이 아닙니다.

진정한 아름다움은 사람의 내면에서 나오는 것입니다.

시대는 점점 외모가 아름다운 사람을 원하고 조각 같은 몸매를 우리에게 강요하지만 껍데기가 아닌 내면을 가꾸는 것이 변하지 않는 아름다움을 갖는 비결입니다. 내면도 아름답게 가꾸십시오.

 주님! 세상의 유행을 좇지 않고 진정한 가치를 알게 하소서.

 외모가 아닌 내면을 가꾸기 위한 취미를 키우십시오.

나의 영적 일지

9월 29일

기도하는 손

●요 15:13 사람이 친구를 위하여 자기 목숨을 버리면 이보다 더 큰 사랑이 없나니

'알브레히트 뒤러'라는 젊은이는 화가가 꿈이었습니다. 그는 그림을 배우기 위해 무작정 고향을 떠나 도시로 향했는데 그곳에서 같이 화가를 꿈꾸는 한 청년을 만나게 됩니다. 하지만 두 청년 모두 집안 사정이 가난해 그림을 공부할 수 있는 형편이 못되었고 당장 먹고 살기 위해 일을 해야 했습니다. 그러던 중 친구가 뒤러에게 제안을 했습니다. "이렇게 살다간 우리 둘 다 화가의 꿈을 이룰 수 없네, 내가 먼저 일을 해 자네의 학비를 댈 테니 유명한 화가가 되게, 자네가 그림으로 돈을 벌기 시작하면 그땐 나의 학비를 대주도록 하게나." 뒤러는 친구에게 미안해 사양했지만 친구는 거듭 자신의 방법을 주장했습니다. 결국 마지못해 제안을 받아들인 뒤러는 열심히 그림을 공부했고 친구는 온갖 고생을 해가며 돈을 벌었습니다. 마침내 뒤러는 화가가 되었고 작품을 팔아 어느 정도 돈을 벌 수 있었습니다.

"이제 친구에게 미술을 공부하라고 말해야지, 그동안 나를 위해 고생을 했으니 이제는 내가 고생을 해야 해." 다짐을 하며 집 앞에 들어선 뒤러는 친구의 기도를 듣게 됩니다.

"주님. 이제 저의 손은 그림을 그릴 수 없을 정도로 망가졌습니다. 하지만 뒤러만큼은 꼭 훌륭한 화가가 되게 해주십시오." 친구의 간절한 기도에 뒤러는 말할 수 없는 감동을 받았고 바로 그림 도구를 가져와 친구의 기도하는 손을 그리기 시작했습니다. 훗날 이 그림은 '기도하는 손'이라는 제목으로 세계에서 가장 유명한 명화 중에 하나가 되었습니다. 친구의 기도하는 모습을 보고난 뒤러는 이런 말을 남겼습니다. "기도하는 손이 가장 깨끗한 손이요, 가장 위대한 손입니다. 기도하는 자리가 가장 큰 자리요, 가장 높은 자리입니다." 기도하는 손, 기도하는 자리가 아름답게 하십시오.

 주님! 한 사람의 성공을 위해 포기하지 않고 기도하게 하소서.

 사랑하는 이의 성공을 위해 간절한 마음으로 기도 드리십시오.

나의 영적 일지

나이라는 변명

●롬 10:11 성경에 이르되 누구든지 그를 믿는 자는 부끄러움을 당하지 아니하리라 하니

세계적인 명품 브랜드인 '샤넬'의 창립자 코코 샤넬은 사람들이 생각할 수 없는 파격적인 디자인의 옷을 만들어 팔았습니다. 샤넬의 개성있는 디자인의 옷은 선풍적인 인기를 끌어 많은 사람들의 사랑과 인정을 받으며 성공가도를 달리고 있었습니다. 샤넬의 옷은 디자인이 파격적이면서도 세련됐으며 거기다 실용적이기까지 했기 때문입니다.

그녀는 엄청난 성공을 거두며 큰돈을 벌었지만 세계 2차 대전이 일어남에 따라 모든 공장 문을 닫고 여러 나라를 돌며 피신을 해야 했습니다. 전쟁이 끝난 후 그가 다시 파리로 돌아왔을 땐 그의 나이가 71세로 보통의 사업가라면 은퇴하고도 남았을 정도의 나이가 되었습니다. 이미 그녀의 공장은 모두 문을 닫았고, 남은 돈도 별로 없었습니다. 어느덧 사람들의 기억 속에서 '샤넬'이란 브랜드는 잊혔습니다. 하지만 그녀는 다시 의상실 문을 열어야겠다며 적당한 장소를 알아보며 옷을 디자인하기 시작했습니다. 그녀를 만나는 사람들은 모두 너무 늦었다고 이야기했지만 그녀의 일에 대한 열정을 꺾을 수는 없었습니다.

"사장님, 이제 그만 하시죠. 나이가 일흔이 넘으셨는데 재기가 가능하시겠습니까?"

"어째서 내 나이가 문제가 되지? 내가 일흔이든 아흔이든 이십대의 감각만 가지고 있다면 문제될 거 없지 않나?"

우리가 아는 샤넬의 성공은 바로 그 순간부터 시작되었습니다.

이 세상에서 중요한 것은 '내가 누구인지 아는 것', 그리고 '내가 나를 어떻게 생각하느냐?'임을 기억하십시오.

 주님! 언제나 새로운 도전으로 약속하신 언약을 누리게 하소서.
 나의 도전을 막는 다른 사람들의 의견에 신경 쓰지 마십시오.

나의 영적 일지

● 에베소사 2:4,5,6

10월 1일

농구 황제의 좌절

● 고후 4:8 우리가 사방으로 우겨쌈을 당하여도 싸이지 아니하며 답답한 일을 당하여도 낙심하지 아니하며

화려한 스포츠 스타들은 어려서부터 성공을 향해 똑바로 달려온 것처럼 보입니다. 그들은 대부분 프로팀에 입단 할 때부터 화려한 조명을 받으며 높은 연봉을 받기 때문입니다. 일부 선수들은 대학시절부터 세간의 주목을 받으며 스타 대접을 받는 경우도 있을 정도로 스포츠 스타들은 일찍부터 두각을 나타냅니다.

지금은 은퇴한 '농구 황제' 마이클 조던도 그래 보일지 모릅니다. 데뷔 이후 수많은 기록들을 갈아치우며 팀을 수차례 우승으로 이끌었고 2009년엔 명예의 전당에까지 헌액 되었기 때문입니다. 실제로 그는 12살 때까지 농구에 뛰어난 재능을 보이며 각종 대회에서 MVP를 수상하며 화려한 시절을 보냈습니다. 하지만 고등학교 들어 극심한 부진을 보이며 학교 선발선수로도 뛰지 못할 정도였는데 이것은 농구로 대학을 갈 수 없다는 것을 의미했기 때문에 조던은 농구를 그만두고 공부를 하려고 했습니다. 어렸을 때부터 품어온 농구선수의 꿈을 버리기로 한 것이었습니다. 실제로 그는 학교선발에 탈락한 이후 농구공은 만지지도 않았습니다. 그런 조던이 다시 마음을 다잡고 다시 농구를 시작하게 된 이유는 당시 학교의 코치였던 선생님의 애정 어린 조언 때문이었습니다.

"마이클, 사람은 살아가면서 무수히 많은 성공과 실패를 경험한단다. 그 와중에 성공한 사람들의 특징은 실패보다 성공을 한 번 더 이뤘다는 점이지. 지금의 실패를 미래에 대한 채찍으로 여기고 다시 농구를 시작해보렴. 너에겐 충분한 가능성이 있단다."

처음부터 화려한 성공을 거뒀던 사람은 없습니다. 힘주시는 주님을 믿으며 모든 어려움을 극복해내십시오.

 주님! 수많은 굴곡을 거칠지라도 마지막엔 열매 맺게 하옵소서.

 마지막에 성공하는 인생을 위해 기도하십시오.

공정한 저울

10월 2일

● 겔 45:10 너희는 공정한 저울과 공정한 에바와 공정한 밧을 쓸지니

19세기 초 미국 세인트루이스 지방법원의 판사였던 제임스 허킨스는 특이한 습관을 가지고 있었습니다.

그는 흰 헝겊으로 눈을 가린 채 경비원을 따라 법정에 들어섰고 판결을 마치는 순간까지 헝겊을 풀지 않았기 때문입니다.

처음 그가 눈을 가리고 들어섰을 때 참관하는 사람들은 그를 시각장애인으로 생각하기도 했고, 눈을 가린 채로 명확한 판결을 내릴 수 있을까하며 걱정도 했습니다. 하지만 그는 첫 재판에서 많은 사람들이 납득할 만한 공정한 판결을 내렸고 퇴장한 후 법원을 나갈 때는 헝겊을 풀고 경비의 도움 없이 멀쩡히 걸어 나갔습니다. 그는 공정한 판결을 내릴 능력이 있었고 시각장애인도 아니었던 것입니다.

눈이 멀쩡함에도 불구하고 법정에 들어설 때마다 눈을 가리는 이유에 대해서 그는 다음과 같이 말했습니다.

"내가 법정에 들어설 때 멀쩡한 눈을 가리는 이유는 사람들을 보지 않기 위해서입니다. 원고나 피고, 혹은 참관인들 중에 한 명이라도 내가 아는 사람이 있다면 나 자신도 알지 못하게 판결에 영향을 받을 수도 있기 때문입니다."

판사로 14년 동안 제직했던 제임스 허킨스는 특이한 습관만큼 공정한 판결로 사람들에게 유명했습니다.

때로는 아주 작은 정이나 실수가 다른 사람들의 인생에 큰 영향을 미칠 수 있습니다. 남을 대하고 자기 자신을 대하는 일에 공정을 가하기 위해 노력하십시오.

 주님! 모든 것을 감찰하는 주님을 기만하지 않게 하소서.
 일을 처리하고 사람을 대할 때 필요한 원칙을 정해 놓으십시오.

10월 3일

금메달 보다 기쁜 것

●요삼 1:4 내가 내 자녀들이 진리 안에서 행한다 함을 듣는 것보다 더 기쁜 일이 없도다

사격선수인 카롤리 타카스는 1940년 동경 올림픽의 가장 유력한 금메달 후보였습니다. 그는 사격에 천재적인 재능을 보였고 이미 세계선수권대회에서 우승했기 때문입니다. 하지만 동경 올림픽은 세계 2차 대전 때문에 열리지 못했고, 육군상사였던 타카스는 수류탄 투척 훈련 중 사고로 팔을 절단해야 하는 불운을 겪게 됩니다. 왼팔밖에 남아있지 않은 그가 사격을 다시 시작할 수 있을 것이라고는 누구도 생각하지 않았습니다.

하지만 10년이 지난 뒤 런던 타카스는 헝가리 대표팀에 뽑혀 올림픽에 참가하게 됩니다. 모두들 그가 훌륭한 사수였다는 것은 알고 있었지만 그가 한 팔로 예전처럼 사격을 잘 할 수는 없을 것이라고 생각했습니다. 하지만 그는 세계 신기록으로 금메달을 목에 걸어 세상을 놀라게 했습니다. 그리고 4년 뒤 헬싱키에서 그는 다시 한 번 금메달을 따 2연패를 해냈습니다. 타카스는 왼팔 하나로 이전처럼 사격을 하기 위해서 10년 동안 엄청난 훈련을 소화해냈다고 합니다. 기자들은 그의 금메달을 향한 집념이 대단하다고 말했지만 타카스는 의외의 말을 했습니다.

"내가 사격을 다시 시작한 것은 금메달 때문이 아닙니다. 사고로 팔을 잃었을 때 나는 이대로 좌절한다면 인생을 잃을지도 모른다는 생각을 했습니다. 그래서 내가 가장 잘 할 수 있던 사격을 다시 시작해야 했습니다. 사격을 이전과 같이 하게 된다면 모든 것을 극복할 수 있었을 테니까요. 나는 금메달을 땄다는 사실보다 여기까지 포기하지 않고 온 내 자신이 더 자랑스럽습니다. 이제는 어떤 상황에서도 열심히 살아갈 용기가 생겼습니다."

인생에서 추구하는 목표를 통해 그 이상의 가치를 얻는 것이 목표의 성취보다 더 중요하다는 것을 기억하십시오.

 주님! 세상의 많은 것들을 경험하고 이름으로 주님을 더욱 체험하게 하소서.

 목표를 성취함으로 내가 진정 이루고자 하는 가치를 결정하십시오.

나의 영적 일지

말을 잘하는 비결

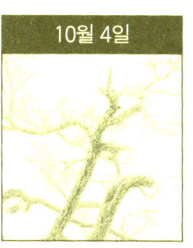

10월 4일

● 잠 31:26 입을 열어 지혜를 베풀며 그의 혀로 인애의 법을 말하며

미국의 역대 대통령들 중에는 화술에 능한 사람들이 많았습니다. 게티즈버그 연설로 많은 국민들에게 평등과 자유의식을 고양시켰던 링컨, 대국민 라디오연설로 국민들에게 희망을 전해 대공황을 극복하고 세계의 화합을 이끌었던 루즈벨트, 지지율의 열세를 공개토론방송으로 역전한 닉슨과 같은 대통령들부터 최근 대통령에 이르기까지 모두 당대에 화술로 능통한 사람들이었습니다. 특히 그 중에서도 많은 사람들은 루즈벨트를 역사상 가장 뛰어난 연설가중 한 명으로 뽑는데, 그 루즈벨트조차 말을 잘한다고 인정했던 프랑스의 한 장관이 있었습니다.

프랑스의 장관이 업무차 미국에 들렀다는 소식을 듣고 루즈벨트는 자신의 저택으로 초대를 했습니다. 장관의 평소 관심사에 대해서 미리 조사한 루즈벨트는 그와 함께 밤새 담소를 나누었는데, 오랜 시간의 대화는 거의 루즈벨트에 의해 진행됐고 장관은 그것에 맞장구를 쳐주는 형식으로 진행되었습니다. 루즈벨트의 이야기를 꽤 오랜 시간 들었지만 프랑스의 장관은 전혀 피곤한 기색을 보이지 않고 계속해서 그와 눈을 마주치며 고개를 끄덕이며 반응을 했습니다. 이윽고 장관이 떠나고 나자, 루즈벨트는 자신의 보좌관들에게 프랑스 장관에 대해서 이렇게 말했습니다.

"지금까지 내가 만난 사람 중에 저렇게 말을 잘하는 사람은 처음 본다네."

말을 잘 하기 위해선 말을 잘 들어야 합니다. 좋은 글을 쓰기 위해선 좋은 책을 더 많이 읽어야 하듯이, 남의 말을 소중히 경청하는 것은 매우 중요한 습관이기 때문입니다. 애쓰지 않고 나의 말을 상대방에게도 쉽게 전하기 위해 먼저 상대방의 말을 귀담아 들어주십시오.

 주님! 경청으로 상대방을 먼저 존중하게 하소서.

 상대방의 말을 끊지 말고 끝까지 들어주십시오.

10월 5일 — 뭔가 틀린 사나이

● 엡 3:13 그러므로 너희에게 구하노니 너희를 위한 나의 여러 환난에 대하여 낙심하지 말라 이는 너희의 영광이니라

체스터 칼슨이라는 젊은이가 자신이 개발한 복사기의 특허권을 계약하기 위해 여러 큰 회사들을 찾아다녔습니다. 그가 처음으로 찾아간 회사들은 IBM, 코닥과 같은 블루칩으로 불리는 회사들이었지만 체스터의 특허의 실용성에 의문을 표시하며 전혀 관심을 보이지 않았습니다.

그렇게 계속해서 7년 동안이나 찾아다녔지만 적당한 회사를 찾을 수 없었습니다. 그리고 1947년 그는 할로이드 컴퍼니라는 회사의 소문을 듣고는 여느 때와 마찬가지로 특허를 계약하기 위한 서류를 들고 회사의 사장을 찾아갔습니다.

사장은 특허에 대한 설명을 듣고는 그리 나쁘지 않은 조건에 특허를 사들여 독점 계약을 맺었습니다. 사실 그의 특허를 사려는 사장의 결정에 많은 임원들이 반대를 했습니다. 7년 동안이나 다른 회사들이 거부한 기술이라 쓸모가 없을 것 같았기 때문입니다. 하지만 사장의 생각은 달랐습니다.

"7년 동안 거절을 당했지만 그의 눈빛은 아직도 살아 있었습니다. 난 지금까지 살면서 그런 눈을 가진 사람을 보지 못했습니다. 그뿐만 아니라 그는 자신의 특허에 대한 확신이 있었습니다. 그렇지 않다면 그렇게 많은 거절을 당하고도 그런 당당한 자세로 들어오지는 못했을 것입니다. 나는 이 젊은이 덕에 우리 회사가 세계적인 회사가 될 것이라고 생각합니다."

그리고 머지않아 체스터가 가지고온 특허는 제록스 복사기라는 이름으로 전 세계에 퍼지며 세계적인 브랜드로 자리매김하게 되었습니다.

어려운 일들이 찾아와도 그것에 실망하지 말고 절대 포기하지 마십시오.

 주님! 우리의 작은 행동으로도 진리가 전파되게 하소서.
 눈빛과 표정, 자세와 말투를 당당하고 여유 있게 행동하십시오.

나의 영적 일지

선행의 나비효과

10월 6일

● 딛 1:8 오직 나그네를 대접하며 선행을 좋아하며 신중하며 의로우며 거룩하며 절제하며

페니실린을 발견한 플레밍과 영국의 처칠 수상은 어려서부터 각별한 사이였습니다. 같은 지역에 살았던 처칠과 플레밍의 인연은 물에 빠진 처칠을 플레밍이 구해주면서부터 시작되었습니다. 집안사정이 넉넉했던 처칠은 목숨을 구해준 답례로 가난 때문에 학업에 정진하기가 힘들었던 플레밍이 의학공부를 할 수 있게 지원해주었습니다. 플레밍은 학교를 졸업하고 세균학자로 연구하다가 세균의 감염을 막아주는 페니실린이라는 물질을 발견하게 되었습니다. 이때 처칠은 입대를 해 전쟁터에 나가 있었는데 심한 폐병에 걸려서 죽을 위기에 처해있었습니다. 처칠의 소식을 들은 플레밍은 위험을 무릅쓰고 페니실린을 손수 들고 처칠이 속한 부대를 직접 찾아가 처칠의 목숨을 다시 한 번 구해주었습니다. 그리고 플레밍에 의해 2번이나 목숨을 건진 처칠은 훗날 영국의 수상이 되어 세계 2차 대전을 승리로 이끌어 나치에게 학살당할 수많은 사람들의 목숨을 구해주었습니다.

　플레밍은 처칠이라는 한 사람의 생명을 구해주었지만 그것은 훗날 세계의 지도자를 구한 것이 되었습니다. 이렇듯 작은 선행은 우리가 생각한 것보다 더 큰 결과로 돌아올 때가 많습니다. 여리고의 라합은 정탐꾼을 숨겨줌으로써 성이 무너졌을 때도 자신뿐만 아니라 가족까지 안전할 수 있었습니다. 하지만 그렇다고 우리가 보답을 바라고 선행을 베풀어서는 안 됩니다. 그것은 베풀어지는 그 자체로 우리에게 기쁨으로 돌아옴을 기억하십시오.

 주님! 선행의 기쁨, 베풂의 기쁨을 알게 하소서.
 크고 작은 선행들을 삶 속에서 생활화 하십시오.

나의 영적 일지

 **10월 7일**

산을 옮길만한 믿음

●마 17:20 이르시되 너희 믿음이 작은 까닭이니라 진실로 너희에게 이르노니 만일 너희에게 믿음이 겨자씨 한 알 만큼만 있어도 이 산을 명하여 여기서 저기로 옮겨지라 하면 옮겨 질 것이요 또 너희가 못할 것이 없으리라

미국 아칸소 주에 사는 샘 월튼이라는 사람은 높은 학력은 가지지 못했지만 여러 가게에서 점원 일을 하면서 경영에 대해서 배웠습니다.

그러던 어느 날 이제는 나도 사업체를 경영할 수 있겠다는 확신이 들어 다니던 직장을 그만두고 창업을 준비했습니다. 이 과정에서 그는 친구들과 주위 사람들에게 자신이 큰 사업을 할 것이라고 얘기하며 다녔는데 당시로서 획기적인 식료품과 모든 잡화를 취급하는 지금의 '마트' 형식의 체인점 사업을 계획하고 있었기 때문입니다.

하지만 곧바로 자신의 사업을 벌이기엔 자금과 경험이 모자란다고 생각해 동네의 작은 잡화상을 하나 인수해 가게를 차렸습니다. 샘이 가게를 차렸다는 말을 듣고 찾아온 친구들은 작은 크기의 가게를 보고 샘을 놀렸습니다.

"아니, 이게 어떻게 된 일인가? 큰 사업을 한다더니 고작 구멍가게를 냈단 말인가?"

하지만 샘은 그런 비웃음은 신경도 쓰지 않고 차근차근 자신의 계획을 구상해 나갔습니다. 그리고 샘의 작은 잡화점은 오늘 날 세계 최고의 유통업체인 월마트가 되었습니다. 평소 입버릇처럼 말하던 샘의 좌우명은 이것이었습니다.

"산을 옮기는 사람은 작은 돌멩이부터 옮긴다."

우리가 겨자씨만한 믿음이 있다면 산도 옮길 수 있다고 주님은 말씀하셨습니다. 이 겨자씨만한 믿음은 내가 돌멩이를 옮긴다면 언젠가 산이 옮겨질 것이라는 믿음입니다. 우리가 큰 산의 비전을 제대로 잡고 있다면 그것을 옮길만한 믿음의 행동이 따라야합니다. 아무리 작은 돌멩이를 옮기는 일이고 주위의 비웃음을 산다 하더라도 절대 흔들리지 않는 믿음을 가지십시오.

 주님! 작은 돌멩이를 옮길 수 있는 행동하는 믿음을 갖게 하소서.
 내 인생의 산은 무엇이고 돌멩이는 무엇인지 생각해보십시오.

나의 영적 일지

신앙이 힘들어 질 때

10월 8일

● 신 32:4 그는 반석이시니 그가 하신 일이 완전하고 그의 모든 길이 정의롭고 진실하고 거짓이 없으신 하나님이시니 공의로우시고 바르시도다

프랑스의 물리학자인 암페르는 전자기학의 기본 법칙을 알아내기 위해 밤낮없이 연구에 몰두하고 있었습니다. 하지만 워낙 유명한 과학자라 하루가 멀다 하고 많은 손님들이 찾아왔고, 손님들 때문에 암페르는 도통 연구에 집중 할 수가 없었습니다.

'어떻게 하면 손님들의 기분을 상하지 않게 하면서 돌려보낼 수 있을까?'

고심하던 암페르는 '금일부재중'이라는 팻말을 만들어 현관문에 걸어놓았습니다. 연구하고 있을 때는 항상 이 팻말을 걸어놓음으로 찾아오는 사람들의 방해를 받지 않고 연구에 몰입할 수가 있었습니다. 암페르가 그렇게 한창 연구를 하던 중 어려운 문제가 생각나 머리를 식히려고 잠시 산책을 나왔습니다. 그는 산책을 나와서도 계속해서 풀이방법을 강구하고 있었습니다. 어느덧 집 앞에 도착한 암페르는 자신이 붙여놓은 '금일부재중'이란 팻말을 보고는 말했습니다.

"오늘은 집에 없다는 말인가? 다음에 다시 와야겠군."

너무 문제에 몰두한 나머지 자신의 집인지도 모른 채 '금일부재중'이라는 팻말만 보고는 다시 산책을 나섰던 것입니다. 이정도로 연구에 집중하던 암페르는 마침내 '오른나사의 법칙'이라는 것을 발견해 전자기학사에 큰 업적을 남기게 되었습니다.

한 가지에 집중하고 있다면 다른 것들은 눈에 들어오지 않습니다. 우리의 신앙에서 자꾸 의심이 생기고 여러 가지 안 좋은 것들이 틈을 타 들어올 때에도 마찬가지입니다. 그것들을 해결하기 위해선 더 집중하는 수밖에 없습니다. 신앙생활에 집중함으로 그리스도께 가까이 나아갈 때 그전에 우리를 괴롭히던 많은 문제들은 자연스레 사라짐을 기억하십시오.

 주님! 언제나 당신과 함께함으로 굳건한 믿음의 반석 세우게 하소서.

 의심과 걱정이 생길 때면 더 주님께 집중하십시오.

나의 영적 일지

10월 9일

좋은 책을 고르는 3가지 원칙

●눅 24:45 이에 그들의 마음을 열어 성경을 깨닫게 하시고

'콩코드의 현인'으로 불리며 인간 내면의 가능성과 정신에 대해서 평생을 연구했던 에머슨은 많은 책을 읽었던 것으로 유명했습니다. 말년에 그가 거처하고 있던 집에 많은 사람들이 찾아와 가르침을 구했는데, 그 중 어떤 청년이 독서할 때 책을 고르는 방법에 대해서 물어보았습니다. 그 청년에게 에머슨은 자신의 좋은 책 고르는 3가지 원칙을 말해주었습니다.

첫째는 출판이 된지 최소 1년이 지난 책.
둘째는 사람들에게 많이 이름이 알려진 책.
셋째는 자신이 흥미를 가지고 있는 책.

왜냐하면 1년 안에는 유행에 편승해 사람들에게 인기를 끌 수 있지만 그 이상 사람들에게 기억이 되기 위해선 더 좋은 무언가가 있어야 하기 때문입니다. 또한 단순히 나온 지 오래 되었어도 사람들이 기억하지 못한다면 그것은 아무런 가치가 없는 책일 가능성이 큽니다. 그리고 아무리 좋은 내용으로 사람들에게 오래 기억된다고 하더라도 내가 관심이 없는 분야라면 읽어도 소용이 없기 때문에 에머슨은 3가지 원칙을 만족시키는 경우에만 그 책을 읽었던 것입니다.

성경은 역사상 가장 많이 팔린 책일 뿐 아니라 몇 천 년에 걸쳐 내려온 깊은 역사를 가지고 있습니다. 그 안에 진리가 있기에 오래토록 내려오면서도 사람들에게 잊히지 않고 기억될 수 있던 것입니다. 성경은 그저 집안의 장식용으로 비치해 두거나 주일날 예배 참석용으로만 사용하기엔 너무나도 아까운 세월을 초월한 진리입니다. 더욱 열심히 성경을 읽으십시오.

 주님! 일상생활 속에서의 말씀생활을 소홀히 하지 않게 하소서.

 하루 일과에 성경을 읽는 시간을 정해두십시오.

나의 영적 일지

금연의 기쁨

10월 10일

● 벧전 2:20 죄가 있어 매를 맞고 참으면 무슨 칭찬이 있으리요 그러나 선을 행함으로 고난을 받고 참으면 이는 하나님 앞에 아름다우니라

프랑스의 총리였던 클레망소는 시가를 매우 즐기는 애연가였습니다. 하루에도 몇 십 개씩 피웠는데 그 덕에 총리 생활 중에 건강에 큰 문제가 생겼습니다. 의사는 클레망소를 진찰한 후에 말했습니다.

"아직 그렇게 위험한 단계는 아닙니다만 지금부터는 더욱 조심하셔야 됩니다. 일단 하루에 5개 이상의 시가를 태우는 것은 절대 금물입니다."

"하루에 그것밖에 못 피울 바엔 차라리 시가를 끊고 말겠네."

하지만 금연을 선언했는데도 불구하고 언제나 클레망소의 집무실 책상 위엔 시가를 담아놓은 통이 놓여있었고 게다가 항상 뚜껑까지 열어있었습니다. 혹시 의사의 충고를 무시하고 다시 시가를 맘껏 피우는 게 아닌가 싶어 하루는 비서가 조심스럽게 물었습니다.

"총리님은 분명히 금연을 선언하신 걸로 아는데 시가 통은 왜 치우지 않으십니까?"

"그것은 일부러 그 자리에 둔 거네. 눈앞에 두고 일부러 참기 어렵게 하기 위해서 말일세. 뚜껑까지 열어두었기에 그것을 참는 것은 정말 힘든 일일세. 하지만 그 힘든 일을 해낸다면 분명 기쁨도 클 테지. 그리고 난 지금까지 시가를 하나도 피우지 않았네. 아마도 승리가 머지않은 듯싶어."

흡연뿐만 아니라 많은 중독에 걸린 사람들이 그것을 끊는 것에 어려움을 호소합니다. 하지만 그 고통이 클수록 끊고 난 후의 기쁨은 더욱 클 것입니다. 일부러 더 힘든 상황을 만들 필요는 없지만, 참는 괴로움보다 성공하고 난 후의 기쁨을 생각하십시오.

 주님! 습관에 의해 정복된 삶이 아닌 습관을 정복하는 삶이 되게 하소서.

 끊고 싶은 습관을 그만두었을 때 달라질 삶의 모습을 생각하십시오.

10월 11일

그리스도인의 행동

●벧전 4:16 만일 그리스도인으로 고난을 받으면 부끄러워 말고 도리어 그 이름으로 하나님께 영광을 돌리라

링컨이 어렸을 때 어떤 가게의 점원으로 일을 했던 적이 있었습니다. 장사를 마감하고 수입을 계산하고 있던 링컨은 이상한 점을 발견했습니다. 그날 판 물건의 총 액수에 비해 3센트가 남는 것이었습니다. 그 당시에도 3센트는 그렇게 큰돈이 아니었기에 그냥 넘어갈 수도 있었지만 링컨은 도대체 어째서 3센트가 남은 것인지 골똘히 생각을 해보았습니다.

"아! 그 할아버지가 물건을 사셨을 때 내가 거스름돈을 드리지 못했구나!"

낮에 어떤 할아버지가 산 물건의 거스름돈이 3센트였다는 것을 생각해낸 링컨은 그 할아버지네 집을 찾아가기 위해 가게 문을 닫고는 마을을 돌아다녔습니다. 사람들에게 인상착의를 물어 가까스로 집을 찾은 링컨은 밤늦은 시간에야 할아버지에게 3센트를 돌려줄 수가 있었습니다. 할아버지는 늦은 밤에 돈을 돌려주기 위해 찾아온 링컨을 보고도 놀랐지만 그 액수가 3센트라는 것에 다시 한 번 놀랐습니다.

"아니, 고작 3센트를 돌려주려고 어디 사는지도 모르는 나를 이 시간에 찾아왔단 말인가?"

"네, 고작 3센트지만 이것을 돌려드림으로 정직한 사람이 되고 싶었습니다. 나중에 제가 훌륭한 사람이 된다 하더라도 3센트 때문에 할아버지는 저를 정직하지 못한 사람으로 기억할 수도 있으니까요. 저는 훌륭할 뿐 아니라 정직한 사람이 되기를 바라거든요."

하나님의 자녀들도 마찬가지입니다. 우리가 진리를 믿는다고 하고 하나님의 자녀로 우리를 나타내놓고 보이는 행동이 그렇지 못하다면 우리를 통해 그 진리가 의심받을 것입니다. 작은 행동일수록 정직하기 위해 최선을 다하십시오.

♡ 주님! 진리를 따르는 자에 걸맞은 행동을 하도록 하소서.

 그리스도인의 행동으로 필요한 것이 무언인지 생각해보십시오.

성공보다 봉사

● 고후 9:12 이 봉사의 직무가 성도들의 부족한 것만 보충할 뿐 아니라 사람들이 하나님께 드리는 많은 감사로 말미암아 넘쳤느니라

10월 12일

베스트셀러 '공부 9단 오기 10단'의 저자인 박원희 씨는 민족사관학교를 조기 졸업하고 하버드대를 우등 졸업하며 많은 언론의 조명을 받았습니다. 하버드에는 학사와 석사 학위를 동시에 취득하는 A.B.A.M.이라는 힘든 과정이 있는데 그것을 5년 만에 아주 우수한 성적으로 이수했기 때문입니다.

하지만 한국 최고의 인재들이 모인다는 민족사관학교에서 조기졸업을 한 박 씨에게도 세계 최고의 하버드 대학에서의 생활은 녹록치 않았습니다. 당장 일상생활로는 어려움이 없을 정도의 영어 실력이었지만 하버드에선 강의를 듣는 것조차 어려웠고 사람들과 사귀기도 어려워 갖가지 난관에 부딪히게 되었습니다. 하지만 여기서 포기하면 아무것도 아니란 생각에 꾹 참고 적응하기 위해서 계속 노력했고 그 와중에 마음의 안정을 찾기 위해 교회를 다니게 되었습니다. 처음에는 사람들을 만나며 아카펠라 동아리에도 가입해 활동하며 교회생활에 재미를 느꼈지만 어느새 성경말씀을 진리라고 생각하게 되었고 하나님의 포근한 사랑을 느끼게 되었습니다. 그 과정에서 자신의 능력과 지식은 하나님이 주신 것이라는 걸 깨닫게 됐고 그 능력을 자신이 아닌 남을 위해서 사용해야겠다고 결심하게 되었습니다. 교회에서 매주 토요일마다 거리의 노숙인들에게 아침을 지어주는 봉사활동을 하면서는 하버드 이후의 자신의 비전을 찾았기 때문입니다. 노숙인들의 대부분은 일을 해야 할 이유를 알지 못해 거리로 나와 산다는 것을 그들과의 대화를 통해 알게 된 박 씨는 그런 사람들에게 일할 목표를 찾아주는 경제학자가 되겠다며 자신이 크게 성공하는 것보다는 남을 돕는 선한 사마리아인이 되고 싶다고 말했습니다.

나의 특별함을 하나님께 받은 것으로 생각하고 다른 이들을 위한 도구로 사용하십시오.

 주님! 제게 주신 모든 능력을 겸손하게 남을 위해 쓰게 하소서.
 나의 장점을 모두 써보고 그것들을 주신 하나님께 감사기도 드리십시오.

10월 13일

이혼의 7가지 징후

● 고전 6:17 주와 합하는 자는 한 영이니라

하나님께서는 남자와 여자가 서로 도우며 살아가게 하시려고 다른 특징을 가지게 만드셨습니다. 이것은 신체적인 특징 뿐 아니라 정서적인 면에서도 그러한데, 이런 차이를 잘 알지 못하면 부부사이에도 갈등이 심화되어 이혼을 하게 되는 상황까지 치닫게 될 수도 있습니다. 보통 이혼을 결정하는 부부는 다음과 같은 7가지 행동으로 징후를 나타낸다고 합니다.

1. 감정을 상하게 하는 거친 말다툼.
2. 상대의 모든 것을 비난.
3. 상대를 비웃고 인격적으로 무시하는 농담.
4. 모든 일을 배우자 탓으로 돌리며 자신은 정당하다고 주장.
5. 자신이 해야 할 일에 대한 책임을 회피하며 대화를 거부.
6. 감정의 폭발로 때때로 폭력으로 이어짐.
7. 관계의 회복을 시도하지만 매번 실패함.

이런 문제점을 극복하기 위해선 서로의 감정을 솔직히 고백하고 용서하는 편지가 효과적입니다. 배우자의 어떤 행동에 자신이 안 좋은 감정을 느꼈는지 솔직히 고백한 후 그것을 어느 정도 이해 못한 자신에 대한 용서를 구하며 이후에 바라는 점을 적은 편지를 주고받는 것입니다. '용서 편지'를 작성함으로써 마음의 분노가 사라지고 서로 원하는 것을 더 정확하게 파악할 수 있을 것입니다.

남성은 인정받기를 원하고, 여성은 따뜻한 배려와 관심을 원합니다. 아내를 위해 '관심을 가져주는 남편', 남편을 위해 '능력을 인정해 주는 아내'가 될 수 있도록 기도하십시오.

 주님! 서로의 필요를 채워줌으로 사랑으로 아름답게 화합하게 하소서.

 관계의 안 좋은 징후가 보인다면 서로를 향한 용서 편지를 작성해 보십시오.

나의 영적 일지

자장면 전도

10월 14일

● 고전 2:4 내 말과 내 전도함이 설득력 있는 지혜의 말로 하지 아니하고 다만 성령의 나타남과 능력으로 하여

1979년부터 30년이 넘게 '자장면 전도'를 하고 있는 박권용 집사님의 전도는 일반 전도와는 조금 다릅니다.

보통 전도라고 얘기하면 성경이나 전도지를 들고 예수님의 구원의 메시지를 전하는 것을 생각하지만 박 집사님의 전도는 자장을 볶고 면을 뽑는 것부터 시작됩니다. 처음에는 인근 군부대의 장병들이 입맛이 없다는 소리를 듣고 사기를 북돋아 주기 위해 자청해서 자장면을 만들어주러 자주 찾아갔는데 우연찮게 군부대에서 강연을 요청받았습니다. 비록 초등학교 3학년 때 중퇴하여 배운 지식은 많이 없었지만 그간 어렵게 일을 하며 홀로 서기한 자신의 경험이 장병들의 미래에도 도움이 될 것 같아서 박 집사는 제안을 받아들였습니다.

떨리는 마음으로 처음 하는 강연이었지만 내내 장병들의 웃음이 끊이지 않았고 때때론 감동의 박수소리도 터져 나오곤 했습니다. 부대에서의 반응은 생각보다 너무 좋았고 그 소문은 곧 전국 방방곡곡으로 퍼져나갔습니다. 이후 박 집사님은 다른 군부대 뿐 아니라 전국의 교회, 교도소, 양로원을 찾아다니며 자장면을 직접 만들어주고 자신이 살아온 삶도 이야기하며 복음을 전하고 있습니다. 이웃을 사랑하는 마음에 우연찮게 시작되었던 봉사가 하나님의 말씀을 전하는 전도로 이어지게 된 것은 엄청난 하나님의 축복이라며 박 집사님은 자신의 힘이 닿는 한 봉사활동과 복음전파를 계속해서 해나가겠다고 말했습니다.

이제는 전도에 대한 인식을 바꿔야 할 때입니다. 그들에게 필요한 것은 머리로 알게 하는 복음보다도 마음과 행동으로 느껴지게 하는 복음입니다. '자장면'과 같이 자신이 남을 위해 할 수 있는 일들로 이웃에게 다가가십시오.

 주님! 행동으로 나타나는 믿음의 전도를 하게 하소서.
 '자장면' 대신 자신이 잘 할 수 있는 특기를 넣어 전도하십시오.

나의 영적 일지

10월 15일

여성사역자들을 위한 권고

● 고전 12:12 몸은 하나인데 많은 지체가 있고 몸의 지체가 많으나 한 몸임과 같이 그리스도도 그러하니라

김민정 목사님은 자신의 인생경험을 바탕으로 한국의 여성 사역자들에게 새로운 방향을 제시해 주고 계십니다. 디자이너란 직업을 거쳐 목사님과 결혼해 10년 간 사모로 사역을 하면서 교회 찬양팀과, 어린이집 원장, 대학 강사와 같은 다양한 경험을 하며 얻은 지식으로 이 시대의 여성 사역자들이 어떤 마음가짐으로 사역을 해나가야 하는지 책과 강연으로 조언하고 계십니다.

목사님의 여성 사역자들을 위한 조언은 다음과 같습니다.

1. 소명 받은 자로써 자존감을 가져라.
2. 여성의 장점을 사용해 교회를 부흥시켜라.
3. 늘 초심의 시선으로 단점을 찾아내라.
4. 섬기는 담임 목회자의 마음을 먼저 헤아려라.
5. 나만의 준비된 설교를 최소 한 편은 가지고 있어라.
6. 당당하고 조리 있게 말하는 법을 연습하라.
7. 나만이 할 수 있는 창조적인 영역을 만들어라.

사회적으로 충분한 능력을 지닌 여성들도 많아짐에 따라 그들이 제한된 영역에서 남을 보조하는 역할로만 쓰임 받는 것이 아니라 이제는 스스로 하나님의 원하시는 일을 하기 위한 생각과 행동이 필요하다고 김 목사는 말했습니다.

교회 내에서는 특히 육체적인 업무의 비중이 크지 않기 때문에 여성들이 더욱 더 능력을 발휘할 수 있는 영역입니다. 같은 능력과 조건을 가진 여성 사역자가 단지 '여성'이라는 이유만으로 차별대우 받아서는 안 됩니다. 성별을 떠나 영역에 맞는 역할 분담과 대우가 교회에서 먼저 이루어지도록 하십시오.

 주님! 각자의 능력과 인품, 주님을 향한 믿음으로 쓰임 받게 하소서.
 여성 사역자들을 향한 편견과 고정관념을 버리십시오.

나의 영적 일지

웃음의 생활화

10월 16일

● 행 2:26 그러므로 내 마음이 기뻐하였고 내 혀도 즐거워하였으며 육체도 희망에 거하리니

웃음에는 강력한 힘이 있습니다. '웃음 치료'라는 말이 있을 정도로 웃음은 건강에 많은 이득을 주고, 웃을 때 나오는 진통효과는 암 말기 환자들에게 쓰는 강한 진통제인 '모르핀'보다 200배나 더 뛰어난 효과가 있다고 합니다. '웃음은 하나님이 주신 최고의 선물'이라는 웃음치료연구소의 이요셉 소장님은 웃음은 스트레스를 해소시켜주고 소화계통에 좋은 작용을 하기 때문에 아침에 일어날 때부터 일정 시간을 정해놓고 큰 소리로, 억지로라도 웃으라고 주위 사람들에게 권합니다.

실제로 시력을 점점 잃어가며 가끔씩 발작을 일으키는 희귀병에 걸린 유미정 씨도 웃음치료 프로그램을 접한 뒤에 삶의 희망을 갖게 되었습니다. 병을 고칠 수 없다는 사실을 알게 되자 세상이 끝난 것 같았다는 유 씨는 시력을 잃고 발작을 일으키는 것이 두려워 지난 몇 년 동안 집 밖에 나간 적이 없었습니다. 그런 유 씨가 걱정된 한 친척이 근처 복지센터의 웃음치료 강의를 듣게 했는데 그것이 유 씨의 인생에 새로운 희망을 가져다주었습니다. 웃음이 주는 힘을 깨달은 유 씨는 그 힘을 남들에게도 전하고 싶어졌습니다. 곧바로 생각을 실천으로 옮겨 2008년 초에 웃음치료연구소의 '행복여행' 코스를 마치며 웃음치료사 자격증을 땄고 장기인 춤과 노래를 곁들인 웃음치료 강의로 전국을 다니며 봉사하고 있습니다. 주로 병원, 양로원, 군부대와 같은 곳을 다니며 웃음을 전파하는 유 씨는 웃음을 통해 자신이 병을 극복하고 긍정적으로 변할 수 있던 것처럼 다른 아프고 힘든 사람들에게 동기를 부여할 수 있는 웃음치료사가 되기 위해 노력하고 있습니다.

우리에게 웃음을 주신 하나님께 감사하며 즐거운 마음으로 크게 웃어보십시오.

 주님! 우리의 마음이 주를 향한 즐거움과 기쁨으로 가득 차게 하소서.

 가족과 친구들끼리 매일 모여 서로 칭찬하며 웃음을 나누십시오.

나의 영적 일지

10월 17일

칭찬의 요령

● 잠 27:21 도가니로 은을, 풀무로 금을, 칭찬으로 사람을 단련하느니라

한국 부모들이 자녀들에게 가장 인색한 것이 '칭찬'이라고 합니다. 부모들이 자녀들에게 가장 바라는 것 중 하나는 바로 자신감 있는 모습인데, 부모들은 좋은 성적을 받거나 성격이 외향적이면 자신감이 생길 줄 알고 있기에 공부와 운동에 많은 돈을 투자합니다. 그러나 이 과정에서 자녀의 능력이 부모의 기대치에 미치지 못하면 바로 꾸중을 듣게 되고, 이런 상황의 반복으로 인해 결국 자녀의 진정한 능력은 발휘되지 못하며 '건강한 자신감'을 지닌 어른으로 성장하지 못하게 된다고 합니다.

또한 반대로 너무 무조건적인 '칭찬'은 아이를 이기적이고 수동적으로 만들기 때문에 효과적이지 않다고 합니다. 잘못된 칭찬과 꾸중을 통해 자란 아이는 보이는 성격에 관계없이 마음속에 항상 불안과 긴장이 가득해 자신이 행복하다고 느끼지 않기 때문에 칭찬과 꾸중에도 올바른 요령이 필요합니다. 아동심리상담가인 상진아 씨는 자녀교육을 효과적으로 하기 위해선 칭찬 일곱 번에 꾸중을 1번 정도 하는 것이 바람직하며 칭찬을 할 때에는 격려하는 방식으로 결과보다는 과정에 초점을 두고 해야 한다고 말했습니다.

반대로 꾸중을 할 때에도 무조건 야단치는 것이 아니라 문제를 해결할 수 있는 관점으로 바라보아야 하며 아이가 수치심이나 주눅이 들지 않도록 사람이 많은 장소는 피하고 조용한 장소에서 하는 것이 바람직하다고 강조하며 설명했습니다.

아이들을 양육하며 피할 수 없는 칭찬과 꾸중이기에 더욱 신중해야 합니다. 칭찬은 진심으로 자주 베풀고 꾸중은 그 사람을 걱정하는 마음에서 우러나와야 합니다. 모든 칭찬과 꾸중은 그 사람의 성장을 바라는 마음에서 사랑으로 행하십시오.

 주님! 진심으로 칭찬하고 사랑으로 훈계하는 그리스도인이 되게 하소서.
 칭찬과 꾸중을 할 때 상대방을 진정 위한 것인지 먼저 돌아보십시오.

겸손과 성실

● 잠 15:33 여호와를 경외하는 것은 지혜의 훈계라 겸손은 존귀의 길잡이니라

10월 18일

벤자민 프랭클린은 과학과 정치, 발명에 이르기까지 많은 분야에서 큰 업적을 남긴 인물입니다. 그가 다양한 분야에서 뛰어난 업적을 이룰 수 있던 것은 평생을 걸쳐 실천했던 겸손과 성실 덕분이었습니다.

청년 시절의 프랭클린은 한 선배의 집에 용무가 있어 찾아간 적이 있었는데, 용무를 마치고 집을 나오다가 그만 쪽문 모서리에 머리를 부딪치고 말았습니다. 소리가 어찌나 컸던지 안에 있던 선배도 뛰쳐나올 정도였습니다. 다행히 큰 부상은 아니었지만 프랭클린은 너무 아파서 주저앉고 말았는데 그 모습을 본 선배가 입을 열었습니다.

"자네가 우리 집 쪽문에 머리를 부딪친 것은 엄청난 가르침일세, 쪽문에 부딪치지 않고 세상을 살아가려면 항상 겸손해야 된다는 것을 기억하게."

머리가 얼얼한 상태에서도 프랭클린은 그 가르침을 마음에 새겨두었습니다. 그것이 그가 훗날 많은 사람들을 만나며 정치적 수완을 이룰 수 있던 비결이었습니다.

또 그가 남긴 명언인 "오늘 할 일을 내일로 미루지 말라"에서 알 수 있듯이 그는 언제나 그날의 목표는 미루지 않고 처리했던 성실을 겸비했던 사람이었습니다. 이 두 가지의 단순하지만 심오한 원칙이 다른 사람들이 보기엔 불가능해 보일정도의 업적을 이룰 수 있었고 많은 사람들의 존경을 받는 인물이 될 수 있었습니다.

겸손과 성실은 가장 간단해 보이지만 가장 실천하기 어려운 것들입니다. 매일 작은 목표를 한 가지씩 세운 후 그것을 실천하십시오.

 주님! 누구보다 겸손하게 하시고 맡은 일을 미루지 않게 하소서.

 겸손과 성실과 관련된 작은 실천을 매일 실행하십시오.

나의 영적 일지

간단한 원리

● 딛 2:14 그가 우리를 대신하여 자신을 주심은 모든 불법에서 우리를 속량하시고 우리를 깨끗하게 하사 선한 일을 열심히 하는 자기 백성이 되게 하려 하심이라

유명한 작곡가이자 오르간 연주자인 바흐는 궁전과 교회에 필요한 노래들을 많이 작곡한 바로크시대의 대표적인 음악인입니다.

바흐는 거리의 악사인 아버지의 영향을 받아 어려서부터 바이올린과 오르간을 연주하기 시작했는데, 부모님을 일찍 여의여 15살이 되었을 때부터는 혼자 힘으로 살아가야만 했습니다. 하지만 음악을 좋아하고 무언가를 이루기 위해 끊임없이 노력하는 집념까지 지닌 바흐는 자신의 형에게 음악의 기초를 배우며 당시의 유명한 곡들을 암기하며 연주해나갔습니다.

또한 그는 배움에 대한 열정도 남달랐는데 네덜란드의 유명한 오르간 연주가인 라인켄이 함부르크에서 연주회를 연다는 말을 듣고는 그의 연주를 보기 위해 60km를 걸어갔습니다. 그렇게 음악을 위한 열정을 불태우던 바흐는 점점 유명해졌고 많은 영주들과 귀족들의 지원을 받게 되었습니다. 그리고 32살 때 자신이 동경했던 오르간 연주자 라인켄 앞에서 연주를 하게 됐는데, 태어나서 한 번도 남의 연주를 칭찬한 적이 없었던 라인켄은 바흐의 연주를 듣고는 감동해 눈물을 흘렸습니다. 한 번은 바흐의 뛰어난 작곡과 오르간 연주 실력의 비결을 궁금해 한 어떤 사람이 그에게 비결을 물었을 때 이렇게 대답했습니다.

"그것은 누구나 할 수 있는 일입니다. 내가 했던 만큼만 공부하고 노력한다면 누구든 나 정도는 할 수 있을 것입니다."

다른 사람들에겐 뭔가 특별한 재능이 있어 보일 때, 지치고 힘들 땐 다시 한 번 노력의 중요성을 떠올리십시오. 노력을 할 수 있는 의지와 열정을 달라고 주님께 간구하십시오.

 주님! 노력을 이어나갈 수 있는 의지와 끈기를 갖게 하소서.
 능력계발을 위해 포기하지 말고 더욱 더 꾸준히 노력하십시오.

의미가 있는 돈

●마 6:24 한 사람이 두 주인을 섬기지 못할 것이니 혹 이를 미워하고 저를 사랑하거나 혹 이를 중히 여기고 저를 경히 여김이라 너희가 하나님과 재물을 겸하여 섬기지 못하느니라

10월 20일

괴테와 함께 중세 유럽철학의 근간을 이룬 스피노자는 가난한 생활을 하며 철학을 연구했습니다. 단순히 철학 뿐 아니라 수학과 기하학과 같은 자연과학에도 조예가 깊던 스피노자는 분명 자연의 이치와 인간의 사상은 관계가 있을 것이라 생각하여 둘을 서로 조합한 학문을 연구하고 있었습니다. 물론 지금은 스피노자의 연구방식이 많은 인정을 받고 있지만 당시의 철학계와 종교계는 이런 생각을 별로 좋아하지 않았기 때문에, 그는 아무런 지원도 받지 못하며 허드렛일을 하며 가난하게 살아야 했습니다.

당시 철학과 종교계의 권위자들은 스피노자가 생활이 어려워지면 자신의 생각을 버리고 기존의 학설을 고수할 것이라고 생각했지만 스피노자는 아무리 힘든 생활 속에서도 자신의 신념을 굽히지 않았습니다. 그런데 당시 '태양왕'이라고 불리며 절대 권력을 과시하던 프랑스의 루이 14세가 스피노자의 학설에 관심을 갖고는 그의 어려운 생활을 딱하게 생각해 신하를 보내 다음과 같은 말을 전하게 했습니다.

"당신이 프랑스로 와서 그대의 저서를 많은 사람들 앞에서 내게 헌상해준다면, 평생 연구에만 몰두할 수 있게 엄청난 돈을 매년 지급해 주겠네."

딱히 어려운 일도 아니었고 그다지 먼 거리도 아니었지만 스피노자는 정중히 거절했습니다.

"왕의 뜻은 정말 감사합니다. 하지만 학문과는 관계가 없는 사람한테 돈을 받는 것은 저한테는 아무 의미도 없는 일이기에 거절하겠습니다."

우리의 모든 성공과 건강, 그리고 물질적인 축복들은 이 땅에 하나님의 나라를 건설하기 위해서 사용될 때만 우리에게 의미를 가지는 것임을 기억하십시오.

 주님! 세상의 모든 것이 주님으로 인해 의미를 가지게 됨을 고백합니다.
 나에게 의미가 있는 일과 행동들을 하고 있는지 생각해 보십시오.

나의 영적 일지

10월 21일

쓸데없는 두려움

● 눅 1:75 종신토록 주의 앞에서 성결과 의로 두려움이 없이 섬기게 하리라 하셨도다

도쿠가와의 열 번째 아들인 요리노부가 지방 고을의 영주로 파견되어있을 때의 일입니다. 젊은 나이의 요리노부였지만 부임한지 얼마 안 되어 원인을 알 수 없는 중병에 걸려 병상에서 시름시름 앓고 있었습니다.

요리노부가 걱정돼 고을의 신하들이 모두 모여서 회의를 하고 있었는데 갑자기 까치가 나타나 짖어 댔습니다. 일본에서는 까치 울음소리는 흉조로 여기기 때문에 자리에 모인 많은 가신들이 혹시 요리노부에게 안 좋은 일이 일어나는 것이 아닌지 걱정하기 시작했고 순식간에 회의장은 두려움으로 가득 차게 되었습니다.

그러던 중 안도라는 신하 한 명이 보다 못해 그 자리에 있는 신하들에게 큰소리로 물었습니다.

"여러분, 까치는 입으로 웁니까? 아니면 꽁지로 웁니까?"

말할 것도 없는 질문이었지만 안도가 워낙 자신 있게 말해 신하들은 우물쭈물 했습니다.

"당연히 입으로 울겠지요……"

그 얘길 듣자마자 안도는 큰 소리로 웃으며 말했습니다.

"그럼 도대체 뭐가 문제란 말입니까? 까치가 꽁지로 울면 모를까 당연한 입으로 우는 건데, 무슨 걱정을 하는 겁니까? 아무것도 아닌 일에 신경 쓸 필요 없습니다."

까치가 우는 것 같은 당연한 것을 가지고 사람들은 길조와 흉조 같은 운을 나타내곤 합니다. 하지만 이런 것들은 모두 아무것도 아닌 일들입니다. 쓸데없는 두려움으로 인해 악한 것들에 눈을 돌리지 말고 오직 하나님 한 분만을 바라보며 의지하십시오.

 주님! 쓸데없는 두려움으로 인해 죄를 짓지 않게 하소서.

 주님을 의지하며 성경을 따르는 것이 가장 확실한 길임을 믿으십시오.

가진 것을 사용하라

●롬 12:4 우리가 한 몸에 많은 지체를 가졌으나 모든 지체가 같은 기능을 가진 것이 아니니

10월 22일

20세기 가장 위대한 바이올리니스트 중 한 명인 크라이슬러는 또한 훌륭한 작곡가였습니다. '사랑의 기쁨'과 같이 아름다운 노래를 많이 작곡한 그는 원래는 의사가 되어 아버지의 병원을 물려받아야 했습니다. 하지만 어려서부터 남을 위해 봉사하는 삶을 살기 원했던 크라이슬러는 의사가 되는 것과 바이올리니스트가 되는 것 중 어떤 것이 더 사람들에게 도움이 되는지 곰곰이 생각해 본 뒤에 음악을 선택했습니다.

어느 날 그가 일이 생겨 동네의 골동품 가게에 들렀는데 좀처럼 볼 수 없는 훌륭한 바이올린을 발견하게 되었습니다. 그는 곧바로 바이올린을 사겠다고 했지만 한 수집가가 이미 구매했기 때문에 팔 수 없다고 했습니다. 크라이슬러는 바로 바이올린을 들고 수집가를 찾아가 자신에게 팔 것을 간곡히 부탁했지만 수집가는 박물관에 기증할 것이라며 거절하고 말았습니다. 크라이슬러는 그렇다면 그 바이올린을 한 번만 연주하게 해달라고 부탁했고 지친 사람들을 위한 위로의 마음을 담아 연주하기 시작했습니다. 자리에 있던 사람들은 모두 넋을 놓고 음악을 감상했고 마침내 연주가 끝나자 수집가는 눈물을 흘리며 말했습니다.

"이 바이올린은 당신 거요. 이것은 박물관에 있어야할 물건이 아니란 걸 당신의 연주를 듣고 깨달았소. 어서 가지고 가서 방금 그 연주를 모든 사람들이 들을 수 있게 해주시오."

'구슬이 서 말이라도 꿰어야 보배입니다.'

보관만 하고 있는 재능이나 은사는 아무 소용이 없습니다. 예수님은 우리의 재능을 사용하기를 원하십니다. 착하고 충성된 종에게는 더 큰 것을 맡긴다고 말씀하셨습니다. 하나님께로부터 받은 것을 지금부터라도 사용하십시오.

 주님! 받은 것을 귀하게 사용하는 충성된 종 되게 하소서.
 작은 재능이라도 발전시켜서 이웃을 위해 사용하십시오.

나의 영적 일지

10월 23일
겉은 비슷하지만

●롬 5:1 그러므로 우리가 믿음으로 의롭다 하심을 받았으니 우리 주 예수 그리스도로 말미암아 하나님과 화평을 누리자

영국 런던에 있는 템스 강 근처에는 맛이 좋기로 소문난 포도나무가 한 그루 있었습니다.

재판소 앞 정원에 있던 그 나무는 가뭄이 와서 다른 나무들은 열매조차 제 때 맺지 못할 때도 탐스러운 열매를 맺었습니다.

식물학자들은 이 나무를 다른 곳에도 심어 보급하면 많은 사람들에게 유익할 것 같아서 분석하며 열심히 조사를 해 보았는데, 다른 나무들과 품종도 다르지 않았고 외관상의 차이도 전혀 나지 않았습니다.

전혀 다른 점이 없음에도 어떻게 해마다 탐스런 열매를 맺는지 식물학자들은 궁금해 하고 있었는데, 나무의 뿌리를 조사하던 도중 해답을 찾아 낼 수 있었습니다.

언제나 맛좋은 열매를 맺는 포도나무는 뿌리가 강바닥에 닿을 정도로 깊게 내려가 있었는데 그렇기에 가뭄이 와도 다른 나무와 달리 충분한 수분을 섭취할 수 있었고, 다른 나무들은 닿지 않는 땅 속 깊은 곳에서 영양을 듬뿍 섭취할 수 있어 확연히 맛이 좋았던 것이었습니다.

나무가 좋은 열매를 낼 수 있었던 이유는 훌륭한 외관이 아닌 깊은 뿌리였습니다.

우리의 마음도 신앙 속에 깊이 뿌리내려 있다면 세상의 풍파 속에서도 주님의 평안을 느끼며 언제나 승리할 수 있습니다. 깊은 믿음을 위해 노력하십시오.

 주님! 우리의 심령이 주님과 단단히 묶여있게 하소서.

 겉만 알고 넘어가는 신앙이 아닌 깊이 있는 신앙을 위해 노력하십시오.

나의 영적 일지

올바로 집중하라

10월 24일

● 딤후 2:15 너는 진리의 말씀을 옳게 분별하며 부끄러울 것이 없는 일꾼으로 인정된 자로 자신을 하나님 앞에 드리기를 힘쓰라

옛날 어느 왕국에 빼어난 미모로 유명한 왕비가 있었습니다. 미모에 지성까지 겸비한 그 왕비는 왕의 엄청난 총애를 받았는데, 알 수 없는 병에 걸려 젊은 나이에 안타깝게 세상을 떠나고 말았습니다. 왕비를 맞은 지 2년도 되지 않았기에 왕은 깊은 슬픔에 잠겼지만 왕비의 유언대로 무덤은 매우 화려하게 꾸며주었습니다.

어느덧 일 년이 지났지만 여전히 왕비가 그리웠던 왕은 무덤을 찾아갔습니다. 무덤은 화려했지만 주변이 허전한 것이 안타까웠던 왕은 실력 있는 조각가들을 불러 여러 동물들의 석상을 세워놓았습니다. 그리고 또 일 년이 지나고 다시 무덤을 찾은 왕은 이번에 무덤 주변에 큰 성곽을 쌓아 병사들을 세워놓고 지키게 했습니다. 그리고 삼년 째 무덤을 찾은 왕은 성곽에 걸맞은 성문이 있으면 좋겠다 싶어서 큰 문을 만들고 자신이 살 집까지 지었습니다. 그런데 집을 짓고 성곽에 올라 왕비의 무덤을 바라보니 너무나 초라하게 느껴졌습니다. 결국 사 년 째 왕비의 무덤을 찾은 왕은 부하들을 시켜 명령했습니다.

"여봐라, 저 무덤을 여기서 치워버려라. 볼품없는 무덤 때문에 주위의 아름다움이 모두 좀먹는구나."

왕비의 무덤을 꾸미기 위해 시작했던 일이 결국엔 왕비의 무덤을 없애게 만들었습니다. 자신이 무슨 일에 집중해야 할지 올바로 알지 못하면 우선순위가 뒤죽박죽인 삶을 살게 됩니다. 감정적으로나 즉흥적으로 일을 처리하지 마십시오.

 주님! 오직 주님만이 우리 삶의 유일한 목적이 되게 하소서.

 하나님과 다른 것을 겸하여 섬기지 마십시오.

나의 영적 일지

10월 25일

평생 수칙

●시 116:2 그의 귀를 내게 기울이셨으므로 내가 평생에 기도하리로다

미국의 신학자 조나단 에드워드는 평생연구로 많은 업적을 이뤘습니다. 그는 신학을 가르칠 뿐만 아니라 그것을 실천하기 위해서도 평생을 노력했는데, 다음과 같은 5가지 수칙을 정해놓고는 매일 그것을 지키기 위해서 많은 노력을 했습니다.

① 매일 하루는 최선을 다해 살아간다.
② 시간을 소중히 생각하며 찾아오는 기회들을 놓치지 않는다.
③ 내가 하기 싫은 일은 남에게 절대 시키지 않는다.
④ 복수가 목적인 어떤 일도 하지 않는다.
⑤ 양심에 꺼리는 일은 절대로 하지 않는다.
오늘이 지구의 마지막 날이라고 해도…

조나단은 지식으로 하나님을 아는 만큼 마음으로 하나님을 느끼기를 원했습니다.

그리고 자신을 하나님으로부터 멀어지게 만드는 행동들을 하지 않음으로 하나님께 다가갔습니다.

성경에 기초가 되고 우리의 삶을 영적으로 더 풍족하게 만들어주는 인생의 기본적인 원칙들을 세워보십시오.

 주님! 신앙을 건강하게 만드는 삶을 살아가게 하소서.
 내 삶의 원칙들을 말씀과 양심에 비추어 보십시오.

나의 영적 일지

바른 경배

● 요 4:24 하나님은 영이시니 예배하는 자가 영과 진리로 예배할지니라

10월 26일

한 수도원의 새벽 예배 시간이었습니다. 수도원장은 남들보다 1시간이나 일찍 나와 예배를 준비하고 있었는데, 들어온 지 얼마 안 되는 신참 수도사가 수도원장에게 인사를 하며 들어왔습니다.

예배를 준비하기 위해 시간보다도 일찍 나온 수도사가 기특했던 수도원장은 웃으며 말을 건넸습니다.

"아직 시간이 되려면 멀었는데, 무슨 일로 이렇게 일찍 왔는가?"

"하나님을 경배하기 위해 왔습니다. 같은 방의 친구들은 모두들 자고 있지만 이렇게 저는 일찍 일어나 하나님을 경배하려 합니다."

그러자 수도승의 대답을 들은 원장은 금방 얼굴이 굳어졌습니다.

"자네는 그냥 다시 돌아가 잠을 자는 편이 좋겠네."

"네? 그게 무슨 말씀이십니까?"

"자신을 드러내기 위해 부지런을 떨며 형제들을 낮추는 것은 하나님을 경배하는 일이 아니기 때문이네."

수도원장의 말을 듣고 경배의 의미를 올바로 깨달은 수도승은 자신의 잘못을 뉘우치고 언제나 남을 먼저 세우는 겸손한 자세의 훌륭한 수도승이 되었다고 합니다.

하나님을 위하는 일이라는 명목으로 남에게 피해를 주는 것은 올바른 일이 아닙니다.

예수님께서는 모든 율법보다 사랑을 우선으로 생각하셨습니다. 자신보다 남을 세워주고 사랑하십시오.

 주님! 외식하는 자가 되지 않게 하시고 언제나 진실하게 하소서.

 보여주기 위한 선행을 하지 마십시오. 나보다 남을 먼저 세우십시오.

나의 영적 일지

언제나 함께 하는 분

● 마 28:20 내가 너희에게 분부한 모든 것을 가르쳐 지키게 하라 볼지어다 내가 세상 끝날까지 너희와 항상 함께 있으리라 하시니라

"저는 그것을 혼자서 이룰 수 없습니다. 우리를 가로막는 파도는 빠르고 높게 밀려오고 있고, 안개는 차갑게 주위를 맴돌며 그 무엇도 보이지 않게 합니다. 그 뿐만 아니라 하늘의 빛도 꺼져가는 것 같이 보이고 주위에는 아무도 남아있지 않는 것 같이 느껴집니다. 하지만 우리, 바로 예수님과 나는 결국은 반드시 승리한다는 것을 알고 있습니다. 나는 비겁하고 또 나약했지만, 이것들은 한 순간에 변하여, 이제는 나를 강하고 용감하게 만들었습니다. 그러나 인간이기에 또 내일은 더욱 약해질지도 모릅니다. 하지만 내가 더없이 약해질지라도 하나님은 절대 나를 포기하지 않으십니다. 그래서 예수님과 나, 바로 우리는 반드시 승리할 것입니다."

리빙스턴을 따라 아프리카로 선교를 떠난 댄 크로포드가 늘 지니고 다녔던 성경책에 쓰여 있던 글입니다.

이 글귀는 그가 죽고 나서 유품을 조사하다 발견된 것으로 평생 어떤 믿음을 갖고 살아왔는지 잘 알 수가 있습니다.

아프리카라는 낯선 땅에서 생전 처음 보는 사람들에게 평생을 복음을 전하기는 쉽지 않았을 것입니다. 때로는 외로웠을 것이고 생명의 위협도 수도 없이 받았을 것입니다.

그럴 때마다 실족하지 않고 다시 일어설 수 있었던 것은 예수님이 언제나 나와 함께 하신다는 확고한 믿음 때문입니다. 언제 어디서나 주님이 나와 함께 하심을 믿으십시오.

 주님! 보이진 않지만 언제나 함께 하심을 느끼게 하소서.
 언제나 우리와 함께 하시는 주님을 믿으십시오.

나의 영적 일지

세 가지 종류의 인간

10월 28일

● 시 29:2 여호와께 그의 이름에 합당한 영광을 돌리며 거룩한 옷을 입고 여호와께 예배할지어다

파스칼은 태어나서 정규교육은 일 년도 받지 못했지만 독학으로 뛰어난 업적들을 발표하여 세상을 놀라게 했습니다. 계산기를 발명했을 뿐 아니라 16세라는 나이에 많은 수학 난제들을 해결하여 많은 학자들은 파스칼의 천재성을 인정할 수밖에 없었습니다. 하지만 부모님이 돌아가시자 충격을 받고 자신의 학문을 향한 열정을 도박과 사교계에 쏟으며 인생을 탕진했습니다. 삶의 의미를 찾을 수 없었던 파스칼에게 자신의 재능은 그저 거추장스러운 장식품이었습니다.

그렇게 살아가던 중 1654년 11월 23일, 파스칼은 하나님을 만나고 깊은 회심을 결심하게 됩니다. 그리고 그의 빛나는 재능은 다시 학문으로 돌아왔고 신앙에 대한 사색을 담은 훌륭한 신앙서적까지 남기게 되었습니다.

39세라는 젊은 나이에 그가 죽은 후 친구들이 그의 글을 모아 출판한 '팡세'에는 세 종류의 인간에 대해서 나와 있습니다.

'오직 세 종류의 인간이 있을 뿐이다.
하나님을 이미 발견하고 하나님께 봉사하고 있는 사람,
아직 하나님을 발견하지는 못했지만 하나님을 찾으려고 애쓰는 사람,
하나님을 발견하지도 못했고, 하나님을 구하려 하지도 않는 사람들.'

파스칼은 세 명의 사람들을 다음과 같이 설명했습니다.
첫 번째 사람들은 도리에 살고 행복하다. 마지막 사람들은 어리석고 불행하다. 그 중간 사람들은 불행하지만 도리에 맞는다.

당신은 몇 번째 사람이십니까?
첫 번째 사람이 되십시오.

 주님! 하나님을 알고 또 하나님을 위해 봉사하게 하소서.

 하나님을 체험하는 것과 봉사하는 일이 균형을 이루는지 점검하십시오.

나의 영적 일지

10월 29일

자녀 됨의 조건

●고후 13:5 너희가 믿음 안에 있는가 너희 자신을 시험하고 너희 자신을 확증하라 예수 그리스도께서 너희 안에 계신 줄을 너희가 스스로 알지 못하느냐 그렇지 않으면 너희는 버림받은 자니라

평생 중국에서 선교를 한 허드슨 테일러에게 하루는 한 중국인이 와서 이렇게 물었습니다.

"선교사님, 저도 이제 기독교인이 되기로 결심했습니다. 그런데 기독교인이 되려면 성경을 어느 정도 알고 있어야 합니까? 또 교회를 몇 년이나 다녀야 구원을 받을 수 있습니까?"

허드슨 선교사는 한 영혼이 회심한 것에 매우 기뻤지만 먼저 오해를 풀어 주어야겠다고 생각하고 구원을 쉽게 이해할 수 있는 쉬운 예를 들어주었습니다.

"먼저 제 질문에 답해주셔야 합니다. 촛불에 불을 붙이면 얼마나 기다려야 빛이 납니까?"

"그게 무슨 말씀이십니까? 촛불에 불을 붙이기만 하면 바로 빛이 나지 않습니까?"

당황한 중국인을 보며 허드슨 선교사는 계속해서 말했습니다.

"네, 잘 알고 계시는군요. 구원도 그와 같은 것입니다. 성경을 아는 것도 중요하고, 교회 생활을 오래하는 것도 중요하지만 그런 것들은 반드시 필요한 것이 아닙니다. 하나님을 받아들이는 그 순간 이미 구원을 받은 것입니다. 촛불에 불을 붙이고 기다려야할 필요가 없듯이 구원 또한 어떠한 노력도 없이 믿기만 한다면 그냥 주어지는 것입니다. 하나님은 우리의 재물과 인종을 따지지 않으십니다. 주님을 믿는 순간 누구나 그리스도인이 됩니다."

선교사의 설명을 들은 중국인은 기쁨이 만연하여 마을로 돌아가 다른 사람들에게도 전하기 시작했습니다.

구원의 조건은 믿음뿐입니다. 믿음으로 구원을 받아 하나님의 자녀가 됐는지 확인해 보십시오.

 주님! 우리의 죄악을 용서하시고 허물을 덮어주심을 감사드립니다.

 있는 모습 그대로 주님께 나아오십시오.

나의 가치

 10월 30일

● 잠 20:15 세상에 금도 있고 진주도 많거니와 지혜로운 입술이 더욱 귀한 보배니라

스포츠 스타들의 몸값은 상상을 초월합니다. F1경주의 세계 챔피언 슈마허는 연봉으로만 400억을 받습니다.

골프 황제 타이거 우즈는 우승상금을 비롯해 모든 각종 스폰서 비를 합하면 한 해에만 600억이 넘는 수익을 거두어들입니다. 또 100m 세계신기록 보유자였던 도노반 베일리는 20초도 걸리지 않는 짧은 경주를 통해 10억을 벌었습니다.

또한 복권당첨으로 인해 매주 수천 명이 억만 장자가 되고 주식과 부동산으로 수많은 사람들이 벼락부자가 되고 있습니다.

신문기사와 뉴스에도 온통 돈 번 사람들의 이야기로 가득하고 일반인들까지 자신의 월급을 투자해 더 목돈을 만드는 데 혈안이 되어있습니다. 그런데 조지 스위팅이란 갑부는 한 언론사와의 인터뷰에서 이런 말을 한 적이 있습니다.

"제가 죽는 날이 찾아온다면, '내가 지금까지 벌고 모은 돈은 얼마인가?'는 전혀 중요한 질문이 되지 않을 것입니다. 그 순간의 중요한 질문은 '나는 지금까지 얼마나 주었는가?'입니다. '가치 있는 일들과 좋은 목적들을 위해서 나는 돈을 얼마나 쓸 수 있었는가?'라는 질문이 내가 번 돈의 가치를 결정할 것이기 때문입니다."

부 자체는 나쁜 것이 아니지만, 어리석은 부는 추구해선 안 됩니다. 재물을 많이 쌓아도 그것을 의롭게 사용하지 않는다면 그것은 무익한 재물입니다. 돈은 버는 것만큼 사용하는 것도 중요합니다. 하나님을 기쁘시게 하는 곳에 올바로 재물을 사용하십시오.

 주님! 정직한 방법으로 돈을 벌고 옳은 곳에 사용하게 하소서.
 부를 쌓는 계획과 함께 사용하는 계획도 세우십시오.

나의 영적 일지

10월 31일

잘못된 이유

● 롬 2:21 그러면 다른 사람을 가르치는 네가 네 자신은 가르치지 아니하느냐 도둑질하지 말라 선포하는 네가 도둑질하느냐

어떤 마을에 유명한 제과점이 있었습니다. 제과점이 유명한 이유는 최고의 재료로 빵을 굽기 때문이었는데, 버터와 소금, 계란과 같은 재료는 모두 주인이 직접 이른 아침에 사오곤 했습니다. 그런데 주인이 느끼기에 언제부턴가 버터의 양이 조금씩 주는 것 같았습니다. 처음엔 기분탓이려니 했지만 한 달이 지나자 눈에 띌 정도로 버터가 줄어들어있었습니다. 혹시나 하는 마음에 무게를 달아보니 평소 양의 반 정도밖에 되지 않았습니다.

제빵사는 버터를 만드는 농장 주인이 자신을 속인 것이 너무 화가 나서 바로 고소를 했습니다. 몰래 조금씩 버터의 양을 줄여서 팔았다는 것이 그 이유였습니다. 사정을 들은 재판관은 혹시 농장의 저울에 문제가 있는가 싶어서 어떤 저울을 쓰는지 물어보았습니다.

"재판관님, 죄송하지만 저희 농장엔 저울이 없습니다."

그러자 농장 주인을 고소했던 제과점 주인이 큰 소리로 외쳤습니다.

"말도 안 되는 소리! 그렇담 지금까진 어떻게 매번 같은 양의 버터를 만들었단 말이요?"

"그건 간단합니다. 매일저녁 제과점에서 제일 큰 빵을 사다가 그 크기와 똑같이 만들면 하루 종일 빵을 굽는데 딱 맞는 양이 됩니다."

"그래? 그렇다면 그 제과점 주인을 고소하면 되겠군. 그곳이 도대체 어디요?"

"바로 당신네 제과점입니다."

모든 문제의 원인을 먼저 나에게서 찾으십시오. 상대방의 잘못이나 실수는 내가 원인일 수도 있습니다. 문제가 생길 땐 먼저 스스로를 돌아보십시오. 상대방의 잘못임이 밝혀지더라도 관대하게 덮어주고 질책보다는 격려해 주십시오.

 주님! 남의 눈에 티보다 내 눈의 들보를 먼저 보게 하소서.

 남의 잘못을 덮어주고, 문제의 원인을 나에게서 먼저 찾으십시오.

● 요한일서 4:16

하나님이 우리를 사랑하시는 사랑을 우리가 알고 믿었노니
하나님은 사랑이시라
사랑 안에 거하는 자는 하나님 안에 거하고
하나님도 그 안에 거하시느니라

11월 1일

쓰임새

● 잠 16:4 여호와께서 온갖 것을 그 쓰임에 적당하게 지으셨나니 악인도 악한 날에 적당하게 하셨느니라

가난한 환경에서 태어났지만 열심히 노력해 자수성가한 부자가 있었습니다. 부자에겐 아들 두 명이 있었는데, 큰 아들이 성인이 되자 부자는 재산의 반을 주며 독립해서 하고 싶은 일을 하라고 했습니다.

그 사실을 들은 동생은 '곧 있음 나에게도 재산을 주시겠지'라고 생각했지만 아무 소식이 없었습니다. 화가 난 동생은 참다못해 아버지에게 따졌고 아버지는 대답대신 종이를 주며 이것을 화가와 농부, 그리고 대장장이에게 전해주라고 했습니다.

아들이 돌아오자 아버지가 물었습니다.
"대장간에선 종이를 어떻게 쓰는지 보았느냐?"
"아궁이에 넣어 불을 지피는데 사용했습니다."
"그럼 농부는 어떻게 쓰더냐?"
"일을 마치고 쉴 때 땅에 깔고 앉았습니다."
"그럼 화가가 어떻게 쓰는지도 보았겠구나?"
"네, 잠시 생각에 잠기더니 이내 훌륭한 그림을 그려내었습니다."
"네 말이 맞다. 같은 종이라도 누구한테 주느냐에 따라 쓰임이 모두 달라지는 것이다. 자, 그럼 내가 돈을 주면 너는 지금 무얼 할 것 같으냐?"

아버지의 마음을 깨달은 동생은 마음을 가다듬고 공부에 정진했고 몇 년 지나지 않아 형과 똑같은 재산을 받을 수 있었습니다.

능력에 맞지 않는 축복은 오히려 독이 됩니다. 하나님께선 언제나 무사 공정하게 때에 알맞은 복을 내려주십니다. 맡은 본분에 최선을 다하십시오.

 주님! 구원받은 것이 가장 큰 축복임을 고백하게 하소서.
 내면의 성장에 더욱 신경 쓰십시오.

나의 영적 일지

하나님의 고통

●요 16:21 여자가 해산하게 되면 그 때가 이르렀으므로 근심하나 아이를 낳으면 세상에 사람 난 기쁨으로 말미암아 그 고통을 다시 기억하지 아니하느니라

11월 2일

깊은 산 속에 어떤 나무가 있었는데 오랜 세월동안 훌륭하게 자라서 매우 크고 아름다웠습니다.

많은 나무꾼들이 이 나무를 베어내어 비싼 값에 팔려 했지만 고목이 워낙 튼튼한 탓에 도끼의 쐐기가 버텨내질 못하고 번번이 부러지고 말았습니다.

고목이 있는 옆 마을의 영리한 나무꾼은 소문을 듣고 사실을 확인하기 위해 고목을 찾아왔습니다.

'흠, 확실히 튼튼한 나무군, 보통 나무로 만든 쐐기가 부러질 만 해'

소문이 맞는다는 걸 확인한 나무꾼은 그 나무의 가지를 주워서 마을로 내려갔습니다.

'튼튼한 나무의 가지로 쐐기를 만든다면 분명 벨 수 있을거야.'

다음 날 산에 올라간 나무꾼은 새로 만든 도끼로 나무를 벨 수가 있었습니다. 나무꾼이 자신을 베는 것을 본 나무는 깊은 한숨을 쉬었습니다.

"도끼가 나무를 베는 것은 당연한 것이다. 하지만 그 쐐기를 만든 것이 내 가지라는 것은 참을 수 없는 고통이구나."

인간은 연약한 존재입니다.

그렇기에 예수님을 믿음으로 구원을 받아도 때로는 죄를 짓고 낙망할 때가 있습니다. 사랑의 하나님은 그런 우리도 용납하고 받아주시지만 우리가 하나님을 외면하고 부인할 때엔 고통스러워하십니다.

우리는 주님의 자녀로 하나님으로부터 나온 존재임을 기억하십시오.

 주님! 고통 속에서 더욱 주님을 찾고 의지하게 하소서.

 하나님을 외면했던 과거를 회개하십시오.

나의 영적 일지

11월 3일

알지 못하는 기쁨

● 요 15:11 내가 이것을 너희에게 이름은 내 기쁨이 너희 안에 있어 너희 기쁨을 충만하게 하려 함이라

"즐거운 나의 집'으로 알려진 노래 '홈 스위트 홈'을 아시죠? 그 노래의 가사입니다

"즐거운 곳에서는 날 오라 하여도
내 쉴 곳은 작은 내 집뿐이리
내 나라 내 기쁨 길이 쉴 곳도
꽃 피고 새 우는 집 내 집뿐이리"

이 노래는 집의 포근함과 따스함이 담겨있기에 세계 여러 나라에서 애창곡으로 불리고 있으며 많은 사람들이 이 노래를 통해 집의 소중함을 느낍니다.

하지만 정작 노래를 만든 사람인 존 하워드 페인은 살면서 가정을 한 번도 가져본 적이 없는데 비단 가정뿐 아니라 머무를 집마저 없이 평생을 정처 없이 떠돌아다니면서 살았습니다.

파리에 돈 한 푼 없이 머물고 있을 때 집을 생각하며 만든 '즐거운 나의 집'으로 가정의 기쁨을 전 세계에 노래한 그였지만 아이러니하게도 살면서 한 번도 집이 어떤 곳인지 느끼지 못했던 것입니다.

결국 그는 그렇게 일생을 떠돌다가 1852년 튀니지의 길가에서 세상을 떠나고 말았습니다.

기쁨을 아는 것도 중요하고 전하는 것도 중요합니다. 하지만 가장 중요한 것은 그것을 내가 누리는 것입니다. 하나님이 주신 기쁨을 세상 속에서 누리고 있는지 돌이켜 보십시오.

 주님! 주님을 통해 항상 기뻐하게 하게 해주심을 감사합니다.
 내가 알고 있는 기쁨을 삶 속에 적용하십시오.

나의 영적 일지

태초 이래로 끊이지 않은 것

●잠 8:22 여호와께서 그 조화의 시작 곧 태초에 일하시기 전에 나를 가지셨으며

 11월 4일

중국 삼국시대 때 일어났던 일입니다. 조조의 위나라는 오나라를 치려고 했으나 강력한 수군 탓에 계속 패하고 있었습니다. 병력은 위나라가 압도적으로 많았지만, 배 위에서 싸워본 경험이 없어 수는 적지만 경험이 풍부한 오나라의 수군을 무찌를 수가 없었기 때문입니다.

위나라 입장에서는 강만 건널 수 있다면 승리할 자신이 있었지만 흐르는 강물을 막을 수는 없었습니다. 그렇게 고심을 하던 중에 위나라 참모 중 한 명이 강 상류에 모래주머니를 쌓아서 장강을 막자고 제안했고 곧 위나라는 병사들을 시켜 강에다가 모래주머니를 쌓게 합니다.

오나라의 손권은 위나라가 모래주머니로 장강을 막으려 한다는 소식을 듣고는 큰 소리로 비웃으며 말했습니다.

"저 명령을 내린 장군을 따르느니 들판의 소를 따르는 편이 더 좋아 보이네. 천하의 장강을 어찌 모래주머니로 막을 수가 있단 말인가? 천지가 생긴 이후에 장강이 한 번이나 막힌 적이 있었단 말인가?"

결국 위나라 병사들은 얼마 지나지 않아 제풀에 지쳐 퇴각하고 말았습니다.

장강의 흐름을 인간이 막을 수 없는 것같이 하나님의 사랑 또한 그러합니다. 창세 이전에 우리를 계획하시고 예수 그리스도로 이어지는 완전한 사랑을 계획하신 그분의 사랑은 이 세상의 그 무엇도 막을 수가 없습니다.

주님의 사랑을 사모하십시오.

 주님! 날 향한 주님의 사랑이 온천지에 드리움을 감사합니다.

 하나님의 사랑에 감사하며 찬양을 드리십시오.

나의 영적 일지

11월 5일

눈치 보지 말 것

●잠 22:26 너는 사람과 더불어 손을 잡지 말며 남의 빚에 보증을 서지 말라

캘빈 쿨리지가 미국의 30대 대통령으로 재임했을 때였습니다. 취임 후 그는 백악관 조찬 모임에 많은 정치인들과 명사들을 초청했습니다. 당시 미국의 국내 상황에 관한 다양한 이야기들이 나왔고 건설적인 분위기로 식사는 끝이 났습니다.

곧 이어 커피와 후식이 나왔는데 사람들은 대통령의 황당한 행동에 모두 놀랐습니다.

대통령이 커피 잔을 내려놓고 접시에 커피를 따르더니 곧이어 설탕과 크림까지 타는 것이었습니다.

사람들은 대통령의 행동을 이해할 수 없었지만 서로 주위의 눈치를 보며 곧 그대로 따라 하기 시작했습니다.

하지만 대통령의 다음 행동을 본 사람들은 모두들 얼굴을 붉힐 수밖에 없었습니다. 대통령이 커피가 담긴 접시를 땅에 내려놓아 고양이에게 주었기 때문입니다.

옳은 일에 대한 소신이 있어야 합니다. 남들의 시선과 평판이 두려워 할 일을 하지 못한다면 자신의 삶은 평생 살 수 없습니다.

모두가 외면하는 이웃에게도 먼저 다가가 당당히 사랑을 전하는 그리스도인이 되십시오.

 주님! 사람의 생각이 아닌 하나님의 생각을 묻게 하소서.

 주위 시선을 신경 쓰지 말고 옳은 일을 행하십시오.

나의 영적 일지

나 하나 쯤이야

11월 6일

● 고후 1:15 내가 이 확신을 가지고 너희로 두 번 은혜를 얻게 하기 위하여 먼저 너희에게 이르렀다가

대를 이을 자식이 없어 고민하는 왕이 있었습니다. 선정을 베풀어 백성들과 신하들의 존경을 받았고 나라는 태평성대를 맞았지만 자식이 없음으로 왕은 늘 근심했습니다. 왕의 근심을 알고 있는 모든 신하들과 백성들은 하나님께 열심히 기도 했고, 모두의 바람이 마침내 이루어져 드디어 왕비가 임신을 하게 되었습니다.

왕은 말로 표현할 수 없을 정도로 기뻤기에 온 국민이 다 같이 모여서 벌이는 축제를 열었습니다. 하지만 문제가 있었습니다. 왕궁에 온 국민이 먹을 정도의 식량은 있었지만 포도주가 부족했던 것입니다. 결국 왕은 각 마을에 신하를 보내 음식은 나라에서 준비할 테니 마을별로 포도주를 한 통씩 준비해 오라고 전했습니다.

드디어 축제날이 되었고 전국의 사람들이 수도로 몰려들었습니다. 왕이 준비한 진미에 사람들은 모두 즐거워하며 음식을 즐겼습니다. 하지만 포도주를 맛보고는 모두 놀랄 수밖에 없었습니다.

사람들이 모은 포도주는 엷은 빛깔만 살짝 띨 뿐 사실 맹물과 다름없었기 때문입니다. 나중에 알고 보니 '우리 마을쯤은 괜찮겠지'란 생각으로 대부분의 마을에서 포도주를 약간 섞은 물을 실어 보냈기에 일어난 일이었습니다.

아무리 도덕적으로 훌륭한 개개인의 사람들도 집단으로 모이면 이기적인 성향을 갖게 된다고 합니다. 많은 사람들 속에 섞여 있기에 '나 하나쯤이면 괜찮겠지'라는 생각을 하게 되기 때문입니다. 남들 속에 안주하지 말고 '내가 먼저'라는 생각을 하게 될 때 작지만 큰 변화가 일어납니다. 솔선수범하십시오.

 주님! 내가 변해야 모두가 변한다는 것을 알게 하소서.
 어떤 상황에서도 자발적으로 나서는 신앙인이 되십시오.

나의 영적 일지

진정한 겸손

● 요 13:5 이에 대야에 물을 떠서 제자들의 발을 씻으시고 그 두르신 수건으로 닦기를 시작하여

링컨의 대통령 재임시절에 집무실에서 구둣솔로 자신의 더러워진 구두를 닦고 있었습니다.

때마침 업무를 보고하러 들어온 비서가 그 광경을 보고 화들짝 놀라며 다가왔습니다.

"대통령님, 이리 주십시오. 제가 닦아드리겠습니다."

링컨은 잠시 생각하더니 갑자기 주위를 두리번거리기 시작했습니다.

구두를 닦으려던 비서가 잠시 멈칫 하며 물었습니다.

"무얼 찾고 계십니까? 뭐 잃어버린 물건이라도 있으십니까?"

그러자 링컨은 미소를 머금은 얼굴로 말했습니다.

"자네가 내 구두를 닦아준다면 나도 다른 사람의 구두를 닦아줘야 할 것 아닌가? 주변에 구두를 닦아줄 다른 사람이 있나 찾아보고 있었네."

말을 마친 링컨은 비서의 손에서 구둣솔을 다시 가져와 자신의 구두를 닦기 시작했습니다.

진정한 겸손은 작은 일을 통해 알 수 있습니다.

링컨은 대통령이라는 높은 자리에 있었기에 구두 닦는 일 정도는 비서가 대신 해주는 것이 당연하다고 생각할 수 있었습니다.

하지만 그런 작은 일마저도 남에게 시키지 않고 스스로 해나갔습니다. 사람은 모두 평등하며 단지 각자 맡은 일이 다르다는 것을 알고 있었기 때문입니다. 겸손하십시오.

 주님! 직업의 차이를 높고 낮음으로 보지 않게 도와주소서.

 높은 직위와 권력을 내세우지 말고 겸손하십시오.

나의 영적 일지

지나친 이기심

●마 7:12 그러므로 무엇이든지 남에게 대접을 받고자 하는 대로 너희도 남을 대접하라 이것이 율법이요 선지자니라

11월 8일

한 청년이 고기를 잡기위해 마을에 있는 강에다 그물을 쳤습니다. 많은 고기를 잡기 위해서 강 전체를 가로질러 그물을 친 후에 마을 청년은 사람들이 식수로 사용하기 위해 만든 저수지에다가 큰 돌을 던지기 시작했습니다.

저수지와 강은 물길로 이어져 있었기 때문에 물고기들을 놀래게 해서 자신의 그물 쪽으로 유인하기 하기 위해서였습니다.

덕분에 물고기는 많이 잡을 수 있었지만, 청년이 던진 돌로 인해 저수지는 온통 흙탕물이 되었습니다.

뒤늦게 흙탕물이 된 저수지를 보고 놀란 마을 사람들이 청년에게 와서 화를 내며 따졌습니다.

"아니 이게 무슨 짓인가? 온 마을 사람들이 식수로 이용하는 저수지를 고기를 잡기 위해 흙탕물로 만들어놓다니?"

"하지만 어쩔 수 없습니다. 이렇게 하지 않으면 고기가 잡히지 않을 것이고, 고기가 잡히지 않으면 난 굶어 죽을 테니까요."

누구든 자유로운 삶을 살 권리가 있고 행복을 추구할 권리가 있지만 그것이 남을 불행하게 만들어선 안 됩니다. 하나님이 원하시는 것은 나와 남, 곧 우리가 함께 행복을 누리는 것입니다. 지나친 이기심을 버리고 남을 향한 배려의 마음을 품으십시오.

 주님! 자신을 내려놓을 줄도 아는 희생의 마음 갖게 하소서.

 남을 불행하게 만들지 않는 행복을 추구하십시오.

나의 영적 일지

11월 9일

사랑의 위대함

●고전 13:3 내가 내게 있는 모든 것으로 구제하고 또 내 몸을 불사르게 내어 줄지라도 사랑이 없으면 내게 아무 유익이 없느니라

하와이 군도 중에 '모로카이'라는 문둥병자들만 모여 사는 섬이 있었습니다. 사람들은 '하늘의 벌을 받은 섬'으로 불렀는데 벨기에의 다미앙이 그 섬의 소식을 듣고는 복음을 전하기 위해 떠났습니다. 다미앙은 매일같이 환자들을 찾아가 복음을 전했지만 30대의 젊은 나이에 멋진 외모까지 지닌 다미앙의 말을 사람들은 오히려 비웃었습니다.

"당신은 건강하기 때문에 여기에도 올 수 있었던 거야."

"당신이 우리와 같은 병에 걸렸어도 하나님을 믿었을까?"

자신의 건강과 외모로 인해 복음을 전할 수 없게 되자 다미앙은 그들과 같은 고통을 겪게 해달라고 하나님께 기도를 드렸습니다. 그로부터 며칠 뒤 뜨거운 물을 실수로 쏟았지만 전혀 고통이 없다는 걸 느낀 다미앙은 그 자리에서 감사 기도를 드렸습니다.

"드디어 문둥병이 걸렸군요. 주님, 제 기도를 들어주셔서 감사합니다."

머지않아 다미앙의 눈썹이 빠지기 시작했고, 손마디가 떨어져 나가기 시작했습니다. 더 이상 이전의 잘생긴 외모는 찾아볼 수가 없었지만 다미앙은 거울을 보며 날마다 기뻐했습니다. 그리고 섬 전체의 환자들을 모두 예배당으로 부른 뒤에 자신 있게 외쳤습니다.

"사랑하는 여러분, 주님께서는 우리 문둥병자들을 사랑하십니다."

다미앙의 사랑에 감동받은 섬사람들은 결국 모두 하나님을 영접하게 되었고 놀라운 사랑에 감명 받은 사람들은 그를 '파더 다미앙'이라고 불렀습니다.

살면서 행할 수 있는 가장 고귀한 일은 바로 사랑입니다. 예수님은 자신의 삶으로 사랑의 완성을 보여주셨습니다. 그리스도를 본받아 사랑의 완성을 위해 노력하는 삶을 사십시오.

 주님! 나에게 놀라운 사랑을 주심을 감사드립니다.

 사랑의 실천 방법을 생각해 보십시오.

경고의 신호

11월 10일

● 벧후 1:21 예언은 언제든지 사람의 뜻으로 낸 것이 아니요 오직 성령의 감동하심을 받은 사람들이 하나님께 받아 말한 것임이라

나이아가라 폭포를 배를 타고 관광하는 사람들이 있었습니다. 나이아가라는 매우 거대한 폭포로 물이 떨어지는 곳은 거센 급류를 이루지만 그 지점으로부터 10미터 전까지는 물살이 잔잔해 충분히 조심만 한다면 아무 문제없이 배를 타고 탐험을 할 수 있습니다.

그런데 이런 사실을 잘 몰랐던 한 관광객들이 잔잔한 물살만 보고는 안심한 채 아무 경계를 하지 않고 떠내려가고 있었습니다.

때마침 폭포 위를 기구를 타고 지나가던 관광객들이 그 상황을 보고는 큰 소리로 외쳤습니다.

"10m만 더 가면 급류가 있소, 어서 배를 멈춰요!"

하지만 배에 있는 관광객들은 이렇게 잔잔한데 급류가 있을 리가 없다며 경고를 무시하고 계속해서 떠내려갔습니다.

10m가 지나고 나서야 자신들이 위험한 상황에 처했다는 것을 깨달았지만 그때는 이미 손쓸 도리가 없게 되고 나서였습니다.

결국 애석하게도 관광객들은 목숨을 잃고 말았고 실제 몇 년 전까지만 해도 이런 사고로 목숨을 잃는 사람이 종종 있었다고 합니다.

몸에 이상이 생기면 신호가 오듯이 우리의 영성도 마찬가지입니다. 성령이 주시는 신호에 곧 반응하면 금방 회복되어 돌아올 수 있지만 계속해서 무시한다면 점점 돌아오기 힘들어지게 됩니다. 잘못된 순간에 돌아오는 것이 가장 빠른 길입니다. 성령의 신호에 민감하게 반응하십시오.

 주님! 한 수 더 멀리 내다보는 그리스도인이 되게 하소서.
 성령에 귀 기울이는 생활습관을 들이십시오.

나의 영적 일지

11월 11일

남아있는 것

● 삿 3:31 에훗 후에는 아낫의 아들 삼갈이 있어 소 모는 막대기로 블레셋 사람 육백 명을 죽였고 그도 이스라엘을 구원하였더라

헨리라는 아이가 동네 골목길에서 친구들과 장난을 치고 있었습니다. 돌을 던져 주고받으며 놀던 도중 친구가 실수로 헨리의 얼굴에 돌을 던졌습니다. 눈에 돌을 맞은 헨리는 그 자리에서 쓰러졌고 사고 소식을 들은 부모님이 곧 달려와 병원으로 옮겼지만 의사는 가망이 없다고 말했습니다.

"안타깝지만 양쪽 눈이 이미 실명되었습니다. 이미 신경이 죽어버려서 어떤 수술을 해도 시력을 회복할 순 없습니다."

의사의 진단을 들은 부모님은 하늘이 무너지는 것 같았지만 자신의 상황을 모두 듣고 난 헨리가 부모님의 손을 잡으며 말했습니다.

"너무 슬퍼하지 마세요. 비록 눈은 잃었지만 머리는 남아 있잖아요."

병원에서 퇴원한 후 헨리는 이미 잃어버린 시력에 신경 쓰지 않고 대신 점자를 배워 열심히 공부를 했습니다. 부모님에게 말한 대로 이제 사용할 수 있는 것은 머리밖에 없었기 때문입니다.

자신이 할 수 있는 일을 열심히 노력한 헨리는 훗날 명문 케임브리지대의 교수가 되었을 뿐 아니라 대통령을 직접 보좌하는 국무위원자리에까지 오르게 됩니다.

하나님은 우리에게 남아있는 것을 사용하십니다. 삼손에겐 나귀 턱뼈, 삼갈에겐 소모는 지팡이밖에 없었지만 성령이 임하자 그것으로 대적을 무찌를 수 있었습니다. 아이의 작은 정성이 오병이어를 만들었듯이, 나의 가진 것을 주님께 드릴 때 놀라운 역사가 일어납니다. 내가 지금 가지고 있는 것이 무엇인지 살피고, 그것을 주님께 드리십시오.

 주님! 작은 것도 믿음으로 드리는 그리스도인이 되게 하소서.

 나의 작은 부분 하나까지 주님께 맡기십시오.

나의 영적 일지

같은 행동, 다른 시각

●잠 21:10 악인의 마음은 남의 재앙을 원하나니 그 이웃도 그 앞에서 은혜를 입지 못하느니라

11월 12일

1972년 미국의 대통령 선거 때 머스키라는 후보가 토론회에서 눈물을 흘렸습니다.

당시 머스키는 유력한 당선 후보였는데 이 눈물 때문에 유권자들의 눈 밖에 나 결국 탈락하고 말았습니다.

'TV앞에서 울정도로 마음이 약한 사람에게 나라를 맡길 순 없다'고 대다수의 국민이 생각했기 때문입니다.

하지만 4년이 지나고 지미 카터가 대통령에 당선된 후 사람들 앞에서 울었을 땐 누구도 그것을 흉보지 않았습니다. 지미 카터뿐 아니라 부통령으로 지명 받은 후보도 울었고, 닉슨 대통령까지 고별 연설을 하며 울었지만 머스키때처럼 정치인의 눈물을 부정적으로 보는 사람들은 전혀 없었습니다.

4년 동안 남성들의 의식이 바뀌어 여성적인 감수성을 이해하게 되었기 때문입니다. 4년 전만 해도 남자는 무조건 강하고 감정을 절제해야 된다고 생각했지만 이제는 감성적인 부분까지 이해하는 사회적 분위기가 형성되었던 것입니다.

같은 정치인의 눈물이었지만 시대적 상황에 따라 사람들의 평가는 극명히 엇갈리는 결과로 나타났습니다.

똑같은 눈물이었지만 한 때는 나약함의 상징으로, 또 한 때에는 감수성의 표현으로 이해되었습니다. 사람들의 시각이라는 것은 그만큼 중요합니다. 부정적인 시각은 편견을 만들고 사람들에게 관용을 베풀지 못하게 만듭니다. 될 수 있는 한 열린 마음으로 사람들을 바라 보십시오.

 주님! 평가는 언제나 상대적이라는 걸 잊지 않게 하소서.

 관용의 자세로 사람들을 대하게 하소서.

나의 영적 일지

11월 13일
성실한 삶의 자세

● 잠 28:6 가난하여도 성실하게 행하는 자는 부유하면서 굽게 행하는 자 보다 나으니라

흑사병으로 23살의 젊은 나이에 세상을 떠났지만, 철학과 신학을 통달하고 삶에서 말씀을 실천해 성자의 칭호를 받은 알로이시오가 대학생활을 하던 때의 일화입니다.

강의를 마친 알로이시오는 같이 수업을 듣는 친구들과 함께 교정에서 휴식을 취하고 있었습니다.

그 모습을 본 한 교수님이 다가와 재밌는 질문을 던졌습니다.

"만약 오늘 세상이 멸망한다면 다들 무슨 일을 하겠는가?"

첫 번째 학생은 당장 교회에 달려가서 지금까지의 죄를 회개하겠다고 대답했습니다.

두 번째 학생은 집으로 돌아가 가족들에게 사실을 알리고 함께 시간을 보내겠다고 대답했습니다.

세 번째 학생은 어제 말다툼을 벌인 친구를 찾아가 화해하고 종말을 맞겠다고 했습니다.

마침내 알로이시오의 차례가 다가오자 그는 일말의 망설임도 없이 말했습니다.

"지금은 휴식시간이기 때문에 종말이 올 때까지 이대로 놀겠습니다."

평소 생활에서 하나님의 말씀을 항상 성실히 지켜오던 알로이시오였기 때문에 종말이 온다 할지라도 제때 할 일만 하면 되었기 때문입니다.

내일 무슨 일이 일어날지 아무도 알 수 없습니다. 성실한 삶의 자세란 제때에 제 할 일을 하는 것입니다. 하루를 후회하지 않고 사는 사람이 평생을 살아도 후회하지 않게 됩니다. 주어진 하루를 성실히 사십시오.

 주님! 하루를 귀중히 여김으로 소중히 보내게 하소서.

 정해진 시간에 정해진 일을 끝마치십시오.

나의 영적 일지

행복의 깨달음

11월 14일

●신 33:29 이스라엘이여 너는 행복한 사람이로다 여호와의 구원을 너 같이 얻은 백성이 누구냐 그는 너를 돕는 방패시요 네 영광의 칼이시로다 네 대적이 네게 복종하리니 네가 그들의 높은 곳을 밟으리로다

러시아의 대문호 '톨스토이'는 볼품없는 외모로 태어났습니다. 넓적한 코와 두꺼운 입술 작고 찢어진 눈까지 자신이 봐도 무엇 하나 맘에 드는 구석이 없었습니다.

그는 거울을 볼 때마다 자신의 외모를 비관하며 말했습니다.

"나 같은 외모의 사람은 절대로 행복할 수 없을 거야."

하지만 점차 성장을 하면서 행복은 겉모양이 아닌 속마음에 의해서 결정된다는 것을 깨달았습니다.

풍요로운 마음과 남을 사랑하는 마음이야말로 행복의 절대조건이라고 톨스토이는 생각했습니다. 그리고 장성하여 어른이 된 후에 톨스토이는 다시 한 번 행복에 대해 깨닫게 됩니다.

완벽한 행복은 오직 신앙에 기초할 때만 생긴다는 것을 알았기 때문입니다. 인생의 행복이란 참된 신앙을 가질 때 비로소 완벽해진다는 것을 깨달은 톨스토이는 사람들에게 알리기 위해 '부활'이라는 명작을 써냈습니다.

세상의 모든 즐거움은 일시적입니다. 때로는 그것들이 정말 행복하게 느껴질 때도 있지만 우리에게 영원한 만족을 가져다주지는 못합니다. 구원을 통해 영생을 얻은 자만이 인생의 진정한 행복을 알 수가 있습니다. 영원한 것만이 우리에게 참된 만족을 준다는 사실을 늘 기억하십시오.

 주님! 내 영을 만족시키시고 새롭게 소생시키소서.
 인생의 만족과 즐거움을 신앙에서 찾으십시오.

나의 영적 일지

11월 15일

감사마을과 불만마을

● 고후 4:15 이는 모든 것이 너희를 위함이니 많은 사람의 감사로 말미암아 은혜가 더하여 넘쳐서 하나님께 영광을 돌리게 하려 함이라

언제나 감사가 가득한 마을과, 불만이 가득한 마을이 있었습니다. 감사가 가득한 마을사람들은 어떤 일에도 감사를 했기에 '감사마을' 이라고 불렸고 불평이 가득한 마을은 반대의 이유로 '불만마을' 이라고 불렸습니다.

감사마을은 언제나 감사가 생활화 되어있기 때문에 삶의 모든 것에 감사를 했습니다. 봄에 꽃피는 것도 감사요, 여름에 열매 맺는 것도 감사요, 가을에 추수하는 것도 감사요, 겨울에 눈이 오는 것도 감사였습니다. 모든 상황에 감사만을 했기 때문에 설사 안 좋은 일이 생기더라도 곧 좋아질 것이라고 믿었고 실제로 금방 그렇게 되었습니다.

그러나 불만 마을 사람들은 당장 걱정거리가 없어도 나쁜 미래를 두려워하며 항상 불평을 했습니다. 꽃이 피면 질까봐 걱정, 열매가 맺으면 장마가 올까 걱정, 가을되면 흉년이 들까 걱정, 겨울이 되면 눈이 올까봐 걱정을 했습니다. 어떤 좋은 일이 일어나도 금방 안 좋은 일이 생길까봐 모두가 걱정을 하니 정말 금세 안 좋은 일들이 일어났습니다. 때때로 감사의 비결을 배우고 싶어 불만마을에서 감사마을로 이사를 가는 사람들도 있었지만 모두가 적응하지 못하고 곧 돌아오고 말았습니다. 항상 불만 속에 살았기 때문에 습관적으로 감사하는 생활에 적응하지 못했기 때문입니다.

좋은 일이나 나쁜 일이나 언제나 주님께 감사하십시오. 우리를 향한 모든 일에는 하나님의 큰 계획이 있습니다. 추수할 때와 같이 좋은 일에도 감사를 해야 하지만 그렇지 않을 때라도 주님을 향한 감사가 끊이지 않게 하십시오.

 주님! 다니엘과 같은 믿음으로 언제나 주님을 따르게 하소서.

 추수의 기쁨을 느끼며 주님께 감사하십시오.

나의 영적 일지

선물의 이유

11월 16일

● 왕상 3:15 솔로몬이 깨어 보니 꿈이더라 이에 예루살렘에 이르러 여호와의 언약궤 앞에 서서 번제와 감사의 제물을 드리고 모든 신하들을 위하여 잔치하였더라

어느 교회의 주일 예배가 끝난 후 한 성도가 담임목사님을 찾아왔습니다.
"목사님, 생일을 맞아 드리는 감사선물입니다."

목사님은 성도가 내미는 작은 꾸러미를 보고 당황했습니다. 왜냐면 목사님의 생일은 이미 지났기 때문입니다. 혹시나 해서 사모님의 생일까지 떠올려보았지만 여전히 멀었기에 목사님은 성도가 착각을 한 것으로 생각했습니다.

"성도님. 죄송하지만, 제 생일은 이미 지났는데요? 잠시 착각을 하신 것 같습니다."

"아, 목사님 사실 오늘은 제가 새로 태어난 날입니다."

성도의 생일이라는 생각지도 못했던 말에 목사님은 되물었습니다.

"아니, 그럼 오히려 제가 선물을 드려야 될 텐데요? 어째서 제가 선물을 받습니까?"

"목사님, 오늘 제 육신의 생일이 아닌 영혼의 생일입니다. 예수님을 구주로 영접한지 딱 1년째 되는 날인데, 그동안 좋은 말씀과 기도로 저를 양육해주신 목사님에게 감사를 표하기 위해서 선물을 준비한 것입니다."

설명을 들은 목사님은 기쁜 마음으로 선물을 받았고, 보람을 느끼며 더욱 성도들을 위해 열심히 목회를 하셨습니다.

낳아주신 부모님의 은혜를 갚을 길이 없듯이, 우리를 영적으로 먹이고 길러주시는 분들의 수고 또한 큽니다. 우리를 여러모로 도와주시는 분들에 대한 감사를 느끼며 작은 선물과 편지로 감사의 마음을 전한다면 사역의 보람을 느끼며 더 많은 영혼들을 위해 수고하실 것입니다. 담임 목회자를 위해 자주자주 기도하십시오.

 주님! 길러주신 분들에 대한 감사한 마음을 잊지 않게 하소서.

 나를 다시 태어나게 해주신 분들께 감사를 표현하십시오.

나의 영적 일지

11월 17일

더 늦기 전에

● 롬 9:28 주께서 땅 위에서 그 말씀을 이루고 속히 시행하시리라 하셨느니라

뉴욕의 '센트럴 아메리카'라는 여객선이 손님들을 가득 태우고 샌프란시스코로 떠났습니다.

그런데 이동하는 도중 바다 한 가운데서 배가 고장 나는 바람에 배에 물이 조금씩 새어 들어왔습니다.

때마침 근처를 지나던 다른 여객선이 바다 가운데 멈춰 서있는 '센트럴 아메리카'를 보고는 선장에게 무슨 일이 있는 지 무전을 보냈습니다.

배에 이상이 생겨 수리중이라는 말을 듣고는 혹시 모르니 승객들을 옮겨 태우자고 다시 무전을 보냈지만 걱정 말라는 답신이 왔습니다.

"그렇게 큰 고장이 아니니 걱정하지 마십시오. 어두운 한 밤중에 괜히 승객들을 옮기려다가는 더 큰 사고가 날지도 모릅니다. 아침까지도 고장이 고쳐지지 않으면 그때 승객들을 옮겨도 늦지 않습니다."

큰 고장이 아니란 말에 안심은 됐지만 혹시 모르는 일이었기에 지나가던 배의 선장은 조금 떨어진 곳에서 정박하고 있었습니다.

그런데 한 시간이 지나자 배의 등불이 갑자기 보이지 않게 되었습니다. 작은 고장으로 여겼던 틈이 크게 벌어져 순식간에 배가 가라앉았기 때문입니다.

성령의 부르심엔 빠르게 반응해야 합니다. '아직은 괜찮겠지', '난 아직 준비 안됐어'라고 생각하다가는 어느새 자신도 모르게 영적 침체에 빠지게 됩니다. 작은 일이라도 순종한다면 점점 영적으로 성장하는 스스로를 느낄 수 있습니다. 자신의 신앙상태를 자주 점검하십시오.

 주님! 망설임으로 귀한 기회를 놓치지 않게 하소서.

 성령의 부르심엔 즉각적으로 순종하십시오.

나의 영적 일지

지나친 욕심의 결과

11월 18일

● 행 5:9 베드로가 이르되 너희가 어찌 함께 꾀하여 주의 영을 시험하려 하느냐 보라 네 남편을 장사하고 오는 사람들의 발이 문 앞에 이르렀으니 또 너를 메어 내가리라 하니

북미의 유적을 조사하는 탐험대가 탄광 근처를 조사하다가 한 오두막을 발견했습니다.

겉으로 보기엔 평범한 오두막이었지만 그 안에는 많은 황금과 두 개의 유골이 있었습니다.

탐험대장은 왜 금을 쓰지도 않고 모으기만 하다 두 사람이 죽었는지 이유를 알기 위해서 조사를 한 결과 원인을 알아냈습니다.

다음 날 모든 대원들을 불러 모은 탐험대장은 다음과 같이 말했습니다.

"어째서 황금이 그대로 남겨진 채 두 사람이 죽음을 맞이했는지 드디어 밝혀냈다네, 황금을 캐기 위해 떠난 두 사람은 금광을 발견했다네, 그리고 보다시피 많은 황금을 캐냈지. 문제는 그들이 겨울이 온다는 사실도 잊고서 황금만을 캐냈다는 것이었네, 막상 겨울이 왔을 땐 이미 먹을 식량을 모두 떨어졌고, 눈보라 때문에 다시 마을로 돌아갈 수도 없었기 때문에 이대로 죽음을 맞은 거라네. 그 상황에서 황금은 아무런 도움이 되지 못했겠지…"

지나친 욕심은 화를 부릅니다.

자신의 만족을 위해 남에게 피해를 주는 사람들은 결국 그것은 파멸하게 됩니다. 남을 위한 선한 마음으로 거룩한 욕심을 부릴 때 나의 필요는 저절로 충족됩니다. 선한 욕심을 부리십시오.

 주님! 모든 만물을 기르시니 나 또한 기르실 줄 믿게 하소서.
 나의 필요를 채워주시는 주님을 믿음으로 욕심을 버리십시오.

미움은 살인이다

● 요일 2:11 그의 형제를 미워하는 자는 어둠에 있고 또 어둠에 행하며 갈 곳을 알지 못하나니 이는 그 어둠이 그의 눈을 멀게 하였음이라

어린 시절 받은 상처로 인해 모든 사람들을 미워하게 된 사람이 있었습니다.

그 남자는 자신에게 조금이라도 피해를 준 사람이 있으면 바로 찾아가 복수를 하고 사람을 죽이는 일에 대해서도 전혀 죄책감을 느끼지 않았습니다.

그의 머릿속에는 온통 남을 향한 미움과 분노만이 가득 차 있었습니다.

그러던 중 꿈에 천사가 나타나 그에게 말했습니다.

"나는 당신의 소원을 들어주러 왔습니다. 이 세상에서 원하는 것은 무엇이든지 들어줄 수 있지만 한 가지 조건이 있습니다. 그것은 당신이 가장 미워하는 사람에게도 같은 소원이 이루어진다는 것입니다."

천사의 설명을 들은 사람은 매우 기뻐하며 말했습니다.

"그거 잘 됐군요. 제 소원은 오직 그 놈의 눈을 뽑아버리는 것입니다. 다른 건 아무 소용없습니다. 어서 제 눈을 뽑아주십시오."

미움은 살인입니다. 누군가를 미워함으로 우리가 얻을 수 있는 이득은 하나도 없습니다.

우리의 목적은 오직 사랑이라는 것을 기억하십시오. 나의 흉악한 죄악도 예수님이 사랑으로 덮어주고 용서하셨듯이 다른 이들의 허물도 사랑으로 덮어주십시오.

 주님! 남을 미워하는 생각조차 품지 않게 도와주소서.

 미움의 마음을 사랑의 행동으로 바꾸십시오.

나의 영적 일지

유행을 따르는 삶

●빌 2:15 이는 너희가 흠이 없고 순전하여 어그러지고 거스르는 세대 가운데서 하나님의 흠 없는 자녀로 세상에서 그들 가운데 빛들로 나타내며

11월 20일

미국의 명문 컬럼비아 대학의 석학인 위버 교수의 이야기입니다. 교수의 강의를 듣던 학생중 유행에 민감한 한 여학생이 있었는데 매 강의 시간마다 교수를 찾아와 새로 나온 책 이야기를 했습니다.

"교수님 이 책 읽어보셨어요? 최근에 나온 베스트셀러인데요. 최신 트렌트를 놓치지 않으시려면 어서 읽어보시는 게 좋을 거예요."

여학생은 매 강의가 끝날 때마다 교수를 찾아와 신간들을 이야기했고 세 달이 지났지만 어김없이 교수를 찾아와 말했습니다.

"교수님, 제가 전에 말씀드린 책 읽어보셨나요?"

"아니, 아직 읽지 않았네."

"서두르시는 게 좋을 거예요 벌써 나온 지 3개월이 지난 책이니까요."

이번엔 교수도 여학생과 비슷한 질문을 했습니다.

"알겠네, 근데 자네는 단테의 '신곡'이란 작품은 읽어보았나?"

"아니요. 자주 들어는 보았지만 읽지는 못했습니다."

"그럼 빨리 읽는 것이 좋겠네, 이 책은 나온 지 600년이 넘은 책이니 말일세."

유행은 시간이 지나면 곧 사라지고 말기에 유행에 따른다는 것은 곧 사라질 것을 따르는 것입니다.

모든 유행은 곧 새로운 것으로 바뀌지만 진리는 변하지 않습니다.

유행의 변화에 신경 쓰지 말고 더욱 진리인 말씀의 실천에 삶을 집중하십시오.

 주님! 진리에 더 집중하는 삶을 살아가게 하소서.

 유행의 변화에 민감하게 반응하지 마십시오.

나의 영적 일지

11월 21일 모두가 아는 것

● 사 40:21 너희가 알지 못하였느냐 너희가 듣지 못하였느냐 태초부터 너희에게 전하지 아니하였느냐 땅의 기초가 창조될 때부터 너희가 깨닫지 못하였느냐

인생에 대해 깊은 고민을 하는 왕이 있었습니다. 왕은 어떻게 사는 것이 훌륭한 인생인지 알기 위해 평생을 고민했지만 도저히 답을 내릴 수가 없었습니다. 결국 온 나라를 뒤져 가장 지혜로운 사람을 찾아오라고 신하들을 시켰고 전국을 수소문하던 신하들은 한사람을 찾아내었습니다. 그는 작은 시골에 사는 학자였는데, 그를 아는 사람들은 하나같이 그가 가장 훌륭한 사람이라고 얘기했습니다. 왕은 학자를 보자마자 이렇게 물었습니다.

"나는 훌륭한 인생이 무엇인지 평생을 고민했지만 답을 찾지 못했습니다. 도대체 어떻게 사는 것이 훌륭한 인생입니까?"

학자는 별 일 아니라는 듯이 대답했습니다.

"두 가지만 알고 계시면 됩니다. 첫 째는 나쁜 일을 하지 마십시오. 둘째는 착한 일만 하십시오."

학자의 대답을 들은 왕은 너무도 뻔한 대답에 어이가 없어 웃으면 말했습니다.

"아니, 그건 세 살 먹은 어린아이도 아는 사실 아니오?"

"네 맞습니다. 세 살 먹은 아이도 다 아는 사실이지만 팔십을 먹은 노인도 지키지 못하는 일이기도 합니다."

살면서 고뇌하는 많은 일들의 해답은 의외로 간단한 경우가 많습니다. 모든 일에 '비법'은 없습니다. 일에 합당한 노력과 열정만이 그것을 이룰 수 있는 비법입니다. 이미 답을 알고 있는 문제를 쓸데없는 생각으로 더 복잡하게 만들지 마십시오.

 주님! 아는 것을 확실히 지키며 살아가게 하소서.

 깊은 고민을 하지 말고 단순한 해답을 찾으십시오.

나의 영적 일지

한쪽 문을 닫으면 다른 쪽 문을 열어주신다

11월 22일

● 빌 1:11 예수 그리스도로 말미암아 의의 열매가 가득하여 하나님의 영광과 찬송이 되기를 원하노라

어려서부터 아프리카 선교를 위해 준비해 온 웰치라는 사람이 있었습니다. 그는 자신의 뜻을 이해해주는 아내와 함께 아프리카 선교를 위해 만반의 준비를 하고 있었고 드디어 꿈을 이루기 위해 선교사 면접을 보았습니다. 하지만 면접에서 '기후에 적응할 수 없을 것'이라는 평가를 받고 오랫동안 준비해 온 그의 아프리카 선교의 꿈은 좌절되고 맙니다.

하지만 웰치는 하나님을 원망하지 않았습니다. 그에겐 '주님은 한쪽 문을 닫으면 다른 한쪽을 열어주신다'라는 믿음이 있었기 때문입니다. 그는 자신의 앞날에 대한 구상을 하다가 성찬용 포도주를 만드는 아버지로부터 영감을 얻어서 포도주스 사업을 하기로 했습니다. 이것은 오늘날 웰치스 포도주스라는 세계적인 브랜드가 되었습니다.

뉴턴은 어머니 뱃속에 있을 때 아버지를 여의었습니다.

그가 3살 때 어머니가 재혼을 했지만 부모님은 뉴턴을 잘 챙겨주지 않아 줄 곧 소외감 속에서 성장해야 했습니다. 하지만 뉴턴은 마음을 다잡고 학업에 뜻을 품고 정진했습니다. 하지만 페스트가 창궐하여 공부하던 학교가 폐교되어 어쩔 수 없이 학업을 중단하고 고향에서 요양할 수밖에 없었습니다. 태어날 때부터 불우한 사건들이 계속해서 일어났고 페스트로 인해 죽음을 걱정하며 살아야 할 처지에 놓였지만 뉴턴은 절망하지 않았습니다. 그리고 바로 그때 고향에서 떨어지는 사과를 보고 '만유인력의 법칙'을 발견해 내었습니다.

좌절과 절망이라고 생각되는 사건들 속에서 우리는 하나님의 사랑을 느끼고 확신할 수 있게 됩니다. 하나님은 우리가 언제나 잘되기를 바라십니다. 절대적으로 주님을 신뢰하십시오.

 주님! 모든 상황 속에서 주님을 신뢰하게 하소서.

 우리의 모든 삶이 하나님의 계획안에 있다는 사실을 인정하십시오.

나의 영적 일지

11월 23일

사막에 꽃이 피리라

●사 35:1 광야와 메마른 땅이 기뻐하며 사막이 백합화 같이 피어 즐거워하며

뉴질랜드의 앤디 폴디라는 여성은 노력도 하지 않으며 인생을 되는대로 살았습니다.

젊은 시절엔 호스티스 일을 했고, 나이가 들어서는 트럭을 운전하며 억세게 살고 있었습니다. 그런 그녀가 어느 날 갑자기 주위 사람들에게 '사막에 꽃을 피우겠다.'고 말하며 일을 그만두고 사하라 사막으로 떠나자 모두들 그녀에게 무슨 일이 일어났는지 궁금해 했습니다.

트럭 운전사 일을 하던 앤디는 자신의 삶을 회의를 느끼던 도중 예수님을 구주로 영접하게 됐는데, 말씀을 묵상하다 '사막이 백합화 같이 피어 즐거워하며' (사 35:1) 라는 구절을 보고 꿈을 갖게 되었습니다.

그녀는 말씀에 확신이 들자 지체하지 않고 아프리카로 떠나 아프리카의 여러 나라를 돌아다니며 수년간 사막에 꽃을 피우는 방법을 연구하며 도와줄 사람들을 찾아다녔습니다.

사막에 꽃을 피우겠다며 돌아다니는 외국인 여자를 보고 현지인들은 모두 미친 여자라며 손가락질 했지만 그때마다 그녀는 이렇게 말했습니다.

"하나님! 성경을 통해 하신 말씀을 저를 통해 이루실 줄 믿습니다."

그리고 그녀의 믿음은 풍성한 결실을 맺었습니다. 몇 천 년 동안 사막이었고 주변국조차도 포기한 황무지에서 그녀가 나무를 심고 보리를 수확한 것입니다. 사하라를 개간하며 희망을 준 그녀는 현재 세계 기아문제를 해결하기 위해 노력하고 있습니다.

성경에 나온 말씀은 모두 이루어집니다. 내가 그것을 믿기만 한다면 하나님은 능히 우리로 하여금 사막에서 꽃도 피우실 수 있습니다. 믿음으로 말씀을 삶 속에 말씀을 성취하십시오.

 주님! 하나님의 영광을 세상에 전하는 도구 되게 하소서.

 하나님의 말씀을 절대 의심하지 마십시오.

나의 영적 일지

소중한 추억

11월 24일

● 고전 11:2 너희가 모든 일에 나를 기억하고 또 내가 너희에게 전하여 준 대로 그 전통을 너희가 지키므로 너희를 칭찬하노라

한국엔 번역되지 않았지만 아이버 파웰이 쓴 성경의 유리창(Bible windows, Ivor Powell)이라는 좋은 책에 다음과 같은 예화가 나옵니다.

어떤 마을에 엄청난 부를 축적한 덕망 있는 부자가 있었습니다. 부자는 아내를 일찍 여의고 아들과 둘이 살았는데 아들마저도 이른 나이에 세상을 떠났습니다. 부자가 나이가 들어 병상에 누워 지내게 되자 마을 사람들은 도대체 그 많은 유산을 누가 받게 될 것인가를 놓고 궁금해 했습니다. 하지만 부자는 어떤 유서도 남기지 않고 죽었고 그의 물품들은 경매에 올랐습니다. 비싼 가구와 귀한 수집품들을 손에 넣기 위해 사람들이 경매장으로 몰려나왔고 나온 물품 중엔 부자 아들의 초상화도 있었습니다. 하지만 유명한 화가가 그린 작품이 아니라 아무도 경매에 참여하지 않았는데 전에 부자의 집에서 일했던 노파가 그림을 사갔습니다. 남루한 차림의 노파를 보고 사람들이 어째서 돈도 안 되는 그림을 샀냐고 물었습니다.

"전 그 소년의 유모였습니다. 전 어르신을 존경했고 그 소년을 매우 아꼈답니다."

고작 과거의 추억 때문에 돈을 낭비한다고 사람들은 비웃었습니다. 그런데 한 사람이 초상화 뒤에 무언가 있는 것을 발견했습니다. 그림틀에 두꺼운 서류뭉치가 끼어 있었는데 자신과 아들의 추억이 담긴 이 그림을 간직해주는 사람에게 모든 유산을 물려주겠다는 부자의 유서였습니다. 모든 경매는 즉시 취소되었고 부자의 재산은 가난한 노파가 물려받았습니다.

지나간 추억은 소중한 것입니다. 많은 사람들과의 추억을 돌아봄으로써 기쁠 때나 슬플 때나 언제나 주님이 함께하셨다는 것을 깨달을 수 있습니다. 추억을 소중히 간직하십시오.

 주님! 지나간 추억을 통해 주님을 더욱 의지하게 하소서.

 지나간 추억들을 작은 것 하나라도 소중히 여기십시오.

11월 25일

가능성이 아닌 방법의 실패

●골 4:12 그가 항상 너희를 위하여 애써 기도하여 너희로 하나님의 모든 뜻 가운데서 완전하고 확신 있게 서기를 구하나니

1960년대 이탈리아에 탈선 청소년들을 위해 사역을 하고 있는 사역자가 있었습니다. 방황하는 청소년들을 보살피던 그에겐 큰 문제가 하나 있었는데 그것은 공립학교에서 문제 학생들을 금방 포기하고 퇴학시키는 것이었습니다.

사역자는 한때의 방황으로 최소한의 교육도 받지 못한다면 아이들이 성장한 뒤에 돌이키는 더 어려울 것이라고 생각했기에 쫓겨난 아이들을 모아 학교와 같은 과목을 따로 가르쳤습니다. 그의 교육방식은 좀 특이했는데, 먼저 자신이 아이들에게 가르친 뒤에 각자 흥미를 가지는 과목을 다른 아이들에게 가르도록 시켰습니다.

가정에서 동생에게 수학을 가르치는 아이들도 있었고, 자신과 같은 탈선청소년들을 모아 문법을 가르치는 아이들도 있었습니다. 비록 다른 이들보다 아주 약간 더 나은 실력이었지만 지식을 나누면서 탈선 청소년들은 남을 위해 일한다는 자부심을 가지게 됐고 공부를 위한 열망을 품게 되었습니다.

가난한 농부의 자식들로 태어나 미래를 꿈꾸지 못하고 현실에 절망하며 탈선했던 아이들이 작은 교육 방식의 차이에 의해서 우등생이 된 것입니다. 이 10대 중반 정도의 아이들이 모여서 나중에 공립학교의 문제점에 대해서 작성한 글을 보고 많은 사람들은 교육학 교수가 작성한 사설인줄 알았다고 합니다. 아이들은 가능성이 모자랐던 것이 아니라 그 가능성을 일깨워줄 방법을 몰랐던 것입니다.

하나님이 창조한 모든 것에 실패란 없습니다. 주님은 우리의 가능성을 다양한 방법으로 펼치길 원하십니다. 하나님은 실수하지 않으십니다. 제도와 관습에 따라 자신을 평가하지 말고 사람들을 평가하지 마십시오.

 주님! 무한한 가능성을 품게 하시고, 전하게 하소서.

 나와 모두의 가능성을 인정하십시오.

나의 영적 일지

막상 해보니…

● 빌 4:13 내게 능력 주시는 자 안에서 내가 모든 것을 할 수 있느니라

11월 26일

함께 농사를 지으며 오순도순 지내는 마을이 있었습니다. 마을사람들은 공동으로 밭을 소유하며 서로 도우며 농사를 지었는데 그 넓은 밭 한 가운데에는 큰 바위가 있었습니다. 바위는 겉보기에 엄청 단단해 보였으며 뿌리도 깊게 생겼기에 사람들은 밭 한가운데였지만 바위를 피해서 농사를 지었습니다. 바위 근처를 경작하다 농기구가 파손되어 부러지는 경우가 심심치 않게 일어났기 때문입니다.

서로 사이좋게 지내는 마을 사람들의 유일한 걱정거리는 그 바위였습니다. 그런데 하루는 마을의 청년이 바위를 치우겠다고 결심했습니다.

"바위 하나로 인해 온 마을 사람들이 근심이 크구나, 아무리 힘들어도 저 바위를 기필코 파내고 말리라"

청년은 작정을 하고 삽을 가져와 바위를 주위를 파내기 시작했습니다. 그런데 막상 파보니 깊게 박혀 있을 것 같았던 바위는 겨우 한두 뼘 정도밖에 묻혀 있지 않았습니다. 청년은 누구의 도움도 받지 않고 혼자서 바위를 들어내어 마차로 옮겼습니다. 다음날 마을의 걱정이던 바위가 없어진 것을 보고는 많은 마을 사람들이 말했습니다.

"별 것도 아닌 바위에 그동안 괜한 걱정만 했구려…"

우리의 삶을 어렵게 하는 많은 일들이 있습니다. 왠지 모를 불편함에 차일피일 자꾸 미루게 되어 마지못해 하는 경우가 있지만, 마음을 굳게 먹고 힘들어 보이는 일부터 먼저 착수해 보십시오. 우리에게 부담을 주는 일의 대부분이 막상 별 것 아닐 것입니다. 행동하는 그리스도인이 되게 해달라고 주님께 기도하십시오.

 주님! 마음의 부담을 이겨내고 일을 하게 하소서.

 부담스러워 하는 일들이 생길 때마다 "한번 해보자!"라고 외치십시오.

나의 영적 일지

11월 27일 강력한 인생의 비밀

●수 1:9 내가 네게 명한 것이 아니냐 마음을 강하게 하고 담대히 하라 두려워 말며 놀라지 말라 네가 어디로 가든지 네 하나님 나 여호와가 너와 함께 하느니라 하시니라

전자석의 원리는 철심에 코일을 감고 전류를 흘려주면 철심에 막대자석의 10배 이상의 강력한 자력이 형성되는 것입니다.

철심 자체는 아무런 자력이 없지만 코일에 전류를 흘려주면 강력한 자석이 됩니다.

개인 한 사람을 놓고 보면 힘이 없고 연약하고 범죄 하기 쉽고 넘어지기 쉬운 존재입니다.

그러나 능력의 근원되신 하나님께 붙들리게 되고 그 분의 능력에 접속하게 되면 산을 부수는 강력한 새 타작기계가 될 수 있습니다.

하나님의 손을 붙잡고 그 능력에 붙들리기만 한다면 세상에 감당할 수 없는 강력한 인생이 될 것을 믿으십시오.

오순절 마가의 다락방에 모여 기도할 때 성령이 임하셨듯이 두세 사람이 모여 기도하는 곳에 성령님께서 함께 하십니다.

우리도 보잘것 없는 절심 같지만 마음을 강하게하고 담대히하며 기도할 때 성령의 능력을 부어주시고 연약한 사람을 능력의 사람으로 바꾸어 주심을 믿으십시오.

 주님! 성령의 능력으로 담대히 복음을 증거 하게 하옵소서.

 능력의 근원되신 하나님께 붙들린 인생이 되십시오.

나의 영적 일지

내 인생에 제목 달기

11월 28일

● 창 2:19 여호와 하나님이 흙으로 각종 들짐승과 공중의 각종 새를 지으시고 아담이 어떻게 이름을 짓나 보시려고 그것들을 그에게로 이끌어 이르시니 아담이 각 생물을 일컫는 바가 곧 그 이름이라.

장순욱의 '내 인생에 제목 달기'라는 책에 의하면, 이건희 회장이나 정주영 회장처럼 성공한 사람들은 대개 어떤 일에 대한 개념정의가 강하다고 합니다. 즉 여러 가지의 상황들을 한마디로 요약하는 능력이 뛰어나다는 것입니다.

더불어 이들은 통찰력이 담긴 정의를 내린 뒤 행동의 준칙으로 삼아 위대한 업적을 이룬 경우가 많습니다. 문제정의를 천재성의 한 가지 특성이라고 말하는 전문가들도 있습니다. 정의만 잘하면 문제해결의 실마리가 쉽게 잡히기 때문입니다. 그러나 타고난 천재만이 문제를 개념화해 본질을 파악할 수 있는 것은 아닙니다. 특히 내 인생의 제목은 더욱 그렇습니다.

내 삶에 대하여 가장 잘 아는 존재가 바로 나이기 때문입니다. 본인만큼 자신에 대해 진지하게 고민하는 사람도 없습니다. 필요한 것은 내 인생에서 제목이 얼마나 중요한 가를 이해하는 것입니다.

멋진 제목을 달기 위해 잠시 모든 걸 중단하고 생각해보는 진지한 자세가 필요합니다. 개념 없이 사는 것도 문제지만 부정적으로 자신의 인생을 정의하는 것은 더 큰 문제입니다.

자신이 하는 일과 인생에 대해 긍정적일 때 다른 이들에게 아름다운 향기를 전하는 꽃이 될 수 있습니다.

하나님은 나를 지으실 때 특별한 사람으로 지으셨기 때문입니다.

둘도 아닌 한 사람, 세상에 나와 같은 사람은 아무도 없습니다.

우리 인생의 제목이 하나님께 영광이 되도록 하십시오.

 주님! 멋진 제목에 맞는 인생을 살게 하소서.
 내 인생에 멋진 제목을 달아봅시다.

나의 영적 일지

11월 29일

7전 8기의 유래

●잠 24:16 대저 의인은 일곱 번 넘어질지라도 다시 일어나려니와 악인은 재앙으로 인하여 엎드러지느니라

어떤 장군이 6번이나 패전의 쓴잔을 마시고 돌아와 산속에 들어가 풀뿌리를 캐먹으면서 살았습니다.

하루는 지붕 끝에 거미가 줄을 치고 있어 무심코 거미줄을 끊어버리니 조금 후에 또 줄을 치는 것이었습니다.

또 끊었더니 또 치고 자그마치 7번을 끊어도 거미가 나와서 줄을 쳤습니다. 그것을 보고 장군은 거미에게서 뒤로 물러서지 않는 인내를 배우며 '내가 거미만도 못 하구나. 다시 일어나자' 하고 출정하여 승리를 했다고 합니다.

여기에서 7전 8기라는 말이 생겼다고 합니다.

실패의 쓴 잔도 새로운 일을 시작할 때는 나에게 유익한 경험이 될 것입니다.

안정적인 삶도 중요하지만 많은 경험이 우리에게 승리를 가져오게 합니다.

우리 삶 속에 여러 번 실패하고 어려움 있다 해도 말씀 붙들고 다시 일어나십시오. 실패는 아직 이루지 못한 것에 불과합니다. 100번 잘못되어 실패라고 할지라도 101번째 잘되면 그 100번을 실패가 아니라 성공을 위한 과정이 됩니다.

낙심해있는 자리를 털고 일어나 주님이 내게 새롭게 주실 일에 대하여 기대하며 나갑시다.

주님 안에서 오뚜기 같은 믿음을 가지십시오.

 주님! 환란가운데서도 다시 일어설 수 있는 용기를 주소서.

 믿음 없이 뒤로 물러서 있는지 점검하십시오.

나의 영적 일지

평화의 설교

11월 30일

● 막 9:23 예수께서 이르시되 할 수 있거든 이 무슨 말이냐 믿는 자에게는 능치 못할 일이 없느니라 하시니

19세기 초에 아르헨티나와 체코슬로바키아는 국경문제로 빈번히 분쟁을 일으켰고 종래는 전쟁이 불가피하게 되었답니다.

그때 아르헨티나의 한 목사님은 부활절 아침 설교에 '우리가 왜 싸워야하는가?'라는 설교제목으로 평화의 설교를 외쳤습니다.

그리고 그는 전쟁은 상대적이기 때문에 체코슬로바키아에 가서도 그 같은 설교를 외쳤습니다.

그러자 양 국민이 이 목사님의 설교에 감동을 받고 엉켰던 감정을 풀고 매듭 지어졌던 두 나라의 사정을 다풀고 전쟁은 중단하고 총은 경찰용으로 돌리고 군함은 상선으로 개조하고 무기공장은 공업학교로 만들었다고 합니다.

또 이 화해와 평화의 결심을 기념하기 위해 두 나라 국경지대에 살벌하게 대치해 놓았던 대포를 녹여 화해의 기념비를 해발 1300m 산 위에 세웠답니다.

기념비의 내용은 다음과 같이 기록했습니다.

"예수의 발밑에서 영원히 지키고자 맺은 평화를 두 나라가 깨뜨리면 즉시 산들이 무너질 것이다."

한 목사님의 눈물겨운 평화의 외침이 결국 두 나라를 지금까지 전쟁이 없는 나라로 만들었다고 하는 사실은 그 목사님 스스로의 힘으로 푼 것이 아니라 예수 그리스도 십자가의 능력으로 두 나라의 매듭을 푼 것입니다.

십자가의 은혜로 화평케 하는 사람이 되십시오.

 주님! 사단이 우리의 마음을 혼미하게 해도 이기게 하소서.

 십자가의 능력으로 화평을 이루십시오.

나의 영적 일지

● 민수기 6:24,25,26

12월 1일

상심한 마음까지

●사 66:2 나 여호와가 말하노라 내 손이 이 모든 것을 지었으므로 그들이 생겼느니라 무릇 마음이 가난하고 심령에 통회하며 내 말을 듣고 떠는 자 그 사람은 내가 돌보려니와

어떤 목사님이 길을 걷다 특이한 간판을 보게 되었습니다. '상한 마음만 빼고 뭐든지 고칠 수 있는 집'이라는 잡화점이었는데 목사님은 호기심이 생겨 가게 주인을 만나보았습니다.

"사장님, 궁금한게 있습니다. 상한 마음은 어째서 고칠 수가 없나요?"

"물건이야 원래 모습대로 뚝딱 고치면 되지만, 사람 마음이야 뭐 그게 가능한가요? 사람 마음을 고칠 수 있는 사람은 아무도 없을 겁니다."

목사님은 가게 주인이 복음을 모를 것이라고 생각하고 신분을 밝히며 성경을 꺼냈습니다.

"사장님, 저는 사실 목사입니다. 잠시 시간을 내주시면 상한 마음을 고칠 수 있는 방법을 알려드리겠습니다."

목사님은 이사야 61장 1절과 57장 15절 말씀을 찾아 읽어주었습니다.

"여호와는 마음이 상한 자에게 가까이 오시고, 통회하는 자의 마음을 소성케 하려함이라."

구절을 읽은 뒤 목사님은 사장님께 복음을 전했습니다.

"분명 사람은 마음은 고칠 수 없습니다. 하지만 주님은 가능합니다. 주님을 영접한다면 말씀으로 사람의 마음까지도 고칠 수 있는 가게가 될 것입니다."

목사님의 말씀을 들은 가게 주인은 복음을 받아들였고 주님을 영접했습니다. 그 순간 성령님이 가게 주인에게 임하셨습니다. 며칠 뒤 그 목사님이 그 거리를 다시 지날 일이 생겼는데 가게 간판이 바뀌어 있었습니다.

"상한 마음까지 고쳐주는 집"

성령님이 임하시면 놀라운 능력이 나타납니다. 성령님의 역사를 사모하십시오.

 주님! 성령을 체험함으로 살아있는 신앙을 갖게 하소서.

 성령의 체험을 바라며 모임 중에 기도하십시오.

죄의 수학

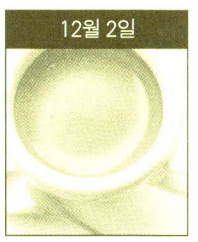

12월 2일

● 삼하 12:13 다윗이 나단에게 이르되 내가 여호와께 죄를 범하였노라 하매 나단이 다윗에게 대답하되 여호와께서도 당신의 죄를 사하셨나니 당신이 죽지 아니하려니와

어느 분이 죄와 관련해 +, −, ×, ÷를 이렇게 풀었습니다. 의미가 있는 것 같습니다.

- ● 더하기−죄는 그대의 문제를 더한다.
  죄된 방법을 쓰면 점점 더 얽히고 골치 아파진다.
- ● 빼기−죄는 그대의 정력을 빼앗는다.
  죄가 깊어 갈수록 의욕은 빠지고 무력해진다.
- ● 곱하기−죄는 그대의 아픔을 곱한다.
  죄된 생활이 마취제가 될 때가 있으나 깬 뒤의 아픔은 이전보다 더하다.
- ● 나누기−죄는 이웃을 나눈다.
  죄는 가족까지 쪼갠다. 죄는 친구를 잃게 한다.

결국 죄는 그대의 영혼을 갈기갈기 찢을 것이다.
욕심과 미움과 거짓으로 오염된 인간은 선행이나 수양으로 변화되지 않습니다.

하늘의 영광을 버리시고, 우리의 죄를 용서해 주기 위해 인간으로 이 세상에 오신 주 예수그리스도의 십자가에서 흘리신 보혈만이 우리를 죄와 심판에서 구원할 수 있습니다.

주님의 능력으로 죄를 이기십시오.

 주님! 십자가의 사랑으로 새롭게 하소서.
 이전의 죄 된 나의 모습을 버리고 새사람이 됩시다.

나의 영적 일지

12월 3일

쓰는 신앙

●고전 15:58 그러므로 내 사랑하는 형제들아 견고하며 흔들리지 말며 항상 주의 일에 더욱 힘쓰는 자들이 되라 이는 너희 수고가 주안에서 헛되지 않은 줄을 앎이니라.

미국 캔터키주에 커다란 동굴이 하나 있습니다. 동굴 속에 호수가 하나 있는데 그 호수에 사는 물고기는 눈이 없답니다.

처음에는 눈이 있었는데 동굴이 캄캄하고 눈을 쓸 일이 없기 때문에 몇 대를 번식하면서 눈이 없어졌습니다.

그래서 눈이 없는 물고기가 거기에 살고 있습니다.

다리를 쓰면 다리가 튼튼해집니다.

대장장이는 팔을 쓰기 때문에 팔이 튼튼해집니다.

신앙도 마찬가지입니다.

쓰는 신앙은 튼튼해지지만 그냥 땅 속에다 묻어놓는 신앙은 튼튼하지 않고 자라지 않습니다.

부족한 것이 많고 모르는 것이 많을지라도 구석구석 우리의 손을 통해서 몸을 통해서 봉사하는 자세가 우리 신앙의 성장과 성숙을 가져오는 지름길입니다.

주님이 주신 은사를 지금 사용 하십시오. 행여 땅에 묻어놓는 어리석은 일을 하지 마십시오.

 주님! 항상 깨어서 주님의 일에 힘쓰게 하소서.

 쓰임 받는 일꾼이 되십시다.

나의 영적 일지

단 한 개의 화살

●마 8:26 예수께서 이르시되 어찌하여 무서워하느냐 믿음이 적은 자들아 하시고 곧 일어나사 바람과 바다를 꾸짖으신대 아주 잔잔하게 되거늘

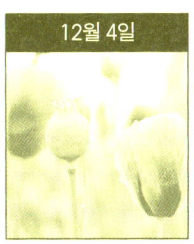
12월 4일

오사카의 상인들은 사냥할 때 명중시키기 위해 두 개의 화살을 준비하지 말라고 이야기 합니다.

화살이 단 한 개 밖에 없을 때는 오직 그 방법 밖에 없으니 명중 시킬 수밖에 없어 확률이 높아지기 때문입니다.

놀라운 기적을 체험하기 위해서는 지금까지 내가 의지하고 있던 배를 버려야 합니다.

용기는 믿음에서 나옵니다.

두려움을 버려야 기적이 이루어집니다.

성경에는 "두려워 말라"는 말씀이 366번 나옵니다.

믿음이 작으면 생활에 고난이 많습니다.

환경과 나를 바라보며 두려워하지 마십시오.

'푯대를 향하여 그리스도 예수 안에서 하나님이 위에서 부르신 부름의 상을 위하여 좇아가노라'고 고백한 바울을 닮으십시오.

하나님께서 앞으로 나가라고 명하실 때 즉시 말씀을 붙들고 믿음으로 나아가십시오. 말씀을 믿고 앞으로 나아가기만 하면 모든 문제는 하나님께서 해결해 주심을 믿으십시오.

 주님! 주님만 의지하게 하소서.

 기적을 이루기 위해 내가 의지하는 것을 내려놓읍시다.

나의 영적 일지

12월 5일

말씀의 능력으로

●롬 1:16 내가 복음을 부끄러워하지 아니하노니 이 복음은 모든 믿는 자에게 구원을 주시는 하나님의 능력이 됨이라 먼저는 유대인에게요 그리고 헬라인에게로다

"내가 비록 성경으로 인해 목숨을 잃게 된다 해도 결코 진리인 하나님의 말씀에서 떠날 수는 없습니다. 성경은 하나님의 말씀을 전하기 위해 존재하는 것이지, 정치적인 권모술수를 위해서나 자신의 횡포를 정당화시키는 일에 사용되기 위해서 존재하는 것이 아닙니다."

종교개혁을 일으킨 루터의 성경관이었습니다.

그리고 그는 로마서에서 하나님의 뜻을 발견하고는 '95개조 반박문'을 게재함으로 성경 말씀을 따르는 종교를 위한 본격적인 개혁을 시작하게 되었습니다.

종교개혁 이후의 루터는 또한 다음과 같은 말을 했습니다.

"제가 한 것은 아무것도 없습니다. 저는 단지 하나님의 말씀만을 가르치고 설교하고 기록했을 뿐입니다. 그러나 내가 하나님의 말씀을 전하는 일에 전심으로 노력하자 놀라운 일이 일어났습니다. 그 누구도 영향을 미칠 수 없었던 교황의 영향력이 점점 줄어들고 있었던 것입니다. 나는 평소와 같은 일상생활 외에는 아무 일도 하지 않았습니다. 이 모든 것은 말씀의 능력에서 비롯된 일입니다."

루터가 종교개혁을 일으켰던 것은 하나님의 말씀에 기초한 신앙생활에서 당시의 교회가 멀어졌기 때문이었습니다.

지금도 많은 교회가 다양한 프로그램으로 성도를 양육하고 있지만 어떤 교재와 방법보다도 우선 말씀을 기초한 신앙관을 갖고 있어야 합니다. 말씀에 의한 올바른 신앙을 가지십시오.

 주님! 우리에게 주어진 일상의 놀라운 선물로 인해 기뻐하게 하소서.

 자신의 신앙을 말씀으로 비추어 올바로 분별하십시오.

나의 영적 일지

창호지 2장

12월 6일

● 요일 3:7 자녀들아 아무도 너희를 미혹하지 못하게 하라 의를 행하는 자는 그의 의로우심과

저의 어머니는 저를 유학 보내시면서 창호지 부적 2장을 써서 옷에다 꿰매 주신 분입니다. 그것을 달고 가면 성공한다고 말입니다.
얼마나 우리 어머니 무지하셨습니까? 얼마나 무식하셨습니까?
그러나 자기 아들 잘 되게 하기 위해서 부적 창호지 2장을 사서 꿰매주시는 어머니의 순수한 믿음이 예수를 믿고 나니 축복으로 변했습니다.
대통령 선거나 국회의원선거가 임박할 즘이면 점쟁이, 역학자들이 신이 난다고 합니다.
우리 후보가 이길 것인지 질 것인지 그거 물어보러 다닌다는데, 점을 보는 값이 막 올라가서 부르는 게 값이랍니다.
나는 점쟁이를 찾아다니는 한심한 성도들이 없기를 원합니다.
하나님 제일주의, 먼저 그의 나라와 그의 의를 구하는 믿음, 첫째도 하나님. 둘째도 하나님. 셋째도 하나님인 믿음을 가지십시오.
모든 신위에 뛰어난 분은 여호와 하나님 이십니다. 모든 귀신을 물리치고 사단을 주관하시는 하나님만 섬기고 감사하십시오.

 주님! 오직 주님만 바라보도록 나의 눈을 밝게 하소서.
 하나님 외에 의지하는 우상을 제거하십시오.

나의 영적 일지

12월 7일

팽이치기

● 잠 17:1 마른 떡 한 조각만 있고도 화목하는 것이 육선이 집에 가득하고 다투는 것보다 나으니라

어린 시절 겨울철의 제 고향을 생각하면 팽이치기하며 놀 던 기억이 납니다. 집 앞의 마당은 아이들의 놀이 천국이었습니다.

하얀 얼음판에 여러 색깔의 팽이가 아이들의 즐거운 놀이 감 이었습니다.

요즘은 장난감 완제품이 많아서 부모의 돈으로 사는 것이기에 그 장난감에 아이들은 큰 애착이 없지만 그 때만 해도 직접 접어서 만든 딱지놀이와 팽이는 작은 보물이었습니다.

땀과 사랑과 정성과 애정은 정비례합니다. 직접 만든 장난감에는 마음을 많이 쏟기 때문에 거기에는 사랑도 있습니다.

썰매나 팽이치기를 하느라 얼음판에 혼이 팔려 옷이 다 젖는 것도 모르고 놀았습니다.

해가 저물 때쯤이면 어머니들은 각자 자식의 이름을 불러 저녁을 먹으러 들어갑니다.

"누구야, 밥 먹으라"하는 음성은 사무적인 식사시간 통지가 아니라 사랑하는 어머니의 손길이었습니다.

지금 우리의 가정들은 위기에 서 있습니다.

육선이 가득하고 다투는 것보다 주님을 믿으며 온 가족이 화목하면 단칸방에 살아도 그것이 행복입니다.

주님의 사랑이 지배하는 가정이 되도록 힘쓰십시오.

 주님! 주의 사랑 안에서 화목한 가정되게 하소서.
 우리 가정은 사랑과 헌신으로 서로를 배려합니까?

나의 영적 일지

강한 가정

● 롬 12:10 형제를 사랑하여 서로 우애하고 존경하기를 서로 먼저 하며

12월 8일

미국LA에 있는 페퍼다인대학교 교육대학원장인 스티네트(Nick Stinnett) 박사가 가정문제에 대한 유익한 「강한 가정의 비결」이란 책을 저술하였습니다.

그는 다음과 같은 여섯 가지를 건강하고 좋은 가정이 될 수 있는 요소로 지적하면서, 이런 가정에서 자라나는 아이들은 행복한 장래가 보장된다고 말했습니다.

① 헌신-팀 의식이 강한 가정, 한 가족으로서의 단결과 화합이 강하다.
② 감사-서로 칭찬하고 격려하며 붙들어 주는 가족, 피차의 감정을 보살펴 준다.
③ 교통-대화가 많고 잘 들어 주는 가족, 고립감을 느끼지 않도록 접촉이 잦다.
④ 동행-식사, 노동, 놀이를 되도록 함께하는 가정, 집 밖에서 시간을 많이 보내지 않고 매사에 함께한다.
⑤ 정신적 건강-가족들이 함께 이웃에 대한 사랑과 긍휼을 실천한다.
⑥ 극복하는 기술-가족 중 누가 어려운 문제를 당했을 때 그것을 극복할 수 있도록 가족들이 이해하고 넓은 아량으로 힘을 주는 도움의 태도가 함께한다.

주님을 같은 주로 섬기는 가정은 서로 친밀하고 마음이 하나가 될 수 있습니다. 성령님은 우리 모두가 하나가 되게 하십니다. 힘써 주님을 섬기십시오.

 주님! 슬플 때도 기쁠 때도 힘써 주님을 섬기는 가정되게 하소서.
 강한 가정의 비결을 우리 가정에 심어보십시다.

12월 9일
지혜로운 처녀

●잠 21:5 부지런한 자의 경영은 풍부함에 이를 것이나 조급한 자는 궁핍함에 이를 따름이니라.

옛날에 한 임금이 외아들인 왕자를 위하여 가장 지혜로운 며느리를 고르고자 이런 방법을 썼습니다.

임금은 며느리 감으로 입후보한 처녀들을 궁전에 모으고 시험 문제를 제시했습니다.

"너희들에게 쌀 한 되씩을 주겠는데, 이것만 가지고 한 달을 살다가 다시 이 자리로 모여라."

참으로 억지 명령이었습니다. 대부분의 처녀는 중간에 포기하고 더러는 멀건 미음을 쑤어 먹으며 참았으나 뼈만 남아 아름다운 모습이 간데없이 사라졌습니다.

한 달이 지나자 처녀들은 모두 궁궐로 돌아왔는데 그들의 몰골은 인력거에 실려 올 정도로 말이 아니었습니다.

그러나 얼마 뒤에 아름답고 건강한 처녀 하나가 힘차게 걸어왔습니다. 처녀는 뒤에 쌀을 가득 실은 꽃수레까지 거느리고 있었습니다. 처녀는 임금에게 아뢰었습니다.

"내려 주신 쌀 한 되를 모두 떡을 만들어 팔았더니 쌀 두 되가 되었나이다. 떡이 하도 잘 팔려 남은 돈으로 잘 먹고도 또 남았기 때문에 쌀 한 달구지를 헌납하나이다."

임금은 이 처녀를 며느리로 삼았습니다. 지혜로운 판단과 생각이 내 주변 사람과 나의 삶을 축복으로 바꿔놓을 수도 있습니다.

언제든 작은 기회가 주어질 때 최선을 다하고 나로 인해 긍정적인 영향력을 펼칠 수 있도록 지혜로운 사람이 되십시오.

 주님, 나에게 주신 한 달란트로 많은 것을 남기는 삶을 살게 하소서.
 작은 것이 내 손에 들려있을 때 나는 어떻게 합니까?

나의 영적 일지

정신병원의 퇴원 테스트

12월 10일

● 딛 1:16 저희가 하나님을 시인하나 행위로는 부인하니 가증한 자요 복종치 아니하는 자요 모든 선한 일을 버리는 자니라.

정신병원에서 환자를 집으로 돌려보낼 때 환자가 정말 퇴원할 만큼 좋아졌는지 테스트하는 방법을 한 의사가 개발했습니다.

테스트를 위한 방에 수도가 있습니다. 그리고 미리 수돗물이 조금씩 흐르게 수도꼭지를 조금 틀어놓습니다.

바닥에는 물이 고여 있습니다.

의사는 환자에게 걸레를 주고 물을 닦으라고 합니다.

정상적인 사람은 수돗물이 틀어져 새고 있는 것, 즉 방바닥에 물이 고인 이유를 찾아내어 먼저 수도꼭지를 잠근 후에 바닥의 물을 닦습니다. 이런 사람은 퇴원해도 좋은 환자입니다.

그러나 어떤 환자는 수도꼭지는 내버려두고 방바닥만 부지런히 닦습니다. 바쁘게 움직이지만 아직 치료가 더 필요한 환자입니다.

하나님이 우리를 보실 때에도 아직 치료가 필요한 사람이 많습니다.

그들은 문제의 근원은 쳐다볼 생각도 하지 않습니다.

토머스 케풀러는 그의 명저 「성자와의 여행」에서 성경의 위인과 역사상의 위인들을 연구하면서 결론적으로 훌륭한 사람의 정의를 이렇게 내렸습니다.

"훌륭하였던 사람들이란 단순히 시간의 중심을 하나님께 두었던 사람이다." 시간의 중심을 하나님께 두십시오.

 주님! 나의 삶이 참된 그리스도인임을 증거 하게 하소서.

 나의 생각과 말과 행동은 하나님 중심인지 점검하십시오.

나의 영적 일지

12월 11일

실패는 순간이다

● 롬 8:18 생각건대 현재의 고난은 장차 우리에게 나타날 영광과 족히 비교할 수 없도다

애플사의 최고경영자인 스티브 잡스는 시대를 앞서보는 통찰력, 업계에서의 독보적인 실적, 대중적인 인기를 고루 갖춘 몇 안 되는 인물입니다.

많은 사람들이 그를 빌게이츠와 비교하지만 사실 그가 성공하기까진 빌게이츠보다도 많은 어려움이 있었습니다.

그는 태어나자마자 버려져 입양되었습니다. 대학도 자퇴를 했고, 이후에 자신이 만든 회사에서는 히트상품을 만들고도 너무 잘나간다는 이유로 대주주들에 의해 쫓겨났습니다. 그러나 그는 포기하지 않았고 자신의 성공을 믿고 달려갔습니다.

쫓겨난 이후에 곧바로 다시 창업을 했고 컴퓨터 애니메이션에 까지 관심을 돌려 당시엔 획기적이었던 3D 애니메이션 영화를 만들어 전 세계적으로 히트를 쳤습니다.

결국 잡스가 떠난 뒤 만성 적자에 시달리던 애플은 다시 잡스를 애플의 최고경영자로 스카웃 하게 됩니다. 그가 오자마자 10억 달러의 적자를 보이던 애플은 곧바로 다음해 4억 달러의 흑자를 내었고 현재까지 아이팟과 맥북같은 획기적인 상품들을 출시해 소비자들에게 전 세계적으로 사랑받는 회사가 되었습니다.

스티브는 자신의 성공을 의심하지 않았습니다. 순간의 실패가 인생의 실패가 아니라는 것을 알았기 때문입니다. 그는 항상 성공하고자 하고 항상 배우고자 했습니다. 우리 그리스도인들에게도 이미 성공이 보장되어 있습니다. 우리는 성공에 이르기 위해 열심히 노력하고 또 그 증거가 되는 약속의 말씀을 항상 묵상해야합니다. 순간의 실패로 쓰러지지 말고 더욱 주님의 말씀을 의지하십시오.

 주님! 많은 시련을 통해 우리가 성장함을 깨닫게 하소서.

 하나님의 언약의 말씀을 굳건히 믿으십시오.

나의 영적 일지

믿는자들의 인터넷 생활

●살전 1:7 그러므로 너희가 마게도냐와 아가야에 있는 모든 믿는 자의 본이 되었느니라

12월 12일

인터넷이 초창기에 퍼질 땐 정보의 보고로 생활을 풍성하게 만들어줄 것으로 기대되었습니다.

그러나 지금의 인터넷은 음란물로 가득한 곳, 익명성을 무기로 한 욕설과 비방, 자살 사이트와 같은 사회적 부작용이 만연합니다.

세계에서 2번째로 선교를 많이 하는 한국도 예외는 아닙니다.

깨끗하고 감동적인 인터넷을 위해 극동방송, 사랑의 교회와 국민일보를 비롯한 교계 및 언론사들은 인터넷 순결 약속 지키기 운동을 하고 있습니다.

그것은 정결한 인터넷을 위한 약속과 감동적인 인터넷을 위한 약속으로 나누어져 있는데, 인터넷 음란물을 하지 않을 것, 총칼로 생명을 파괴하는 게임을 하지 않을 것, 타인의 인격모독과 루머를 유포하지 않을 것, 인터넷을 투명하고 당당하게 사용하며 악플이 아닌 선플로 감동적인 인터넷 문화를 만들 것, 인터넷을 복음의 통로로 사용할 것과 같은 약속들입니다.

내가 올린 악플과 음란물로 인해 다른 영혼이 괴로워하고 상처받을 수 있고 그것은 그대로 나와 나의 가족들에게도 돌아올 수 있습니다.

이제는 잘못된 인터넷 문화를 바로잡고 온라인 상에서도 서로 격려하고 사랑을 전하십시오.

문명의 이기를 흉기로 쓰는 어리석은 사람이 되지 마십시오.

 주님! 미디어를 통해서도 복음을 전하게 하소서.

 익명성이 보장된 곳에서도 하나님의 자녀답게 행동하십시오.

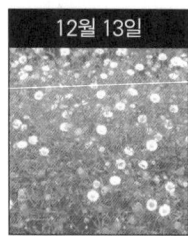

12월 13일

살아야 할 이유

● 롬 8:6 육신의 생각은 사망이요 영의 생각은 생명과 평안이니라

'강철왕'으로 알려진 카네기는 그 명성만큼 엄청난 부자로 갑부에 대한 이야기가 나올 때 빠지지 않는 인물이기도 합니다. 엄청난 성공을 이룬 그이지만 그에게도 위기가 있었습니다.

미국에 심한 대공황이 찾아왔을 때 그 여파가 카네기에게도 심각하게 미친 것이었습니다. 성공한 사업가였던 그는 자신의 모든 것이 무너져버릴지도 모른다는 생각에 괴로워했고 결국엔 자살을 결심하고 맙니다. 집을 나서서 강가로 가고 있는 카네기에게 두 다리가 없는 남자가 힘들게 다가왔습니다.

"안녕하십니까? 선생님. 연필 몇 자루 사주시지 않으시겠습니까?"

자살을 결심했던 카네기는 그냥 지나가려고 했지만 그 남자는 끈질기게 졸랐습니다. 결국 지갑에서 지폐를 꺼내 아무렇게나 건넨 후 그냥 지나치려 했지만 그 남자는 연필을 받아가라며 다시 쫓아왔습니다.

"선생님, 저는 구걸을 하는 것이 아닙니다. 연필을 가져가지 않으시려면 돈도 다시 가져가십시오."

카네기는 어쩔 수 없이 연필을 받았는데 그 때 그 남자의 너무도 환한 미소를 보게 되었습니다. 자신보다 나을 것 하나 없는 남자의 표정이 그 누구보다 행복해 보이는 것에 카네기는 충격을 받았습니다. 연필을 받은 카네기는 다시 집으로 돌아갔고 재기에 성공해 이전과는 비교도 할 수 없을 정도의 성공을 거두었습니다.

훗날 카네기는 이일을 두고 말했습니다.

"나는 더 이상 살아야 할 이유가 없다고 생각했습니다. 그런데 그 때 만난 그 남자는 누구보다 불행한 조건에서도 밝게 웃으면서 살았습니다. 나는 죽을 아무런 이유가 없었습니다. 그 남자를 만나고 내가 왜 살아야 하는지 이유를 알게 된 것입니다." 실패했다고 좌절하지 말고 자신에게 환한 미소를 지어주십시오.

 주님! 언제나 시선을 높은 곳을 향해 놓게 하소서.

 아침마다 거울을 보고 '난 잘 될 거야' 라고 외치며 미소 지으십시오.

각자의 달란트

12월 14일

● 마 25:15 각각 그 재능대로 한 사람에게는 금 다섯 달란트를, 한 사람에게는 두 달란트를, 한 사람에게는 한 달란트를 주고 떠났더니

세계적인 교육심리학자인 정미령 교수는 2009년 한국에서 새로 도입된 입학사정관제에 대해서 강연하기 위해 한국에 왔습니다.

1970년에 하나님이 모든 것을 책임져 줄 것이라는 믿음 하나로 단 돈 200달러를 들고 떠난 유학길에서 세계적인 명문 옥스퍼드대의 교수가 되어서 금의환향 한 것입니다.

강연에서 정 교수는 모든 것을 잘해야 우수하다고 인정하는 한국의 교육제도에 대해서 얘기했습니다.

하나님께 받은 달란트가 모두 다른데 교과목에서 언제나 예체능은 무시하고 영어, 수학, 과학을 잘해야만 우수한 학생으로 취급하기 때문입니다.

정 교수가 힘든 유학시절을 기도로 이겨내며 한국인 최초의 옥스퍼드 교육심리학과의 교수가 될 수 있었던 것도 본인의 연구 분야만큼은 자신이 있었기 때문입니다.

사람들이 모두 다른 것처럼 하나님께 받은 달란트도 모두 다르기 때문에 각자에 맞는 재능을 살리는 것이 바른 교육이라고 정 교수는 얘기합니다.

한국에 자신의 교육철학을 반영한 대안학교를 세우는 것이 꿈이라는 정 교수는 교육을 통해 하나님이 아이들에게 주신 능력을 최대한 발휘 할 수 있어야 한다면서 교회에서도 아이들의 인성 교육을 위해 적극적으로 기도와 후원해야 된다고 부탁했습니다.

5달란트를 남겨온 종도, 2달란트를 남겨온 종도 주님께선 똑같이 칭찬하셨습니다. 서로의 차이를 인정하고 그것을 살려주는 교육을 하십시오.

 주님! 주신 재능을 올바로 발견할 수 있게 하소서.
 아이들의 다양한 재능을 인정해 주십시오.

12월 15일

도울 힘이 있거든

● 엡 4:16 그에게서 온 몸이 각 마디를 통하여 도움을 입음으로 연락하고 상합하여 각 지체의 분량대로 역사하여 그 몸을 자라게 하며 사랑 안에서 스스로 세우느니라

의료선교협회의 초대 회장을 맡았던 박종무 원장은 어렸을 때부터 총명하여 공부를 잘했습니다.

초등학교 때부터 고등학교 때까지 반에서 일등을 놓치지 않고 졸업했으나 형제가 열 명이나 되었기 때문에 집안 사정상 대학에 갈 수가 없었습니다. 부모님도 어쩔 수 없는 상황이라는 걸 알았기에 박 원장은 순순히 부모님의 뜻을 따랐고 고등학교를 졸업하자마자 공무원으로 취직을 했습니다.

현실의 벽에 부딪쳐 학업의 꿈을 접고 일을 하던 어느 날 박 원장이 일하는 근무지의 책임자인 마쓰오카라는 일본인이 박 원장을 불렀습니다. 마쓰오카는 박 원장에게 월급은 계속 보내 줄 테니 아까운 재능을 썩히지 말고 고향으로 가서 공부를 계속하라고 했습니다. 박 원장은 그 소릴 듣고 매우 놀랐었는데 당시엔 일제 치하시절이었기 때문에 일본인과 한국인의 대우도 많이 차이가 났고 서로 감정도 안 좋았던 시절이었기 때문입니다.

그런 마쓰오카의 도움을 받아 박 원장은 공부를 계속 해 의대를 갈 수 있었고 자신이 받은 도움을 더 많은 사람들에게 주기 위해 평생을 바치게 됩니다. 힘이 없고 볼품없는 사람들에게 선행을 베풀어야 한다는 것을 마쓰오카를 통해 배울 수 있었기 때문입니다.

박 원장은 누구나 부러워할 만한 성공을 거두면서도 오직 어려운 사람들이 더 많은 의료혜택을 받게 하는 일에 평생을 노력하셨습니다.

하나님을 사랑하듯이 사람도 사랑해야 합니다. 도울 힘이 있거든 남을 도와야 합니다. 행함이 없는 사랑은 진정한 사랑이 아님을 기억하십시오.

 주님! 마땅히 도울 것을 돕고 사랑할 것을 사랑하게 하소서.

 도움을 요청하는 줄 수 있는 것은 도우십시오.

나의 영적 일지

암을 이기는 감사의 힘

●삼하 22:50 이러므로 여호와여 내가 모든 민족 중에서 주께 감사하며 주의 이름을 찬양하리이다

고려대 행정학과의 조무성 교수는 불혹의 나이에 암이 걸렸단 사실을 알게 되었습니다.

하지만 치료가 너무 힘들어 모든 것을 포기한 채로 성경 하나만을 들고 산으로 올라갔습니다. 자신의 괴로운 심정을 울부짖으며 성경을 보다가 "항상 기뻐하며 쉬지말고 기도하며 범사에 감사하라"는 말씀이 눈에 들어왔습니다. 삶에 이 말씀을 적용했더라면 암은 걸리지도 않았을 것이라고 생각한 조 교수는 그때부터 말씀을 실행에 옮겼고 그 결과 암을 극복할 수 있었습니다. 조 교수가 찾아낸 암을 극복하는 10가지 방법 중 다섯 가지를 소개하겠습니다.

① 하나님과 이웃을 사랑하며 삶의 진정한 의미를 찾아야합니다. 삶의 의미를 알아야 감사하며 기뻐할 수 있기 때문입니다.
② 긴장에서 오는 스트레스를 통제하며 부정적인 감정들을 제어하는 것입니다. 모든 병의 시작은 부정적인 감정과 스트레스로 인해 생깁니다.
③ 신체의 면역력을 키우고 체력을 증진시키기 위해 다양한 영양소를 섭취하고 체력에 맞는 운동을 해야 합니다. 다양한 영양소와 운동은 면역력을 증진시켜 줍니다.
④ 피로예방을 위해 잠을 충분히 자고 주일에는 평안히 안식을 취해야 합니다. 몸도 마음도 편히 쉴 때에 몸의 세포들도 회복되기 때문입니다.
⑤ 남을 돕고 여러 가지 문제로 고통당하는 사람들을 돕기 위해 봉사하는 것입니다. 자신이 남을 도울 수 있는 존재라는 것을 실행에 옮김으로써 암을 극복할 수 있기 때문입니다.

우리 삶에 나타나는 모든 결과는 우리의 행위로 인해서 생긴 것입니다. 오직 기도하며 기쁨과 감사로 그것을 받으십시오. 누구도 탓하지 마십시오.

 주님! 말씀대로 행할 때 회복시키는 주님을 믿게 하소서.
 성경에서 찾은 건강의 원리를 삶에 적용하십시오.

12월 17일

행복한 부부의 비결

● 막 10:9 그러므로 하나님이 짝지어 주신 것을 사람이 나누지 못할지니라 하시더라

충청북도에서 제정한 부부의 날 행사에서 작년에 '행복부부상'을 받은 조상호·추경숙 씨 부부는 만남부터 우여곡절이 많았습니다.

충북에 살고 있던 남편 조 씨와 수원에 살고 있던 추 씨는 원래 펜팔로 알게 된 친구사이였습니다. 하지만 조 씨는 경운기 때문에 왼쪽 다리를 잃게 되는 사고를 겪게 된 후 큰 충격에 휩싸여 펜팔을 더 이상 하지 않았습니다.

3년 동안이나 펜팔을 계속해왔던 조 씨에게 갑자기 연락이 끊기자 추 씨는 안부가 궁금한 마음에 당장에 충북으로 달려갔습니다. 그리고 조 씨가 불의의 사고를 당해 실의에 빠져있다는 사실을 알게 되었습니다.

추 씨는 조 씨를 처음 만났지만 그에게 힘이 돼 주어야겠다고 생각했고 직장도 그만두고 바로 조 씨가 있는 농촌으로 내려왔고 그렇게 둘은 결혼하게 되었습니다. 이후 서로 배려하고 아끼며 사랑하는 마음으로 농사를 지었지만 가난을 벗어나기는 너무 힘들었습니다. 고민 끝에 농사대신 축산업을 하기로 결정한 부부는 결혼 패물까지 모두 팔아 송아지 한 마리를 샀습니다. 다행히 축산업이 잘 풀려 지금은 부농이라 부를 수 있을 정도의 성공을 거뒀지만 농사와 축산업을 처음 시작했던 지난 20년 동안은 고생이 엄청 심했습니다. 하지만 그럼에도 이들 부부는 한 번도 감정적으로 싸운 적이 없다고 합니다. 의견 충돌이 생길 때마다 서로를 배려하며 진솔한 대화로 서로의 오해를 풀어나갔기 때문입니다. 장애도 가난도 이기지 못했던 부부의 행복 비결은 진솔한 대화였습니다.

아무리 심각한 일도 막상 대화를 나눠보면 별 것 아닌 일일 때가 있습니다. 아무리 감정이 상해 있고 만나기 싫은 상대라도 일단은 대화를 시도하십시오.

 주님! 문제를 풀기 위해 먼저 다가가는 사람이 되게 하소서.

 문제가 생길 때 먼저 대화를 시도하십시오.

나의 영적 일지

핑계

12월 18일

- 요 1:16 우리가 다 그의 충만한 데서 받으니 은혜 위에 은혜러라

대부분의 사람들은 자신이 다음과 같은 이유 때문에 성공하지 못한다고 생각합니다.

① 난 얼굴이 너무 못생겼어.
② 난 좋은 습관을 만들 의지력이 없어.
③ 그 일을 하기엔 난 너무 늙었어(또는 아직 어려).
④ 난 머리가 나빠서 할 수 없어
⑤ 난 그것을 할 만한 재능이 없어.
⑥ 난 건강하지 않아.
⑦ 난 좋은 학벌과 인맥이 없어.
⑧ 난 그냥 가정주부일 뿐이야.
⑨ 그것을 하기엔 돈이 부족해
⑩ 난 전과자야.

하지만 성경은 말씀하고 있습니다.

예수님이 우리를 부하게 하기 위해 스스로 가난케 하셨고 우리를 치유하기 위해 스스로 채찍을 맞으셨으며 우리를 구원하기 위해 수치를 당하셨다고 말입니다.

우리는 어떤 약점이 있다고 해도 주님을 믿고, 의지하며, 준비하고 기다리면 주님이 놀랍게 좋은것으로 이루어주십니다.

주님의 은혜를 감사하며 우리가 원하는 것을 이루어 더욱 더 예수의 복음을 전파하십시오.

 주님! 충만한 주의 은혜 안에 나를 튼튼히 세우소서.

 우리의 모든 약한 것을 감당하신 주님께 감사하십시오.

나의 영적 일지

12월 19일

주님이 함께 하시면...

● 고전 10:13 사람이 감당할 시험 밖에는 너희가 당한 것이 없나니 오직 하나님은 미쁘사 너희가 감당하지 못할 시험 당함을 허락하지 아니하시고 시험 당할 즈음에 또한 피할 길을 내사 너희로 능히 감당하게 하시느니라

세계적으로 유명한 뮤지컬 "맘마미아"는 우리나라에서도 많은 사람들에게 사랑을 받고 있는 작품입니다. 07~08년도 한국 공연의 주인공을 뽑기 위한 오디션이 오리지널 영국팀과 함께 비공개로 이루어졌는데, 여주인공 "도나"역에 뮤지컬 배우 이재영씨가 캐스팅 되었습니다. 그녀는 "긴장된 상황 속에서 하나님께서는 사무엘상 17장 45절 말씀을 주셨고, 그 말씀을 붙들고 끝까지 믿음으로 기도한 결과로 하나님께서 그 역을 나에게 주셨다고 믿습니다"라고 말합니다. 그녀는 하루에 3~4시간의 수면을 취하며 공연을 준비한 탓에 몸이 지칠때로 지쳐, 정작 공연 몇 일을 앞두고 쓰러졌습니다. 병원에서는 3주정도는 입원해 안정 치료를 요했지만, 그녀는 낙담하고 절망하기보다는 "주신 분이 하나님이시니 가져가신다 해도 그저 감사하겠습니다" 라며 기도했습니다. 그러자 하나님께서는 놀랍게도 3일 만에 일어나 공연을 할 수 있게 고쳐 주셨습니다. 그런데 그 기쁨도 잠시 다시 다리를 다치고, 또 목소리가 나오지 않는, 예상치 못한 연이은 사고로 어려움과 고통 가운데 힘든 공연을 해야 했지만 그녀가 기도 중에 "너희가 여러 가지 시험을 만나거든 온전히 기쁘게 여기라"(약1:2)는 말씀으로 위로해주시는 하나님을 느끼며 큰 힘을 얻게 됐고, 어려움을 통해 하나님께서 자신을 단련시킨 후 쓰시려는 것이라고 생각했습니다.

여호와 라파 치유의 하나님을 체험하면서 "주님이 함께 하셨기에 가능한 일이며 그저 모든 것이 하나님의 은혜"라고 간증하는 이 재영씨는 5개월간의 "맘마미아" 공연을 성공적으로 마치게 됐고, 지금은 여러 교회에서 찬양과 간증 사역을 하고 있습니다. 하나님께서는 우리에게 감당할 수 있을 만큼의 시련을 주십니다. 그리고 그 시련을 통해 우리의 믿음을 굳건하게 성장 시키며 좋은 길로 인도 하십니다. 시련이 와도 담대하게 받아 들이십시오.

 주님! 저에게 더 모든 역경을 감당 할 수 있는 믿음을 주옵소서.
 지금 당하고 있는 역경을 충분히 감당 할 수 있다고 믿으십시오.

나의 영적 일지

사랑이 있는 믿음

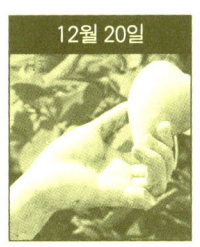

12월 20일

● 요일 3:18 자녀들아 우리가 말과 혀로만 사랑하지 말고 행함과 진실함으로 하자

초경주 선수는 PGA에서의 우수한 성적과 파워풀한 스윙으로 '탱크'라는 별명으로 불립니다.

한국인으로는 최초로 PGA에 진출한 선수이자 우승한 선수이고 골프대회 중에선 최고로 권위있는 마스터즈에서 아시아인으로는 최초로 3위 안에 진입한 기록도 가지고 있습니다. 그는 '탱크'라는 별명답게 필드 안에서는 강렬한 카리스마를 내뿜지만 필드 밖에서는 '천사'라는 별명으로 불립니다. 성적이 훌륭한 만큼 기부를 많이 하기 때문입니다.

10여 년간 후원한 돈만해도 5억 원이 넘지만 그는 단순히 물질 뿐 아니라 그 이상의 것을 기부합니다. 바쁜 일정 중에도 시간을 만들어 지역의 아동센터를 돌며 아이들을 직접 만나 격려하고 꿈을 심어주기 때문입니다.

최 선수를 만난 아이들은 대부분 편지를 보내 감사함을 표시하고, 그 아이들의 마음에 최 선수는 다시 힘을 얻습니다. 힘든 투어 중에도 매일 새벽예배를 드리고 경기 전후엔 반드시 감사의 기도를 드리는 믿음생활을 유지할 수 있는 이유도 이런 나눔에서 힘을 얻기 때문입니다.

하나님을 향한 믿음이 사랑을 통해 청소년들을 위한 기부로 이어졌고 그 기부로 인해 다시 힘을 얻기에 "저는 사랑을 기부할 수 있어 정말 행복합니다. 저는 오히려 나눔을 통해 무한한 에너지를 얻습니다"라고 고백할 수 있습니다.

사랑이 없는 믿음은 아무것도 할 수 없습니다. 우리의 행동과 믿음이 사랑에 기반을 둘 때 우리가 상상도 못할 방법으로 모든 문제를 해결하고 역사하실 것입니다. 사랑이 있는 믿음 생활을 하십시오.

 주님! 나의 손과 마음에 주님을 가득 담게 하소서.

 남들을 위한 나의 마음이 사랑이 있는지 생각해보십시오.

나의 영적 일지

12월 21일

두 시간의 휴전

●행 4:31 빌기를 다하매 모인 곳이 진동하더니 무리가 다 성령이 충만하여 담대히 하나님의 말씀을 전하니라

미국에서 남북 전쟁이 벌어지고 있었을 때였습니다. 후레더릭스벅이란 지역에서 양 군은 치열한 전투를 벌이고 있었습니다. 그곳을 차지하는 것이 곧 전쟁의 승패를 결정한다 해도 과언이 아닐 정도로 중요한 전략적 요충지였기 때문입니다.

치열하게 전투를 벌이던 도중 남군과 북군이 모여 있던 지역에 포탄 하나가 떨어졌습니다. 남군, 북군을 나눌 것 없이 모두 심한 부상을 당해 괴로워하고 있었지만 워낙 총탄이 빗발치는 상황이라 누구도 쉽게 구하러 나설 수가 없었습니다.

부상병들은 모두 괴로워하며 마지막으로 물을 달라고 외치고 있었습니다. 어차피 모두 살아날 가망은 없어 보였지만 동료들의 마지막 소원을 들어주기 위해서 북군의 한 병사가 지휘관을 찾아가 부상병들에게 물을 먹이게 해달라고 부탁했습니다.

지휘관은 병사마저 목숨을 잃을까봐 보낼 수 없다고 잘라 말했지만 그 병사가 너무 간곡히 요청해 결국 마지못해 허락했습니다. 지휘관의 허락이 떨어지자마자 병사는 양동이에 물을 담고 부상자들이 누워있는 곳을 향해 뛰어갔습니다. 총알이 빗발치고 굉음이 들렸으나 병사는 전혀 신경 쓰지 않고 부상자들에게 물을 먹이며 그들을 안심시키기 위한 격려의 말을 전해주었습니다.

죽음도 두려워하지 않고 남군, 북군 가릴 것 없이 물을 주기 위해 뛰어다니는 모습을 보고는 남군 지휘관도 큰 감명을 받아 곧 사격중지 명령을 내렸습니다.

그렇게 치열하던 격전지에 총성이 멈추고 오직 한 병사만이 부상자들을 위해 물을 담아다 먹이며 그들의 마지막을 위로해주었습니다. 필요의 해결을 위해 용기를 내십시오.

 주님! 문제 해결에 필요한 용기를 내게 하소서.

 지금 나의 생활에서 용기가 필요한 문제들을 떠올려 보십시오.

나의 영적 일지

매일 감사

12월 22일

● 엡 5:4 누추함과 어리석은 말이나 희롱의 말이 마땅치 아니하니 오히려 감사하는 말을 하라

지미라는 아이는 성격이 내성적이고 매우 부끄러움이 많아서 생일날에도 친구들을 집으로 초청하지 못할 정도였습니다. 초등학교의 마지막 생일을 맞아 지미는 친구들을 초청하려고 노력했지만 번번이 말문이 막혀 결국 또 혼자뿐인 생일을 맞게 되었습니다. 생일날 저녁 저녁식사 시간에 지미는 결국 울음을 터트리고 말았습니다.

"나는 왜 그런 쉬운 말 한 마디도 하지 못하는 걸까요? 누구나 받는 생일 선물 한 번 못 받아본 나는 정말 바보인가봐요."

지미의 딱한 심정을 이해한 어머님은 따스한 품으로 지미를 안아주며 말했습니다.

"그렇지 않아 지미야. 꼭 생일날은 아니더라도 넌 매일 선물을 받고 있단다."

"제가 매일 선물을 받고 있다고요?"

지미는 눈이 휘둥그레지며 놀란 표정을 지었습니다.

"받고 있고말고. 오늘 아침에도 그 선물을 받았단다. 아침을 눈을 뜨면 그 선물이 도착해 있단다. 싱그러운 아침 햇살과 맑은 공기, 그리고 새로운 하루를 살아갈 건강한 몸이야말로 가장 놀라운 선물이란다. 이 하나님이 주신 놀라운 선물들을 사람들은 당연하게 생각하지만 이것이야말로 우리 삶의 가장 중요한 선물이란다."

아름다운 삶을 위해 필요한 모든 선물을 주님은 매일 우리에게 주고 계십니다. 때때로 우리는 그것을 너무 당연하게 생각해서 소중함을 잊곤 하지만 태양과 공기, 맑은 물과 같은 것들이 하루라도 주어지지 않는다면 우리는 삶을 이어나갈 수가 없습니다. 하나님이 우리에게 매일 보내는 선물을 향한 감사한 마음을 표현하십시오.

 주님! 우리에게 주어진 일상의 놀라운 선물로 인해 기뻐하게 하소서.

 일상의 감사함을 느끼며 만나는 친지들에게 복음을 전하십시오.

12월 23일 교사의 자기효능감

● 잠 5:13 내 선생의 목소리를 청종치 아니하며 나를 가르치는 이에게 귀를 기울이지 아니하였던고

2009년 OECD 교육지표 조사결과 중 눈길을 끄는 것이 있었습니다. 그것은 우리나라 교사들의 '자기효능감', 자신의 능력과 자질에 대한 확신이 조사 대상국 중에서 가장 낮은 것으로 나타난 점입니다.

우리나라 만 15세 학생인 고등학교 1학년생의 읽기능력은 OECD국가 중 1위, 수학은 1~2위, 과학은 5~9위로서 최상위의 성취수준을 보이고 있음에도 불구하고 우리 교사들의 자기효능감은 조사 대상국 중 가장 낮은 것으로 나타나고 있습니다. 이는 그동안 우리사회가 일부 교사들의 문제를 침소봉대하고 교사의 권위와 전문성을 인정하지 않으려한 결과로 교권 침해 등이 빈번하게 발생함으로써 교사들을 위축시키고 무력감을 키워왔던 것과 무관하지 않습니다.

무너지는 학교기강과 추락하는 교권으로는 우리나라 교사들이 자신감을 가지고 제대로 된 교육을 하기 어렵습니다.

이제 우리사회가 교사의 전문적 권위를 인정하는 풍토를 통해 교사 존중의 문화를 조성하는 것이 필요합니다.

교회학교의 교사도 마찬가지입니다.

성도들이 교회학교 교사의 영성과 전문적 권위를 인정할 때, 제대로 된 교회 교육이 가능하게 될 것이며 교사의 '자기효능감'도 높아질 것입니다.

주변 교사들을 어떻게 대하고 있는지 점검해 보십시오.

 주님! 참된 교사들이 일어나게 하소서.

 교회학교 교사들의 권위를 존중하십시다.

나의 영적 일지

의심의 버릇

● 단 6:23 왕이 심히 기뻐서 명하여 다니엘을 굴에서 올리라 하매 그들이 다니엘을 굴에서 올린즉 그의 몸이 조금도 상하지 아니하였으니 이는 그가 자기의 하나님을 믿음이었더라

독일의 유명한 극작가이자 계몽사상가인 레싱은 돈을 호주머니 속에 모두 넣고 다녔습니다.

하지만 언제부턴가 자신의 호주머니 속 돈이 조금씩 줄어드는 것을 느끼고는 집안사람들을 의심하기 시작했습니다.

의심은 점점 심해져 결국 레싱은 범인이 누군지 알아내기 위해서 자신의 돈을 일부러 가족들이 자주 드나드는 탁자위에 올려놓고는 주의 깊게 관찰하고 있었는데 집에 놀러온 친구가 그 돈을 보고 물었습니다.

"이보게, 누가 집어가면 어쩌려고 탁자에다 저 많은 돈을 올려놓았는가?"

"실은 누군가 내 호주머니에서 돈을 몰래 빼가고 있다네, 그래서 범인을 알아내기 위해 일부러 올려놓았지."

레싱의 말을 듣고 깜짝 놀란 친구가 물었습니다.

"정말인가? 그래 그동안 얼마나 없어졌나?"

그때 레싱은 자신이 실수를 했다는 것을 깨달았습니다.

주머니의 돈도 세어보지 않은 채 없어진 것 같다는 느낌만으로 막연히 가족들을 의심했던 것입니다.

의심은 안 좋은 습관입니다. 사람들의 잘못된 의심으로 무고한 사람들이 고통을 받고 피해를 보기 때문입니다.

예수님은 죄 지은 사람에게도 일흔 번씩 일곱 번을 용서하라고 말씀하셨는데, 잘못을 알 수도 없는 사람을 의심하는 것은 옳지 않은 일입니다. 어떤 일이 생겼을 때 먼저 자신을 살펴보십시오.

 주님! 나의 작은 의심으로 인해 다른 이가 상처받지 않게 하소서.

 누구든 절대 의심하지 마십시오.

12월 25일

기쁘다 구주 오셨네

● 고전 15:3 내가 받은 것을 먼저 너희에게 전하였노니 이는 성경대로 그리스도께서 우리 죄를 위하여 죽으시고

흑사병은 14세기 유럽전체인구의 절반이 걸려서 죽었을 정도로 무서운 전염병입니다. 이 병은 섬나라인 영국에까지 퍼져서 많은 영국인들을 죽게 만들었습니다.

1346년 흑사병이 퍼진 영국에서는 모든 사람들이 외부 출입을 피하며 서로 가볍게 접촉하는 것마저 꺼려할 정도로 병이 심하게 퍼진 상태였습니다.

원인을 알 수 없는 병에 사람들이 계속해서 죽는 것을 보고는 모두 두려움에 떨었고 성탄절을 맞았지만 누구하나 집 밖에 나오려고 하지 않은 채 그저 겁에 질려 집 안에 숨어있었습니다.

그렇게 성탄절의 밤이 깊어가고 있는데 사람들의 귀에 익은 노랫소리가 들려오기 시작했습니다.

런던의 용기 있는 청년 서너 명이 모여서 "기쁘다 구주 오셨네"를 부르며 거리를 행진하고 있었습니다.

찬송은 작은 소리로 시작되었지만 사람들은 곧 용기를 얻어 한두 명씩 거리로 뛰쳐나왔습니다. 시간이 지나자 런던의 모든 시민이 거리로 나와 다함께 "기쁘게 구주 오셨네"를 부르며 성탄을 축하했습니다. 그리고 흑사병에 대한 두려움을 이기고 폐허가 된 마을을 복구하기 위해 모두가 힘을 합쳤습니다.

예수의 이름은 절망속의 희망입니다. 세상을 이길 용기가 샘솟고, 슬픔이 기쁨으로, 근심이 찬송으로 바뀝니다. 절망속 세상을 구하러 아들을 주신 하나님의 사랑을 기억하십시오. 언제나 그의 사랑을 기리고 주님의 희생을 기억하십시오.

 주님! 아버지의 큰 사랑과 자비를 잊지않게 하소서.
 예수님의 사랑과 희생을 마음속으로 기억하십시오.

나의 영적 일지

세상에서 가장 귀한 책

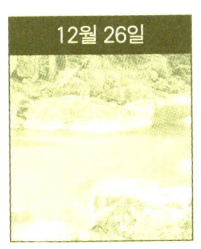

● 눅 24:32 그들이 서로 말하되 길에서 우리에게 말씀하시고 우리에게 성경을 풀어 주실 때에 우리 속에서 마음이 뜨겁지 아니하더냐 하고

절친한 두 친구가 오지로 함께 여행을 떠나기로 했습니다. 긴 여행이었기에 떠나기 전날 밤 함께 꼼꼼히 짐을 챙기는 도중에 한 친구가 책에 관한 얘기를 꺼냈습니다.
"이보게, 한 번 떠나면 중간에 다른 것들을 준비하기가 쉽지 않을 걸세, 오랜 기간의 여행이 될 텐데 두꺼운 책 한 권쯤은 챙겨가야겠지?"
"그것 괜찮은 생각이군, 자네 혹시 리빙스턴이라고 아나?"
먼저 질문을 한 친구는 질문의 의도를 전혀 모르겠다는 듯이 대답했습니다.
"아프리카로 떠난 선교사 아닌가? 근데 지금 그 얘긴 왜 하는 건가?"
"리빙스턴은 엄청난 양의 책을 읽은 것으로 유명하다네, 하지만 짐의 무게 때문에 아프리카로 떠나기 전 그는 단 한권의 책만을 가져갈 수밖에 없었지. 그 책은 세상의 모든 지혜가 집약되어 있는 책이라네."
친구는 눈을 반짝이며 물었습니다.
"아니, 그런 책이 있단 말인가? 그게 도대체 무슨 책인가?"
"바로 성경일세, 그래서 말인데 나도 성경을 들고 가기로 했네."
뭐든지 흔해지면 소중함을 잊게 됩니다. 요즘은 누구나 쉽게 사서 읽을 수 있는 성경이지만 그것은 세상에서 가장 귀한 책이고, 평생을 읽어갈 가치가 있는 책입니다.
말씀이 더욱 가까워지고 더욱 깊이 있는 묵상을 위해 자신만의 성경을 만들어 일생동안 함께 해나가십시오.

 주님! 평생에 걸쳐 오묘한 말씀을 깨달아가게 하소서.
 평생을 함께할 내 성경책을 만드십시오.

나의 영적 일지

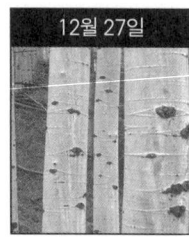

12월 27일 사람의 마음을 얻는 말

●잠언 16:23 사람은 그 입의 대답으로 말미암아 기쁨을 얻나니 때에 맞는 말이 얼마나 아름다운고

미국 역사상 최초의 흑인 대통령인 오바마는 사람의 마음을 얻기 위한 행동으로 다음과 같이 주문하고 있습니다.

① 말하고 싶은 것을 생각하기 전에 상대가 듣고 싶어 하는 것이 무엇인지를 생각한다.
② 자신의 주장을 강력하게 펼치기보다는 나도 당신과 생각이 같다는 확신을 주는 것에서부터 시작하라.
③ 상대의 특성을 제대로 이해하고 그의 감성에 호소하라.
④ 지루하고 장황한 설명보다 간결한 주장과 그 주장을 뒷받침할 수 있는 적절한 근거를 댈 수 있어야 한다.
⑤ 부정적인 메시지도 긍정적으로 표현하고 절망 앞에서도 희망을 이야기 할 수 있는 기술을 연마하라.

오바마는 진심어린 말로 사람들의 마음을 감동시켰습니다.
가장 좋은 이미지 메이킹은 자신을 그대로 드러내는 것입니다.
믿는 자는 서로 이해함으로써 융통성 있는 마음과 친절한 마음을 가지고 서로를 섬기십시오..
복음은 교리를 잘 설명해서가 아니라 사랑을 베품으로서 열매를 맺습니다.
사람의 마음을 얻기 위하여 주님의 사랑을 행동으로 전하십시오.

 주님! 입술의 지혜를 허락하소서.

 융통성있게 행동하고 사랑으로 격려하십시오.

나의 영적 일지

내려놓음의 편지

12월 28일

● 왕상 3:11 자기를 위하여 수도 구하지 아니하며 부도 구하지 아니하며 자기의 원수의 생명 멸하기도 구하지 아니하고 오직 송사를 듣고 분별하는 지혜를 구하였은즉

미국의 기독교 방송국을 세운 '조니램'은 '종교개혁의 오프라 윈프리'라고 불리 우는 사람입니다.

그는 당신 자신의 내려놓음의 기도를 아래와 같은 세 가지의 편지 형식으로 만들어서 써 볼 것을 권유합니다.

- 구하라(Ask)
  당신의 죄를 용서해달라고 하나님께 구하라.
- 믿어라(Believe)
  당신을 위해 하나님의 아들이 십자가에서 돌아가셨다는 사실을 믿어라.
- 약속하라(Commit)
  하나님 뜻에 당신의 삶을 온전히 내려놓겠다고 약속하라.

내려놓음의 기도 A,B,C 입니다.

우리의 마음 중심에 주님을 모시고 말씀과 기도와 전도와 성도와의 교제를 나눌 때 풍성한 은혜로 채워주실 것입니다.

우리의 삶은 내려놓음의 연속입니다.

날마다 우리 자신을 주님 앞에 내려놓고, 때마다 일마다 성령충만을 구하십시오.

 주님! 내려놓음의 삶이 구체적으로 실현될 수 있도록 하소서.

 내려놓음의 편지를 날마다 써 보십시다.

나의 영적 일지

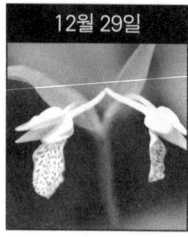

하나님의 품

● 신 33:27 영원하신 하나님이 너의 처소가 되시니 그 영원하신 팔이 네 아래 있도다 그가 네 앞에서 대적을 쫓으시며 멸하라 하시도다

한 어머니가 디즈니랜드에서 아이를 잃었던 경험을 간증으로 썼습니다. 잠깐 음료를 사러 간 사이에 복잡한 군중 속에서 네 살배기 아들이 없어졌습니다.

어머니와 아버지는 애타는 마음으로 아들 지미의 이름을 부르며 사방을 헤매었습니다.

그러다가 이들은 미키마우스를 선두로 인기 디즈니만화의 주인공들이 악대와 함께 춤추며 행진하고 있는 소리를 들었습니다. 아이의 엄마는 무심코 그 행렬을 보다가 깜짝 놀랐습니다.

엄마의 걱정과는 딴판으로 지미가 다른 아이들과 함께 미키마우스의 뒤를 따라 행진하고 있었던 것입니다.

지미는 몸을 덩실거리며 어디서 얻었는지 깃발을 휘두르며 활짝 웃음을 띠고 자기가 미아라는 것을 완전히 잊고 있었습니다. 지미는 그 순간 엄마의 보호에서 독립되어 있었으며, 음악의 메아리에 인도되어 무척 행복했던 것입니다. 지미는 무엇엔가, 어떤 힘에 붙들려 있음이 분명했습니다.

이 경험을 통하여 지미 어머니는 하나님의 인자하심을 생각하게 되었습니다.

"내가 때로는 잃어버린 아이 같으나 여전히 하나님의 사랑 속에 있다. 그리스도의 교회는 저 미키마우스의 악대와 같지 않겠는가? 행렬을 지어 모두가 한 가족처럼 즐겁게 행진하는 것은 인자하신 하나님의 품속에 있기 때문이 아니겠는가!"

교회에서 함께 주님을 섬기는 성도들에게 하나님의 품이 되어 주십시오.

 주님! 분주한 삶 가운데도 늘 주님과 동행하게 하소서.

 하나님의 품에서 안식을 누리고 있는지 점검하십시오.

인생은 이제 시작

12월 30일

● 고전 9:24 운동장에서 달음질하는 자들이 다 달릴지라도 오직 상을 받는 사람은 한 사람인 줄을 너희가 알지 못하느냐 너희도 상을 받도록 이와 같이 달음질하라

미국 텍사스의 프로팀을 맡고 있는 한 감독이 있었습니다. 감독생활 동안 뛰어난 지휘능력으로 좋은 성과를 거둔 감독은 믿음도 좋아서 아무리 바쁜 일정 중에도 주일만큼은 결코 교회를 빠지지 않았습니다.

훌륭한 감독도 어느 새 나이가 먹게 되어 퇴임을 하게 됐고, 다니던 교회의 목사님은 성도들과 함께 퇴임식을 열어주기로 했습니다.

실력뿐 아니라 인품까지 완벽했던 감독님의 퇴임식을 보기 위해서 많은 사람들은 교회로 몰려왔습니다.

화려한 퇴임식이 끝난 후 목사님이 강단으로 올라와 감독에게 말했습니다.

"그동안 정말로 수고하셨습니다. 텍사스의 사람들 중 감독님을 존경하지 않는 사람이 없을 정도니까요. 이제는 잠시 브레이크를 밟으시고 여유 있게 인생의 편안한 노후를 보내시길 바랍니다."

이 말을 들은 감독은 열정이 가득한 모습으로 말했습니다.

"목사님, 감사하지만 제 인생은 이제 시작입니다. 저는 인생의 브레이크를 밟는 사람이 아니라 끝까지 불을 붙이는 사람이 될 것입니다."

예수님은 우리를 죽기까지 사랑하셨습니다.

천국 가는 날까지 우리의 삶은 변할지라도 그 변화 속에 주님을 향한 사랑과 소망이 반드시 있어야합니다.

일을 멈추더라도 사랑의 행위가 멈추어서는 안 됩니다.

주님과 함께할 인생의 계획을 연속해서 세우십시오.

 주님! 당신을 향한 열정이 멈추지 않게 하소서.

 계획을 성취해나갈 때마다 더 나은 목표를 설정하십시오.

나의 영적 일지

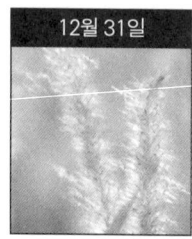

12월 31일

새해를 기다리며

● 눅 1:45 주께서 하신 말씀이 반드시 이루어지리라고 믿은 그 여자에게 복이 있도다

오만 번의 기도응답을 받은 것으로 알려진 조지 뮬러도 일생동안 기도했던 제목이 있었습니다.

그에게는 어린 시절부터 친하게 지냈던 5명의 죽마고우가 있었는데 모두 교회를 다니지 않아 뮬러는 평생 동안 기도해 왔습니다.

결국 뮬러의 기도와 끈질긴 노력덕분에 친구들이 한 명, 한 명 믿게 되었으나 마지막 남은 두 사람 만큼은 절대로 믿지 않았습니다. 뮬러는 두 친구를 위해 50년이 넘게 기도하며 노력했지만 그럼에도 불구하고 친구들의 마음은 단단히 닫혀있었습니다.

나이가 들어 뮬러는 예전과 같이 활동하지 못하고 자리에 누워 지내야 했으나 두 친구를 위해 마지막으로 말씀을 전해야겠다 싶어서 최후의 힘을 다해 강단에서 두 친구를 향한 복음의 메시지를 선포했습니다.

뮬러의 온 힘을 다한 마지막 설교를 들은 두 친구 중 한 명은 드디어 복음을 받아들였으나 마지막 한 친구만큼은 뮬러가 죽을 때까지 믿지 않았습니다.

마지막 남은 친구는 뮬러가 죽었다는 소식과 함께 그가 자신을 위해 52년 동안이나 기도해왔다는 소식도 함께 들었고 결국 마음이 열며 복음을 받아들이게 되었습니다. 그는 이 후 영국의 교회들을 순회하며 다음과 같은 간증을 했습니다.

"조지 뮬러의 모든 기도는 다 응답되었습니다. 그는 죽기까지 한 영혼의 구원을 위해 기도했고 바로 제가 그 응답입니다. 뮬러의 모든 기도가 응답되었던 것처럼 당신의 모든 기도도 반드시 응답됩니다."

하나님은 반드시 기도에 응답하십니다. 올 해의 기도제목들이 모두 응답되지 않았다고 실망하지 마십시오. 주님의 때가 이르면 우리의 가장 좋을 때에 모든 것을 이루실 것입니다. 변함없는 믿음으로 계속해서 주님과 동행해 나가십시오.

 주님! 우리의 가장 좋은 때에 당신의 뜻을 이루소서.

 올해 계획의 목표 중 이루지 못한 것들은 내년으로 넘기십시오.

나의 영적 일지

망망한 바다 한가운데서 배 한 척이 침몰하게 되었습니다.
모두들 구명보트에 옮겨탔지만 한 사람이 보이지 않았습니다.
절박한 표정으로 안절부절 못하던 성난 무리 앞에
급히 달려나온 그 선원이
꼭 쥐고 있던 손바닥을 펴 보이며 말했습니다.
"모두들 나침반을 잊고 나왔기에…"
분명, 나침반이 없었다면 그들은 끝없이 바다 위를
표류할 수 밖에 없을 것입니다.

삶의 바다를 항해하는 모든 이들을 위하여
우리는 그 나침반의 역할을 하고 싶습니다.
우리를 구원하신 아름다운 주님을
21세기 문명의 이기를 통하여
널리 전하고 싶습니다.

우리 나침반 가족은
구원의 복음과 진리의 말씀을 전하며
당신의 믿음 성장과 삶을, 가정을, 증거를,
그리고 당신의 세계를 돕고 싶습니다.

그리스도 안에서
우리는 당신을 진실로 사랑합니다.

"하나님은 모든 사람이 구원을 받으며
진리를 아는데 이르기를 원하시느니라."
(디모데전서 2장 4절)

지하 공동체 카타콤에서 끝까지
믿음을 지키다 순교한 사람들의 이야기!

"아멘, 주 예수여 오시옵소서."

혼란스런 시대를 살아가는 그리스도인들이
이 책이 보여주는 충성과 순교의 정신을 통해
모든 시험을 이길 수 있는 큰 용기를 얻을 것을 믿는다.

목숨 걸고 믿음을 지킨 사람들
작자 미상 | 국판 | 176쪽

이 책을 읽는 것 자체가 기도가 되게 만든 책입니다!
무릎 기도문 시리즈 ❶ ❷ ❸

선물용 강추!

자녀 축복 기도를 통한 전도용으로도 사용가능!

자녀를 위한 무릎 기도문 편집부 엮음 | 포켓판 | 144쪽

"엄마, 아빠 내가 이렇게 성공한 건 모두 부모님 기도 덕분이에요.
매일 무릎 꿇고 저를 위해 기도하셨잖아요."

가족을 축복하는 기도법!

가족을 위한 무릎 기도문 편집부 편저 | 포켓판 | 144쪽

"기도로 더욱 행복해진 우리 가족,
하루하루가 기쁘고 즐겁습니다."

어떻게 기도할지 모르는 새신자를 위한 기도법!

새신자 무릎 기도문 편집부 편저 | 포켓판 | 144쪽

"하나님이 어떤 분이시며, 생각하며, 감사와 죄를 회개하고
나에게 필요한 것을 하나님께 아뢰며, 우리가 누리는 은혜를 누리지
못하고 있는 사람들을 위해 간청 드립니다."

"목사님! 고등부 학생들과 부모들에게 선물로 좋아요!"

주일 성수 잘하고도
서울대 간 14명의 신앙과 공부비법!

화제의 신간

신국판 / 208페이지

고딩, 화이팅!

절대 꿈을 포기 하지 마십시오.

「고2 학생이랑 이야기를 나눴는데, "성적이 안돼서 포기했어요, 안 돼요" 라고 하더군요. 왜 포기합니까? 시간 많습니다. 고2라면 아직도 1년 이상 남았습니다. 1년 이상이 짧은 기간 절대 아닙니다.」- 강태화

「저는 서울대학교는 커녕 서울안에 있는 대학도 못 올 실력이었는데, 하나님이 채워주셨어요. 고3때 내신은 1.5등급 나와서 됐는데, 수능이 전부다 3등급인거에요. 그래도 기도하고 준비하고 또 열심히 하세요. 저는 세 개의 대학을 넣었는데 다 돼서 골라서 갈 수 있는 입장이었어요. 엄마도 깜짝 놀라면서 하나님께 감사해요.」- 김태형

교회를 빠지는 고3들에게 한마디

「교회에서 예배 드리는 대신 좀 더 쉴 수도 있고 공부 할 수도 있지만, 우리가 믿고 있는 분이 누구시고, 정말 하나님이 전지전능하시고 우리와 함께 하시는 분 이라는 걸 믿고 있다면 그분을 예배하는 일이 결코 쓸모없는 시간이 아니라고 생각해요.」- 이승호

「고3때 공부냐 신앙이냐의 양갈래로 갈등하는데 저희 목사님이 항상 하시는 말씀이 한손엔 성경, 한손엔 교과서 였어요. 하나만 치우치는게 아니고 충분히 양쪽을 균형있게 할 수 있다고 생각합니다.」- 이영범

고3 부모님들께

「자녀가 교회 간다고 해서 공부에 방해되는게 아니고 절대로 절대로 시간을 뺏기는게 아니라는 생각을 하셨으면 좋겠어요. 고3때 교회를 감으로 더 마음에 중심이 잡히고 의지가 잡히고 또 힘을 얻을 수 있다면 오히려 교회를 가야 되는게 맞다고 생각해요. 예배참석 안하고 공부한다고 해도 마음이 부담이 돼 더 능률이 오르지 않아요.」- 정혜승

힘들었던 점과 극복했던 방법은?

「(하나님의 방법으로 하나님을 의지해야지) 자기의 방법으로 하면 아이가 더 공부를 잘 할 것이라는 생각 때문에 주일날 교회를 안보내고 공부를 시키더라도 실패할 수 밖에 없어요. 제 사례가 말해주듯이요.」- 김영완

「비전에 대한 생각을 많이 했어요. 제가 제 공부하는 거지만 '이건 정말로 하나님을 위한 것이다' 라는 생각이 있었어요. '나는 하나님을 위해서 이렇게 공부하니까 하나님이 당연히 붙게 해주시겠지' 라는 마음을 갖고 있었죠.」

- ● 한손엔 성경 / 한손엔 교과서를!
- ● 교회생활 - 입시준비 다 잘 할 수 있습니다!
- ● 내게 딱 맞는 공부법을 찾을 수 있습니다!
- ● 목회자, 교사에게 생동감 넘치는 예화 제공!

모든 일에 넉넉히 이기게 하리라

발행일 2010년

지은이 김장환
발행인 김용호
발행처 나침반출판사
등 록 1980년 3월 18일 / 제2-32호
주 소 110-616 서울 광화문 사서함 1641호
전 화 본사 (02)2279-6321~3 영업부 (031)932-3205
팩 스 본사 (02)2275-6003   영업부 (031)932-3207

www.nabook.net
nabook@korea.com
nabook@nabook.net

ISBN 978-89-318-1404-0 03230
책번호 마-1034

· 값은 뒷표지에 있습니다.
· 잘못 만들어진 책은 구입처나 본사에서 바꿔드립니다.

나침반출판사는 우리를 구원하신 아름다운 주님을
21세기 문명의 이기(利器)를 통하여 널리 전하고 싶습니다.

| 김장환 목사의 저서들 |

섬기며 사는 기쁨

어렵던 그 시절, 어머니가 퍼준 한 줌 흙을 가슴에 품고 미국으로 떠났던 영어 한마디 못하던 키 작은 '하우스보이' 김장환.
목회자가 된 그가 다시 조국으로 돌아와 한국 침례교의 역사를 다시 쓰기까지 굳은 믿음과 신념으로 걸어온 신앙의 길과 그 여운을 지금, 함께 돌아본다.

그를 만나면 마음에 평안이 온다

이 책은 읽는 이마다 신앙의 도전감을 불러 일으키고, 인생의 비전과 열정을 일깨워 줄 것입니다. 평범하고 가난했던 한 소년이 세계기독교의 지도자가 되기까지 사랑과 감동이 넘치는 김장환 목사의 이야기 『그를 만나면 마음에 평안이 온다』는 전도대상자는 물론 모든 사람들에게 선물하기에 아주 유익한 책입니다.

김장환 목사 이야기

"나중에 훌륭한 사람이 되어서 우리나라와 세계를 위해 일하고 싶다."
이런 소망을 가진 어린이라면 신앙의 도전감을 불러일으키고, 인생의 비전과 열정을 일깨워주는 김장환 목사님의 이야기에 관심을 기울여보라. 평범하고 가난했던 한 소년이 세계기독교의 지도자가 되기까지 사랑과 감동이 넘치는 김장환 목사의 이야기, 모든 사람들과 그 자녀들에게, 그리고 미래의 꿈을 꾸는 청소년들에게 선물하기에 아주 유익한 책이다.

사랑이 부푸는 파이 가게

침례교세계연맹 총회장 부인이면서 장애인들을 돕기 위해 파이 가게를 운영하는 트루디. 자신에게 '최소한'을 쓰면서 남에게 '최대한'을 베푸는 삶을 사는 그녀의 소박하고 감동적인 인생 이야기.
이 책은 탁상공론과 교언영색이 난무하는 세상에서 드물게 언행일치를 목격하게 해 줄것이다.